영어의
어 휘

역사와 구조

English Words

History and Structure

영어의 어 휘

역사와 구조

English Words

History and Structure

Donka Minkova · Robert Stockwell 지음

김명숙 · 문안나 옮김

한국문화사

■ 옮기는 말

이 책은 영어라는 언어를 이해할 때 필수적이라고 할 수 있는 영어 단어들, 즉 영어 어휘가 가지고 있는 역사와 그 구조를 일목요연하게 잘 정리한 책이다. 영어가 지닌 가장 큰 장점이라 할 수 있는 영어의 방대한 어휘고는 타 언어의 추종을 불허한다. 이 점을 고려할 때, 셀 수도 없을 만큼 많은 단어의 구조를 기원이라는 측면에서뿐만 아니라 음성규칙이나 파생규칙이라는 측면에서 분석하고 각각의 경우에 해당하는 예를 자세히 그리고 명확하게 설명하고 있다는 점에서 이 책은 다른 책과 견줄 수 없을 만큼 놀랄만한 학문적 성과를 거두고 있다고 생각한다.

이 책이 지닌 이러한 높은 가치와 업적에도 처음 출간된 2001년과 제2판이 나온 2009년 그리고 현재 2018년 사이에 거의 이십 년 가까운 시간이 흘렀는데도 그동안 역서가 출간되지 못한 것은 아마도 이처럼 방대한 양의 단어를 다루고 있기 때문이 아닌가 생각된다. 책을 읽다 보면 전체 내용 파악을 위해 예로 든 단어의 의미 자체는 간과하기 쉽다. 특히 제시되는 예가 많을 경우는 더욱 그러하다. 본 역서에서는 저자들이 예로 든 단어마다 그 뜻을 일일이 다 한국어로 주었고 접사 목록에 있는 접사에도 뜻을 다 한국어로 주었다. 이 작업을 하는 데 꽤 많은 시간이 걸렸으나 독자들이 원서가 제공하는 다양하고 풍부한 예를 더욱 쉽게 접근할 수 있고 더 나아가 지적인 즐거움을 누린다면 이 노력이 아깝지 않을 것이다.

본 역서의 구성 체제에 관해 몇 가지를 여기서 밝힌다. 저자들이 제공하는 각주를 역서에서도 그대로 각주로 옮겼고 다만 역자들이 생각하기에 추가적인 설명이 필요하다고 판단되는 경우에는 미주를 사용하여 역자 주를 넣었다. 또 그 내용이 아주 간단하게 표현되는 경우에는 본문 안에 [ ]를 사용하여 넣기도 했다. 책에 포함된 모든 내용은 한국어로 우선 번역하는 것을 원칙으로 했지만, 전문용어나 고유명사, 문헌자료, 기타 등등의 이유로 책의 내용을 이해하기 위해서 혹은 독자들이 더 많은 탐색에 필요하다고 생각되는 곳에는 영어를 괄호 안에 주었다. 다만 본문이 아닌 2판 서문에 있는 사람들의 이름은 특정인들에게 감사를 표하기 위한 것이므로 영어로 주었다. 사전 이름의 경우 저자들은 원래의 책 제목과 약자 두 가지를 섞어 쓰고 있는데 이 또한 저자들의 용례를 그대로 따랐다. 예로 든 영어 단어들의 경우, 본문에 그 의미가 주어지면 그 내용을 그대로 본문 안에 넣었고 그렇지 않은 경우에는 윗첨자를 사용하여 역자들이 각 단어마다 그 의미를 한국어로 옮겼다. 단어의 뜻이 길어지는 경우 윗첨자 때문에 읽기 힘들어지는 점을 고려하여 난어의 뜻은 되도록 간단하게 주려고 애썼다. 띄어쓰기의 경우 전문용어는 가능한 한 띄어쓰기를 하지 않음으로써 해당 단어가 하나의 전문용어임을 보여주려고 했고, 반면 일반적으로 사용되는 단어의 경우는 내용에 대한 독자들의 이해를 돕는 방향으로 띄어쓰기를 하였다.

원서와 역서의 체제상의 가장 큰 차이점은 단락 나누기이다. 저자들은 내용에 따라 단락을 구분하고 있는데 관련 주제 및 많은 예의 제시로 단락이 아주 길게 이어지는 경우가 많았다. 어원에 대한 해박한 지식을 갖고 있는 저자의 단락 나누기를 그대로 수용하면 읽기에도 그리고 독자들의 이해에도 어려움을 줄 것 같아 역자들이 판단하여 단락을 더 많이 나누었다. 저자와 역자의 단락을 구분하기 위해 저자의 단락은 3칸, 역자의 단락은 1칸 들여쓰기 하였다. 따라서 원서와는 다른 단락 나누기를 사용하고 있는 점에 대해 독자들의 양해를 구하고자 한다.

영어 단어는 현재 출간되어 있는 사전 중 가장 규모가 큰 옥스퍼드 영어사전 제2판(1989년)에 45만 개가 등재되어 있고 온라인 옥스퍼드 영어사전에는 60만 개를 넘어서서 그 수가 계속 증가하고 있는 상황이다. 영어의 방대한 어휘고는 1500년에 이르는 영어의 역사에 있어서 수많은 언어로부터 끊임없이 차용을 했기 때문이기도 하지만 동시에 새로운 단어들을 계속 만들어냈고 또 만들어내고 있기 때문이라고 할 수 있다. 따라서 영어 단어를 제대로 이해하려면 영어와 영어 단어에 얽혀있는 역사와 구조를 아울러 이해해야만 가능하다고 생각한다. 이런 점에서 이 책은 영어의 어휘뿐만 아니라 영어 전반을 올바르게 이해하게 하는 책이다. 영어영문학 전공생 또는 영어에 관심 있는 독자라면 반드시 읽어야만 하는 책이라고 할 수 있다. 이 책을 번역하는 기회가 역자들에게 주어졌다는 사실에 그리고 역서 출판을 허락한 케임브리지대학 출판사와 편집과 출간을 담당한 한국문화사의 수고에 감사한다. 그러나 번역 상의 모든 오류에 대한 책임은 역자들에게 있다.

2018년 3월

김명숙 · 문안나

■ 서문과 감사의 글

이 책은 『영어의 어휘』(2001)를 완전히 개정한 2판이다. 1장에서는 단어의 기원에 대한 자료를 재구성하고 확장했고, 문자메시지와 여타 전자의사소통 유형과 관련하여 이루어지고 있는 혼성(blending)과 축약(shortening)이라는 가장 최근의 경향을 참고하여 내용을 업데이트했다. 영어의 형태구조와 음성구조에 대한 장 또한 다시 집필했고 최근 자료로 업데이트 했다. 여기서는 이형태 유형을 새롭게 분류하고, 분절음의 공명도와 영어의 역사에서 일어난 장모음추이와 같은 중요 주제에 대해서도 논의한다.

개정판의 6장과 7장에서는 더 많은 정보를 제공하고 어휘형성규칙들의 모호한 부분을 좀 더 분명하게 설명한다. 8장에서는 그림의 법칙(Grimm's Law)에 관한 새로운 섹션을 추가해서 게르만어와 라틴어의 동족어 사이에 존재하는 오래된 역사적 이형태와의 연결고리 일부를 설명한다. 9장에서는 의미변화에 관한 논의를 재구성하고 강화하였다. 10장에는 음절구분과 음절무게에 관한 새로운 섹션을 넣어 영어 차용어의 강세규칙을 좀 더 원칙적으로 설명할 수 있게 된다. 연습문제집에 있는 모든 어근형태소와 5장에 있는 접사를 포함한 부록 또한 철저하게 개정되었다.

또한 2판에는 교재 순서에 맞추어 배열된 연습문제집이 함께 제공된다. 연습문제집에 실려 있는 모든 연습문제와 어근목록은 개정되고 업데이트되었다. 따라서 새로운 많은 연습문제가 추가되었다. 연습문제집에 링크된 내용은 고대와 현대 두 언어로부터 최근에 차용된 단어에 관한 특별한 장과 법률과 의학 분야의 전문용어에 대한 장을 포함한다. 연습문제집은 케임브리지대학 출판사 웹사이트에서 이용할 수 있다.

2001년 1판 출간 이후로 우리는 많은 동료학자와 검토자가 보내준 논평과 제안의 혜택을 누려왔으며 이에 진심으로 감사한다. Henry Ansgar(Andy) Kelly는 필자들이 보낸 책 선물에 응답하여 책 전반에 걸쳐 광범위한 교정내용을 보내주었다. 이 책을 사용하고 난 후 의견을 보내준 동료학자 중에 Thomas Cobb, Karl Hagen, Anahita Jamshidi 그리고 특히 Barbara Blankenship에게 감사를 표하고 싶다. Philip Durkin은 자신의 연구를 아낌없이 공유해 주었다. Jared Klein은 책에 대한 자세한 논평을 주어 오류가 될 수 있는 잠재적인 내용들을 더 잘 깨닫게 해 주었다. 그가 지적해준 내용들이 다 수정되어 없어졌기를 희망한다. UCLA의 여러 기수의 조교들은 모호한 문단과 단점을 찾아내는데 도움을 주었다. 그 작업을 해준 Helen Choi, Mac Harris, Jesse Johnson, Dorothy Kim, Meg Lamont, Tom O'Donnell, Emily Runde, Jennifer Smith에게 감사를 드린다. Sherrylyn Branchaw는 자신의 수업시간에 있었던 경험을 우리와 공유하고, 형태소 부록과 연습문제집의 연습문제들을 전체적으로 수정하는 작업을 함께해 주는 도움을 주었다. 우리 필자들은 2판에 새로운 자료를 포함하는 작업을 용이하게 해준 UCLA 연구자문위원회의 지원에도 진심으로 감사를 드린다. 케임브리지대학 출판부에서 1판과 2판 모두의 출간작업을 착수한 Kate Brett와 현재의 프로젝트를 도와준 Helen Barton에게 특별한 감사를 드린다.

2008년 3월31일

Donka Minkova · Robert Stockwell

■ 책 소개

이 책은 영어 단어의 기원, 어원과 역사, 음성구조 그리고 영어의 단어형성규칙에서 찾아 볼 수 있는 일부 형식적인 특징에 관한 책이다. 그러나 이 책에서 영어 단어의 모든 어원과 영어가 새로운 단어를 만들어내는 모든 방법을 다루지 않는다는 점을 아는 것이 중요하다. 그보다는 오히려 이 책은 어휘의 특정한 일부분, 즉 고전어(라틴어와 그리스어)로부터 직접 차용되거나 프랑스어를 통해서 간접 차용된 어휘 일부를 다루는 책이라는 점을 알아야 한다.

영어 어휘의 (아주 많은 부분을 차지하고 있는) 이 부분[차용어]은 친숙한 주제이다. 영어의 그리스어와 라틴어 어근들은 적어도 르네상스 시기 이후 계속 연구되어 왔으며 핵심교육과정의 일부이었다. 고전어학과는 전통적으로 '영어의 고전어 어근들'과 같은 제목의 과목을 개설하고 있으며, 과거에 제대로 된 교육과정에는 고전어학에 관한 완전한 프로그램이 필수적으로 있었다. 그러나 21세기에는 대학에 진학하는 학생들이 라틴어가 무엇인지에 대해서 명확하게 알고 있는 경우는 극히 드물어졌고, 그들은 아마 라틴어는 고대 언어 중 하나로 생각할지 모른다. 또한 그들은 영어가 라틴어에서 파생되었는지 아닌지 혹은 심지어는 한 언어가 다른 언어로부터 '파생되었다'는 것이 언어에서 어떤 의미를 갖는지 조차 알지 못한다. '동족어'(cognate)라는 단어는 일반적으로 학부 학생들에게 알려져 있지 않을 뿐만 아니라 많은 경우 개념적으로도 모호하다. 그 이유는 단지 이 단어는 요즈음 우리가 성장하면서 함께 다루게 되는 주제 중 하나가 아니기 때문이다.

우리는 자신의 모국어 단어의 역사와 구조를 조금도 알지 못하면 스스로를 '교육받은' 사람이라 부르지 못한다는 견해를 가진다. 단어의 역사와 구조를 알기 위해서 많은 것이 요구되는 것은 아니다. 만약 여러분이 단어를 사랑하는 사람이고 사전을 많이 사용한다면 아마도 이 책에서 익숙한 내용을 많이 발견할 것이다. 그런데 일반적으로 사람들은 철자, 발음, 기원에 대한 논란을 해결할 때 이외에는 사전을 잘 사용하지 않는다. 사전은 이보다 훨씬 더 많이 사용되어야만 한다. 사전의 추가적인 쓰임을 제대로 파악하는 법을 배우도록 하는 것이 이 책을 통해 독자들에게 주고 싶은 혜택 중 하나이다.

또 다른 혜택은 훌륭한 사전조차 항상 명확하게 설명하지 못하는 단어 사이의 관계를 파악하는 방법을 배울 수 있다는 것이다. 이 관계는 언어학자가 말하는 소위 형태론(morphology)이다. 형태론은 어휘형성법과 변화의 패턴을 설명하는 것으로 언어에서는 그다지 '규칙적'이지는 못한 부분이다. 단어가 취하는 형태는 대부분이 역사적인 유산으로 가지게 된 것임에 반해 언어의 소리구조와 통사적인 구성은 아마도 대부분 내재적인 것이다.

모두가 궁금해 하고 교수에게 자주 묻는 질문은 '영어에는 단어가 도대체 몇 개가 있나요?'이다. 훨씬 더 일반적으로 말하자면, '전형적인 교육받은 사람이 알고 있는 단어는 약 몇 개가 될까요?'이다. 이 질문에는 어떠한 대답도 진위를 입증할 수 없다. 우리가 여러분에게 말할 수 있는 것은 어떤 특정한 사전은 몇 개의 표제어를 가지고 있는지 그리고 셰익스피어는 자신의 극작품에서 몇 개의 단어를 사용했는지(그 이유는 제한된 텍스트 말뭉치이므로 서로 다른 단어의 개수를 셀 수 있기 때문이다. 만약 play, plays, playing, played의 단어를 하나의 단어로 세면, 셰익스피어는 약 21,000개의 단어를 사용했고, 이 단어들을 각각의 단어로 세면 30,000개에 가까운 단어를 사용했다)이다. 정말 잘 교육을 받은 성인의 어휘고를 아주 넉넉하게 세었을 때의 추정치는 100,000개의 단어에 이를 수도 있지만 이는 거의 입증할 수 없는 수치이다. 주요 표제어 수에 관한 『옥스퍼드 영어사전(Oxford English Dictionary)』의 통계를 인용한다면 231,100개(http://dictionary.oed.com/about/facts.html)이지만 이 숫자는 특별히 의미가 있는 것은 아니다. 왜냐하면 이 수치에는 현대의 단어뿐만 아니라 고대의 단어도 포함되어있고 우리는 고대의 단어를 모르기 때문이다. 이 단어들은 이제 더 이상 사용되지 않으며 고서에 관심 있는 사람들에게만 해당된다.

한 가지는 분명하다. 즉 영어의 전체 어휘 중 80퍼센트를 충분히 넘는 단어는 차용된 것이다. 언어적인 차용의 기원과 과정을 많이 알면 알수록 전문어휘와 일반적으로 교육적인 쓰임을 더 잘 대처할 수 있는 기회가 주어진다.

사전 소개

이 책을 사용하기 위해서는 좋은 사전에 쉽게 접할 수 있어야만 한다. 그러므로 어떤 사전이 좋은가에 대해 알아보는 것으로 시작해보자. 이 질문은 또 다른 질문을 제기한다. 즉 이러한 사전들은 어떻게 해서 만들어지게 되었을까? 그리고 어떻게 하면 이 사전들을 최대한 활용할 수 있을까?이다.

모든 주요한 영어사전은 전자형태로 이용할 수 있다. 전자판의 이점은 자주 업데이트될 수 있고, 쉽게 상호 참조가 가능하고, 시기, 어원, 인용문의 저자와 같은 복잡한 검색을 쉽게 할 수 있고, 발음을 오디오로 들려주는 것이 가능하다는 것이다. 그러나 조심해야 한다. 워드프로세싱 프로그램에 들어가 있는 전자 동의어 사전은 단어의 기원, 역사, 형태에 관련된 정보를 완전히 갖추고 있는 사전을 대신하지 않으며 또한 대신할 수도 없다. 그러한 전자판은 주로 철자와 동의어를 찾을 용도로 적합하다.

영어사전은 최근의 발명품이다. 흥미롭게도 사전은 영국에서 무지의 부산물로 우연히 만들어지게 되었다. 앵글로 색슨족의 수도사들은 라틴어를 잘 알지 못하는 경우가 많았다. 수도사들이 베껴 쓰는 대부분의 문헌은 라틴어로 쓰여 있었고 그래서 마치 오늘날 초보 언어학습자들이 하는 것처럼 행간에 단어나 용어의 뜻이나 간단한 해설을 써 넣어(gloss) 자신의 기억을 일깨우곤 했다. 8세기 초 처음으로 라틴어를 영어로 설명하는 주석 목록이 등장했는데 이 용어집은 주제어 혹은 알파벳 순서로 정리되었다. 이 목록을 우리는 단어해설집(glossary)이라고 부른다. 라틴어가 아닌 영어 단어의 알파벳 순서대로 배열된 가장 오래된 단어해설집으로 알려진 것이 13세기에 나왔다. 그러나 이 해설집은 단지 두 개의 언어를 사용하기 위한 보조 도구이었을 뿐이었다. 3세기가 지나서야 어려운 단어의 뜻을 영어로 설명하는 단어목록을 출판하면 돈을 벌 수 있겠다는 생각을 했던 사람들이 있었다. 그러한 첫 번째 출판물이 17세기 초에 나타났다. 최초의 어느 정도 완결된 영어사전은 150년이 더 지난 뒤에야 등장했다. 사무엘 존슨(Samuel Johnson)이 저술한 두 권으로 구성된 『영어사전(A Dictionary of the English Language)』이 1755년에 출판되었다. 따라서 현대 사전학은 300년도 채 지나지 않았다.

사전을 만드는 일은 주요한 학문적 직업이었고 지난 2세기 동안 출판업자에게는 번성하는 사업이었다. 21세기에 들어서면서 종이로 인쇄된 사전이 전자판 형태로 나오게 되면서 이는 가르치고 연구하는데 필수적인 도구가 되었다. 이용 가능성과 접근성이 사전마다 서로 다르기 때문에 이 책에서는 모두 세 가지 사전을 자료로 사용하고 있다. 이 사전들이 없었다면 아마도 이 책과 함께 온라인에서 사용할 수 있는 연습문제집은 완성될 수 없었을 것이다.

『옥스퍼드 영어사전(Oxford English Dictionary)』(OED)(http://dictionary.oed.com/)은 가장 주된 참고 도구가 될 것이다. OED 온라인 판은 데이터의 풍부함과 사용 융통성에 있어서 타의 추종을 불허한다. 하지만 웹사이트에 주어진 풍부한 정보와 사용가능한 검색의 종류는 겁먹게 할 수 있다. 등재어의 구성에 익숙하지 않은 대학생을 위해 웹사이트에서는 도움이 될 안내를 제공한다. 또한 우리는 데비드슨(T.T.L. Davidson)이 쓴 '옥스퍼드 영어사전의 온라인 판으로 작업하기'라는 제목을 가진 아주 유용한 문서를 읽어보기를 권한다(http://dictionary.oed.com/learning/university/worksheet.html). 이 문서는 검색을 할 때 쉽게 따라할 수 있는 단계별 검색 조언을 제공하는데 다음에 주어진 샘플 목표들을 달성할 수 있다(인용한 것임).

- 단어의 의미와 그 의미가 어떻게 발전되어 왔는지 찾아보기.
- 단어와 의미가 처음 사용된 시기를 찾아보기.
- 단어의 어원적 기원을 찾아보기.

- 단어를 구성하는 부분(예: pre-, arch-, peri-와 같은 접두사나 -ology, -nik, -ate와 같은 접미사의 사용)을 찾고 일반적인 영어의 어휘형성법 조사하기.
- 동의어 사이의 관계를 OED가 어디까지 체계적으로 기록하고 있는지 알아보기(예: reel실패과 spool(실패같은 것에) 감기 사이의 관련 의미).
- 화자들이 단어의 가능한 연어(collocation) 관계에 대해 가지고 있는 생각을 부분적으로 입증해 주기(예: notable collector주목할 만한 수집가와 distinguished collector뛰어난 수집가 모두 사용 가능하지만, notable frequency주목할 만한 빈도만 가능하고 distinguished frequency뛰어난 빈도는 가능하지 않다).
- paper종이가 한동안 명사로 사용되다가 동사로도 사용되기 시작하는 '영파생(zero-derivation)'의 출현과 같은 과정의 세부사항을 조사하기.
- 시인이 시를 쓸 때 사용했었으나 지금은 사라진 단어의 의미 파헤치기.
- 과거의 정치적, 사회적 담화에 주어진 어휘 '분야'를 재창조해 보기.
- 특정 작가들이 새로운 단어와 의미의 발전에 어떤 공헌을 했는지 알아보기.

『아메리칸 헤리티지 영어사전(The American Heritage Dictionary of the English Language)』(AHD)은 이 책의 내용과 관련된 정보를 제공해준 또 다른 중요한 출처이다. 제4판(Boston: Houghton Mifflin, 2000)은 www.bartleby.com/61/에서 이용 가능하다. AHD에는 연대나 인용 자료는 없지만 중요한 추가 정보를 많이 가지고 있다. 주요 등재어에는 음성파일이 첨부되어 있어 학생들은 단어의 발음을 들을 수 있다. 많은 등재어가 채색된 삽화와 링크되어 있어서 pricket촛대, quoin바깥모퉁이, rabbet목공에서의 이음이 어떻게 생겼는지 실제로 볼 수 있다. 지역적인 사용, 최근 추천되는 사용, 동의어, 단어의 역사에 대한 내용이 수록되어 있을 수 있다. 가장 중요한 것은 가장 오래된 단어와의 관계에 관심 있는 학생들을 위해 AHD는 해당 단어의 인도유럽어 어근과 링크를 해 준다는 점이다. 이를 통해 단어의 어원을 재구된 기어 형태까지 거슬러 올라갈 수 있다. 칼버트 왓킨스(Calvert Watkins)가 쓴 인도유럽어와 인도유럽어족의 언어에 대한 온라인 논문도 있으며 인도유럽어의 소리대응 관계와 인도유럽어 어근을 검색할 수 있는 부록도 첨부되어있다. OED의 정책은 인도유럽어의 재구형을 제공하지 않는 것이기 때문에 이 책의 8장에 나와 있는 내용을 다 습득하고자 하는 독자에게는 AHD는 없어서는 안 될 사전이다.

『웹스터 3판 신 국제사전, 무축약본(Webster's Third New International Dictionary, Unabridged)』은 http://unabridged.merriam-webster.com/에서 사용할 수 있다. (현재의) 전자판은 2002년 저작권을 가지고 있다. 45만 개가 넘는 어휘의 정의를 포함하고 있는 완전한 검색이 가능한 판이다. 각각의 어휘마다 어원과 음운 정보 그리고 아주 광범위한 용례를 보여준다. 이 사전은 새로운 의미가 출현한 시기를 제공한다. 또한 인용된 저자들에 대한 검색이 가능하고, 기본적인 검색 외에도 각운, 동음어, 암호를 검색할 수 있는 잠재력도 있다.

여기서 우리는 세 가지 온라인 자료만을 언급했다. 이 책을 사용하는 독자라면 이로부터 충분히 도움을 받을 것이라 믿는다. 만약 10년이라는 시간이 그 수준을 평가하기에 충분하다면 이 사전들은 잘 성장해왔다. 이들 말고 좋은 온라인 사전이 없다는 것은 아니다. 전자판의 언어기록물은 지속적으로 성장하고 있다. 그러나 우리는 OED, AHD 그리고 웹스터 3판 사전이 가장 신뢰할 만한 학문적인 사전 정보를 계속 제공해 줄 것이라고 믿어 의심치 않는다.

■ 차례

■ 옮기는 말 __ v
■ 서문과 감사의 글 __ vii
■ 책 소개 __ ix
■ 약어목록 __ xx

제1장 단어의 기원

1. 어휘유산 ······ 2
2. 규칙적 어휘형성법 ······ 4
 2.1 접사붙이기에 의한 파생 ······ 4
 2.2 접사붙이기가 없는 파생 ······ 5
 2.3 복합 ······ 6
3. 새 단어 만들기 ······ 9
 3.1 없는 것으로부터 창조(Creation de novo) ······ 10
 3.2 혼성 ······ 11
 3.3 절단 ······ 13
 3.4 역형성 ······ 14
 3.5 약어: 애크로님과 이니셜리즘 ······ 15
  3.5.1 애크로님 ······ 15
  3.5.2 이니셜리즘 ······ 16
  3.5.3 모방약어 ······ 17
  3.5.4 전자의사소통에서의 약어 ······ 18
 3.6 에포님 ······ 19
 3.7 다른 출처들 ······ 22
4. 단어쇠퇴와 단어소멸 ······ 23

제2장 영어의 배경

1. 영어의 가족사 ······ 27
1.1 인도유럽어 ······ 31
1.2 게르만어 ······ 35
1.3 영어 ······ 37
2. 영어의 초기 어휘에 미친 역사적 영향 ······ 39
2.1 고대영어 고유의 어휘 ······ 40
2.1.1 가장 초기의 차용어 ······ 41
2.1.2 스칸디나비아어 요소 ······ 43
2.2 영어, 하이브리드가 되다 ······ 45
2.2.1 중세영어의 프랑스어 차용어 ······ 48

제3장 초기현대영어와 현대영어의 어휘 구성

1. 초기현대영어의 문화적 현장 ······ 53
2. 르네상스 시기의 어휘의 풍요 ······ 56
3. 전파, 어원, 출처 확인 ······ 63
4. 초기 영국의 역사와 영어 차용어 요약 ······ 71

제4장 단어보다 작은 단위들: 형태소와 형태소 유형

1. 최소의미 단위 ······ 75
1.1 형태소는 무엇인가? ······ 77
1.2 형태소의 특징 ······ 78
2. 형태소의 종류 ······ 82
2.1 어근 ······ 83
2.2 접사 ······ 84
2.3 접사의 기능 ······ 87
3. 복합어 ······ 91
4. 하이픈 ······ 92
5. 동족어 ······ 93
5.1 공유 구조 ······ 95
5.2 공유 형태와 의미 ······ 96
6. 사전에서 어근 찾기 ······ 97

제5장 이형태, 음성학 그리고 접사 첨가

1. 형태 규칙 ……101
 1.1 이형태의 종류 ……101
 1.2 이형태의 기원과 동족어의 가변성 ……104
 1.3 음성적 변화를 일으키는 요인들 ……105
2. 영어의 소리 ……108
 2.1 음성 표기 체계 ……109
 2.2 곽괄호 안에 있는 음성기호 ……109
 2.3 자음의 분류 기준 ……110
  2.3.1 조음위치 ……111
  2.3.2 조음방법 ……111
  2.3.3 유무성 ……112
  2.3.4 영어 자음: 요약 ……113
 2.4 영어 모음 ……114
  2.4.1 모음변이 ……115
  2.4.2 모음의 분류 기준 ……115
 2.5 모음약화 ……119
 2.6 장모음추이 ……120
3. 영어의 접사 ……124
 3.1 접두사 ……124
 3.2 접미사 ……128

제6장 대체규칙

1. 동화와 동화의 종류 ……133
2. 순음동화 ……135
 2.1 순음동화의 차단 ……137
3. 유무성동화 ……138
 3.1 좌발우향 유무성동화 ……140
4. 완전동화 ……141
 4.1 접두사의 완전동화 ……141
 4.2 이중자음 철자 ……144
5. 약화 혹은 강화에 의한 대체 ……144

5.1 T-연음화 ·····146
5.1.1 T-연음화와 철자 ·····147
5.1.2 T-연음화, 구개음화, 파찰음화 ·····147
5.1.3 요약: T-연음화 이후의 구개음화와 파찰음화 ·····148
5.2 D-연음화 ·····148
5.2.1 요약: 치음폐쇄음의 구개음화와 폐쇄음화 ·····150
5.3 [V]-모음화 ·····150
6. 모음대체 ·····151
6.1 ⟨a⟩-공명도약화 ·····152
6.2 ⟨e⟩-공명도약화 ·····152
6.3 복합적 공명도약화 ·····153
7. 후설성동화 ·····154

제7장 탈락규칙과 기타 이형태

1. 자음탈락 ·····157
1.1 S-탈락 ·····159
1.1.1 철자 예외 ·····160
1.1.2 S-탈락의 예외 ·····161
1.1.3 -s로 끝나는 다른 접사 ·····162
1.2 X-탈락 ·····163
1.2.1 X-탈락의 예외 ·····165
1.3 N-탈락 ·····165
1.3.1 발음과 경계선 ·····166
1.3.2 다른 접두사에서의 비음탈락 ·····168
2. 모음탈락 ·····169
2.1 모음충돌에서의 V-탈락 ·····169
2.2 음절중략 ·····171
2.2.1 ⟨-er⟩과 ⟨-or⟩의 보존 ·····173
3. 확장규칙: 모음과 자음 첨가 ·····173
3.1 U-첨가 ·····173
3.2 P-첨가 ·····175

제8장 화석화된 이형태: 거짓 동족어와 어원적 위험

1. 화석화된 이형태 ······177
2. 자음 대응관계: 1차 자음추이(그림의 법칙) ······178
3. 모음교체 ······182
3.1 게르만어의 모음교체 ······183
4. 로타시즘 ······184
4.1 라틴어의 로타시즘 ······184
4.2 게르만어의 로타시즘 ······185
5. 음위전환 ······185
6. 모호해진 동족어: 완전히 예측 불가능한 이형태 ······186
7. 거짓 동족어 ······188
7.1 잘못된 경계위치 설정 ······189
7.2 어근과 접사의 동음성 ······190
7.2.1 어근의 동음성 ······191
7.3 접사의 동음성 ······193
7.3.1 음성규칙과 동음성 ······194
7.3.2 접미사의 동음성 ······195
7.3.3 혼합 동음성: 접사와 어근 ······197
8. 유사접미사 ······198
9. 의미변이 ······199
10. 다양한 파생어 - 다양한 의미 ······200
11. 다양한 접사 - 동일한 의미 ······202

제9장 의미관계와 의미변화

1. 도입과 용어 ······203
1.1 개별의미 변이: 동음성, 동음이원성, 다의성 ······203
1.2 의미의 다양성 ······205
1.3 유사성과 대조: 동의성, 반의성, 하위성 ······206
1.4 추가 -오님 용어 ······208
2. 의미는 어떻게 변할까 ('의미변화') ······209
2.1 언어 외적 요인 ······210
2.1.1 기술과 최근 유행과의 관련성 ······210

2.1.2 변화하는 문화와의 관련성 ······ 213
2.1.3 다른 종류의 연관 ······ 214
2.2 언어 내적 요인: 유추 ······ 215
2.3 언어 내적 요인: 의미의 토착화 ······ 217
3. 의미변화의 결과 ······ 218
3.1 범위의 변화 ······ 218
3.1.1 구체성의 상실 ······ 220
3.1.2 의미의 축소화/특수화 ······ 222
3.2 지위의 변화: 의미의 양화와 악화 ······ 223
3.3 혼합된 예 ······ 225
4. 의미를 추측하는 작업 ······ 225

제10장 영어 고전어의 발음

1. 동화되지 않은 고전어 ······ 231
1.1 동화되지 않은 고전어의 자음 발음 ······ 232
1.2 동화되지 않은 고전어의 모음 발음 ······ 233
2. 외래어 단어에서의 자음 철자와 발음에 대한 추가사항 ······ 236
3. 주강세 찾기 ······ 240
3.1 음절구조, 음절구분, 음절무게 ······ 241
3.2 마지막 음절의 역할 ······ 243
3.3 주강세 위치를 결정하는 단계 ······ 246
4. 강세를 변화시키는 접사 ······ 251
4.1 왼쪽에 있는 음절로 강세를 끌어오는 접사 ······ 251

■ 부록 _ 253
■ 찾아보기 _ 294

■ 약어 목록*

언어

AN	Anglo-Norman 앵글로 노르만어
Fr.	French 프랑스어
Gk.	Greek 그리스어
Lat.	Latin 라틴어
OE	Old English 고대영어
OF	Old French 고대프랑스어
OFr.	Old French
PDE	Present Day English 현대영어
Russ.	Russian 러시아어
Sp.	Spanish 스페인어

품사

adj.	adjective 형용사
AN	abstract noun 추상명사
n.	noun 명사
v.	verb 동사

격

NOM	nominative 주격
ACCUS	accusative 직접목적격

사전

AHD	American Heritage Dictionary of English 아메리칸 헤리티지 영어사전
OED	Oxford English Dictionary 옥스퍼드 영어사전

* 책의 본문에서 사용된 약어의 목록으로 독자의 편의를 위해 역자가 정리한 것임.

1

단어의 기원

이 책의 두 가지 일반 주제는 영어 단어의 기원과 구조이다. 영어 단어의 양은 엄청나게 많다. 이 많은 단어들은 크게 두 종류로 나눌 수 있다. 즉 모든 사람이 어렸을 때부터 알고 있는 일반 언어에 속하는 단어와 교육을 받으면서 배우는 단어이다. 전자인 핵심어휘는 거의 모든 사람에게 같게 나타난다. 후자인 학술어휘는 지엽적이며 모든 사람이 공유하지 않는 것이 확실하다. 핵심어휘는 우리가 특별히 배울 필요가 있는 영역이 아닌 것으로 학교 다니기 전 단계에 습득하는 어휘이다. 영어의 학술어휘는 다른 문제이다. 학술어휘는 교육이나 전공 분야에 따라 개인별로 그 어휘의 양이나 구성이 달라진다. 어느 한 사람도 두 영역 이상의 학술어휘를 사용하지 않는다. 종종 개인의 어휘 범위는 그 사람의 지성을 재는 척도가 된다. 핵심어휘와 학술어휘 모두 단어의 역사와 구조에 대한 지식은 소중한 자산이다.

영어 어휘는 변하지 않는 단어 리스트가 아니다. 날마다 새로운 단어가 영어에 들어오고, 어떤 단어는 의미를 얻거나 잃고, 사용되지 않게 된다. 온라인 『옥스퍼드 영어사전(Oxford English Dictionary』(OED)은 분기별로 적어도 1,000개의 새 단어와 수정 단어로 업데이트 되고 있는데, 이는 영어 어휘가 얼마나 역동적인지를 보여주는 적절한 척도이다. 차용과 신조어 만들기는 새 단어가 만들어지는 두 출처가 된다. 생명과학, 물리과학, 의학, 법, 예술, 사회과학과 같은 보다 첨단을 걷는 학문분야의 영어는 보통은 새로운 개념, 새로운 물질 혹은 추상적인 현상을 나타내기 위해 다른 언어에서 차용된 새로운 단어이다. 다른 문화에만 있는 개념과 대상을 나타내는 단어는 종종 한꺼번에 혹은 대규모로 차용된다. 한 단어 전체를 차용하기도 하고 혹은 주요 부분(어근)만 차용하기도 한다. 영어는 주로 라틴어, 그리스어, 프랑스어에서 차용을 해 왔다. 차용에 관한 논의는 이 책의 뒤의 장에서 주요 주제가 될 것이므로, 이 장에서는 영어에서 일어나는 어휘혁신(vocabulary innovation), 즉 신조어의 패턴에 주목하기로 한다. 어휘를 풍요롭게 하는 다양한 방법을 알아보기 전에 먼저 어휘 유산의 전체적인 개념에 관해 간단히 다루고자 한다.

1. 어휘유산

영어의 어휘유산은 화자로서 모국어를 습득할 때 조상으로부터 물려받은 모든 단어로 구성된다. 이렇게 물려받은 단어는 지금으로부터 한 세대만이 아닌 여러 세대에 걸쳐 다음에 나열하고 있는 다양한 유형의 어휘창조 혹은 차용으로 만들어져 왔다. 이 단어들은 **핵심어휘(core)**와 **주변어휘(periphery)**로 나뉜다. 대부분의 경우 핵심어휘는 여러 세기 동안 영어의 일부가 되어왔고 거의 변화 없이 전해져 왔다. 핵심어휘의 많은 부분은 네덜란드어나 스칸디나비아어와 같이 영어와 밀접하게 관련된 언어나 라틴어와 그리스어인 고전어와 공유된다. 여기서 밀접하게 관련된 언어가 무엇을 의미하는지는 다음 2장의 주제이다. 여기서는 우선 이 관계의 개념을 '가족관계'에서처럼 학문적인 연구의 이전단계 의미로 이해할 수 있다.

핵심어휘는 일반 전치사(by[옆에], for[위해], to[에게], on[위에], in[안에], of[~의], with[함께], over[위에], among[사이에] 등등) 모두를 포함한다. 이런 단어는 5세 이전에 잘 학습되며, and[그리고], but[그러나], or[혹은]와 같은 접속사도 마찬가지다. 이는 문장을 붙잡아 매는 접착제와 같은 필수적인 부분이다. 다른 핵심어휘로는 조동사와 연결동사(be[이다], is[be의 3인칭/단수/현재], was[be의 1,3인칭/단수/과거], were[be의 2인칭/과거], are[be의 2인칭/현재], am[be동사 1인칭/단수/현재], have[완료표현], can[가능성표현], could[can의 과거], may[가능성/추측표현], might[may의 과거], will[미래표현], would[will의 과거], shall[미래표현], should[shall의 과거], must[의무나 추측표현], ought to[의무표현]), 일상생활에 필수적인 것, 신체 일부, 친척관계, 색깔을 나타내는 보통명사(food[음식], drink[음료], water[물], bread[빵], mouth[입], eyes[눈], hand[손], foot[발], leg[다리], mother[어머니], father[아버지], brother[형제], sister[자매], black[검은색], white[흰색], green[초록색])가 있다. 영어에서 가장 빈도 높은 1,000개의 단어만을 살펴보면 800개 이상의 단어가 바로 이 유형에 속한다. 이 가운데 많은 단어는 언어 역사가 허락하는 한까지 그 기원을 추적해 보면 현재로부터 최대한 약 6,000년 전으로 거슬러 올라간다. 옥스퍼드대학 출판사의 연구자들이 찾은 가장 빈도 높은 열 개의 명사는 time[시간], person[사람], year[연], way[방법], day[날], thing[것], man[남자], world[세계], life[삶], hand[손][1)]인데 그 중에 person[사람]만이 역사적으로 차용된 단어이며 7세기 넘는 동안 영어에 있었다. 영어에서 가장 빈도 높은 5개의 동사는 be[이다], know[알다], say[말하다],

1) 이 정보는 BBC 뉴스 웹사이트, http://news.bbc.co.uk/2/hi/uk_news/5104778.stm에 있다.

make[만들다], get[얻다]로 영어 자체만큼이나 오랫동안 존재해 왔으며, 혈통적으로 관련된 언어에서도 함께 사용된다.

좀 더 최근인 지난 2,000~3,000년 전 시기 동안에는 어떤 단어가 영어에 불쑥 등장해 왔으며 혹은 더 최근일지라도 해도 많은 경우 어원을 설명하기 어렵다. 예를 들어 초기 고대영어 이후부터 영어에 계속 존재하였던 penny[페니]의 어기(base)[1]가 무엇인지 지금까지도 완전히 알려지지 않았고, 'to take the brunt of the attack[날카로운 공격을 받다]'에서 brunt[타격]는 1325년 이후 계속 영어에 존재해 왔지만 그 기원은 여전히 알려져 있지 않다. blear[흐릿한](y)는 14세기부터 계속 사용되었지만 그 기원 역시 알려져 있지 않고 있다. 'to wear fancy duds[근사한 옷을 입다]'에서 duds[옷]는 15세기 중반 이후부터 사용되고 있지만 역시 기원을 모른다. 우리 시대에 좀 더 가까이 와보면, copacetic[훌륭한]와 posh[상류층의]는 20세기 초부터 사용되고 있지만 어원은 알려져 있지 않다.[2)] snazzy[세련된]는 1933년에 시작된 루즈벨트 대통령 정부의 첫 임기부터 사용되었지만 아무도 그 조상을 모른다. 심지어 우리가 살고 있는 시기에 처음 기록된 단어인 wazoo[엉덩이](1961), glitch[작은 결함](1962), ditsy[어리석은](1978), full monty[필요한 모든 것](1985), wazzock[멍청이](1984) 조차도 어원이 알려져 있지 않거나, 있다 하더라도 많은 부분이 추측에 근거하고 있을 뿐이다.

핵심어휘뿐만 아니라 영어는 학술어휘(learned가 '학술의' 의미로 사용될 때는 2음절인 [lɛːrnɪd]로 발음된다)를 풍부하게 제공하고 있다. 학술어휘는 대부분의 경우 글을 읽고 쓸 수 있는 능력과 교육을 통해서 습득된다는 점에서 핵심어휘와 다르다. 학술어휘의 많은 양이 인문교육인 문학이나 예술과 관련되어 있지만, 학술어휘는 전문적 지식이나 기술과 연관되는 경향이 있다. 이 모든 영역에서 어휘를 풍요롭게 만들기 위해 영어는 차용된 단어와 어근(root)[2]에 아주 많이 의존해 왔다. 영어에 들어온 차용어에 대해 더 많은 것을 배우게 될 3장 3절에서 핵심과 주변의 개념을 다루도록 한다. 이 책의 나머지 대부분에서는 언제, 어떻게 학술어휘가 영어에 들어왔는지 알아내는데 전념할 것이다. 그러나 그보다 먼저 다른 단어, 즉 물려받은 핵심어휘가 아닌 단어와 고전어에서 직접 가져오지 않은 단어의 출처를 조사할 필요가 있다. 이 단어들은 혁신적인 생각이 만들어 낸 것이며 적은 수의 패턴을 따른다. 본 장에서는 다음 주제를 다룬다. 영어의 새 단어는 어디로부터 왔을까? 그 단어는 어떻게 만들어졌으며 영어에 어떻게 통합되는가? 특정 유형의 새로운 단어이 속할 그룹을 정의하는 제목은 '규칙적 어휘형성법'과 '새로운 단어 창조'이다.

---

2) posh는 (숙박하고 있는 선실의) 둥근 창에 햇빛이 드는 것을 피하기 위한 부자들의 지중해 크루즈 여행 방법인 'Port Out, Starboard Home'(여행을 떠날 때는 좌현에, 집으로 돌아올 때는 우현에)에서 만들어진 혼성어(blend)라고 잘못 주장되어왔다는 점이 지적되어야 한다. 『옥스퍼드 영어사전』은 이 어원이 근거 없다고 말한다.

2. 규칙적 어휘형성법

2.1 접사붙이기에 의한 파생

3절에서 논의되겠지만, 모국어 화자에게 즉각적으로 투명한(transparent)[3] 것으로 여겨지지 않은 새로운 단어 만들기와는 달리, 접사를 붙임으로써 새롭게 파생되는 단어는 일반적으로 완전히 투명하다. 새로운 어휘항목을 만드는 이 방법은 모국어 화자나 영어를 꽤 유창하게 잘하는 화자에게는 익숙하며, 이미 존재하거나 재활용할 수 있는 언어 단위에 의존한다는 점에서 '규칙적'이다. **파생형태론(derivational morphology)**으로도 알려진 규칙적인 어휘형성법이라는 포괄적인 개념 아래에 있는 여러 과정은 많은 경우 너무 명확하기 때문에 심지어 사전에서조차 상당수의 파생어를 독립된 항목으로 다루지 않는 경우도 많다. 이 책 내용의 대부분은 파생형태론이 갖는 복잡성에 관한 것이기 때문에 여기서 자세하게 설명하고 싶지 않다. 대충 개론적으로 보면, 접사붙이기에 의한 파생은 단어의 기본적인 형태에 접사를 붙여 새로운 단어를 만들어내는 과정으로 구성된다. 일반적으로 파생현상은 규칙적인 법칙을 따르기 때문에 특별한 정의나 설명이 필요하지 않다. 『체임버스 사전(Chambers Dictionary)』에서 예를 들면 active[활동적인]란 표제어 아래 activate[작동시키다], activation[활성화], actively[활동적으로], activeness[활발함], activity[행동], activism[행동주의], activist[행동주의자]와 같은 파생어를 발견할 수 있다. 이 가운데 4개는 아무런 설명이 제시되어 있지 않고, 두 개는 그 의미가 약간 전문화되어 있어서인지 아주 간단한 설명이 주어져 있다. 그리고 이 가운데 activate만 설명이 필요한 전문적 의미를 가지고 있기 때문에 좀 더 자세히 설명된다.

문제는 파생형태가 어떤 경우에 일반적 규칙에 의해 예측 가능하고 이해 가능하므로 독립된 단어가 되지 않고 또 어떤 경우에 독립된 단어로 취급되느냐이다. 구분은 정말로 명확하지 않으며, 게다가 사전마다 다른 결정을 내리고 있다. 그러나 기본적 원칙은 바로 이것이다. 어기의 의미를 알고 있을 때 새로운 단어가 충분히 이해된다면, 그 단어는 새 단어가 아니며 사전에서 독립된 항목으로 다루어져서는 안 된다. 부분만 알고 있어도 전체를 알 수 있기 때문이다. 그러나 새로운 단어가 이런 방법으로 그 뜻을 알기가 쉽지 않다면 충분한 정의가 제시될 필요가 있다. 다음의 어휘 쌍을 살펴보자. 각 쌍의 구성원은 역사적으로 파생 관계에 기반하고 있음이 명백하다.

graceful[우아한]	disgraceful[수치스러운]	spectacle[장관]	spectacles[안경]
hard[딱딱한]	hardly[거의~않다]	late[늦은]	lately[최근의]
new[새로운]	news[뉴스]	custom[관습]	customs[세관]
civic[도시의]	civics[국민윤리]	sweat[땀(나다)]	sweater[스웨터]

한 쌍을 이루는 이 단어에서 오른쪽에 있는 것은 왼쪽에 있는 것으로부터 만들어졌다. 그러나 파생어(각 쌍의 오른쪽 단어)에 영어의 일반규칙에 의해 이해될 수 없는 별도의 의미 변화가 일어났기 때문에 두 단어의 관련성이 모호하게 되었다. 이러한 조건에서는 파생형태라 할지라도 (새로운 의미를 갖는) 새로운 단어라고 말해야 한다.

2.2 접사붙이기가 없는 파생

동일한 단어가 문맥에 따라 서로 다른 기능(예를 들어 명사이거나 혹은/그리고 동사로서)으로 나타나는 다음의 문장을 살펴보자.

This is a **major** oversight. 이점이 **주된** 실수이다.
She graduated with a **major** in geography. 그녀는 지리학 **전공**으로 졸업했다.
She **majored** in geography. 그녀는 지리학을 **전공했다**.

My **account** is overdrawn. 나의 **계좌**에서 예금이 초과 인출되었다.
I can't **account** for where the money went. 돈이 어디로 갔는지 **설명할** 수 없다.

They weighed **anchor** at 6:00 p.m. 그들은 오후 6시에 **닻**을 올렸다.
Tom Brokaw **anchored** the news at 6:00 p.m. 톰 브로커는 오후 6시 뉴스를 **진행했다**.

They wanted to **green** the neighborhood. 그들은 근처 지역을 **녹지화**하기를 원했다.
They were given a **green** light. 그들은 **허가를 받았다**.
The kid pushed aside the **greens** on the plate. 꼬마는 접시의 **야채**를 옆으로 밀어 놓았다.

We don't have any **doubt** it's correct. 우리는 그것이 옳다는 것에 대해 어떠한 **의심**을 가지지 않는다.
We don't **doubt** that it's correct. 우리는 그것이 옳다는 것을 **의심하지** 않는다.

It's no **trouble** at all. 전혀 **귀찮지** 않아요.
Don't **trouble** yourself. 당신 자신을 **귀찮게 하지** 마세요.

이 경우 동사나 형용사 그리고 명사는 똑같은 형태이고 똑같이 발음된다. 동사가 명사에서 파생되었다고 믿을 이유가 있다. 이러한 이유로 인해 이 동사들은 명사에서 파생된 동사(denominal verbs)라 불리며, 명사가 동사로 전이되는 **품사전이(conversion)** 과정에 의해 파생되었다고 말한다. 어떤 면에서 이들 품사전이 단어는 어휘목록에서 새로운 항목은 아니다. 다른 기능(이 경우에는 명사로)으로 이미 존재하고 있었기 때문이다. (명사－동사의 짝 외에도) near[가까운], idle[게으른], clear[분명한], smooth[부드러운], obscure[모호한] 와 같은 형용사 혹은 부사－동사의 짝도 많다. 이 과정은 한 단어가 새로운 기능[품사]을 갖도록 허용하기 때문에 우리는 이를 기능확장(functional extension) 혹은 기능전환(functional shift)이라고도 생각할 수 있다.

품사전이 과정은 오늘날 극히 생산적이다. 우리는 회의의 사회를 볼 수(chair a meeting) 있고, 우리의 의도를 감출 수(mask our intentions) 있고, 우리의 의견을 방송으로 내보낼 수(air our opinions) 있고, 벽을 판으로 덮을 수(panel the walls) 있고, 항의 시위를 벌일 수(stage a protest) 있고, 폭풍우를 견뎌낼 수(weather the storm) 있고, 대문을 공격할 수(storm the gates) 있고, 학생들에게 이메일을 보낼 수(e-mail the students) 있고, 적들을 때려눕힐 수(floor our enemies) 있고, 자동차를 윤낼 수(polish the car) 있으며, 거친 바다에서 낚시를 할 수(fish in troubled waters) 있다. 우리 주변에 충분히 오랫동안 있어왔던 품사전이 단어는 보통 많은 사전에 n., a., v.,(해당 단어는 명사, 형용사, 동사 모두로 나타날 수 있다는 의미)로 표시된 하나의 항목으로 제시된다. 최근에는 놀랍게도 품사전이형이 사전에 독립된 항목으로 등재되어있는 것을 자주 볼 수 있다. 다른 어휘형성 유형처럼 품사전이는 잠깐 존재하거나 임시적으로 사용되는 단어를 생산하기도 한다. 예: to history[기록하다], to beetle[휑하니 나가다](두 단어 모두 셰익스피어 작품에서 발견됨), to conversation[대화하다], to dead[죽다], to ditty[짤막한 노래를 하다], to maid[하녀가 되다], to nighthawk[밤 도둑질을 하다], to perhaps[아마라고 말하다], to proverb[속담을 쓰다], to wool[양털을 깍다], to word[특정단어를 사용하여 쓰거나 말하다], 심지어 [고유명사인 장소이름을 동사로 만든] to Devonshire (1607)(OED에 따르면 '잔디, 그루터기, 잡초 등을 잘라낸 후 땅에 그 재를 뿌려 채워 토지를 깨끗하게 정리하거나 개선시키기'란 의미를 가짐).

발음은 유지하되 강세만 이동시키는 패턴은 비교적 최근의 경향으로 convict[유죄를 선고하다/기결수], present[선물(하다)], refuse[거절(하다)], torment[고문(하다)]와 같은 단어 쌍에서 전형적으로 나타난다. 이들 단어에서 동사는 마지막 음절에, 다른 형태는 첫 음절에 강세가 온다. 이러한 단어는 diatonic words[4]로 알려져 있다. rebel[반란(을 일으키다)], record[기록(하다)] 이 두 단어만이 1570년 이전에 강세 이동이 일어났음을 보여주고 있으나, 다른 단어는 대부분이 차용어이고 지난 3세기 동안 이와 같은 강세이동을 겪은 단어의 수는 꾸준히 증가하고 있는 중이다.

2.3 복합

이 방법은 신조어의 아주 광범위하고 따라서 중요한 출처이다. 복합(compounding)이라는 방법으로 새 단어를 만들기 위해서 일단은 완전히 투명한 방식으로 두 단어를 나란히 두는 것이다. 그리고 이후에 다양한 변화가 일어나게 되고 이로 인해 복합어의 투명성을 상실할 수 있다. 초기영어에서 만들어진 명확한 예는 lord라는 단어인데, loaf '빵'(l과 o를 여전히 볼 수 있다)과 ward '수호자'(rd를 여전히 볼 수 있다)가 합쳐진 불투명한 형태이다. 덜 극단적인 예로 음성적인 복잡성이 없는 hoe-down '옛날 남부와 서부 지역의 추수나 결혼과 관련된 시끄러운 춤'과 같은 단어가 있다. OED는 이 단어를 breakdown[붕괴]의 초기 의미와 같은 것으로 보고 있으나 이제는 이와 관련된 의미는 사라졌다. 어떤 경우에도 구성성분의 의미를 안다고 해서 그 의미를 추론할 수 없다. 따라서 이는 불투명 복합어이다. 한때 복합어였으나 이제는 완전히 동화되어 하나의 단어로 여겨지는 lord 류의 다른 예로는 wife 'female[여자]' + mon 'person[사람]'의 합성으로 만들어진 woman, God be with you[신이 당신과 함께 하기를]에서 만들어진 good-bye[안녕], holy[신성한] + day[날]에서 만들어진 holiday[휴일], bone[뼈] + fire[불]에서 만들어진 bonfire[모닥불], house wife[주부]에서 만들어진 hussy[제멋대로인 여자] 그리고 no thing에서 만들어진 nothing[없음] 등이 있다.

복합어에 관해 완벽하게 설명하는 것은 이 책에서 다루는 내용의 범위를 벗어나 있다. 그러나 복합어는 사실상 차용을 제외하면 영어 신조어를 만들어내는 가장 자주 쓰이고 가장 중요한 출처이기 때문에, 이 책에서는 복합 과정을 통해 영어에 존재하게 된 다양한 단어의 일부 의미를 알려 주고자 한다. lord처럼 더 이상 복합어로 느껴지지 않는, 이제는 완전히 불투명한 복합어도 물론 포함하지 않는다. 그러나 airship[비행선], frogmen[잠수부], icebox[얼음을 사용하는 냉장고], hovercraft[호버크라프트5]처럼 구성요소의 의미를 통해 완벽하게 추론할 수 없는 독특한 새로운 의미를 갖게 된 두 개의 익숙한 요소로 투명하게 구성된 예들은 포함한다. 여기서 독특한 새로운 의미라는 것은 airship은 더 이상 배(ship)가 아니며, frogmen은 개구리(frogs)가 아니며, icebox는 얼음(ice)로 만들어진 상자(box)가 아니며, 야구에서 nightcap[야구 더블헤더 중 두 번째 경기]은 머리에 쓸 수 있는 모자가 아니며, hovercraft는 공중을 날지(hover) 않는다.

이제 통사적 복합어와 어휘적 복합어를 구분하는 것으로 시작해 보자.[3] 사람들은 늘 통사적 복합어가 무엇을 의미하는지 이해한다. 이 복합어는 문장처럼 문법의 규칙적인 법칙에 의해 만들어지며, 따라서 사전에 등재되지 않는다. 그래서 누군가가 다음과 같이 말하면,

Playing quartets is fun.(오중주를 연주하는 것은 재미있어)

우리는 문법규칙을 통해서 다음과 같이 말할 수도 있다는 것을 안다.

---

3) 이 주제에 대해 관심이 있어 더 많은 것을 알아내고자 하는 학생은 진정으로 위대한 학자인 한스 마샹드(Hans Marchand)의 『현대영어 어휘형성법의 범주와 유형(The Categories and Types of Present-Day English Word-Formation)』(2판, Munich: Beck, 1969)을 반드시 참고해야 한다.

Quartet playing is fun.(오중주 연주는 재미있어)

따라서 quartet playing(오중주 연주)은 통사적 복합어이다. 통사적 복합어 중 투명한 예로 birthplace(출생 장소), bookkeeper[서기](책을 순서대로 정리하는 사람), washing machine[세탁기, 세척기](이 기계로 우리는 어떤 것을 깨끗이 닦는다), moonlight[달빛](달에서 나온 빛), sunrise[해돋이](해가 뜸), policy maker[정책 입안자](정책을 고안하는 사람) 등이 있다. 사실 우리가 날마다 사용하는 대다수의 복합어는 투명한 통사적 복합어이다.

반면 ice cream 혹은 iced cream은 문법규칙만 가지고는 무엇을 의미하는지 알 수 없다. ice cream은 다음과 같은 어휘형성 과정에서 왔다고 계산해 낼 수 없다.

They iced the cream.(그들은 크림을 얼렸다)

따라서 ice cream은 그 의미를 미처 알고 있지 못한다면 완전히 새로운 단어처럼 사전을 찾아보아야 하는 어휘적 복합어이다. crybaby[엄살꾸러기] 역시 어휘적 복합어로 다루어져야만 한다. 왜냐하면 이 단어는 우는 아기를 지칭하는 것이 아니라, 우는 아기처럼 구는 사람 즉 불행하다고 느껴질 때마다 불평하는 사람을 지칭하기 때문이다. 마찬가지로 girl friend는 친구(friend)인 소녀(girl)가 아니며, boy friend도 친구(friend)인 소년(boy)이 아니다. 이 두 복합어는 실제로 표면적으로 의미하는 것을 의미할 수도 있다. 반면에 bread-crumb은 빵 조각이지만 bread winner는 빵(bread)(혹은 단지 빵만)을 구해(win)오지 않는다. blue-collar[육체노동자] 일꾼은 검정색 셔츠도 입을 수 있다. sweetheart[애인]는 무엇이든 간에 sweet[달콤한] heart[심장]가 아니며, 이 단어는 13세기 이후 계속 영어에 존재해 왔던 불투명한 복합어이다.

highlight in my life[내 인생의 중요 부분]에서 볼 수 있는 hightlight[가장 좋은 부분]는 17세기부터 사용된 불투명한 복합어이다. 이 복합어가 어떻게 불투명하게 되었는지 살펴보자. 처음에는 어떤 것이 눈에 띌 수 있도록 비추어 주는 것이라는 투명한 묘사로 이 복합어가 시작된다. 그러다가 사람의 기억이나 경험에서 눈에 띄는 것을 지칭하는 단어로 일반화되거나 확장된다. 의미확장이 이루어지면 곧바로 적어도 이 의미에 있어서는 불투명한 복합어가 된다.

현대영어 화자 대부분이 첫 번째 의미로 과녁의 중앙으로 생각하는 bull's eye라는 복합어는 원래 입으로 불어서 만든 유리의 판을 만들 때 형성되는 가운데 돌기를 지칭했다. 이 단어는 18세기 초 영국 동전 크라운[6]을 지칭하는 속어로 가장 먼저 등장한다. '과녁의 중앙'이라는 의미로의 변화는 뜨거운 방울에서 시작해서 중앙으로부터 사방으로 서서히 퍼지면서 커지는 유리병을 부는 방법의 기능을 하는 '중앙 점'이라는 개념이 확장된 것일 뿐이다.

앞에서 예를 든 모든 복합어는 두 단어로 구성되어 있고, 그 의미는 두 단어의 상호 작용과 함께 투명한 복합어에서 불투명한 복합어로 점진적으로 변화시켰을 사용문맥의 작용으로 만들어졌다. 3개 이상의 단어로 구성된 이른바 구 복합어(phrasal compound)도 있을까? maid of honor[신부들러리], good-for-nothing[쓸모없는], man of the world[처세에 능한 사람] 혹은 jack-of-all trades[무엇이든 하는 사람]는 단순히 구문인가 아니면 복합어인가? 우리가 이 구분에 신경을 써야 하는가? 불행하게도 쉬운 답은 없다. 의미가 명백하게 드러나지 않을 경우 일부 사전에서는 이들을 어휘적 복합어로 실어놓고 있다. 예를 들어 jack-of-all-trades는『옥스퍼드 영어사전』에는 실려 있지 않은 반면, 훨씬 작은『웹스터 대학생용 사전(Webster's Collegiate Dictionary)』에는 실려 있다. maid of honor는 두 사전 모두에 실려 있는 반면, good-for-nothing이나 man of the world는 어디에도 실려 있지 않다. 이 경우 비록 특별한 특징을 가진 단어로 선택될 타당한 이유가 있어 보일지라도 그러하다. 즉 man of the world가 정말 무엇을 의미하는지 잘 모르더라도 사람들은 man[사람]과 world[세상]의 의미는 알 수 있다. 마찬가지로 good-for-nothing은 쓸모없는 특별한 경우, 보통은 게으름을 지칭한다. 이런 복합어의 구조는 통사구조를 그대로 따르고 있으나 새로운 의미를 만들어낸다. 따라서 이를 바탕으로 어떤 언어학자들은 이를 **구 단어(phrasal word)**라는 특별한 범주로 분류한다.[4] 통사적이든 어휘적이든 간에 구 단어가 아닌 복합어는 복잡한 내부구조를 보일 수 있다. 반면 구 단어의 통사구조는 절이나 구이다. 예: *devil-may-care* attitude[앞일을 걱정하지 않는 태도], *dyed-in-the-wool* scoundrel[철저한 악당].

3. 새 단어 만들기

이제 더 뜻밖의 방법이면서 거의 틀림없이 더 창의적인 방법으로 새로운 단어를 생산하는 방법을 살펴보자. 다음에 논의될 어휘형성법 유형과 2절에서 이미 제시된 '규칙적인' 유형 사이의 주된 차이점은 '단어창조'는 대단히 개별적이고 사적인 문제일 수 있다는 점이다. 또한 새 항목의 구성요소는 쉽게 알아차릴 수도 없고 예견되지도 않는다. 사전에는 이들 단어들이 개별 표제어로 실려 있다.

새로운 단어는 가족에서, 대학의 또래 집단에서, 전문가 그룹에서, 같은 성별이나 같은 인종 그룹에서, 지리적으로 같은 지역에서, 날마다 만들어지고 있다. 단어창조의 대부분의 패턴은 영어의 음성연쇄에 관한 일반적 제약을 지키고 있어 음성적으로 제대로 된 것이지만, 새 단어의 탄생, 생존 그리고 영어의 기존어휘와의 통합은 보장되지 않는다. 즉

4) 앤드류 카스테어즈-매카시(Andrew Carstairs-McCarthy)의『영어 형태론 개론(An Introduction to English Morphology)』(Edinburgh University Press, 2002)을 참조할 것.

파생어가 아닌 새롭게 창조된 단어가 성공적일지 아닐지는 문화, 경제, 정치적 사건에 달려있을 수 있다.

3.1 없는 것으로부터 창조(Creation de novo)[5)]

사람들은 새로운 생각이나 새로운 제품을 나타내는 새로운 단어를 (이미 존재하는 단어나 단어의 일부에 바탕을 두지 않고) 새롭게 만들어 내는 것이 쉬운 일이라 생각할지 모르지만, 그러한 창조는 드물다. 초기에 새롭게 만들어진 단어 가운데에 flabbergast[깜짝 놀라게 하다](1772), fandangle[기발한 장식](1835), hanky-panky[문란한 성행위](1841), flamdoodle[헛소리](1888) 등이 있다. blurb[안내문]는 책의 표지나 띠에 넣은 [책에 관한] 과장된 묘사를 지칭하기 위해 1907년에 만들어진 또 다른 예이다. 기원이 알려지지 않은 형용사로 최근에 미국영어에서 널리 사용되고 있는 ditsy/ditzy[어리석은]는 1978년에 처음 기록되었다. 최근에 새로운 혹은 '자의적'으로 만들어진 단어(OED는 이렇게 분류하고 있다)로 gizmo[간단한 장치](1965), Muppet[멍청이](1970), dongle[동글](1982) '소프트웨어 보호 장치'가 있다.

완전히 새로운 단어는 상표의 이름에서부터 자주 출발한다. Kodak은 카메라 회사 창업주인 조지 이스트만(George Eastman)에 의해 1888년 만들어져 특허 등록명으로 등재되었다. 단어 자체에 관해서 말하자면 이스트만은 이 단어는 '순전히 글자의 자의적 조합으로 기존에 존재하는 단어에서 전체 혹은 부분을 가져다가 만들지 않았다'고 말했다고 전해진다.[6)] Nylon[나일론], Orlon[올론], Dacron[데이크론], Kevlar[케블러], Teflon[테플론]은 이러한 상품을 제조하는 회사에 근무하는 사람 중 말을 능숙하게 다룰 줄 아는 사람이 고안한 다른 예이다.[7] Nylon을 제외한 다른 단어는 아마도 핵심어휘가 아닐 것이다. 심지어 이들 단어의 어미인 on은 분명히 electron[전자]과 같은 단어에서 유추해 낸 것임이 확실하다. 따라서 Kodak과 달리 이들 단어는 완전히 아무 것도 없는 상태에서 만들어지지는 않았다. Kodak과 같은 예로 또 다른 단어는 quark[쿼크]인데 이는 제임스 조이스(James Joyce)의 '피네간의 경야(Finnegans Wake)'라는 시에 'Three Quarks for Muster Mark'라는 구에 처음 등장한다.

---

5) de novo는 완전히 아무것도 없는 상태에서 처음으로 만들어진 단어를 말한다. 이는 단어 제조(word-manufacture)로도 알려진 과정이다. 바스 아츠(Bas Aarts)와 에이프릴 맥마혼(April McMahon)이 편집한 『영어학 논문집(A Handbook of English Linguistics)』(Oxford: Blackwell Publishers, 2006)에 실린 로리 바우어(Laurie Bauer)의 논문 498쪽 참고할 것. 어떤 책에서는 신조어(neologism)라는 용어에 de novo와 새로운 단어나 구를 만들어 내는 것 모두를 포함시키고 있다.

6) 이 인용의 원래 출처는 칼 에커만(Carl W. Ackerman)이 쓴 이스트만의 전기(『조지 이스트만(George Eastman)』, New York, 1930)에 인용된 편지로 추측되며 멘켄(H.L. Mencken)에 의해 선택되었다. 멘켄은 볼티모어의 위대한 기자이며, 주요 학문적 업적으로 미국영어 고유의 단어와 구에 관한 기념비적인 연구(『미국영어와 두 개의 부록(The American Language and two Supplements)』, New York, 1936, 4판, 증보판, 1945, 1948)가 있다.

이는 '자유로운 상태에서 감지되지 않으나 아주 적은 전하를 가지고 있고, 다른 조합으로 하드론[소립자의 일종]을 구성하는 것으로 여겨지는, 원래는 숫자상으로 3개인 원자보다 작은 입자의 그룹'(OED)이라는 의미로 물리학자가 사용한 것이었다.[8]

마케팅 세계에서 신조어는 일반적으로 나타내고 싶지 않은 어떤 것을 암시하지 않는 소리의 조합, 즉 기분 좋게 하는 소리 혹은 발음하기 쉬운 소리를 찾으려는 대단위 상업적인 연구 노력의 결과이다. 그러나 심지어 광고 전문가가 만들어낸 신조어조차 대부분은 기존의 단어로부터 파생된다. 예를 들어 진통제 Aleve[9]는 분명히 alleviate[완화하다]라는 단어를 암시하게 된다. 피부연고인 Lubriderm은 derm을 윤나고 부드럽게(lubricate) 하는 것임을 암시할 의도이다. derm은 피부를 나타내는데 이는 dermatology[피부과], epidermis[표피], dermatitis[피부염]와 같은 익숙한 형태의 단어에 등장하고 있기 때문이다. 전문적으로 말해서 혼성어인 travelocity 역시 여행 계획을 돕고 신속하게 해주는 회사의 이름으로 새롭게 만들어진 단어이다. Tylenol(1956), Prozak(1985), Viagra(1996)는 Kodak처럼 아무것도 없는 것에서 처음 만들어진 단어이다. Frigidaire는 냉장 장치의 특정 상표를 나타내기 위해 영리하게 만들어진 단어이다. 유사하게 매력적인 특허 상표명인 Kleenex는 깨끗한(clean)과 유사 과학 접미사인 -ex에 기반하고 있다.

최근에 만들어진 신조어 가운데 아주 많은 인기를 끌고 있는 google이란 동사는 1998년 시작된 인터넷 검색엔진의 특허 등록명의 품사전이형이다. OED는 다음과 같이 설명하고 있다. '이 검색엔진 이름은 아마도 인터넷에 포함된 엄청난 양의 정보를 암시하고자 구골(googol)이라는 단어를 변형해서 만들어졌을 것이다.' 10의 100제곱(10^{100})을 의미하는 구골 단어 자체는 1940년 de novo로 만들어 졌다. 인터넷을 통해 직접 목소리를 전송할 수 있는 소프트웨어 이름인 Skype는 'Skype me(나에게 스카이프해 줘)' 혹은 'Have you been Skyped/skyped yet(스카이프 사용해본 적 있니)?'와 같은 문장을 바탕으로 곧 OED에 새 표제어로 등재될 것이다.

3.2 혼성

혼성(blending)에 의해 만들어진 단어는 『거울 나라의 엘리스(Through the Looking Glass)』(1871)의 저자인 루이스 캐롤(Lewis Carol)을 따라 혼성어(portmanteau word)로 불리기도 한다. 그는 다음과 같이 쓰고 있다.

> Well, 'slithy' means 'lithe and slimy'. . . You see it's like a portmanteau—there are two meanings packed up into one word. . . 'Mimsy' is 'flimsy and miserable' (there's another pormanteau.)

글쎄 'slithy'는 '유연하면서 끈적거리는'이라는 뜻이야. . . 마치 혼성된 것 같은 거야. 한 단어에 두 개의 의미가 섞여있지. . . 'mimsy'는 '조잡하고 비참한'이야(또 다른 혼성어이지).

물론 캐롤이 말하고 있는 것을 감상하기 위해서는 portmanteau라는 단어를 알아야 하는데 이 단어는 원래 말을 탈 때 사용하는 용도로 디자인된 여행 가방을[10] 지칭하는 단어로 좀 오래된 단어이다. 캐롤이 만들어낸 또 다른 혼성어로 chuckle[껄껄거리다]과 snort[코를 골다]를 합쳐 만든 chortle[깔깔거리다], gallop[질주하다]과 triumph[승리하다]를 합쳐 만든 galumph[거칠게 움직이다]가 있다. 혼성을 할 때에는 친숙한 두 개의 단어에서 부분을 떼어내어 (보통은 한 단어의 앞부분과 나머지 단어의 뒷부분이) 서로 엮어매서 처음에 있었던 두 단어의 소리와 의미를 결합한 단어를 만들게 된다.

앞에서 살펴본 루이스 캐롤의 기발하고 문학적인 예 이외에도 성공적인 혼성어의 예로 smoke[연기]와 fog[안개]의 혼성어인 smog[스모그], motor[자동차]와 hotel[호텔]의 혼성어인 motel[모텔, 자동차 여행객을 위한 호텔], helicopter[헬리콥터]와 airport[비행장]의 혼성어인 heliport[헬리콥터가 이착륙하는 장소], breakfast[아침]와 lunch[점심]의 혼성어인 brunch[아침과 점심시간 사이의 식사], flutter[펄럭이다]와 hurry[서두르다]의 혼성어인 flurry[광풍], flash[비추다]와 gush[솟구치다]의 혼성어인 flush[왈칵흐르다], sun[태양]과 umbrella[우산]의 혼성어인 sunbrella[파라솔](2006)가 있다. 1999년 처음 기록된 blog는 만들어지자마자 곧 높은 빈도로 사용되는 일상의 명사와 동사가 되었다. 이 단어는 혼성어에서 드믄 경우인데, 정상적인 패턴은 첫 단어의 첫 부분이 보존되는 반면 blog에서는 첫 단어의 마지막 소리가 사용되고 있기 때문이다.[11]

우리는 때로 새 혼성어의 구성성분을 파악하지 못한다. 그리고 단어의 기원은 더 이상 투명하지 않게 된다. vaseline이 그러한 단어이다. 이 단어는 독일어 Wasser 'water'[물]와 그리스어 elaion 'oil'[기름]에 기반 하여 만들어졌다. 1872년 이 제품을 생산한 회사를 소유했던 사람이 이 단어를 만들었다. 이 단어는 여전히(Kodak이나 Tylenol 그리고 앞에서 언급된 수많은 상업용어처럼) 제품을 생산하는 회사 이름이자 회사가 소유한 특허 등록명이다. 새로운 전문용어가 혼성에 의해 만들어지는 것은 드문 일이 아니다. 미국의 노인을 대상으로 한 의료보험을 지칭하는 사회보장 용어인 medicare[미국 노인의료보험제도]는 이제 완전히 정착되었다. 비록 1965년부터 시작된 단어이긴 하지만 medicaid[미국 저소득층의료보장제도] 역시 같은 종류의 혼성어이다. 의료업무 분야에서 사용되는 urinanalysis[소변분석]는 urin[소변]과 analysis[분석]에서 비롯된 것이 확실한데, 기원이 너무 투명하여 우리는 이 단어가 독립된 혼성어라는 사실을 거의 알아차리지 못한다. 19세기에 급속도로 발전한 화학분야에서 새로운 합성물과 화학물질은 새로운 이름이 필요했고 주로 혼성어를 사용해서 그 이름을 만들었다. acetal[아세탈](acetic alcohol), alkargen[알카젠](alkarsin와 oxygen), carborundum[카바런덤](carbon와 corundum), chloral[클로랄](chlorine와 alcohol), phospham[포스팜](phosphorous ammonia)을 포함하여 많은 예가 있다.[12]

혼성은 단어를 만드는 사람의 영리함이 즉각적인 인기로 보상받는 어휘형성법 영역이다. sexploitation[영화에서 성을 이용하기](40년대에 만들어졌으나 70년대부터 흔하게 사용됨), Spanglish[스페인식 영어](1954년에 Espanglish로 만들어졌으나 영어에는 60년대 후반 이후로 Spanglish로 나타남)와 sitcom[시트콤](1964)은 이제 일반적으로 사용되고 있다.[13] 분위기를 좀 더 가볍게 바꾸어 보면, 혼성어에 대한 보상은 심지어 재미있을 수 있다. 기술하는 현상이 불쾌할지라도 guesstimate[어림짐작하다], testilying[허위증언하기], globesity[전세계적으로 비만이 유행하는 것], spamouflage, compfusion, pagejacking과 explornography는 아마도 웃음을 이끌어낼 것이다.[7)][14] 기자들이 이런 혼성어를 즐거워한다는 사실은 놀랍지 않다. nonsensory (overload[과부하]), examnesia[시험 중 건망증], factigue[사건피로], misleducation[호도된 교육]은 모두 하나의 잡지기사에서 만들어졌다.[8), 15]

3.3 절단

화자가 단어나 구를 줄이는 여러 방법 가운데 하나는 inquisitive[꼬치꼬치 캐묻는]에서 quiz[퀴즈]를, telephone[전화]에서 phone을, airplane[비행기]에서 plane을, influenza[독감]에서 flu를 만들어 내는 것처럼 단어의 일부를 잘라내고(clipping) 나머지는 버리는 것이다. 이 과정은 기존의 단어에 자주 적용될 뿐 만 아니라 전체 구에도 적용된다. 따라서 mob[군중]은 mobile vulgas(변덕스러운 평민)를 줄인 것이다. zoo[동물원]는 zoological[동물(학)의] garden[정원]에서 왔다. ad와 영국영어 advert는 advertisement[광고]에 투명하게 바탕을 두고 있다. 많은 경우 절단어는 시간과 공간을 줄이기 위해 의도적으로 짧게 한 것임이 확실하다. 절단어는 전문적으로 말해 새로운 단어는 아니나, 기존의 단어에 대한 스타일상의 이형태로 존재하는 것이다. 예: copter[헬리콥터], gas[개솔린], tater[감자], sci-fi[공상과학 소설], poly-sci[정치학], math[수학], rep[대표].[16] 많은 절단어가 영어에 유입되었지만 화자들은 이러한 단어가 어디에서 왔는지 파악하지 못해 왔다. 얼마나 많은 사람이 gin and tonic[진토닉]이 Geneva에서 왔고, cotton gin[면을 직조하는 기계]의 gin은 engine에서 왔으며, perk[특권]는 perquisite[특권]에서 온 것이라는 사실을 알고 있을까? whiskey가 어떤 단어를 줄인 것인지 알아내기 위해 사전을 찾아보면, 사전에 보이는 형태는 아마도 여러분에게 완전히 낯선 단어일 것이다.[17]

---

7) pagejacking은 웹 포르노 운영자가 합법적인 웹 페이지를 복제하면서 행하는 인터넷 사기이다. 마지막 세 단어는 미국 방언학회의 웹 페이지(www.americandialect.org/adsl.shtml)에서 가져온 것으로 학회에서 입증한 새로운 단어 리스트에서 가져왔다. 이런 단어의 의미는 다음과 같다. spamouflage는 '스팸 이메일 메시지지만 스팸처럼 보이지 않는 제목', compfusion은 '컴퓨터에 대한 혼란', explornography는 '이국적이고 위험한 장소로의 여행'으로 정의된다.

8) 여기에 있는 단어 모두『월간 아틀란틱(The Atlantic Monthly)』(2003, 12월, 180쪽)에 실린 바바라 월러프(Barbara Wallraff)의 '난어 노방사(Word fugitives)'란 수필에서 가져왔다.

'순수한' 절단어는 chimp[침팬지], prom[무도회], prof[교수], lit[문학]처럼 한 단어에서만 절단이 이루어진다.[18] '순수한' 혼성어는 mo-**t**-el, sm-**o**-g, chu-**nnel**[해저터널], br-**o**-ast[굽다], Reag-**an**-omic[레이건경제정책의], gl-**ob**-esity, ex-**am**-nesia, non-**sens**-ory, misl-**ed**-ucation, **fa**-ctigue처럼 두 단어의 공유되는 부분을 이후에도 알아차릴 수 있게 해주는 흔적을 남기는 것이 전형적이다.[19] 절단은 복합과 결합하여 일어날 수 있다. 따라서 norovirus(Norwalk + virus), humnet[인문학인터넷](Humanities net), Eurovision[유럽텔레비전방송망], sitcom에서처럼 단어생성 역사에 있어 절단과 혼성 모두를 포함하는 단어를 생산하기도 한다. 이 단어들은 두 유형 모두에 속하는 것으로 분류하는 것이 적절할 것이다.

3.4 역형성

때때로 단어의 잘려나간 부분이 접사로 여겨지기도 한다. edit[편집하다]란 단어는 **역형성(back formation)**이라 일컬어지는 과정의 예로 자주 언급된다. 『아메리칸 헤리티지 사전』에 이 주제에 관한 재미있는 논의가 실려 있다.

> dive[물에 뛰어들다]가 diver[다이버]의 출처라고 기대하듯이 edit는 editor[편집자]의 출처라고 기대할 수 있지만 오히려 그 반대의 경우이다. 1793년에 기록된 '편집하다' 의미의 edit는 1712년에 기록된 '편집하는 사람'이라는 의미인 editor에서 왔다. 그러나 그 이상의 이야기가 있다. 또한 edit는 부분적으로 프랑스어 단어인 éditer '발행하다, 편집하다'에서 가져와 1784년에 처음 기록되었다. edit의 경우 두 과정, 즉 차용과 역형성이 독립적으로 혹은 함께 일어났다. 아마도 어떤 이는 프랑스어에서 edit를 바로 가져왔을 것이고, 다른 이는 editor에서 그리고 또 다른 이는 양쪽에서 다 edit를 가져왔을지도 모른다.

burgle[도둑질하다](1872)도 같은 방법으로 burglar[도둑]에서 만들어졌다. 역형성의 예는 더 이상 투명하지 않다. 예컨대 사람들은 보통은 cherry가 cherise[체리]의 어말 -s를 사람들이 복수형 어미로 잘못 분석하여 만들어진 역형성 단어라는 사실을 모른다. grovel[굽신거리다]이란 동사는 원래는 grufe '얼굴을 아래로 하다'에 '~하는 사람'의 의미를 가진 ling이 결합된 groveling을 잘못 분석한 결과이다. 이러한 단어는 많지 않으며, burgle과 같은 아주 최근 단어를 제외한 다른 단어는 그 기원이 불투명하다. 이러한 단어는 결국 영어에 존재하게 되었는데, 이들이 출처로 하는 형태 자체가 불투명하고 기존의 파생 모델과의 유추현상에 의해 분석할 수 있는 가능성이 있기 때문이다. 유추에 의한 투명한 역형성 경우 중에는 각각 -er을 가진 명사에서 만들어진 harbinge[조짐을 보이다], type-write[타이핑하다], baby-sit[아이를 돌보다], house-sit[살림을 하다]와 -ion을 가진 명사에서 만들어진 conversate[대화하다], orientate[노선을 정하다] 등이 있다.

3.5 약어: 애크로님과 이니셜리즘

3.5.1 애크로님

애크로님(acronym, acr-o '끝, 지점' + onym '이름')은 축약(shortening)의 특별한 경우이다. 전형적인 애크로님은 여러 단어에서 각각의 첫 소리를 가져와 새로운 단어를 만든다. 이 결과로 만들어진 단어가 하나의 단어처럼 발음이 되면 진짜 애크로님이다. 예를 들어 진짜 애크로님으로는 ASCII([ass-key]로 발음된다)(American Standard Code for Information Interchange)[미국정보교환용표준부호], NASA(National Aeronautics and Space Administration)[미국항공우주국], WAC(Women's Army Corps[육군여군부대], lack, sack, Mac과 라임을 이루도록 발음된다[즉 [wæk]으로 발음]), SHAPE(Supreme Headquarters Allied Powers Europe)[유럽연합군최고사령부], NATO(North Atlantic Treaty Organization[북대서양조약기구], Cato와 라임을 이루도록 발음된다) 등이 있다. Qantas는 Queensland and Northern Territory Aerial Services[퀸즈랜드와 북부 지역 항공서비스]를 나타내고, FOLDOC은 Free Online Dictionary of Computing[무료온라인컴퓨팅사전]을 나타낸다. Laser는 Light Amplification by Stimulated Emission of Radiation의 줄임말이다. 2차 세계대전 당시 가장 유명한 애크로님 가운데에 fubar(F***ed Up Beyond All Recognition)[알아볼 수 없을 정도로 망가진]와 같은 단어에 있는 FU-와 GI[미군병사]가 좋아하는 snafu(Situation Normal All F***ed Up)[상황은 정상이지만 실제로는 모든 것이 엉망이다]가 있다.

한편 애크로님을 발음할 수 있게 만들기 위해 우리는 첫 소리뿐만 아니라 다른 소리도 자주 가져오곤 하는데 예를 들어 첫 자음과 첫 모음을 함께 가져오기도 한다. 따라서 radar[레이다]는 radio detecting and ranging에서 왔다. sonar[초음파]는 sound navigation (and) ranging에서 왔는데 첫 두 단어에서 처음 두 글자를 가져오고 나머지 한 단어에서 첫 글자를 가져와 애크로님을 만들었다. 이와 비슷한 경우로 이제는 아주 흔히 사용되는 modem이 있는데 이 단어가 modulator－demodulator에서 만들어졌다는 것을 아는 사람들은 거의 없다.

때때로 애크로님은 사람들이 줄이는 단어보다 훨씬 더 큰 단위에 바탕을 두기도 한다. 예: Comecon(Council for Mutual Economic Assistance[경제상호원조회의], 공동시장(Common Market)에 해당하는 1990년 이전의 동유럽 기관). 또한 컴퓨터언어 이름인 FORTRAN (Formula Translation)[포트란]도 있다. 여기서 대문자를 사용하는 방식은 서로 다르다. 이 단어는 혼성어, 절단어, 애크로님 사이 중간쯤에 있다. 애크로님이 한 단어로 충분히 받아들여지게 되면 다른 일반단어처럼 소문자로 쓰기도 한다. modem, radar가 이런 과정을 거쳐 소문자로 쓰이게 되었고 okay도 마찬가지다. 일부 젊은이는 snafu라는 단어가 외설적 표현을 위장하고 있는 단어라는 것조차 모르는 것 같다.

3.5.2 이니셜리즘

애크로님을 구성하는 글자가 COD[20]에서처럼 개별적으로 발음된다면 이러한 애크로님은 이니셜리즘(initialism)이라고 부른다. '첫 글자의 의미 있는 모임'을 의미하는 이니셜리즘이란 단어의 기원은 1899년(OED)으로 거슬러 올라간다. 미국이 이니셜리즘을 가장 많이 양산해 내었던 곳으로 보인다. 20세기 전까지 영어에는 이니셜리즘이 드물었다(GOP와 OK는 초기에 만들어진 예로 둘 다 19세기 중엽에 만들어졌다). TNT(trinitrotoluene)[폭약의 일종]는 1차 세계대전 바로 전부터 시작되었다. 이 전쟁은 적은 수의 애크로님만을 생산했다. 예를 들어 WAAC(Women's Army Auxiliary Corps)[육군여자보조부대]와 WREN(Women's Royal Naval [Service])[해군여자부대원]이 있다. 애크로님과 이니셜리즘이 정말로 유행하게 된 것은 1933년 시작된 미국의 프랭클린 드라노 루즈벨트(Franklin Delano Roosevelt) 대통령의 첫 임기 기간 동안과 2차 세계대전 동안이었다. 미군병사를 나타내는 명칭은 GIs[육군](General Issue[일반적 사안]의 복수형)이었고 그들이 운전하는 차량인 Jeep는 GP[지프차](General Purpose[일반적 목적])로 발음되었다. 루즈벨트는 새로운 정부기관을 많이 만들었는데 거의 모두가 이니셜리즘으로 불리었다(WPA Works Progress Administration[공공사업촉진국], NRA National Recovery Administration[산업부흥감리국], CCC Civilian Conservation Corps[민간자연보호청년단], FCC Federal Communications Commission[연방통신위원회], FTC Federal Trade Commission[연방통상위원회]). 이 방법은 존중되었고 이제는 우리 삶의 모든 영역에서 엄청나게 생산적이 되어버린 유행을 시작할 정도가 되었다.

미국에서 사람들은 IRS(Internal Revenue Service)[국세청]에 세금을 내고, 운전면허는 DMV (Division of Motor Vehicle)[차량관리국]에서 신청해서 받으며, NBC(National Broadcasting Company), ABC(American Broadcasting Company) 그리고 CBS(Columbia Broadcasting System) 방송을 본다. 축약하는 추세를 단지 미국적인 추세로 생각하는 것은 더 이상 공평하지 않다. 전 세계에서 BBC(British Broadcasting Corporation)방송을 들으며, 런던의 ICS(Institute of Contemporary Art)[현대미술관] 카페는 지역주민과 관광객 모두에게 똑같이 잘 알려져 있으며, 버클리와 샌프란시스코에 사는 사람은 애크로님인 BART(Bay Area Rapid Transit)[샌프란시스코고속철도]를 타고 다니는 반면에 더블린 사람은 애크로님인 DART[더블린지역고속철도]를 타고 다닌다.

새로운 형태가 애크로님인지 이니셜리즘인지 구분하는 것이 항상 쉽거나 가능하지 않다. CD-ROM(compact disk read-only memory)이나 JPEG(Joint Photographic Experts Group)[통합사진전문가그룹]는 이니셜리즘－애크로님의 혼성어이다.[21] 때때로 동일한 단어가 이니셜리즘으로도 애크로님으로도 발음된다. FAQ(frequently asked questions)[자주 묻는 질문], SAT(scholastic aptitude test)[대학수능시험]가 그러한 경우이다. 그러나 이처럼 축약된 단어의 혼용된 패턴으로 Y2K(year 2000), 3D(three-dimentional)에서처럼 쓰기에 있어서 혹은

AAA('triple-ey', American Automobile Association)[미국자동차협회]처럼 발음에 있어서 여러 방법이 허용되고 있다.

좀 더 최근에는 도처에서 사용되는 컴퓨터 약어와 정부기관의 이름으로 인해 이니셜리즘과 애크로님의 사용은 훨씬 더 확산되었다. 예: HTTP Hypertext Transfer Protocol[인터넷데이터통신규약], DRAM dynamic random-access memory[동적임의접근장치], CPU Central processing unit[중앙처리장치]와 정부기관인 DOD Department of Defense[국방부], DOE Department of Energy[에너지국], HEW Health Education and Welfare[보건교육후생부]. 애크로님이란 단어 자체는 FDR[프랭클린 대통령 이름의 약자]의 거의 말년인 1943년에 등장했다. 부통령 후보로 FDR과 함께 대통령 선거에 출마했던 뉴욕시 시장 알 스미스(Al Smith)는 점점 많은 이니셜리즘을 만들어내는 사회적인 경향을 '알파벳 수프 만들기'라 불렀다. 알 스미스는 미처 알지 못했을 수 있으나 게일(Gale)의 『애크로님, 이니셜리즘, 약어 사전(Dictionary of Acronyms, Initialisms & Abbreviations)』에는 이니셜리즘인 AAAAAA가 알 스미스 시장이 참여했을 것이라고 추측되는 조직의 이름으로 기록되고 있다. 이 단어는 The Association for the Alleviation of Asinine Abbreviations and Absurd Acronyms(터무니없는 약어와 어이없는 애크로님을 줄이기 위한 협회)를 나타낸다. (이 단어는 사실 앞으로 설명할 역애크로님의 예이다.)

3.5.3 모방약어

정상적인 애크로님 만들기로 인해 이루어진 일종의 정치적 결과물이면서 최근에 볼 수 있는 흥미로운 현상은 역애크로님(reverse acronym)[22]의 등장이다. 즉 창작자는 이름을 만들 때 먼저 자신이 원하는 단어를 먼저 만든다. 예를 들어 CORE를 먼저 정한 후, 자신이 연관시키고자하는 생각을 나타내는 단어를 찾아내기 위해 이 단어에 들어있는 네 글자를 가지고 작업을 한다. CORE는 Congress of Racial Equality[인종평등회의]의 애크로님이고, NOW는 National Organization of Women[전미여성연맹]의 애크로님이며, MADD는 Mothers Against Drunk Drivers[음주운전반대어머니회]의 애크로님이며, CARE는 Cooperative for American Remittances to Europe[미국유럽구제협회]의 애크로님이다. AID(Agency for International Development)[국제개발청], AIM(American Indian Movement)[아메리칸인디언운동], HOPE(Health Opportunity for People Everywhere)[모든이에게건강의기회를], PUSH(People United to Serve Humanity)[인권봉사국민연합]와 같은 단체명은 듣는 즉시 호소력을 발휘하며, 또한 사람들이 기억하기 쉽다는 장점이 있다.

이와는 반대되는 동기, 즉 스스로를 놀리려는 동기를 가지는 경우도 있는데, 그 예 중 좀 괜찮은 경우는 University Park Investment Group(대학공원투자그룹)으로 불리는 투자회사의 애크로님인 UPIG[23]에 나타난다. 이와 유사한 경우로 연방정부의 초비밀기관을 암시함과 동시에 놀리는 농담을 'CYA 작전'이란 구절에서 들을 수 있다. 작은 힌트: 첫 두 단어는 'Cover Your. . . (너의 ~을 감추어라)'이다.

지난 수십 년이 넘는 기간 동안의 알파벳 수프의 빈도는 토마스 게일이 발행한 수많은 다양한 판본의 『애크로님, 이니셜리즘, 약어 사전』의 출간으로 입증될 수 있을 정도로 높다. 이 사전의 11판(1987)에는 40만 개 이상의 표제어가 실려 있다. 2008년 8월에 출시된 40판에는 적어도 백만 개의 표제어가 있으며, 무게가 21.65 파운드였고 미국에서 1,190달러라는 가격표를 달 예정이었다. 40판만큼이나 인상 깊은 41판도 2009년 4월에 출시될 예정이다. 온라인 판 사전인 『약어와 애크로님 찾기(Abbreviations and Acronym Finder)』(www.acronymfinder.com/)는 데이터베이스에 보유한 4백19만 5천 개가 넘는 정의를 자랑하고 있다.

그러나 알파벳 수프는 쉽게 그리고 빨리 언어에서 사라진다. 위의 많은 예 가운데 NRA(National Recovery Administration의 의미로의)나 WPA[무선랜보안표준] 혹은 CCC[24]를 알고 있는 독자는 많지 않을 가능성이 크며, 컴퓨터와 관련이 없는 사람은 앞에서 든 예 가운데 많은 단어에 친숙하지 않을 수도 있다. 게일의 사전에 있는 거의 백만 단어 가운데 일반인은 2백~3백 개 이상을 알 것 같지 않다. 사실 등재된 약어 중 아주 많은 수의 단어는 전문용어의 애크로님이다. 예를 들어 의학전문가가 아닌 사람은 TMJ가 temporomandibular joint[악(顎)관절]이라는 것을 모를 것이다. NRA는 대부분의 독자에게는 National Rifle Association[미국총기협회]으로 익숙해져 있을 것이다. 이는 애크로님의 또 다른 잠재적인 문제를 보여준다. 즉 일련의 세 글자가 여러 방식으로 사용될 가능성이 존재한다. 게일의 사전 36판(2005)에는 221개의 AAA 약어 리스트가 실려져 있다. 예: Abdominal Aortic Aneurysm[복부 대동맥류], Accumulated Adjustments Account[누적조정계정], Auxiliary Array Antenna[보조배열안테나], Awaiting Aircraft Availability[대기항공기가능성].

3.5.4 전자의사소통에서의 약어

최근 널리 퍼진 또 다른 현상은 흔히 쓰이는 구문에 기반하고 있는 약어이다. 사람들은 어떠한 구문이나 일련의 단어에서도 애크로님이나 이니셜리즘을 만들어 낼 수 있다. 미국 서부해안의 인기 있는 식당 체인은 TGIF(Thank God it's Friday)[고마워라 금요일이다]라 불리며, 메모는 FYI(For your information)로 시작되며, [DOOMs]로 발음되는 DEWMs (dead European white males)[죽은 유럽백인남자]로 간주되는 사람도 있다. 이런 사례가 전자의사소통에서부터 시작된 것은 아니지만, 이제 개별 글자나 숫자가 단어를 대체하는 모델이 빠른 속도로 증가하고 있으며 SMS(short message service) 언어로 알려진 문자 메시지의 전형적인 특징이 되고 있다. 다음은 문자에 흔히 사용되는 애크로님이다.

adn: Any day now곧 지금이라도
b4: before전에
bfd: Big fucking deal극히 중요한 일
brb: Be right back곧 올께
gr8: great굉장한
gtg 혹은 g2g: Got to go가야 해
idk: I don't know나는 몰라요.
lmao: Laughing my ass off웃기지마
lol: Laughing out loud크게 웃음
rofl: Rolling on the floor laughing박장대소
ruok: Are you ok?괜찮아?
ttyl: Talk to you later나중에 얘기해.

3.6 에포님

에포님(eponym)은 이름에 기반을 둔 새로운 단어이다(epi '위에', onym '이름'). 모든 에포님은 해당 단어가 갖는 의미에 있어서 어느 정도의 변화를 필연적으로 포함하고 있다. 예를 들어 watt는 증기 엔진을 발명한 제임스 와트(James Watt 1736-1819)라 불리는 개인의 이름이었지만 지금은 힘의 단위, 주로 전기의 단위를 나타낸다. 생물학, 물리학, 의학과 같은 분야에서는 이러한 유형의 새 단어가 아주 많은데 이는 새롭게 발견된 것은 그것을 발견한 사람의 이름으로 불리는 경우가 많기 때문이다. 새롭게 발견된 화학요소는 이를 연구한 유능한 연구자나 연구 장소의 이름을 따서 명명하는 경우가 많다. 예: Einsteinum(Es), Mendelevium(Md), Nobelium(No), Berkelium(Bk).[25]

또한 신화, 역사, 민속설화에 등장하는 익숙한 인물의 이름을 가져온 후 그 이름의 범위를 확장하는 경우도 있다. 따라서 고유명사로 불리던 개인의 이름이 나중에는 '소년', '의사', '집', '마을'처럼 특정 개인을 지칭하지 않고 관련 자질을 공유하는 개별 집단을 모두 지칭하는 보통명사로 바뀌게 된다. 물론 고유명사에도 여러 유형이 있다. 실존하는 사람과 관련된 고유명사, 상상 속 존재나 신화 속 인물과 관련된 고유명사, 장소와 관련된 고유명사이다. 이 세 가지 유형 모두는 이름에 바탕을 둔 단어를 영어에 제공해주었다. 그 예를 보면 다음과 같다.[26]

사람 이름에 기반을 둔 단어들

boycott(판매)거부, 불매: Charles Boycott, 아일랜드에 있는 영국 영지 관리인의 이름.[27]
dahlia다알리아: 스웨덴 식물학자인 Anders Dahl에 의해 개발된 꽃.
cardigan카디건: 19세기 Cardigan 백작의 이름으로 그가 좋아했던 스타일의 조끼.
derrick기중기: 셰익스피어와 엘리자베스 1세 시기에 있었던 런던 형무소의 교수형 집행인 이름.
guy남자: 영국 가이 포크스의 날(Guy Fawkes Day)[가이 포크스라는 사람의 체포기념일],

11월 5일. 1606년 영국에서 일어난 화약음모사건을 일으킨 가톨릭교도 주모자의 이름. 그는 잡혀서 웃음거리가 되었기 때문에 19세기에는 이 단어가 '이상하고 기괴한 모습을 한 사람'이라는 의미로 흔히 사용되었다. 분명한 것은 이제는 이 단어가 현대영어에서 일반화되었고 원래의 나쁜 의미는 희석된 단어가 되었다는 점이다.

lynch[사적으로 가해해 죽이다]: 식민지 시기 버지니아 주의 농장주인 William Lynch 대위의 이름, 1780년 린치 법에서 시작됨.

nicotine: Jacques Nicot은 1560년 프랑스에 담배를 소개했다.

ohm: 전기 저항 단위로 19세기 독일 물리학자인 Georg Simon Ohm의 이름에서 옴.

sadistic[가학적인]: 18세기 성 변태적 범죄로 악명 높은 Marquis de Sade의 이름.

sandwich: 18세기 영국 귀족인 Sandwich 백작의 이름. 그는 [도박을 하느라 식사할 시간이 따로 없어서] 혼자 만들어 먹기 위해 도박 테이블로 빵과 고기를 가져오게 했는데 이것이 패스트푸드 산업을 시작하게 만들었다.

지명에 기반을 둔 단어들

bikini: 1946년 원자 폭탄을 실험했던 군도. 아마도 원래는 최소한으로 몸을 가린 비치웨어가 가져온 충격이 원자폭탄처럼 어마어마했다는 데에서 그 의미를 가져왔을 것이다.

cheddar: 서머셋에 있는 마을로 이곳에서 처음 치즈가 만들어졌다.

china: chinaware[도자기]의 줄임말. 원래는 중국(China)에서 만들어졌던 도자기의 제작에 사용된 고령토(china-clay)에서 비롯함.

denim: 현재는 면직물. 원래는 남 프랑스의 님(Nîmes)이란 마을에서 만들어진 서지라는 짜임이 튼튼한 모직물. serge de Nîmes에서 비롯함.

hamburger: 미국식 영어표현. 19세기 함부르크(Hamburg)에서 볼 수 있었던 간 고기의 한 형태인 함부르크 스테이크를 독일 이민자들이 미국으로 가져와 만든 것에서 비롯함. hambuger란 단어 자체와 그 특별한 의미는 미국에서 시작되었다.

jean: 직물이 처음 만들어진 이탈리아의 도시 Genoa에서 비롯함.

port: 단맛이 강화된 와인. 포르투갈의 포도주 수출의 주요 항구인 Oporto의 줄임말.

sardonic: sardinic이 되어야 함. Sardinia 섬에서 비롯함. 모음변화가 생긴 것은 그리스어 형태를 가져왔기 때문. 일종의 냉소적인 웃음을 나타내는데 이 웃음은 사르디니아의 어떤 식물을 먹으면 나타나는 기괴한 효과를 닮았을 것으로 추정됨.

sherry: 백포도주로 원래는 스페인의 현재 Jerez de la Frontera 지방인 Xeres에서 비롯함. 어말의 <s>는 복수어미로 잘못 착각해서 없어지게 됨. 이는 잘 알려진 형태론적 재분석의 예라고 할 수 있다.

spartan: 그리스 남부에 위치한 라코니아 고대 도리아 도시 국가에서 옴. 단어의 의미는 사치와 화려함을 피하는 그들의 생활방식에서 비롯함.

turkey: 미국의 새. 미국 사람이 터키를 통해 유럽으로 들여온 아프리카산 기니아 새와 혼동을 하면서 이 이름을 만들게 됨. 그러나 일련의 차용과 이름변경이라는 혼동이 있었을 것이 확실하다!!!

문학, 민속설화, 신화에 등장하는 이름에 기반을 둔 단어들

atlas: 그리스 신 Atlas는 그리스 신의 지도자인 제우스(로마인은 쥬피터라 부름)로부터 지구와 하늘을 어깨에 떠받들고 있으라는 형을 받게 되었다. 이후 상상력이 풍부했던 과거의 해부학자들이 사람의 머리를 지탱하고 있는 제1경추에 붙여준 이름이 되었다. 이 이름은 이제 지도책을 지칭하게 되었는데 초기 세계지리 출판물들이 어깨에 세계를 지탱하고 있는 아틀라스 신의 그림을 보여주었기 때문이었다.

casanova: Giovanni Jacopo Casanova de Seingalt라는 사람으로 유럽의 대부분 지역을 돌아다니면서 자신의 성적인 모험에 관해 생생한 기록을 남겼다.

chimera: 그리스 신화에 등장하는 괴물[사자머리, 염소 몸통, 뱀 꼬리를 가짐]의 이름으로 완전히 상상에 의한 창조물이다.

morphine: 라틴문학에 나오는 Morpheus는 그리스의 잠과 꿈의 신. 이 신은 자신이 선택한 사람은 누구든지 간에 그의 모습을 할 수 있었다. 즉 한 형태에서 다른 형태로 바뀔 수(morph) 있었다.[28]

nemesis[천벌]: 적법한 질서와 적절한 행위를 위반하는 것은 무엇이든지 벌을 주는 그리스 여신의 이름에서 옴.

panic[극심한 공포]: 밤중에 양떼에 공포를 가져온 소리는 고대 그리스 악행의 신이었던 판(Pan)의 탓으로 여겼었다. panic은 무리 속에서의 비이성적인 행위이다.

platonic[정신적인 사랑]: 플라톤(Plato)은 초기 그리스 철학자이었다. 이 단어는 원래 최고의 그리스 철학자인 소크라테스가 가졌던 것으로 여겨진 젊은이에 대한 일종의 관심을 의미했다. 지금은 남자와 여자 사이에 존재하는 성적이지 않은 관계가 주된 의미이지만 처음 사용되었을 때 이 단어는 여자를 언급하지 않았다.

saturnine: OED에서는 '느리고, 차갑고, 우울한 기질을 가진'라고 되어있다. 사람들은 왜 자동차가 이 이름으로 불리어야 하는지에 대해 궁금해 한다. 아마도 saturnine의 의미는 Saturn(토성)이 고대 천문학자에게 알려진 일곱 개의 행성 가운데 가장 멀리 떨어져 있다는 사실에 기반하고 있을 것이다.

satirical[풍사적인]: satyr는 인간과 동물의 특성이 함께 섞여있는 존재로 엄청난 성직 욕구를 가진 것으로 여겨졌다. 원래 satire라는 단어는 이러한 특징 또는 조롱하는 경우까지도 포함하는 특징을 가지는 연극 작품을 칭한다.

상품 이름에 기반을 둔 단어들

Band-aid® 베거나 긁힌 곳에 붙이는 작은 밴드를 지칭하는 것으로 일반화가 일어난 단어이다. 'IRS(미국 국세청)는 중요 개혁이 필요하다. 우리는 과세제도에 대한 밴드에이드를 이미 충분히 가지고 있다'라는 문장에서처럼 은유적 의미로 일반화시켜 사용하고 있다.

Google® 인터넷 검색엔진의 이름으로 1998년에 시작되었다. to google[구글하다]과 같은 동사는 1999년 이후로 현재까지도 계속 사용되고 있다.

Jello® 젤리로 된 에멀젼(유제) 제품에 대한 특정 상표였지만 지금은 같은 종류이면서 사람이 먹을 수 있는 물질을 지칭하는 것으로 일반화되었다.

Levis® 캔버스 천으로 만든 바지 상표로 이제는 데님같이 거칠고 손쉽게 입을 수 있는 바지를 지칭한다.

Photoshop® 사진 영상을 디지털로 편집하는 컴퓨터 프로그램의 이름. 1992년 이후 동사로 사용되고 있다.

Skype® 동사로 사용되며, 2003년 시작된 인터넷으로 목소리를 전송하는 특정 소프트웨어를 사용하는 것을 의미한다.

Sunbrella® 바래지 않는 천의 종류를 말한다. 2006년에 처음 등재되었다.

Tampax® 여성 청결도구 상표 가운데 하나로 그 도구를 모두 지칭하는 것으로 일반화되었다.

Xerox® 특히 동사로 사용되며('어떤 것을 xerox하다') '건조 방식으로 복사하다'란 의미로 사용되게 되었다.

Zipper® 빨리 움직이는 사물의 소리를 모방한 의성어인 zip(아래를 참고하기)에 바탕을 두고 있다. 동사는 1852년부터, 명사는 1926년부터 사용되었다.

3.7 다른 출처들

많은 단어가 소리를 모방하려는 노력에서 만들어졌음이 틀림없다는 것은 언어에 대한 흔한 전설 중 하나이다. 사실 이런 유형에 맞는 예는 아주 적은 수에 불과하다. 이러한 단어는 **의성어(echoic 혹은 onomatopoeic word)**라고 불린다. 레오나르드 블룸필드

(Leonard Bloomfield)[9]는 의성어를 oh!, ah!, ouch!와 같이 실제 소리를 모방한 단어와 bang광소리 내다, blah허튼소리하다, buzz윙윙거리다, burp트림하다, splash철퍽 떨어지다, tinkle쨍그랑 소리 ping탱소리, cock-doodle-doo꼬끼오, meow야옹, moo음머, baa매(양 우는 소리), cuckoo뻐꾹, bob-white메추라기 일종, whip-poor-will쏙독새과 같이 어떤 사물이나 존재가 내는 소리처럼 들리게 만든 단어, 그리고 '화자에게 소리가 마치 그 의미에 특별히 딱 맞추어진 것' 같은 특징을 가진 단어로 구분했다. 그가 든 예로는 flip홱뒤집다, flap퍼덕거리다, flop털썩 주저앉다, flitter훨훨 날다, flimmer가물거리는 빛, flicker깜빡거리다, flutter펄럭이다, flash번쩍이다, flush푸드덕 날아오르다, glare환하다, glitter반짝이다, flow흐르다29, gloat고소해하다, glimmer희미하게 깜박이다, bang, bump쿵하고 부딪치다, lump덩어리, thump쿵쿵거리다, thwack찰싹 때리다, whack후려치다, sniff코를 훌쩍이다, sniffle훌쩍거리다, snuff코를 킁킁대며 냄새 맡다, sizzle지글지글하는 소리를 내다, wheeze쌕쌕거리다가 있다. 의성어로 불릴 수 있는 이런 유형의 단어는 그 숫자가 영어에서든 다른 언어에서든 아주 작은 편이다. 이는 어휘를 확장하는 주된 출처는 아니다.

다소 중요하지 않지만 보통은 재미있는 어휘 확장의 출처 중 또 다른 하나는 단어의 일부 혹은 전체를 반복하는 **중첩(reduplication)**이라 불리는 과정이다. 반복되는 부분은 전체 단어가 될 수도 있고 단어의 부분이 될 수 있다. itsy-bitsy아주 작은, hoity-toity거들먹거리는, helter-skelter허둥지둥는 각운(rhyme)에 바탕을 두고 있는 반면 mish-mash뒤죽박죽, flim-flam허튼소리, shilly-shally미적거리다, tip-top최고(의) 같은 중첩어는 시작하는 같은 소리, 즉 두운(초성)(onset)을 반복한다. 이러한 예 중 아주 소수만이 어휘를 약간 확장시킬 뿐이다. 예: dum-dum덤덤탄(총알의 한 유형), bonbon봉봉사탕, ping-pong탁구, itty-bity아주 작은, hip-hop힙합, fifty-fifty50대50, hula-hula훌라춤, so-so그저그래, boob tube튜브탑, brain drain두뇌유출.

4. 단어쇠퇴와 단어소멸

앞 절에서 외국어에서 차용하지 않고 영어에 새로운 단어를 도입하는 방법을 살펴보았다. 영어의 전체 어휘 가운데 70%를 충분히 넘는 수가 차용되었기 때문에 이 책의 나머지 부분에서는 영어 차용어의 구성과 발음에 대한 내용을 주로 다룰 것이다. 그러나 차용어를 논의하기 전에 영어 어휘의 성장에서 볼 수 있는 또 다른 측면, 즉 단어쇠퇴와 단어소멸에 대한 설명을 더 할 필요가 있다. 문화와 사회적 변화, 즉 단순히 말해 단어 선택의 유행은 어떤 단어를 쇠퇴하게 만들 수 있다. 쇠퇴된 단어는 이제 역사사전에서만

---

9) 레오나르드 블룸필드(Leonard Bloomfield)의 『언어(Language)』(New York: Henry Holt, 1933)는 20세기 전반부에 이 주제(언어학)에 관한 가장 영향력 있는 저작물이었다. 오늘날까지도 이책은 언어학을 진지하게 공부하는 학생에게 여전히 '필독서'로 남아 있다.

찾아 볼 수 있다. 그리고 그 단어는 오래된 글에서만 발견된다. OED에 기록된 이러한 단어의 예는 다음과 같다.

barm 'bosom, lap'가슴, 무릎	hight 'is called'불리다
fain 'with pleasure'기꺼이	niman 'to take'가지고 가다
here 'army'군대	shaw 'a thicket, a small grove'덤불, 작은 숲

here[30]의 경우처럼 아마도 비슷한 의미를 가진 단어가 영어에 공존했었다는 것을 제외하고는 이 단어를 버리게 된 정확한 이유는 없다. 정말로 어휘소멸을 야기한 흔한 요인은 고유어를 대체한 라틴어나 프랑스어와 같은 다른 언어에서 차용된 단어이다.

blee 'color, appearance'색깔, 모습	ferd (military) 'expedition'(군대의)파병
dight 'compose, direct'구성하다, 감독하다	fremede 'strange, foreign'이상한, 낯선
rede 'advice, to be glad, to rejoice'충고, 기뻐하다	tweon 'doubt, hesitation'의심, 망설임

일부 단어는 살아남았으나 방언에서만 제한적으로 사용된다.

atter 'poison'독약	busk 'prepare, get ready'준비하다
bairn 'a child'어린이	emmet 'ant'개미
besom 'broom'빗자루	mere 'marsh, fen'습지, 소택지

단어가 나타내는 개념이 더 이상 필요가 없어지면서 사라지기도 한다.

fleam '피 흘리는 말을 수술하는데 사용하는 도구'
heriot '봉건시대의 복무, 군대 장비'
mesne '(영주) 소작인과 상위 영주 사이의 중간 영주'
sart '영지에서 땔감용 나무를 가져갈 권리에 대하여 소작인이 지불해야할 비용'
sparth '16세기까지 아일랜드에서 사용된 넓은 날의 전투용 도끼'
thane '군인, 추종자, 가신'
wimple '일종의 여성용 머리덮개'

이러한 단어는 특별한 역사적 문맥 속에서만 만날 수 있다. 대부분의 영어화자는 이 단어를 알지 못할 것이다. 이들은 역사적 특징을 잘 보여주는 OED를 통해서만 발견될 수 있다.

다음의 예에서처럼 차용과정에서 원래 단어가 가지는 하나 이상의 의미가 차용어로 양도될 때 생기는 의미의 소실도 있다.

craft기교 원래 '예술'이란 의미도 있었음
haven피난처 원래 '항구'란 의미도 있었음
cynn 'kin'친족 원래 '종(種)'이란 의미도 있었음
idle게으른 원래 '텅 빈'이란 의미도 있었음

이 모든 의미의 소실은 영어와 접촉한 언어에서 차용한 단어에 의해 충분히 만회되었다. 이제부터는 현대영어 어휘성장과 구성을 결정하는 역사적, 문화적 사실과 요소를 다루도록 하겠다.

---

1 어기는 접사(affix)가 붙는 형태를 말한다.
2 어근은 어휘의 핵심 부분으로 단어의 주된 의미를 전달한다.
3 여기서 언급되는 투명성(transparency)은 단어의 형태소의 조합만으로 해당 단어의 의미를 바로 알 수 있거나 예측 가능한 경우를 말한다. 그렇지 않은 경우는 불투명(opaque)하다고 한다.
4 diatone은 명사일 때는 강세가 첫 음절에 오고, 동사일 때는 두 번째 음절에 오는 강세교체를 보여주는 단어 쌍을 지칭한다.
5 아래로 분사하는 압축 공기를 이용하여 지면이나 수면 위를 주행하도록 만들어진 탈 것.
6 영국 구 화폐로 5실링짜리 동전으로 현재 25펜스에 해당된다.
7 나일론, 올론, 데이크론은 합성섬유의 일종이다. 케블러는 타이어나 다른 고무 제품의 강도를 높이는데 쓰이는 물질을, 테플론은 음식이 들러붙지 않도록 프라이팬에 칠하는 물질을 지칭한다.
8 '피네간의 경야'는 제임스 조이스의 최후의 작품으로 '경야'는 죽은 이의 곁에서 밤을 새우는 것을 의미한다. 쿼크는 액체 단위인 quart의 변형으로 해당 구문은 술을 권하는 대목의 일부이다(2권 4장).
Three quarks for Muster Mark! 마크씨에게 세 개의 쿼크를!
Sure he has not got much of a bark. 물론 그는 제대로 된 배가 없고.
And sure any he has it's all besides the mark. 물론 가지고 있다 해도 터무니없는 것이다.
9 관절 항염증제의 상품명.
10 portmanteau는 원래 2등분이 되면서 열리면 그 안에 여러 구획이 되어 있는 대형 가방을 일컫는다. 여기에서 '여러가지로 이루어진' 의미가 만들어졌다.
11 blog는 Web + log 에서 만들어졌다. 저자의 설명과 달리 blog는 혼성이라기보다는 다음 절에서 다루어지는 절단에 의해서 만들어진 것으로 설명되기도 한다. 즉 앞 단어에선 절단이 이루어 진 후 복합이 일어난 절단복합어로 분석될 수도 있다.
12 카바런덤은 탄화규소의 상품명으로 규사와 코크스를 고열로 가열해 만든 결정체를 지칭한다. 클로랄은 마취제이고, 포스팜은 인이미도니트리드의 중합체이다.
13 exploitation은 sex와 exploitation의 혼성어이고, Spanglish는 Spanish와 English의 혼성어이다. sitcom은 situation comedy(상황 코메디)에서 만들어졌는데, 이 단어의 형성법은 학자에 따라 두 개의 서로 다른 어휘형성법으로 설명된다. 일부 학자는 이 단어를 혼성어로 분류하는 반면, 다른 학자들은 두 단어에 각각 3.3에서 설명될 절단 현상이 일어난 후 복합이 이루어진 절단복합어로 분류한다.
14 단어는 각각 guess + estimate, testify + lying, global + obesity, spam + camouflage, computer + confusion, web page + hijacking, explore + pornography가 혼성되어 만들어졌다.
15 이들 단어는 not + sensory, examination + amnesia, fact + fatigue, misled + education의 혼성어이다.

16 절단이 일어나기 전의 형태는 helicopter, gasoline, potato(tater는 potato의 방언으로 여겨지며, 첫 번째 비강세 음절이 절단되었다), science-fiction, political science, mathematics, representative이다.

17 whiskey는 라틴어 aqua vitae(water life)의 calque(차용어 번역)인 고대아일랜드어의 두 단어 uisce 'water' + bethu 'life'('water of life', 생명의 물)가 합쳐져 만들어진 단어이다. 이 단어는 iskie bae(1580년) > usquebea(1706)로 변천하였으며 이후 bea 부분이 절단되어 현재와 같은 형태를 가지게 되었다. 이렇게 만들어진 단어는 whiskey(복수형, whiskeys) 혹은 whisky(복수형 whiskies) 철자가 모두 사용되기도 하는데 그 차이에 대한 여러 가지 이견이 있으나 대체로 미국, 아일랜드에서는 전자의 철자가, 캐나다, 스코틀랜드, 일본에서는 후자의 철자가 사용된다.

18 절단되기 이전의 단어형은 chimpanzee, promenade, professor, literature이다.

19 혼성되기 이전의 단어는 chunnel < channel(해협) + tunnel(터널), broast < broil(굽다, 열에 직접 닿게 해서 조리하는 방법) + roast(굽다, 열에 길게 노출시켜 조리하는 방법), Reaganomic > Reagan(레이건, 미국 대통령) + economic이다.

20 Cash on delivery(대금교환인도)의 약어.

21 CD-Rom에서 CD는 이니셜리즘으로 Rom은 애크로님으로 읽힌다. JPEG에서는 J는 이니셜리즘으로 PEG가 애크로님으로 읽힌다.

22 역애크로님은 백크로님(bacronym 혹은 backronym)으로도 알려져 있다. 백크로님은 back + acronym의 혼성어이다.

23 발음하면 'You (are a) pig(당신은 돼지야).'처럼 들린다.

24 CCC는 축약되기 이전의 형태에 따라 여러 의미를 가질 수 있다. Civilian Conservation Corps 민간자연보호청년단, Commodity Credit Corporation 상품금융공사(1933년 미국 국책회사)가 그중의 몇 가지 예이다.

25 아인슈타이늄(Es): 원자번호 99번 원소이자 7번째 초우라늄 원소로 아인슈타인 이름을 땀. 멘델레븀(Md): 원자번호 101번 원소이자, 9번째 초우라늄 원소. 발견자인 러시아 화학자 멘델레예프(Mendeleev)의 이름을 땀. 노벨륨(No): 원자번호 102번 원소이자, 10번째 초우라늄 원소로 노벨연구소에서 처음 발견했다고 주장하면서 원소 이름을 제안함. 버클륨(Bk): 원자번호 97번 원소이자, 5번째 초우라늄 원소로 캘리포니아 대학 버클리 캠퍼스의 연구소에서 처음 발견함.

26 주어진 단어 중 한국어에서 (거의) 외래어로 정착되거나 사용되는 경우 뜻을 따로 주지 않았다.

27 아일랜드 농지분쟁 당시 영주는 소작인에게 가혹한 조세를 부과하거나 영지에서 추방했다. 이에 저항하고자 찰스 파넬(Charles Parnell)은 소작인이 단합하여 그러한 영주를 고립시키자고 설득했다. 당시 아일랜드에서 귀족의 영지 관리인이었던 찰스 보이코트는 이 운동의 첫 번째 희생자였다. 귀족의 영지 관리인이었던 보이코트가 소작료를 체납한 소작인을 영지에서 추방하려하자 소작인은 노동을 거부했고, 우편배달부는 우편배달을 거부했으며, 식료품 상인은 그에게 식료품을 팔지 않았다. 결국 아일랜드에서 고립되어 살 수 없었던 보이코트는 1년 후 영국으로 돌아가게 되었다. 이러한 1년간의 공방으로 그의 이름은 확고하게 자리잡게 되었다.

28 모르핀은 아편의 주성분인 알카로이드로 1828년 독일의 약제상이 만든 이름이다. 모르핀이 잠을 오게 하기 때문에 잠의 신의 이름으로 불리게 되었다. 또한 morph는 형태소(morpheme)의 어근이기도 하다.

29 빛나다는 뜻의 glow에 대한 저자의 오타로 추측됨.

30 고대영어 시기의 『앵글로 색슨 연대기』에서는 영국군은 'fyrd'로 바이킹의 군대는 'here'로 구분하여 기록하고 있다. 두 단어 모두 군대(army)를 의미하지만 각각 아군과 적군을 구분하는데 사용되었다.

2

영어의 배경

영어 어휘의 기원을 기록하고 있는 사전을 펼쳐 몇 장만 훑어보아도 그 안에 들어있는 많은 표제어가 역사적으로 영어가 아니었음이 드러난다. 이는 놀랄만한 일이 아니다. 언어는 그 언어를 사용하는 사람과 함께 여행을 한다. 한 나라에 태어난 사람만으로 완전하게 구성된 나라가 없듯이 오늘날 이세상의 어떤 언어도 외국어의 영향에서 완전히 벗어난 어휘를 사용하는 경우는 없다. 계통적으로 '순수한' 언어는 계통적으로 '순수한' 주민을 상상하는 것만큼이나 어렵다. 우리가 살고 있는 사회처럼 우리가 사용하는 언어 또한 역사의 산물이다. 국가와 정부처럼 언어 또한 외압에 대한 태도와 적응성에 있어 서로 다르다. 적개심, 고립, 자급자족의 기간이 개방성, 건설적 상호작용과 평화로운 공존의 시기를 뒤따른다. 하나의 언어에서 사용되는 어휘의 전체 목록은 수천 년 동안의 문화적, 정치적, 지적 역사의 결과물이다. 영어 어휘는 영어를 사용하는 국가의 역사에 발생한 사건을 여러 가지 방법으로 반영하고 있다. 이 장의 목적은 영어 어휘를 형성해 왔던 주요 사회역사적 사건과 상황을 강조하기 위한 것이다. 이제 몇 가지 기본적 개념과 전 세계 언어의 광대한 큰 그림 속에 영어가 놓여있는 위치에 관한 사실로 시작해 본다.

1. 영어의 가족사

언어 가족들. '가계도(family tree)'는 언어를 분류할 때 흔히 사용되는 은유이다. 인간의 가족처럼 어떤 언어 가족은 다른 가족보다 크고, 어떤 가족은 오랜 시간 같이 함께 뭉쳐있는 반면, 다른 가족은 사이가 멀어진다. 어떤 가족은 이동하며, 다른 가족은 그 자리에 있다. 언어와 인간 가족 사이의 계통적 관계에 있어서 유사성 혹은 자식을 출산하는 어떠한 최소한의 사회적 단위도 과학적으로 완벽하지 않다. 하지만 역사적 맥락에서 언어에 대해 생각할 때 이 방법은 여전히 도움이 된다. 가계도와의 유추는 부모어(parent languages)가 여식어(daughter language)로 진화해 가는 과정, 언어 가계가 일가로 나뉘는 과정, 가족 간의 유대를 유지하거나 단절하기 혹은 공유하는 특징의 계속성에 대해 말할 수 있도록 해준다.

혈통적 측면에서 영어는 여식어가 상당한 독립성을 가지고 있는 크고 이동성이 강한 가계의 출신이다. 특별한 지식이 없다면 영어와 관련 있는 언어와 영어 사이의 계통적 유사성은 즉각적으로 명백하게 드러나지 않는다. 언어 사이의 역사적 관련성을 확립하는 방법 중 하나는 그들의 어휘를 살펴보는 것이다. 이 장에서 볼 수 있듯이, 오늘날의 영어 어휘는 가계 역사와 대응되는 여러 층의 단어로 계층화 되어 있다. 이러한 단어의 일부는 수천 년 동안 영어와 분리되어 있었던 언어와 공유하고 있다. 훈련된 문헌학자만이 이들 사이의 공통된 특징을 파악할 수 있다. 그러나 가끔 계통적 관련성이 인지될 수 있는데 이는 계통적 관련성이 포함하고 있는 '동일함' 때문에 혹은 계통적 역사가 외면사에 의해 강화되어 왔기 때문이다. 이 책에서는 첫 단계로 영어가 시작된 부모 가족과 가족 분파 그리고 더 작은 무리를 알아내려고 한다. 가족과 분파를 기술하면서 영어와 다른 여식어 사이의 계통적 사회적 관련성에서 나타나는 강도를 평가할 것이다.

인도유럽어(Into-European). 영어가 속한 언어의 가족은 인도유럽어라 불린다. 일부 언어가 대략 인도에서 아이슬란드에 이르는 신세계(New World)로 퍼져나가기 전, 이 언어가 사용되었던 지리적 영역에서 비롯된 이름이다. Indo-는 최초의 기록물이 만들어진 시대의 많은 여식어가 인도 아대륙에서 말해졌다는 사실을 나타낸다. European은 똑같이 초기 시대부터 대부분의 유럽 언어가 공통의 조상으로부터 나온 후손 언어라는 사실을 나타낸다. 이 용어는 엄격하게 역사적이다. 21세기 현재 인도유럽어의 후손은 전 세계에서, 아프리카, 오스트레일리아, 아메리카 대륙에 있는 많은 나라에서 말해지고 있다. 그러나 기원을 보면 유럽의 모든 언어가 인도유럽어는 아니다. 헝가리어, 에스토니아어, 핀란드어는 피노우그리아(Finno-Ugric)라 불리는 어족에 속한다. 이베리아 반도의 남서쪽 외딴 곳에 있는 바스크어는 우리에게 기록을 남긴 그 어떤 언어와도 관련되었다는 흔적을 찾을 수 없다. 인도에서는 아대륙 남쪽 3분의 1이 되는 지역에 인도유럽어와 관련이 없는 어족의 언어를 사용하는 화자들이 살고 있다. 이 어족은 드라비다 어족(Dravidian)이라 불린다. 이 어족에는 텔루구어와 타밀어가 있다. 나중에 개별적인 인도유럽어의 후손이 나온 조상어의 이름은 원인도유럽어(Proto-Indo-European)이다. Proto-는 '첫 번째, 가장 초기 형태의'란 의미이다. 언어연구 맥락에서, Proto-는 해당 언어의 실제 기록은 없지만 이 언어의 가장 초기 형태가 어떠하였을까를 많은 학자가 상당히 자세하게 재구(reconstruct)[1]할 수 있다는 것을 의미한다.

인도유럽어는 서로 관련이 없음이 명백한 아마도 120개나 되는 어족 가운데 하나일 뿐이다.[1] 궁극적으로 보다 근원적인 인간 언어의 숫자는 훨씬 더 적었음에 틀림없다. 모든 언어는 기본적으로 비슷한 방식으로 디자인 되어있기 때문에, 인간의 유전적인 진화로 인해 인간 언어의 출현을 가져왔을 인간의 지역공동체는 하나만이 존재한다고 흔히 믿고 있다. 그러나 가장 오래된 언어가 어떤 모습이었을지는 현대 언어를 바탕으로 추측하는 것 이외에는 방법이 없다. 특정 언어에 대한 우리의 지식은 약 7,000년 전으로만 거슬러 올라갈 수 있지만, 인간의 언어는 현대의 언어인 현대영어와는 아주 다른 형태로 백만년 동안이나 존재해 왔으며 이보다 더 원시적인 형태로는 아마도 훨씬 더 오랫동안 존재해 왔을 것이다. 고대 언어와 직접적으로 접근할 수 있는 기회는 문자체계가 발명되어 문자가 진흙판에 보존되었을 때에야 비로소 시작된다. [이 진흙판에 기록된] 인도유럽어 중 가장 오래된 언어는 기원전 2000년 중반 경, 즉 지금으로부터 3,500년 전 무렵의 것으로 추정된다.(문자가 가장 먼저 발명된 근동 지역에 있는 다른 어족의 진흙판은 5,000년에서 6,000년 전 것으로 추정된다.) 고대에 기록된 언어와의 비교를 통해 인도유럽어 중에서 가장 오래된 형태를 간접적으로 접근했을 때 약 5,500년 전 아마도 카스피 해 북쪽 지역에 존재했었을 인도유럽어를 꽤 믿을 만하게 재구할 수 있게 된다. 『아메리칸 헤리티지 사전』 3판의 어원 편집자인 칼버트 왓킨스(Calvert Watkins)가 쓴 글에 따르면 이 시기는 '엄밀한 의미에서 원인도유럽어를 사용하는 공동체가 존재했을 시기 중 가장 최근의 시기이다(2088쪽)'. 이 시기는 또한 고고학자들이 규명한 바퀴가 유럽으로 전파된 것으로 추정된 시기이다. 바퀴의 전파와 인도유럽어의 확산 사이에 관련성이 있다는 것은 입증할 수 없더라도, 이런 타임라인을 따라 추측해 보는 게 타당한 것 같다.

아래 차트는 아주 단순한 형태로 다양한 인도유럽어가 원인도유럽어에서 분기해 나가는 방법을 보여준다. 시간을 구분하는 선은 근사치이다. 분명한 이유가 있기에 이 차트에는 살아있는 후손을 가진 가지만을 포함시켰다.[2]

---

1) 이 서술은 레이몬드 고든(Raymond G. Gordon Jr.)이 편집한 『민족어: 세계의 언어(Ethnologue: Languages of the World)』(15판, Dallas, Texas: SIL International, 2005), 온라인 버전: www.ethnologue.com/에 바탕을 두고 있다.

2) 남아있는 후손이 없는 인도유럽어로는 일리리아어, 트라키아어, 프리기아어, 아나톨리아어, 토카리아어가 있다. 칼 모양†은 사어를 표시한다. 산스크리트어가 표에 포함되어 있는데 이는 인도유럽어 재구에 있어서 이 언어가 중요하기 때문이다. 시간 심도 계산은 더 오래된 언어가 여전히 어느 정도 분리되지 않고 결합되어 있는 시기에 대한 근사치를 보여주기 위한 것이다. 이 추정치는 칼버트 왓킨스의 '인도유럽어와 인도유럽어 사용자'에서 언급된 내용에 바탕을 두고 있다. 이 에세이는 『아메리칸 헤리티지 사전』(3판, 1992)(2081-89쪽)에 실린 어근 부록, 버나드 콤리(Bernard Comrie)가 편집한 『세계의 주요 언어(The World's Major Languages)』(Oxford University Press, 1987)에 제시된 많은 기고자의 의견 그리고 『언어』 4장 '세계의 언어들'에 주어진 레오나르드 블룸필드의 의견보다 더 선행하는 연구이다.

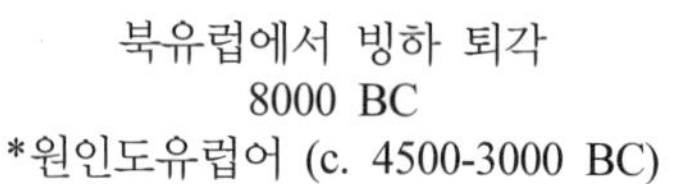

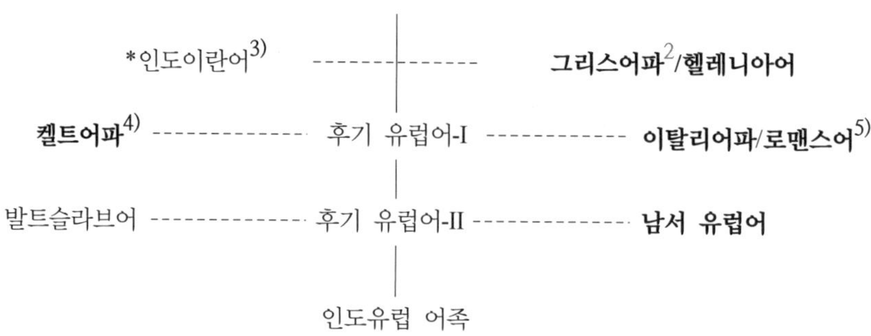

인도유럽 어족은 모든 어족 가운데 가장 많이 연구된 어족 중 하나이다. 중국의 고대 언어 전통[6]은 말할 것도 없고, 아랍어나 히브루어가 속한 셈 어족과 헝가리어, 핀란드어, 에스토니아어가 속한 피노우그리아 어족 역시 심도 있게 연구되어 왔지만. 20세기는 오스트로네시아 어족, 반투 어족으로부터 유픽 어족과 자파로 어족에 이르기까지 이전에 기술되지 않았던 어족의 구조와 역사에 관하여 전례 없는 관심을 가졌던 시기였다.

힌디어, 그리스어, 영어처럼 지리적으로 멀리 떨어져 있던 언어가 같은 어족에 속한다는 것은 영국의 판사인 윌리엄 존스 경(Sir William Jones)이 발견하였다. 그는 인도에 주둔하고 있었고, 많은 언어에 대한 관심과 지식을 가지고 있어 산스크리트어, 그리스어, 라틴어에 있는 단어에서 찾아볼 수 있는 유사성이 결코 우연히 그렇게 되지 않았다는 것을 알아차렸다. 1786년 존스는 이 언어는 '아마도 더 이상 존재하지 않는 하나의 공통된 출처에서 나왔을 것'이라고 선언했고, 비교-역사 인도유럽어 언어학을 과학적 분야로 정립하

---

3) 인도이란어파는 (재구된) 두 개의 주요 하부 그룹인 인도어와 이란어의 조상어이다. 인도어 그룹은 인도와 파키스탄의 많은 언어(예: †산스크리트어, 구자라티어, 힌디-우르두어, 벵골어, 라자스타니어, 펀자브어, 로마니어)를 포함하고 있는 큰 그룹이다. 이란어 그룹에는 페르시아어, 쿠르드어, 파슈토어(아프간어)가 있다. 가장 오래된 문서는 고대페르시아어로 쓴 문서로 기원전 6세기의 것이다.

4) 켈트어파에 브리튼어군(†콘월어, 웨일스어, 프랑스 서북부의 브리타니에서 사용되는 브르타뉴어)과 고이델어군(†망크스어, †고대아일랜드어, 아일랜드어, 스코틀랜드 게일어)이 있다.

5) 이 그룹에는 †라틴어, 프랑스어, 스페인어, 포르투갈어, 카탈로니아어(스페인의 동부와 북동부 주로 카탈로니아와 발렌시아에서 사용되며, 또한 프랑스의 루시용 지역, 안도라, 발레아레스 제도에서도 사용됨), 이탈리아어, 루마니아어, 사르디니아어(사르디니아 섬에서 사용되는 로맨스어로 현대로맨스어의 통속라틴어와 아주 유사하다), 프로방스어(프랑스의 동중부 지역으로 대략 부르건디 지역에 해당하며 이탈리아와 스위스와 근접한 지역에서 사용됨)가 있다.

6) 만다린 중국어는 거의 9억 명의 화자를 가진 언어로 하나의 나라에서 가장 폭넓게 사용되는 언어이다. 화자수로는 3개의 차점자 언어가 인도유럽어에 있는데, 3억2천5백만에서 4억2천5백만의 원어민 화자를 가진 영어(그리고 1억 5천만의 제2외국어 화자가 있음) 그리고 각각 3억이 넘는 화자를 가진 스페인어와 힌디어이다. 통계의 정확성에 대해서는 논란의 여지가 있는데, 사용가능한 출처에 따라서 숫자에 상당한 차이가 있고 숫자는 당연히 항상 변동하기 때문이다.

는 토대를 마련하였다. 지난 200년간에 이루어진 집중적 연구는 인도유럽어의 관계, 역사, 구조에 관한 많은 중요한 식견을 남겼다. 인도유럽어 학문에서 이루어진 계몽적 결과가 없었다면 오늘날 영어의 어휘 구조 이해는 정말로 불가능했을 것이다.

앞에 있는 차트는 인도유럽어의 '생산적인' 분파를 포함하고 있다. 모든 분파가 똑같이 영어에 중요하지는 않다. 진한 글자로 된 무리(켈트어파, 헬레니아어, 이탈리아어파)가 영어 어휘에 강력한 영향을 미쳤는데, 이는 영토상으로 근접해 있거나 겹쳐 있기 때문에, 혹은 역사적, 사회적, 문화적 이유 때문이다. 힌디어, 페르시아어, 러시아어처럼 차트 속 다른 언어와의 간헐적인 접촉 역시 영어에 약간의 흔적을 남겨 놓았으나 영어와 기원을 공유하기 때문은 아니다. 이런 언어가 영어에 미친 기여도는 일본어나 미국 인디안어, 마오리어처럼 영어와는 기원적으로 관련이 없는 언어가 영어에 미친 기여도와 유사하다. 이 책에서는 최근 영어에 들어온 많은 차용어만으로도 영어와의 관계를 확실하게 보여주는 인도유럽어의 분파에 대한 일부 정보를 제공하는 것으로 시작한다.

1.1 인도유럽어

인도이란어(Indo-Iranian). 이 분파는 인도유럽의 본토로부터 인도 아대륙으로 이동한 대규모 이민자의 후손이 사용하는 언어의 출처이다. 인도와 파키스탄의 북부와 중앙의 대부분의 언어로 여기에는 힌디어, 우르두어, 벵갈어, 구자라티어 등이 있는데 모두 인도어 분파의 후손이다. 남아있는 인도유럽어 중 가장 오래된 문헌 가운데에는 브라만의 종교 경전의 기본적인 내용을 이루는 찬미가가 있다. 이 찬미가는 기원전 1200년대 것으로 리그베다로 알려진 작품이지만 우리에게는 훨씬 더 후기의 자료를 통해 알려지게 되었다. 산스크리트어는 브라만 종교 문헌의 고전어이며, 기원전 4세기에 형식을 갖추어 체계적으로 정리되었다. 가장 오래된 아베스탄어에 의해 대표되는 또 다른 분파인 이란어 분파는 현대쿠르드어와 현대페르시아어의 조상이다. 이들은 이슬람의 영향으로 아랍어 글자로 사용되고 있지만 인도유럽어에 속한다.

아르마니아어(Armenian)와 알바니아어(Albanian)는 각각 두 현대 언어의 조상어이다. 아르마니아어는 두 개의 주요 방언(동부와 서부)을 가지고 있지만, 일반적으로 분파가 없는 독립된 혈통으로 간주된다.

발트슬라브어(Balto-Slavic)는 발트어(리투아니어와 라트비아어, 피노우그리아 어족에 속하는 에스토니아어는 아님)와 슬라브어를 포함한다. 모든 슬라브어의 조상어는 고대교회슬라브어(Old Church Slavonic)이다. 키릴문자는 유럽에서 현재 가장 많이 사용되는 비로마자인데 9세기 성경을 고대교회슬라브어로 번역하는 과정에서 고안된 문자이다. 슬라브어에는 동쪽으로는 러시아어, 우크라이나어, 벨로루시어가 있고, 남쪽으로는 불가리아어, 마케도니아어, 세르보-크로아시아어, 슬로베니아어가, 서쪽으로는 폴란드어, 체코어, 슬로바키아어, 소르브어가 있다.

현대영어 어휘의 형태에 직접적인 영향을 더 많이 끼친 인도유럽어의 분파와 그들의 여식어는 켈트어파, 헬레니아어, 이탈리아어파이다.

켈트어파 언어(Celtic languages)[7]. 켈트어파의 언어는 한때 유럽 서쪽 대부분 지역에 걸쳐, 특히 해안을 따라서 그리고 영국의 섬 전체에 퍼져있었다. 켈트어파는 후에 아일랜드와 영국이 된 지리적 영토에서 기록된 언어 중 가장 오래된 언어 그룹이다. 줄리우스 시저 시대인 기원전 55년에 로마인이 영국에 처음 도착하였을 때 켈트족은 그곳에 있었다. 그 후 400년과 410년 사이 로마인이 영국을 떠나자 영국 남부에 남아있던 켈트족은 그들 나라의 운명을 스스로 책임져야만 했다. 전통적인 이야기에 따르면, 켈트족의 한 지도자가 북해 건너 용병 전사를 초대한 책임이 있다. 이 초대는 기록에 남겨진 켈트어를 말하는 민족과 게르만어를 말하는 민족 사이에 있었던 첫 번째 접촉이었다. 용병을 채용하려던 계획은 켈트족에게는 잘 성사되지 않았다. 게르만 전사들은 도착하자마자 곧 영국을 인수하였고, 많은 켈트인은 동화되거나 죽거나 영국의 변방 지역, 즉 스코틀랜드, 아일랜드, 남서쪽으로 콘월, 웨일즈 그리고 맨 섬으로 내몰리게 되었다.

켈트어 그룹의 여식어 중에 지금도 사용되고 있는 아일랜드어, 웨일스어, 스코틀랜드 게일어, 브르타뉴어 뿐만 아니라 이제는 사용자가 없는 사어인 콘월어와 또 실질적으로 사어가 된 망크스어가 있다. (아일랜드 게일어로도 알려져 있는) 아일랜드어는 아일랜드 공화국에 있는 1백4만3천 명의 사람이 사용하고 있다. 영어가 주 언어임에도 불구하고 이곳 학교에서는 수년 동안 아일랜드어가 가르쳐진다. 또한 북아일랜드에서는 약 170,000명이, 영국에서는 60,000명이 켈트어를 사용하고 있다. 웨일즈의 2001년 인구센서스에 의하면 인구의 20.8%에 해당하는 583,000명이 웨일스어를 말할 수 있다고 한다. 스코틀랜드 게일어를 말하는 사람은 영국에서는 60,000명이 채 안 된다. 하지만 최근 게일어는 2005년 게일어 법률 조항에 의해 스코틀랜드에서 공식적 지위에 관한 권한을 부여 받았다. 이 조항은 게일어를 사용하여 교육을 하고 또 게일어 언어교육도 스코틀랜드 전체로 확산하는 것을 용이하게 하는 법안이다. 콘월어의 마지막 모국어 화자는 1777년에 사망한 것으로 보도되었고, 오늘날 콘월어는 영국에서 200명도 채 안 되는 사람에게만 친숙하다. 5세기 영국에 온 게르만 침략자에게 도망친 켈트어 화자가 프랑스 서부로 옮겨가서 사용한 브르타뉴어는 현재 270,000명이 사용한다.[8]

---

7) [s]로 시작하는 보스턴의 프로 야구팀 이름과 달리 Celtic의 첫 글자는 [k]로 발음된다.

8) 유럽에서 이 언어의 상황을 업데이트하기 위해서는 필자가 정보를 수집한 EBLUL(European

헬레니아어(Hellenic). 가장 오래된 호머의 시는 적어도 기원전 800년까지 거슬러 올라가는 것으로 생각된다. 고대그리스어 방언의 기록은 기원전 12세기 때부터 존재한다. 고전그리스어라고도 불리는 아테네 그리스어는 기원전 5세기와 4세기 사이에 아테네에서 사용되었다. 그 이후에는 기원전 4세기에서 기원후 6세기 사이에 사용되었던 그리스어의 이형인 코이네(koiné)가 이를 대신하였다. 코이네는 현대그리스어의 직계 조상어로 여러 요소가 섞여 있으며, 지역화되지 않은 언어이다. 신약성어에 있는 성 바오로의 편지가 코이네로 쓰여 있어 성 바오로의 언어로도 불리며 관심을 받고 있다. 코이네는 영어 어휘에 미친 영향이 큰 출처로 그 중요성에 있어서 라틴어와 경쟁하고 있다. 로마인은 많은 그리스어 단어와 어근을 차용했고 수정했다. 영어에 있는 그리스어 어휘는 헬레니아어에 속한 언어에서 직접오기도 했지만 훨씬 더 많은 단어는 라틴어를 통해 간접적으로 들어왔다. 앞으로 살펴보겠지만, 높은 수준의 교육과 학문을 통해서 영향을 미쳤으며, 특히 생명과학 분야에서 영향력이 큰데 전문용어를 만들 때 그리스어를 주된 출처로 사용하는 경향이 있다.

이탈리아어파(Italic). 인도유럽어의 한 분파로 그 여식어는 영어 어휘 구성에 가장 골고루 퍼져있으며 지속적인 효과를 미쳐왔다. 이 그룹에는 라틴어(사어), 프랑스어, 스페인어, 포르투갈어, 카탈로니아어, 이탈리아어, 로마니아어, 사르디니아어, 래토로만어가 있다.

라틴어는 기원전 6세기 이후로 그 존재가 입증되고 있다. 이 언어는 고대 로마의 언어로 시작되었고 수많은 이탈리아어파 가운데 하나이다. 로마인들의 경제적, 군사적, 문화적 성공은 라틴어의 지배적인 위치를 확보해 주었다. 이 언어는 곧 어족의 모든 다른 언어뿐만 아니라 한때 이탈리아 반도에서 사용되었던 에트루리아어와 같은 비인도유럽어를 압도하였다. 로마 가톨릭 교회의 라틴어 사용은 라틴어를 전파하였을 뿐만 아니라 중세시기 내내 아니 실제로는 오늘날에 이르기까지 지속적으로 라틴어가 사용되는데 주된 역할을 했다. 위에서 나열한 현대의 모든 이탈리아어파 언어를 흔히 로맨스어라고도 부르는데, 이 언어는 단지 라틴어가 로마제국에 속하는 서로 다른 지역의 언어가 된 것일 뿐이다. 따라서 현대이탈리아어는 이탈리아에서의 라틴어의 직계 후손이며, 현대스페인어는 이베리아 반도에서의 라틴어의 직계 후손이며, 현대프랑스어는 프랑스에서 사는 로마인의 언어가 발전한 것이며 기타의 언어도 그러하다. 전문적으로 말해, 이탈리아어파의 다양한 분파를 만들어낸 언어적 차이는 곧, 집에서 아이가 힘들이지 않고 자연스럽게 습득되는 언어로서

Bureau for Lesser Used Languages) 웹사이트(www.ebul.org/)를 독자 스스로 찾아보아야 한다. 브르타뉴어에 관한 자료는 접근하기 어려운데 이는 프랑스에서 이 언어를 인정하지 않아 브르타뉴어에 관한 인구조사 자료를 수집하지 않기 때문이다. 여기서 언급된 정보는 브르타뉴어 사무국에 연결된 EBLUL로부터 가져온 것이다.

의 라틴어는 '죽었다'는 것을 의미했다. 그러나 라틴어는 어마어마한 문화적 특권을 가지고 있었기에, 중세시기와 르네상스 동안 서유럽 전체 지역에서 학문의 언어로 계속되었고 지난 세기 내내 교육받은 영어 화자들에 의해 연구되었다. 라틴어는 어느 누구도 모국어로는 배울 수 없는 죽은 언어이지만 여전히 로마 가톨릭 교회의 전례의식에서 사용된다는 의미에서 '살아있으면서'도 죽은 언어라는 특징을 지녀왔고 또 여전히 지니고 있다. 라틴어는 지금도 성직자와 학문 모임에서 사용되고 있다.

라틴어의 다양한 단계는 종종 서로 다른 이름으로 지칭되고 있다.[9)]

라틴어의 시기

-75 BC	75 BC-200	300-1300
고대라틴어(Old Latin)	고전라틴어(Classical Latin)	중세라틴어(Medieval Latin)
1300-1600	1600-1900	1900-
르네상스라틴어(Renaissance Latin)	근대라틴어(New Latin)	최근의 라틴어(Recent Latin)

시대별 단계 외에도 라틴어는 고전라틴어(Classical Latin)와 통속라틴어(Vulgar Latin)로 구분할 수 있다. 여기서 Vulgar란 단어는 궁극적으로는 명사 vulgus '보통 사람들'에서 파생되었다. 보통 사람들이란 명칭이 필수적으로 요구된다. 왜냐하면 1세기와 6세기 사이에 보통 사람의 보통의 말, 즉 로마제국의 다른 지역에서 실제로 사용되었던 지방어는 점차 고전라틴어의 문어체적인 형태에서 멀어져 갔고, 마침내 오늘날 로맨스어로 알려진 새로운 여식어로 진화되었기 때문이다.

이탈리아어는 이탈리아의 국어로, 초기 중세시기에 발달한 토스카나(플로렌스)의 문어를 바탕으로 표준화되었고, 현대 시기에 들어서면서 로마의 영향을 상당히 받았다.

스페인어는 스페인의 국어이며, 브라질을 제외한 남아메리카와 중앙아메리카의 대부분을 포함하는 아메리카 대륙에 있는, 이전에는 스페인 식민지였던 지역의 국어이다.

포르투갈어는 포르투갈과 브라질의 국어이다.

프랑스어의 현대표준어는 프랑스 정부와 문화의 소재지인 파리에서 사용되는 이형에 바탕을 두고 있다. 이 이형은 비교적 최근에 영어에 많은 영향을 미쳐왔지만, 이전의 역사에서는 1066년 정복자 윌리엄과 그의 병사들이 영국으로 수입해온 노르망디에서 사용했던 프랑스어가 프랑스어에서 영어로 차용된 수천 단어의 출처였다.

다른 로맨스어로 바르셀로나와 주변 지역에서 사용되는 카탈로니아어, 사르디니아

9) 이 차트는 프리데릭 휘록(Frederic Wheelock)의 『라틴어 입문(Latin: An Introduction)』(6판, Glasgow: Collins, 2005)에 바탕을 두고 있다.

어, 루마니아어, 스위스에서 사용되는 레토로만어가 있다. 이 언어는 영어와 접촉이 없었고, 따라서 영어에 영향을 미치지 않았다.

1.2 게르만어

영어와 가장 가까운 친척은 인도유럽어의 게르만어 분파에 속하는 언어이다. '게르만어'와 '독일어'를 혼동해서 안 된다. 독일어는 독일에서 사용되는 현대어의 이름이다. 영어, 덴마크어, 네덜란드어 등등처럼 독일어는 2,200년 전과 2,000년 전 사이의 시기에 사용된 공통의 게르만어 조상어의 후손 가운데 하나이다.

게르만어는 다시 살아있는 후손어를 가진 두 개의 하위 그룹인 북게르만어와 서게르만어로 나뉜다. 세 번째 하위 그룹인 동게르만어는 완전히 사라졌다. 그러나 역사적으로 동게르만어가 중요한데, 이는 게르만어에 관하여 우리가 가진 가장 초기 정보 중 많은 부분이 서고트족의 언어인 고딕어라고 불리는 동게르만어에서 비롯하기 때문이다. 고딕어는 중세시기 이후로 사라졌다. 하나의 주요 문헌인 그리스어로 쓰여진 신약의 번역본이 4세기 중반에 이루어졌다. 그 당시에 기독교 주교인 울필라(Wulfila)(c. 311-c. 382)는 새로운 고딕문자를 만들었고, 이 문자를 그리스어로 되어있는 문헌을 게르만어로 처음 번역한 것으로 알려진 문헌을 작성하는데 사용하였다.

다음의 차트는 오늘날 알려져 있는 인도유럽어의 게르만어 분파가 다시 북-서게르만어로 나뉘는 것을 보여준다.

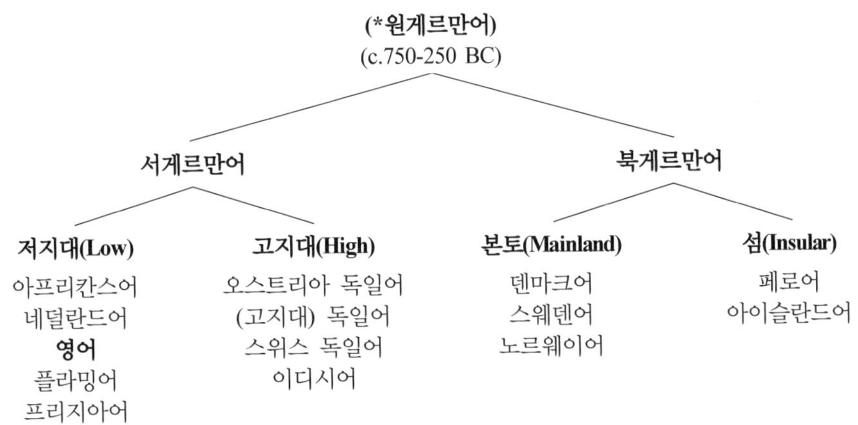

북게르만어. 북게르만어를 지리적으로 나누면 스웨덴어와 덴마크어를 포함하고 있는 동 북유럽어와 노르웨이어, 아이슬란드어, 페로어를 포함하는 서 북유럽어로 나뉜다. 스웨덴어는 주로 스웨덴에서 사용되며 핀란드에서도 상당히 많은 범위에서 사용된다. 덴마크어는 주로 덴마크에서 사용된다. 스웨덴어와 덴마크어는 각각의 독립된 언어이지만, 둘 다 모두 마치 대부분의 스칸디나비아 사람에게 공통적으로 통용되는 '공통통화'처럼 사용되고 있다. 노르웨이어는 노르웨이에서 사용되는 두 가지 주요 이형이 있다. 아이슬란드어는 스웨덴에서 주로 발견되는 돌에 쓰여 진 것을 제외하고는 가장 오래된 스칸디나비아의 문서를 기록한 언어이다. 이 문서는 12세기 아이슬란드어로 쓰인 상태로 남아있다. 아이슬란드어와 아주 유사한 페로어는 북대서양 페로스 군도에서 사용된다.

동 북유럽어와 서 북유럽어 사이의 구분은 주로 역사적 정착이라는 점에서 흥미를 끄는데, 아이슬란드와 페로스 군도는 모두 노르웨이로부터 분리되어 나와 정착되었기 때문이다. 현대에는 약 1천5백만 명이 사용하는 본토 북유럽어(Mainland Nordic)와 약 350,000명이 사용하는 섬 북유럽어(Insular Nordic)로 구분하는 것이 적절하다. 본토 출신의 교육받은 스칸디나비아인은 본토의 다른 지역 화자와 언어적으로 아주 쉽게 어울릴 수 있는 반면 섬 지역 화자와는 그렇지 못한다. 주요 재분류와 관련있는 스칸디나비아어에 일어났던 일을 살펴보면 오랜 기간 동안에 이루어진 무역, 인구이동, 공동의 정부로 인해 어떻게 역사적 언어 경계가 모호해지는지 그리고 교체될 수 있는지를 보여주는 흥미 있는 예이다.

서게르만어. 차트에 알파벳순으로 나열된 이 그룹의 언어는 역사적인 지역 기준에 따라 저지대 게르만어와 고지대 게르만어로 나눌 수 있다. 저지대 게르만어에는 아프리칸스어, 네덜란드어, 영어, 플라밍어, 프리지아어가 있고, 고지대 게르만어에는 오스트리아 독일어, 고지대 독일어(줄여서 독일어), 스위스 독일어, 이디시어가 있다.

서게르만어 분류에 있어서 'high'와 'low'의 구분은 가치판단이 아니라, 지형학적 의미로 글자 그대로 받아들여야 한다. 'low'는 독일 북부와 네덜란드의 평편한 저지대에서 사용되는 모든 게르만어와 그들의 후손어를 지칭한다. 'high'는 남부의 산악지대, 즉 알프스산맥과 북쪽 산 지역에서 사용되는 모든 게르만어를 지칭한다. 현대독일어의 표준어는 고지대 독일어라고 불리는데 이는 표준독일어가 역사적으로 남부 이형에 바탕을 두고 있기 때문이다. 그러나 현재 표준화된 학교언어에는 어떤 지역 이형과도 일치하지 않는 부분이 있을 수 있다.

프리지아어는 거의 덴마크까지 이르는 북쪽 해안을 따라 올라가는 네덜란드 해안과 해안 섬에서 사용된다. 모든 게르만어 가운데 이 언어가 영어와 가장 유사하다. 플라밍어는 벨기에의 두 개의 공식어 가운데 하나이다. 네덜란드어는 네덜란드에서 사용되고, 아프리칸스어는 17세기 이후 남아프리카 공화국에서 사용되는 네덜란드어의 후손이다. (고지대) 독일어는 정부에서 사용되며, 문법과 사전의 '표준'독일어로 규정되어 있다. 오스트리아 독일어와 스위스 독일어는 이 두 나라에서 사용되는 국가적 이형이다. 이 세 개의 언어는 스코틀랜드에서 앨라바마까지, 뉴질랜드에서 뉴욕까지, 서로 지리적으로 다른 지역에서 사용되고 있는 영어처럼 어떤 경우에는 서로 이해 가능하기도 하고 또 어떤 경우에는 그렇지 않기도 하다. 결론적으로, 오스트리아 독일어, 스위스 독일어, 독일어는 약 9천8백만 화자가 모국어로 사용하고 있는 세계에서 두 번째로 많이 사용되는 게르만어이다.

고지대 게르만어 가운데 가장 젊은 언어는 이디시어(Yiddish)이다. 물론 가장 젊다고 하는 의미는 상대적이기는 하다. 고대이디시어는 적어도 1250년으로 거슬러 올라간다. 중세시대 동안 고지대 독일어는 비록 해당 지역어를 대신하지는 않았지만, 폴란드, 발트해 지역의 나라 그리고 러시아로 맹렬히 확산되었다. 당시 이 지역에는 고지대 독일어를 배우고, 히브리어나 슬라브어에서 차용된 단어로 독일어를 수정했던 수많은 유태인이 있었다. 이들은 이 언어를 서유럽으로 그리고 미국으로 함께 가지고 갔다. 'Yiddish'란 이름은 jüdisch에서 왔는데 이는 독일어 Jude '유태인'에서 온 것이다.

1.3 영어

게르만어를 말하는 사람이 어떻게 영국을 침략했고 어떻게 정착했는지에 대한 가장 오래된 기록은 대륙 역사학자들의 간단한 언급에서 찾아볼 수 있다. 이름이 알려지지 않은 5세기 연대기 기록자를 통해서 우리는 441년에서 442년 사이에 색슨족인 게르만 부족이 오랜 괴롭힘 끝에 영국을 정복했다는 것을 배운다.[10)] 이 옛날 사건에 관한 다른 동시대 자료는 어떤 것도 존재하지 않는다. 1세기 가량 후에 켈트족의 설교자이자 연대기 기록자인 길다스(Gildas)가 이 정복에 관하여 좀 더 자세한 이야기를 해 주었다. 그에 따르면 색슨족은 북쪽 지역으로부터의 침략에서 영국을 보호해 주기 위해 영국에 초대되었다. 군사적 도움의 대가로 색슨족은 땅을 받았고 영국의 동쪽에 정착하도록 허락받았다. 731년 영국의 수도자인 비드(Bede)가 라틴어로 쓴 권위 있는 『영국민의 교회사(Ecclesiastical History of the English People)』의 **449년** 기록에 따르면, 최초의 게르만 정착민은 449년에서 7년이 채 지나지 않은 기간 동안에 영국으로 이주했다고 한다. 그러나 449년은 흔히 고대영어의 시작과 관련되는 해이다. 일반적으로 영어 역사서들은 이 해를 영어가 탄생한 해로 인정한다. 그러나 은유가 유용하다할지라도 전체 이야기를 다 말해주지 않는다는 것은 확실하다. 영국의 인구와 언어에 있어 변화가 있기까지에는 연달아 물결처럼 밀려드는 수많은 새로운

10) 영국의 게르만 정복에 관한 초기 기록에 관한 정보가 더 필요하면 야첵 피시악(Jacek Fisiak)의 『영어의 역사 개관, 1권(An Outline History of English, vol.1)』(Poznan: SAWW, 1995)(31-41쪽)을 참고할 것. 『케임브리지 영어의 역사, 1권: 시작부터 1066년까지(The Cambridge History of the English Language, vol. 1: The Beginning to 1066)』(Cambridge University Press, 1992)(1-3쪽)에서 리차드 호그(Richard Hogg)는 게르만의 영국 점령을 다루고 있으며 비드의 역사서에서 적절한 단락을 발췌, 인용하고 있다.

정착민이 필요했고 적어도 백 년이 더 걸렸다. 게다가 다른 출처에 따르면, 게르만 부족은 적어도 2세기 이후부터 계속 영국에 살아 왔었다고 한다.[11)]

앞서 언급했듯이 켈트족은 영국에 정착한 최초의 인도유럽인이었다. 남부 영국의 켈트족은 처음에는 로마인에 의해 제압되었고, 이후 로마인에 의해 지배받고 보호되었다. 기원전 55년에서 54년 사이 줄리어스 시저의 첫 침략 시도는 특히 골(Gaul)[지금의 북이탈리아·프랑스·벨기에 등을 포함함](이곳에서는 시저의 군단이 사용한 라틴어가 궁극적으로 현대프랑스어가 되었다)과 같은 다른 로마제국 지역에서의 결과와 달리 영국은 점령으로 마무리되지 않았다. 로마 침략이 좀 더 영속적인 점령과 군사적 통치로 이어진 것은 43년부터 시작된 클라우디우스 황제의 통치기간 동안이었다. 이후 약 400년 동안 영국은 로마제국의 영토가 되었다. 그러나 5세기 초 변방에서의 점령군 유지는 대륙에서 호전적인 게르만족의 공격에 계속 지고 있었던 로마인에게는 너무 많은 비용이 들게 하였다. 이후에 일어난 사건들을 아주 간단히 이야기 하자면, 410년까지 모든 로마인이 영국 섬에서 나가 버리게 되었을 때 섬의 남쪽에 있던 켈트족은 상대적으로 무방비 상태가 되었다는 점이다. 그러자 켈트족은 곧바로 게르만 용병 군인들에게 북유럽으로부터 영국으로 건너와 침략하는 바이킹뿐만 아니라 아일랜드와 북쪽에서 내려오는 켈트족(스코트족과 픽트족)으로부터 자신들을 보호해 달라고 요청했다. 용병들은 주로 앵글족, 색슨족, 주트족, 이 세 부족 출신이었다. 이 언어의 이름은 앵글족의 이름에서 가져왔다. 영어는 Angle-ish라 했다. 나라 이름인 England는 Angle-land에서 왔다.[3]

초기 영어사에 관한 모든 자료는 라틴어로 쓰여 있다. 첫 침략과 정착의 시대 이후 오랫동안 이 자료의 대부분은 심하게 재활용되었다. 앵글로 색슨어로 보존된 초기 영웅시 일부에서 그들의 풍습과 전통에 대한 세부사항을 볼 수는 있지만, 이교도이고 글자를 읽거나 쓸 줄 몰랐던 게르만 부족은 영국해협을 건너와 행했던 첫 번째 약탈에 관한 기록을 남기지 않았다. 고고학적 증거 역시 잘 찾아보아도 빈약하기만 하다. 지명은 좀 도움이 된다. -ing는 '~에 속한, ~종류의'라는 의미를 가진 게르만어 어미이기 때문에 Harting, Hastings, Reading, Woking과 같은 지명은 이 지역에 초기 게르만족의 존재를 입증한다고 가정할 수 있다. 이와 비슷하게 '정착, 집'을 의미하는 -ham으로 끝나는 Birmingham, Durham, Grantham, Nottingham, Oakham과 같은 지명 역시 이 지역에 초기 정착이 있었다는 것을 나타낼지 모르겠지만, 이러한 증거를 연구하는 학자들은 우리에게 주의를 기울일 것을 심각하게 요구한다.[12)] 다양한 출처의 정보를 조합한 결과 역사학자들은 이 언어가 5세기 중엽 오늘날 독일

11) 마틴 웨이크린(Martyn Wakelin)의 『영어의 고고학(The Archeology of English)』(Totowa, NJ: Barns and Noble, 1988)(18쪽)을 볼 것.

12) 이 주제에 관심이 있는 사람을 위해 『케임브리지 영어의 역사, 1권: 시작부터 1066년까지』에 실린 세실리 클락(Cecily Clark)의 '고유명사학(Onomastics)' 부분과, 리차드 호그와 데비드 드니슨

북서부 지역의 영토로부터 영국으로 건너왔다는 것을 확신한다. 로마가 야만인의 침략으로부터 로마를 지키기 위해 그들의 군대를 철수시킨 이후, 적어도 게르만 용병들이 타고 온 배의 일부는 영국 남부의 켈트족이 요청하였기 때문에 영국으로 왔다는 것에도 동의하고 있다.

게르만 침략 직후 인구 상의 균형은 켈트족 원주민에게 유리했는데, 켈트족이 정복자보다 수적으로 우세했었다. 게르만 집단 이동에 참여한 정착자의 숫자를 추산하면 적게는 10,000명, 많게는 200,000명에 이른다. 다른 추산에 따르면, 첫 번째 정복 직후에는 3백 5십만 명의 켈트어 화자 대부분이 살아남았다.[13] 50년 이상 동안 계속된 [게르만의] 급습에 저항하기에는 부족할 만큼 켈트족은 제한된 군사적 경험과 조직을 가지고 있었다. 500년 무렵에는 게르만어를 사용하는 부족이 점점 더 많이 들어와 켈트족을 죽이거나 노예로 만들거나, 아니면 나라의 중앙으로부터 쫓아내 남쪽과 서쪽으로는 콘월, 웨일즈까지, 북쪽으로는 로디언 지역으로까지 몰아냈다. 6세기 말이 되면서 영국 섬에서 사용되는 지배적인 언어는 더 이상 켈트어가 아니었다. 영어가 '시작되었다'. 게르만어를 말하는 인구의 급속한 확산과 더불어 이전에 켈트족의 땅이었던 곳에 영국이란 왕국이 형성되는 과정의 차후 역사를 살펴보았을 때, 게르만족의 침략이 점진적이긴 하지만 무자비할 정도로 켈트어 화자를 섬의 중앙에서 외곽으로 몰아냈다는 것은 의심할 바가 없다. 가장 오래 보존된 영어의 기록물이 약 725년경까지는 등장하지 않지만 우리는 고대영어의 시작이 5세기 중엽으로 거슬러 올라간다고 가정할 수 있다.

2. 영어의 초기 어휘에 미친 역사적 영향

영토상의 근접성과 계통적으로 공유된 근원은 영어와 영어 자매어 사이의 친밀도를 부분적으로만 설명해 줄 수 있다. 계통적 유사성은 시간뿐만 아니라, 문화적, 경제적, 인구적 요소에 의해 모호해 지거나 심지어는 완전히 숨겨진다. 어휘구조를 설명하는데 있어서 언어가 진화된 역사적 맥락만큼이나 중요한 것은 정말 없다. 언어의 모든 측면은 끊임없이 변화하지만, 그 중에서도 어휘는 외부 영향에 가장 즉각적으로 빨리 반응하는 부분이다. 다음에

(David Denison)이 편집한 『영어의 역사(A History of the English Language)』(Cambridge University Press, 2006)에 실린 리차드 코우츠(Richard Coates)의 '이름들(Names)' 부분에서 이루어지고 있는 이 주제에 관한 탁월한 조사결과를 살펴보기를 추천한다.

13) 지역마다 켈트어 화자의 분포는 균등하지 않았다. 북쪽보다는 남쪽에 게르만인이 아주 많이 거주했었는데 아마도 북쪽에서는 켈트인 대 게르만 유입자의 비율이 50:1 정도로 높았을 것으로 보인다. 이 숫자는 마르끄 피플라(Markku Filppula), 유하니 크레모라(Juhani Klemola)와 헤리 핏까넨(Heli Pitkänen)이 편집한 『영어의 켈트어 뿌리(The Celtic Roots of English)』(Joensuu: Joensuun Yliopistopiano, 2002)(111-49쪽)에 실린 힐데가르드 트리스트람(Hildegard Tristram)이 연구한 '영어와 웨일스어 굴절 마모(Attrition of inflections in English and Welsh)'에 언급되어 있다.

서 볼 수 있듯이, 영어는 어휘를 너무나 극적으로 변화시켜왔기에 어휘 저장고를 보면 영어는 더 이상 게르만어가 아니다. 이 절에서는 영어의 초기 어휘를 구성한 역사적 문화적 요소를 살펴본다. 또한 영어의 하이브리드화로 이끈 사건과 상황도 여기서 다룬다.

영어의 역사는 전통적으로,

고대영어(c. 450-1066)
중세영어(1066-1476)
초기현대영어(1476-1776)
현대영어(1776-현재)로 나뉜다.

고대영어가 사용된 역사상의 시기는 앵글로 색슨이라는 이름으로 알려져 있다. 우리는 앵글로 색슨 문학, 『앵글로 색슨 시의 기록(Anglo-Saxon Poetic Records)』[4], 앵글로 색슨의 종교, 법, 그리고 문화에 관해 이야기한다. 고대영어가 끝나고 중세영어가 시작되는 해가 1066년인데 이는 노르만 정복이 일어났던 해와 일치한다. 명확히 말해, 하나의 역사적 사건이 언어를 하루 밤사이 바꾸어 놓을 수는 없다. 구분 시기는 편의상 하는 것이다. 일부 언어적 특징을 보면 고대영어는 11세기 말 그리고 그 너머까지 여전히 고대영어이고, 중세영어의 독특한 특징은 1066년 이전부터 발달하기 시작했었다. 똑같은 원리가 다른 시기 구분에도 적용된다.

2.1 고대영어 고유의 어휘

게르만어 이전 단어들. 고대영어에 사용되었고, 현재에도 남아있는 많은 단어는 부모어인 인도유럽어까지도 거슬러 올라갈 수 있다. 이러한 단어는 5,000~7,000년 동안 발음을 제외하고는 본질적으로는 변하지 않은 채로 그대로 있다. 인도유럽어 가계는 마지막 빙하기가 막 끝난 후 얼마 되지 않아 시작되었다. 이 무렵 알프스 산맥 북쪽 모두를 덮고 있던 빙하가 점차 녹아내려 인간이 전에 살아보지 못했던 거대한 영토를 펼쳐놓았거나 적어도 고고학적으로 알아차릴 수 있는 어떠한 것도 남겨놓지 않았을 때였다. 가장 오래된 이 시기 때부터 계속 살아남은 단어는 자연현상, 식물, 동물, 친족관계를 나타내는 단어나, 인간의 기본적인 행동을 나타내는 동사, 필수적 특징을 표현하는 형용사, 대명사 등이다. 예: moon^달^, tree^나무^, brother^형제^, mother^어머니^, do^하다^, be^이다^, new^새로운^, long^긴^, that^그(것)^, me^나를^, two^둘^, mine^나의 것^.

초기 게르만어 단어들. 약 2,200년 전에 게르만어가 인도유럽어의 독립된 분파가 되자 많은 새로운 단어가 존재하게 되었다. 이러한 단어는 일상생활, 자연현상, 땅, 바다를 나타내는 단어이다. 예: sand^모래^, earth^땅^, starve^굶다^, make^만들다^, fox^여우^, find^발견하다^. 게르만어에만 있는 단어로는 boat[배], drink[마시다], drive[몰다], fowl[가금], hold[잡다], house[집], meat[고기5], rain[비], sail[항해하다], storm[폭풍], thief[도둑], wife[부인], winter[겨울] 등이 있다. 또한 게르만어라는 언어학적 분파 밖의 언어에서는 발견되지 않은 일부 접사도 있다. -dom(예: freedom[자유], kingdom[왕국], stardom[스타반열], bugdom[곤충왕국])과 -ship(예: friendship[우정], lordship[영주의 지위], kinship[친족임], stewardship[관리])이 전형적인 예이다. 이후 5세기 영어가 대륙의 친족으로부터 분리되어 나왔을 때, 다른 게르만어에서는 발견되지 않고 영어에서 발견되는 일부 단어가 있다. 예: bird[새], woman[여자], lord[영주], lady[숙녀], sheriff[주 장관].

2.1.1 가장 초기의 차용어

고대영어 어휘는 대략 25,000~30,000개로 추정되고 있는데 그 기원에 있어서는 대부분이 동질적이다. 하지만 영어의 초기 단계에서 조차 다른 민족과의 접촉은 일부 외래어를 영어에 들여왔다. 고대영어에 들어온 외래어휘의 중요한 세 출처는 켈트어, 라틴어, 스칸디나비아어이다.

켈트어. 게르만의 침략과 정착 이전의 영국의 인구 역사를 보면 켈트어 어휘가 고대영어에 남겼을 흔적을 기대하게 만든다. 그러나 그 흔적은 많지 않다. 새로 온 사람[게르만족]은 점진적으로 토착민인 켈트족을 변방으로 몰아내거나 혹은 자신들에게 동화시켰다. 켈트족의 영토적, 정치적 지배의 종말은 켈트어가 영어에 미친 언어적 영향의 범위와 방향도 결정하였다. 아마도 사회-경제적 차이로 인한 접촉의 부재는 켈트어를 고대영어로부터 고립시키는 효과를 가져왔다. 따라서 켈트어는 소수의 일상어를 제외하고는 새로운 단어를 가져다주는 중요한 출처가 되지 못했다.

켈트족과 앵글로 색슨족 사이에 있었던 첫 몇 세기 동안의 접촉을 거슬러 올라가 보면 켈트어 차용어는 두 가지 유형으로 구분된다. 즉 지명과 일부 일상의 단어이다. 켈트어에서 차용된 지명과 지명 요소로 Kent, Dover, York, (아마도) London, Thames, Esk, Avon, -combe '계곡', -torr '바위, 산봉우리' 가 있다. 또한 하이브리드 지명도 있다. 예: **York**shire, **Devon**shire, **Canter**bury. 비교적 적은 수의 보통명사도 켈트어에서 차용되었다. 예: brat '옷, 망토'(소실되거나 방언에서 쓰임), 아마도 bin[뚜껑달린 상자], 논쟁이 되는 cradle[요람], dun[언덕], cragg[험준한 바위], curse[저주], reel-(dance)[릴(춤)], wan '창백한', loch[호수], cross[십자가], anchor(ite) '은자'. 이 단어기 현대영어에 남아있는 켈트어 차용어 리스트의 거의 전부이다. 고대영어의 켈트어 차용어 리스트에는 브리튼어에서 차용된 군대용어와 7세기 영국의 북부에서 아일랜드 수도사와 고대영어 화자 사이의 접촉으로 인해 차용된 교회 관련어가 있다. 소실된 차용어 가운데 다음 단어가 있다.[14]

14) 이 차용어에 대한 전체 목록은 피플라, 크레모라와 핏까넨이 편집한 『영어의 켈트어 뿌리』(175-83

OE lærig ‘shield rim’[방패 가장자리]
OE syrce ‘coat of mail’[쇠사슬 갑옷]
OE truma ‘host’[군대, 주인]
OE dry ‘magician, druid’[마술사, 켈트족의 종교인 드루이드교 성직자]
OE sacerd ‘priest’[성직자]
OE lorh ‘pole, distaff’[막대, 양털 자를 때 쓰는 실패]

라틴어. 고대영어 전체 어휘의 약 3%는 라틴어에서 직접 오거나 혹은 어떤 경우는 그리스어가 라틴어를 통해 들어온 것이다. 앵글로 색슨 시대의 문헌 쓰기는 주로 수도원에서 이루어졌는데, 그곳에서는 라틴어를 배웠거나 혹은 많은 경우 라틴어에 유창한 수도사와 필경사들이 자신들의 재주를 발휘했다. 남아있는 많은 앵글로 색슨 기록물에 라틴어 차용어가 나타나는데 이런 기록물들은 종교적이거나 학술적인 자료를 번역한 것이다. 따라서 ‘일반적인’ 고대영어 화자가 이러한 비게르만어 단어에 어느 정도 익숙했는지를 추정하기는 어렵다. 시간이 경과됨에 따라 아주 초기의 라틴어 차용어는 영어의 필수적인 부분이 되었고 영어에 들어온 다른 차용어와의 시기상 차이를 모호하게 만들었다. 다양한 문헌학적 관점에서 보면 오늘날 존재하는 영어 문헌에 기록된 라틴어는 두 가지 주된 그룹으로 나눈다.

대륙차용어(continental borrowings). 5세기 앵글로 색슨족이 영국을 침입하기 전 그들은 대륙에서 라틴어 화자와 접촉해 왔었다. 따라서 고대영어에 차용된 라틴어 차용어의 첫 세트는 다른 분파의 게르만어와 공유한다. 로마제국과 초기 고대영어 시기의 게르만 부족사이의 군사적, 행정적, 상업적 관계를 반영하는 많은 단어가 대륙에 있을 때 고대영어로 들어왔다. 예: camp[야영지], mile[마일], street[도로], cheese[치즈], wine[포도주], gem[보석], linen[마], wall[벽]. 이 단어는 5세기 중엽 영국해협을 건너온 첫 번째 무리의 게르만 전사가 사용하고 있었던 핵심어휘의 일부였음이 틀림없다.

기독교와 수도원 문화. 라틴어가 고대영어에 끼친 초기의 가장 중요한 영향은 앵글로 색슨족의 기독교 개종에서 비롯한다. 이 중요한 문화, 정치적 사건은 6세기 말과 7세기 중엽 사이 영국에서 발생했으며 영어에 미친 영향은 그 이후 수 세기 동안에도 감지되었다. 이 시기에 차용된 많은 수의 라틴어는 기독교 종교 및 종교 의식과 관련되어 있으며, 이 가운데 대부분은 그리스어 원형으로 거슬러 올라간다.

OE abbod ‘abbot’[주교], Lat. abbatem < Gk.
OE diacon ‘deacon’[부제], Lat. diaconus < Gk.
OE cleric ‘clerk’[성직자], Lat. clericus < Gk.
OE idol ‘idol’[우상], Lat. iolum < Gk.
OE creda ‘creed’[교리], Lat. credo < Gk.
OE padadis ‘paradise’[천국], Lat. paradisus < Gk.

쪽)에 실린 앤드류 브리즈(Andrew Breeze)의 ‘일곱 유형의 켈트어 차용어(Seven types of Celtic loanword)’에서 찾아 볼 수 있다. 브리즈가 인용하고 있는 고대영어의 켈트어 차용어 단어 중 대부분은 소실되었으며, 이는 어휘 보급에 있어 지역적, 방언적 제한이 있었음을 보여준다.

고대영어에서 라틴어 차용어로 입증된 단어로 candle[초], congregation[신도], devil[악마], disciple[제자], eternal[영원한], martyr[순교], mass[미사], pope[교황], noon[정오], offer[제공하다], testament[신약성서]가 있다. 수도원은 종교의 중심이었을 뿐 만 아니라, 학문과 필사의 중심이었다. 글을 읽을 수 있는 사람이 증가하고 당시 유럽에서 인기 있던 종교와 철학 서적을 번역하는 작업에 대한 관심이 증가하면서 아주 많은 수의 학술어가 영어에 들어왔다. 라틴어로 된 학술적이거나 문학적인 문헌의 번역을 통해서 차용된 학구적인 단어를 포함하여 읽기와 쓰기에 관련 있는 단어는 다음과 같다.

OE (e)pistol ‘letter’[편지], Lat epistula < Gk.
OE paper ‘paper’[종이], Lat. papyrus < Gk.
OE brefian ‘to state briefly’[간단히 말하다], Lat. breviare
OE scol ‘school’ [학교], Lat. schola < Gk.
OE notere ‘notary’[공증인], Lat. notarius
OE studian ‘to take care of’ [돌보다], Lat. studere

이 그룹에는 alphabet[알파벳], describe[묘사하다], discuss[논하다], history[역사], mental[정신적인]도 있으며, translate[번역하다] 단어 자체도 있다. 이 시기의 다른 라틴어 차용어는 지금은 흔히 쓰이는 일상용어가 되었다. 예: fever[열], giant[거대한], port[항구], mount[동산], pear[배], plant[식물] polite[공손한], radish[무]. 대륙차용어와 마찬가지로 종교와 학문을 통해 앵글로 색슨 시기에 차용된 라틴어는 게르만어의 고유어휘와 섞이게 되었다. 현대영어 화자에게 그 기원을 드러내는 유일한 요소는 바로 길이가 더 긴 단어의 음절 개수일 뿐이다. 기독교 도입 이후 읽고 쓰기의 증가가 일어나면서 이후 한 세기 동안에는 새로운 단어 특히 고상하게 쓰이는 단어가 고전과 중세 라틴어로부터 그리고 로맨스어의 후손어인 프랑스어, 이탈리아어, 스페인어로부터 계속 차용되었고, 이후 르네상스 기간 동안에는 근대라틴어로부터 차용이 이루어졌다. 이 언어가 영어 어휘에 한 기여에 대해서는 3장에서 다루도록 한다.

2.1.2 스칸디나비아어 요소

영어의 초기 어휘와 문법에 끼친 주요 영향 가운데 하나가 북게르만어 이웃에서 왔다. 8세기부터 11세기까지 앵글로 색슨족은 스칸디나비아 뱃사람의 일련의 공격과 침략에 시달렸다. 이들의 침략을 게르만족의 영국에 대한 두 번째 맹공격으로 생각할 수도 있겠지만 이번에는 침략한 쪽과 침략을 당한 쪽이 언어학적으로 말해 아주 가까운 친척관계이었다. 스칸디나비아인(바이킹으로 알려져 있다)은 북게르만어의 하위 그룹인 덴마크어와 노르웨이어의 이전 형태인 고대노스어의 한 형태를 사용했다. 고대노스어로 쓰인 가장 오래된 문헌은 11세기까지 등장하지 않는다(하지만 기독교 이전의 룬문자로 쓰인 비석문은 3세기부터 존재한다). 문헌 기록을 바탕으로 판단할 때 아마도 영어와 바이킹의 언어는 상당한 정도로 서로 이해 가능했었을 것이다. 앵글로 색슨 시기 동안 영국 중부의 북동쪽에 있는 아주 중요한 지역이 바이킹 침략자에게 할당되어져야만 했다. 878년 영국의 알프레드 대왕(871-99)은 데인로(Danelaw), 즉 덴마크인 거주지를 확정하는 조약에 사인을 했다. 데인로는 덴마크인의 독립적인 행정 영토로 대략 런던으로부터 체스터까지 걸쳐진 북동쪽의 지역이다. 이 지역은 다음 세기에 주인이 다시 바뀌긴 했지만, 바이킹의 침략은 잠잠해지지 않았고 1014년부터 1042년 동안 덴마크 왕조에 의해 영국의 왕위가 완전히 찬탈되는 것으로 그 정점을 이루었다.

바이킹 관습과 이동 방식을 재구해보면 많은 뱃사람은 여자 없이 영국에 도착했다는 것을 알 수 있다. 점점 더 많은 침략자가 자신이 도착한 곳을 자신의 나라로 여기며 정착하고 거주하게 됨에 따라 영국인과의 결혼 또한 흔하게 되었음이 틀림없다. 이러한 사회적, 역사적 상황은 스칸디나비아어에서 고대영어로의 어휘 전환에 호의적이었을 것이다. 바이킹과 앵글로 색슨족과의 첫 번째 언어적 고리는 영국의 북쪽과 동쪽 지역에서 발견되는 1,400개나 되는 많은 수의 스칸디나비아어 지명에서 발견된다. 이들 단어에 -beck '개울'(Beckbury, Beckford, Blackbeck), -by '거주, 정착'(Barnaby, Ellerby, Rugby, Thirtleby), -thrope '작은 마을'(Barleythorpe, Grimsthorpe, Hamthorpe, Hilderthorpe, Low Claythorpe, Firdaythorpe), toft '농장'(Toft, Thurdistoft), -thwaite '숲속 개간지, 빈터'(Applethwaite, Hampsthwaite, Hunderthwaite, Husthwaite, Thwaite)로 끝나거나 혹은 단어 안에 포함하는 지명이 있다. 차용어 by '거주, 도시, 읍'은 이제는 모호한 복합어인 by-law[조례 내규](원래는 town-law[마을의 내규]를 의미했다)에만 남아 있다. thwait(e)와 thorp(e)는 개별 단어로는 이제 드물고 거의 사라졌다.

인구 통계적으로 말해, 스칸디나비아인의 침략, 승리, 정착이 앵글로 색슨족의 인구 순위를 얼마나 높였는지를 믿을 만하게 재구하는 일은 어렵다. 그러나 중세 요크셔와 링컨셔에 관한 기록물에만도 750개가 넘는 스칸디나비아어 형태를 가진 이름이 있다. 이 가운데 가장 많이 알려진 것은 Henryson, Jackson, Robertson과 같은 단어에 있는 어미 -son이다. 스칸디나비아어 지명의 조밀도와 -son 이름의 상당한 생존율로 판단해 보건대, 새 침입자들은 많은 수의 활기찬 소수민족이었다고 가정할 수 있다. 데인로에는 아마도 영국인만큼이나 많은 스칸디나비아인이 있었을 것이다. 어휘는 한 나라의 사회-정치적, 문화적 변화에 가장 반응을 많이 하는 언어층위이기 때문에 왜 영국인들이 8세기와 9세기 사이에 스칸디나비아어로부터 거의 1,000개나 되는 단어를 차용했는지 그 이유를 파악하는 것은 쉽다.

학식 있는 성직자, 수도사, 필경사와 같이 아주 적은 수의 사람에 의해 시작되고 촉진되었던 라틴어 어휘 차용과 달리 스칸디나비아어의 차용에는 특별한 교육이나 쓰기 능력이 요구되지 않았다. 이는 두 민족이 섞여있는 가정에서, 들판에서, 시장에서, 문화 발전의 정도가 비슷한 사람 사이에서 자연스럽게 일어났다. 어휘 차용은 이러한 호의적인 사회적 조건 이외에도 스칸디나비아어와 고대영어 사이의 언어적 밀접함에 의해 쉽게 이루어졌다. 이 시기에 영어로 들어온 차용어가 외래어로 쉽게 생각되지도 않았고, 보다 학구적이거나 보다 고상한 수준의 쓰임을 가진 특별한 단어로 표시되지 않았던 사실은 놀랄 만한 일이 아니다. 고대영어와 중세영어에 이루어진 스칸디나비아어 차용어는 다음처럼 흔한 단어이다.

ceallian 'to call'[부르다]	feolaga 'fellow'[동료]
cnife 'knife'[칼]	legg 'leg'[다리]
hæfen 'haven'[항구]	utlaga 'outlaw'[범법자]
husboda 'husband'[남편]	wrang 'wrong'[잘못된]

bag[가방], cast[주조(하다)], crawl[기다], crave[갈망하다], die[죽다], hit[치다], root[뿌리], skin[피부], sky[하늘], sprint[질주(하다)], ill[아픈], until[까지], 전치사 till[까지]과 fro[저쪽으로](예: to and fro[저쪽으로]), 대명사 they[그들이], them[그들을], their[그들의]가 이 리스트에 있다. she[그녀], are[이다], 양화사 both[둘 다], same[같은]도 아마 스칸디나비아어 영향이다.

오늘날 일부 지역의 이형에서는 스칸디나비아어 단어가 우리에게는 훨씬 더 익숙한 표준어 단어와 나란히 존재하고 있다. 예: garth vs. yard[(안)마당], kirk vs. church[교회], nay vs. no[아니], trigg vs. true[진실의]. 바이킹도 게르만어를 사용했기 때문에 고대영어와 단어를 공유하면서도 발음을 달리 하는 경우도 있었다. 따라서 하나의 동일한 단어가 두 가지의 다른 발음, 즉 스칸디나비아어의 발음과 고대영어의 발음을 가지게 되어 역사적으로 관련되어 있지만 지금은 두 개의 별개 어휘 항목이 된 한 쌍의 단어로 발달했다. 현대영어에 이러한 단어로 dike[제방] vs. ditch[배수로], scrub[문지르다] vs. shrub[관목], skirt[치마] vs. shirt[셔츠]가 있다.

2.2 영어, 하이브리드가 되다[6]

노르만 정복(Norman Conquest). 영어 어휘 구성에 영속적인 흔적을 남긴 다음의 중요한 역사적 사건은 **1066년** 노르만의 영국 정복이다. 그해, 노르망디의 공작 윌리엄은 영국 남부 해안에 있는 헤이스팅스(Hastings)에서 영국군을 공격해 대패시켰다. 그 후 윌리엄은 영국 왕위에 올랐고, 802년 알프레드 대왕의 손자인 에그버트로부터 시작된 색슨 혈통을 대신하였다. 11세기 말 영국에서 영향력이 있거나, 명망이 있거나, 학식이 있는 자리는 모두 노르만계 귀족, 성직자, 종교지도자가 차지하게 되었다. 학자들이 추정치를 일부 제공하긴 했지만, 정복 이후 새 정착자의 정확한 숫자는 알려져 있지 않다. 이미 잘 알려진 출처에서 정복의 사회적, 인구적 결과를 어떻게 기술하고 있는지 보자.

> 어떤 이는 다음과 같은 말로 영국에서 일어난 변화를 요약하고 있다. 20,000명의 외국인이 20,000명의 영국인을 대신했다. 그리고 새로 온 사람들은 왕좌를, 백작 작위를, 주교직을, 대수도원장 관할 구역을, 훨씬 더 넓은 크기의 커다란 사유지를 . . . 주요 도시마다 이전에는 많은 시민이 보유했던 것을 이제는 그들이 가졌다.[15)]

영어 어휘에 미친 노르만 정복의 막대한 효과를 이해하는 열쇠는 정복자의 정치적, 사회적 위치에 있다. 노르망디의 윌리엄은 정복 후 영국의 왕으로 20년 동안 살았다. 그 시기 동안 색슨족의 귀족들은 처형당하거나 자신의 성과 땅으로부터 쫓겨나갔다. 그들의 재산은 이제 윌리엄과 함께 왔거나 그 이후에 뒤따라 온 노르만 남작들과 신하들의 소유가 되었다. 이러한 상황은 사회적 지위와 언어 사이의 새로운 상관관계로 이어졌다. 즉 들판이나 귀족의 영지에서 육체노동을 하는 농부들은 영어를 말하고, 지배자들은 프랑스어를 말했다. 단순히 숫자로 말하자면, 말할 것도 없이 영어 화자들이 지배적인 그룹이었다. 그들은 대략 전체 인구 1백5십만 명 중 90~98%를 구성하고 있었다.[16)]

프랑스어가 사용되는 사회적 영역은 매우 좁았다. 니콜라스 오슬러(Nicholas Ostler)는 다음과 같이 말한다.

> . . . 노르만 프랑스어의 전파는 노르만인이 지배하는 사회적 위계 구조에서 매우 엄격하게 제한되어 있었다. 장원제도 안에서 모든 영국인 남자와 여자의 지위는 주로 태어나면서부터 결정되었다. 교회는 개인의 능력으로 출세할 수 있는 유일한 신분 상승의 통로였지만 그나마도 독신이어야 한다는 제약으로 인해 심하게 제한되어 있었다. 따라서 프랑스어를 말하는 귀족층은 거의 폐쇄적인 사회로 남아있게 되었다. . . 그리고 사람들이 주인을 모방한다고 해도 그들의 성공 가능성을 높일 여지가 거의 없거나 아예 없었다. 장원제도의 영국에 사는 사람들은 자신의 위치를 알았다. . . [17)]

---

15) 보우(Baugh)와 케이블(Cable)의 『영어의 역사(A History of the English Language)』에 나온 내용으로 요크 포웰(F. York Fowell)(트레일(H.D. Traill)이 편집한 『영국 사회(Social England)』(1권, 346쪽)의 설명을 인용한 것임.

16) 인구 추정치는 로저 라스(Roger Lass)의 『영어의 형성: 구조와 역사(The Shape of English: Structure and History』(London: Dent and Sons, 1987)(56쪽)에서 가져옴.

17) 니콜라스 오슬러(Nicholas Ostler) 『단어의 제국들: 세계의 언어 역사(Empires of the Word: a Language History of the World)』(New York: Harper Collins, 2005)(461쪽).

따라서 2세기가 넘는 동안 영국의 '중요한' 일은 앵글로 노르만어나 라틴어로 수행되었고, 이점이 바로 그 기간 동안에 이 언어가 풍요의 원천으로서 했던 지배적인 역할이었다. 영어가 이 기간 동안에 취한 유일한 언어 형태인 문어를 보면, 정복 이후 시기의 어휘는 좀 더 높은 지위에 있는 프랑스어를 말하는 귀족들의 특성을 보여준다. 이들과의 상호작용이 이루어지는 모든 영역인 문학, 종교, 정부, 법, 복지, 건축, 예술, 과학, 의학에서 온 단어를 신속하게 흡수하는 것으로 특징 지워진다. 새로운 통치자들은 자신들과 함께 법, 행정, 군사, 정치, 윤리 용어를 가져왔고, 이들은 기존의 영어 단어와 자주 나란히 했다.

고대영어	앵글로 노르만 프랑스어 차용어
burh 'town, borough' 마을, 자치구	city 도시 (1225)
(ge)mot 'court, council' 법정, 의회 PDE moot 의견을 제기하다	council 의회 (1125), assembly 의회 (1330)
deman 'to judge' 판단하다 PDE deem 여기다	judge(1225)
deor 'any animal' 동물 PDE deer 사슴	beast 짐승 (1220), animal 동물 (1398)
freodom 'freedom' 자유	liberty 자유 (1374)
wundor 'wonder' 경탄	miracle 기적 (1230), marvel 경이 (1300)
rum 'room' 방	chamber 실, 원 (1225)

프랑스어 화자와 영어 화자 사이의 수적, 사회적 차이는 확산되던 이중 언어의 발전에 저해가 되었다. 그럼에도 두 그룹 사이의 언어 장벽을 뚫을 수 없는 것은 아니었다. 프랑스어를 말하는 상위 성직자는 하위 성직자에게 말을 해야 했고, 영어로 설교하는 설교자의 말도 들어야만 했다. 모든 사회 계층마다 지시를 내려야 하고 그 지시는 이해되어져야 했다. 인구의 대다수는 영어를 모국어로 사용했으나, 많은 사람은 프랑스인 지배자가 내리는 명령에 복종했고, 그들의 요구에 만족하고자 프랑스어를 충분히 배웠음에 틀림없었다. 어설프게 아는 프랑스어라 해도 일부 프랑스어 단어가 영어에 접근해 들어오는데 충분했을지 모르며, 이는 앞으로 홍수를 몰고 올 첫 물방울을 허락하는 시작으로 충분했다.

노르만 프랑스어에 숙달한 사람 입장에서 보면, 이들은 점차 프랑스어 기원으로부터 멀어지게 되었다. 윌리엄과 마찬가지로 영국의 왕이자 노르망디 공으로 시작했던 존왕은 13세기 초 노르망디에서의 지위와 영토를 상실했다. 이로 인해 영국에 있던 프랑스어를 말하는 많은 귀족은 대륙과의 유대 관계를 포기하게 되었다. 노르망디에 있던 그들의 땅이 몰수되었기 때문에 혹은 그들 스스로가 후손에게 소유물을 나누어 주었기 때문이었다. 이로 인해 이후 영국과 노르망디 양쪽에 땅을 소유하는 관습이 끝나게 되었다. 새로운 세대가 생겨났고 두 나라 사이의 끊임없는 이동이 불필요하게 되자 영국에 있던 노르만인은 중세영어를 말하는 대다수에게 언어적으로 동화되었다. 정복 이후 두 언어 사이의 상호 작용 결과 아주 극적인 어휘 변화는 비록 일어났지만 결과적으로 영국의 언어는 영어로 남아있게 되었다.

노르만 정복의 언어학적 영향은 흥미로운 역사적 사실에 의해 특징 지워진다. 즉 노르만인은 프랑스어를 말했지만 사실 북게르만어 바이킹을 조상으로 갖고 있었고 이들로부터 제외된 것은 단지 두 세대 동안에 불과했을 뿐이었다. 노르만(Norman)이란 단어는 North-man[북쪽 사람]의 줄임말로 9세기 중반 이후 프랑스 북부를 침략해 911년 노르망디 공국을 건설한 스칸디나비아 부족의 이름이었다. 노르만인이 영국에 가져온 프랑스어는 파리 주변과 프랑스 남부에서 사용되었던 프랑스어와는 달랐다. 영국 정복 직후의 시기 동안 노르만 프랑스어(앵글로 프랑스어, 앵글로 노르만으로도 알려져 있다)는 프랑스어의 지역 방언 가운데 하나였다. 영국에서의 정치적 상황이 12세기 말 이후 바뀌게 되자, 영어와 프랑스어 사이의 언어적 연관도 노르만에서 벗어나 중부와 남부 프랑스로 이동하였다. 중세영어는 양쪽으로부터 새로운 로맨스어를 받아들였다. 처음에는 인구와 경제적 필요성 때문에 이루어졌던 프랑스어의 영향은 13세기 동안과 그 이후로는 영국인과 프랑스인 사이의 정치적 접촉과 유럽에서 프랑스의 문화적 우위 때문에 증가하였다. 정복 이후 영어에 있었던 대대적인 프랑스어의 유입은 영어에 게르만어와 비게르만어 단어의 비율을 변화시켰다. 고대영어는 비교적 **동질적*(homogeneous)***인 어휘고였던 반면 중세영어는 어휘적으로 **이질적*(heterogeneous)***이 되었다.

2.2.1 중세영어의 프랑스어 차용어

차용을 통해 어휘목록이 전례 없이 풍요롭게 되면서 정복 이후 영어 어휘의 어원 구성은 변하게 되었다. 프랑스어에서 차용된 단어의 정확한 숫자에 관한 자료를 구하긴 어렵지만, 추정치에 따르면 중세영어 시기에 차용된 프랑스어 숫자는 10,000개를 약간 넘었다고 한다. 이 가운데 약 75%가 남아 현대영어에서 여전히 사용되고 있다.[18] 많은 양의 새 단어가 들어옴에 따라 고대영어에서는 외래(라틴어) 단어가 대략 3%였던 것이 중세영어에서는 25%로 어원적 균형이 바뀌었다. 영어 역사상 그 어떤 시기에도 어휘의 구성에 있어 이처럼 극적인 변화가 있었던 때가 없었다. 게다가 이는 단지 시작에 불과했다. 정복 이후 영어와 프랑스어의 혼합과 더불어 시작되었던 다른 나라 언어에서 차용이라는 유행은 영어의 역사 내내 점진적으로 계속되었고 오늘날에도 여전히 우리와 함께 있다.

흥미롭게도 영어 어휘가 대단위로 다각화되는 이 초기 시기에도 차용어에 대한 부정적인 태도는 없었던 것 같다. 중세시기에 글을 읽고 쓸 수 있는 능력인 문해력

18) 보우와 케이블의 『영어의 역사』, 174쪽 참고할 것.

(literacy)은 사회적 지위와 관련된 대단한 성취 능력이었다. 따라서 읽고 쓸 수 있는 대다수의 사람은 노르만 귀족의 구성원이었거나 혹은 어떤 역할을 가지고 노르만인을 모시도록 훈련된 사람이었던 것 같다. 이들은 성직자, 필경사, 연대기 작성자, 종교 및 법정 서기, 학자, 시인이었다. 이러한 상황은 잠재적인 부정적 태도와 함께 새 단어가 실제 영어 화자에 의해 차용되는 속도를 어느 정도 감추었을지도 모른다. 따라서 프랑스어 단어에 대한 초기 기록만으로는 그 단어가 언어학적 지역사회 안에서 익숙했다거나 유통되었다고 장담할 수 없다. 오히려 반대로, 많은 단어, 특히 종교, 법률, 교리의 글에 쉽게 들어오지 못했던 단어는 실제 기록에 남겨지기 전까지는 오랫동안 구어로 사용되었을 것이다.

더욱 분명한 것은 계층을 근거로 글을 읽을 수 있는 사람과 그렇지 않은 사람을 구분하는 것이 프랑스어에서 차용된 중세영어 단어의 유형에 반영되었다는 사실이다. 다음에 논의될 차용에서의 두 가지 시기적 층위는 새로운 정치적, 사회적 현실이 영어 어휘 목록을 어떻게 형성했는가를 보여준다.

정복 후 초기 차용어. 정복 후 대략 첫 두 세기 동안에는 새 단어의 출처는 주로 노르만 프랑스어였다. 노르만인이 비록 기원에 있어 스칸디나비아인이었지만, 그들은 중세 프랑스의 언어와 문화를 받아들였다. 윌리엄과 그의 사람들이 처음 영국에 왔을 때는 프랑스어를 사용했으나, 노르망디 지역에서 북쪽에서 온 사람들(Northmen)에게 일어났던 언어 동화는 영국에서도 그대로 재연되었다. 약 13세기 중엽부터 영어는 정부, 행정, 학문의 언어로서 프랑스어(와 라틴어)를 서서히 대신하기 시작했다. 14세기 중엽이 되면서 프랑스어는 심지어 인종적으로 노르만인 가정에서조차 외국어로 가르치게 되었다. 아마도 기록물을 유지하고 후세대에 남기는 것과 관련된 이유 때문인지 1250년 이전에 기록된 차용어는 전체 숫자가 약 900개로 비교적 많지 않았다.[19] 이 초기 단계에 영어에 들어왔던 단어 가운데 흔히 사용되는 단어로는 air[공기], beast[짐승], color[색깔], dangerous[위험한], diet[음식], feast[축제], flower[꽃], jealous[질투의], journey[여행], judge[판단하다], liquor[술], oil[기름], part[부분], peace[평화], soil[흙], story[이야기], tender[부드러운]가 있다. 많은 초기 차용어는 사회적 계층 관계도 보여준다. 예: baron[남작], noble[귀족], servant[하인], throne[왕좌].

중부 프랑스어(Central French). 1204년 프랑스의 필립 왕은 영국으로부터 노르망디를 탈환했다. 이는 노르망디 공국과 영국의 앵글로 노르만 통치자 사이에 있었던 행정적, 정치적 유대를 즉각적으로 단절시켰다. 이제 영국의 군사, 경제, 문화적 관심은 중부 프랑스어로 이동했다. 따라서 13세기 이후부터는 파리와 그 주변에서 사용된 프랑스어가 영어의 새 차용어를 제공해주는 출처가 되었다. 점점 더 많은 상위 계층 구성원이 영어를

---

19) 이 추정치는 보우와 케이블의 『영어의 역사』 164쪽에서 왔음.

배워 새로운 언어 환경에 적응했다. 이는 다른 갈래의 언어인 중부 고대프랑스어로부터 언어적 영향을 받기 위한 길을 닦는다. 또한 같은 단어이지만 서로 다른 앵글로 노르만어와 프랑스어 형태 사이에 경쟁 관계를 만들어 냈다.

앵글로 노르만어	중부 고대프랑스어
catch[잡다]	chase[추적하다]
Karl[칼]	Charles[샤를]
cattle[가축]	chattel[동산, 소지품]
warranty[보증서]	guarantee[보증서]
warden[관리인, 교도서장]	guard(ian)[경비, 후견인]

결과적으로 그리고 법률적 역사에 따르면, 앵글로 노르만어는 정복 이후 두 세대 동안에만 진정한 토착어로 살아남았을 뿐이었다. 그 이후에는 프랑스어도 라틴어처럼 하나의 학술언어였다.

다시 중세영어 전체를 보면, 어휘고는 법률, 군사, 행정, 정치, 종교, 문화 영역에서 새로운 귀족의 선두적인 위치를 반영하는 단어로 계속 풍요로워졌다. 이 분야의 많은 고대영어 단어는 로맨스 차용어와 함께 쓰이거나 로맨스 차용어로 대체되었다. 예: army[군대], assembly[의회], council[의회], defense[방어], empire[제국], mayor[시장], navy[해군], parliament[국회], record[기록], soldier[군인], state[국가], statute[법령], tax[세금]. 추측하건데, 문학, 예술, 과학, 의학 분야의 단어가 대량으로 영어에 들어왔고 이 단어 중에는 literature[문학], art[예술], science[과학], medicine[약], number[수]와 figure[수치], grammar[문법], image[인상, 모습], logic[논리], music[음악], pain[고통], physician[(내과)의사], poet[시인], remedy[치료], romance[연애], study[공부하다], surgeon[외과의사], tragedy[비극]가 있다. 이 중 많은 차용어는 고전그리스어나 라틴어에 기원을 두었을 수도 있다.

14세기 이후 영어는 다시 행정, 상업, 예술, 학문의 지배 언어가 되었다. 이후에는 일반 단어가 외래어 출처에서 차용되는 비율은 낮아졌다. 중세영어에서의 급속하고 광범위한 어휘 성장은 영어의 어휘목록을 어원적으로는 비동질적(non-homogenous) 언어로 영원히 바꾸어 놓았다. 이미 초서(Chaucer, 1400년 사망)의 동시대인들은 very[매우], river[강], city[도시], mountain[산], close[가까운], glue[풀, 접착제], haste[서두르다], ease[완화하다]등과 같은 프랑스어 차용어를 외래어로 여기지 않았을 것이다. 이제 이런 단어는 영어와 분리할 수 없는 부분이 되었다. 외래 요소의 흡수를 통한 어휘의 급속한 성장은 더 나아가 파생과 복합을 통해 새로운 단어를 들어 내는 흥미로운 효과를 가져왔다. 고대영어에서 새로 파생된 단어(어근 + 접사, 현대영어의 예로 kingdom[왕국], winsome[마음을 끄는], weakling[약골])과 복합어(현대영어의 예로 Englishman[영국인], quicksilver[변덕스러운], underlie[기저를 이루다])은 고대영어 고유의 구성요소를 사용했고, 이 결과 만들어진 단어는 어원적으로 동질적으로 여겨졌다.

그러나 중세영어에서는 하이브리드 어휘형성법이 아주 흔했다. 하이브리드 복합어의 예는 음과 같다.

영어 + 프랑스어	프랑스어 + 영어
town-clerk[서기](1386)	safe-keeping[보호](1432)
breastplate[흉갑](1386)	gravel-stone[자갈](1440)
freemason[석수조합원](1376)	riverside[강가](1366)
bedchamber[침실](1362)	dinner-time[저녁시간](1371)

이와 비슷한 단어로 고유어근과 차용접사가 결합하거나 차용어근과 고유접사가 결합하여 만들어진 새로운 파생어도 있다.

영어 + 프랑스어	프랑스어 + 영어
talk*ative*[말이 많은](1432)	color*less*[무색의](1380)
unknow*able*[알 수 없는](1374)	joy*ful*[즐거운](1290)
wiz*ard*[마법사](1440)	manner*ly*[예절바른](1375)
love*able*[사랑스러운](1340)	*fore*taste[맛보기](1435)

어원적 설명을 하나 더 하자면, 1.1에서 언급되었듯이 프랑스어와 영국에서 사용된 앵글로 노르만어의 조상인 고대프랑스어는 결국은 통속라틴어(Vulgar Latin)로 알려진 라틴어의 토착형이 발전된 형태이다. 대중적인 통속라틴어는 세련되고 원어민 화자가 없어 고정된 고전라틴어와는 구분된다. 통속라틴어는 고대프랑스어를 포함하는 다양한 종류의 초기 로맨스어로 발전되기 시작했던 시기인 대략 2세기에서 8세기 사이에 로마제국 영토에서 사용되었다. 따라서 많은 경우에 앵글로 노르만어의 새 단어는 극적으로 라틴어 원형과 구별이 되지 않았을 것이며 이는 차용의 출처가 무엇이었는지 정확하게 말하기가 어려워지게 만든다. 어원적 출처를 기록하는 방법은 다양하다. 『시기별 영어사전(A Chronological English Dictionary)』[20]에는 각 항목에 차용의 직접적인 출처에 따라 어원이 주어져 있다. 예를 들어 1150년과 1450년 사이 시기를 보면 우리는 다음과 같은 예를 발견한다. excuse[변명(하다)] n.v.(OF), excusable[용서할 수 있는](Lat); exemplar[모범](OF), exemplary[모범적인](Lat); lineage[혈통](OF), lineation[선 긋기](Lat); violence[폭력](AN), violent[폭력의](OF); visage[얼굴](AN), vision[시력](OF). 이 모든 단어를 편하게 지칭할 수 있는 공통된 용어는 '라틴어' 혹은 '로맨스어' 차용어이다.

---

20) 토마스 핀켄슈타트(Thomas Finkenstaedt), 언스트 라이지(Ernst Leisi)와 디터 울프(Dieter Wolff)의 『시기별 영어사전(A Chronological English Dictionary)』(Heidelberg: Carl Winter Universitäsverlag, 1970).

다음 장에서는 중세영어 시기 이후에 있었던 차용어의 출처와 현대영어의 어원 구조에 미친 영향을 살펴볼 것이다.

---

1 앞 장에서 언급되었듯이 재구(reconstruction)는 해당 사항에 대한 직접적인 증거나 기록이 없어 관련된 여러 자료를 바탕으로 사실을 규명하는 것을 말한다.

2 본 역서에서는 분파를 나타내는 언어 명 가운데 분파와 동일한 명칭의 언어가 해당 분파 안에 존재하는 경우에만 분파와 일반 언어의 구분을 위해 '파'를 넣는다. 예를 들어 켈트어파 안에 켈트어가 존재하여 이 둘 사이를 구별하기 위해 상위의 가지에는 '파'를 넣는다. 반면 게르만어 분파에 속한 하위 가지의 자녀어 가운데에는 게르만어가 따로 존재하지 않아 '파'를 넣지 않는다.

3 angle에서 -e는 여성 소유격 단수어미이다. ish는 언어를 의미한다. Angle-ish는 '앵글족의 언어', Angle-land는 '앵글족의 땅'을 의미한다.

4 크랩(George Philip Krapp)과 더비(Eliot van Kirk Dobbie)가 편집한 고대영어 시기의 시를 총 망라한 출판물로 1931년부터 시작하여 마지막 6권이 1953년에 발간되었다. 베신저(Bessenger)의 『앵글로 색슨 시의 짧은 사전(A Short Dictionary of Anglo-Saxon Poetry)』(1960)의 근간이 되었고, 이후 1978년에 용어 색인서가 출간되었다. 최근에는 토론토 대학의 프로젝트로 전산화되었다.

5 현대영어에서 meat는 '고기'를 의미하지만 셰익스피어 시기까지 이 단어는 '음식'을 의미했다. 의미의 특수화가 일어난 예이다.

6 3장에서 설명되는 혼성어(blend)와 구분을 위해 hybrid를 혼종어라 번역할 수도 있지만 본 역서에서는 원문 그대로 하이브리드라 번역한다. 하이브리드는 본문에서 설명되고 있는 것처럼 두 개 이상의 어원을 가진 형태소가 모여 만들어진 단어를 말한다. 반면 혼성어는 어원과 상관없이 두 개(드물게는 그 이상의)의 단어가 합쳐져 만들어진 하나의 단어를 일컫는다. 혼성어에 대한 더 자세한 내용은 3장을 참고할 것.

3

초기현대영어와 현대영어의 어휘 구성

1. 초기현대영어의 문화적 현장

초기현대영어로 규정되는 언어학적 시기는 15세기 후반부터 시작한다. 중세영어 시기를 시작하는 1066년 노르만 정복과 견줄만한 중세영어와 초기현대영어 사이 경계를 편리하게 그을 수 있는 하나의 역사적 사건은 없다. 중세영어에서 초기현대영어로의 전환을 특징짓는 언어 변화는 다양한 문화적, 사회적 변화와 치한다. 이 가운데 가장 눈에 띠는 것은 **1476년** 윌리엄 캑스턴(William Caxton)에 의한 인쇄기의 도입이다. 1476년이 구분의 시간으로 흔히 여겨지는데 그 이유는 이 해가 책의 생산과 접근에 있어 전환점을 표시해 주기 때문이다. 초기현대영어 시작과 대략 일치하는 또 다른 역사적 사건은 **1492년** 신대륙의 발견이다. 영어의 어휘고에 신대륙의 발견이 미친 영향은 인쇄된 책의 이용 가능성만큼 직접적이지는 않지만, 영어의 어휘 구성에는 특별한 결과를 가져왔다.

초기현대영어 시기의 끝은 18세기 후반에 일어났던 두 개의 중요한 사건과 일치한다. **1755년**에 정말로 영향력 있는 첫 번째 사전인 사무엘 존슨(Samuel Johnson)의 『영어사전(Dictionary of the English Language)』(2권)이 등장했다고 이미 언급했었다. 이 사전은 영어 어휘 연구의 품격을 어마어마하게 높였다. 인용을 사용한 첫 번째 사전이었고 18세기의 어느 저작물보다도 더 크게 철자 기준의 확립에 기여했다. 또 다른 문화적, 사회적 중요성이 큰 구분 점은 **1776년** 일어난 미국혁명이다. 이때 미국인은 정치적 독립과 더불어, 영국영어와 비교해서 상대적으로 더 많은 언어적 독립성을 발달시키기 시작했다. 초기현대영어를 구성하는 3세기는 이 네 개의 연도, 즉 한쪽 끝에는 있는 1476년과 1492년, 또 다른 한쪽 끝에 있는 1755년과 1776년으로 둘러싸여 있다.

대략 1476년과 1776년 사이라는 초기현대영어의 언어학적 시기는 영국에서 있었던 르네상스 기간과 완전히 일치하지는 않는다. 대부분의 역사책은 르네상스를 17세기 중엽에 일어난 몇몇 혁명적 사건 이전의 시기로 판정하고 있다. 혁명적 사건이란 1640년대의 영국 시민전쟁, 올리버 크롬웰의 호민관 정치[1653-1659], 1660년 찰스 2세의 복권을 말한다. 초기현대영어 시기를 이 사건보다 좀 더 길게 설정하는 것은 두 가지 이유에서이다. 첫째, 르네상스의 문화적 여파는 17세기의 정치적 사건 이후에까지 지속되었다. 고전 학문의 부활은 다음 세기에 이어져 지적 생활에 강력하고도 영구적인 영향을 미쳤다. 둘째, 영어 역사상 읽고 쓸 줄 아는 사람이 아주 많은 단계이지만 여기에서조차 영어에 처음 기록된 새 단어는 시기적으로 한 세대에서 두 세대의 차이가 있을 수 있다. 이 책의 초점은 '단어'이기 때문에, 우리는 그 시간적 차이를 무시하고 르네상스와 초기현대영어를 대충 비슷한 시기를 나타내는 용어로 사용할 것이다.

가장 일반적인 용어로 설명하자면, 중세영어와 초기현대영어 사이의 주된 문화적 차이는 책에 접근할 수 있고 글을 읽을 줄 아는 사람의 수에 있다. 글을 읽고 쓸 수 있는 능력, 즉 문해력의 증가는 새 책과 새 단어에 좀 더 폭넓게 노출된다는 것을 의미한다. 이는 더 많은 사람이 책을 읽을수록, 새 단어를 차용하는 통로는 더 원활해지기 때문이다. 우리는 지금 읽고 쓸 줄 아는 사람이 아주 많은 사회에 살고 있기 때문에 15세기 말 이전에는 읽기가 흔히 할 수 있는 일이 아니었다는 사실을 쇼킹하게 받아들일 수 있다. 중세의 농부는 거의 문맹이었고 대부분의 귀족도 조금이라도 읽으려면 상당한 노력을 들여야만 했다. 비록 읽고 쓸 수 있는 능력을 가진 개인은 대단히 존경을 받았고 사회에서 특권 있는 위치를 보장받을 수 있었음에도 불구하고, 읽고 쓰기는 성직자와 scrivener[대서인]로 알려진 특별히 훈련된 필경사에게서만 기대되었던 기술이었다.

20,000개 이상의 출판물과 수백만의 책과 팸플릿 원고가 캑스턴이 런던에 처음으로 인쇄기를 설치한 이후 50~60년의 시간 동안에 인쇄되었다.[1)] 책은 중산계층의 일상적인 삶의 일부가 되었다. 인쇄물에 쉽게 접근하게 되면서 교육체계의 개혁이 이루어졌고 3세대가 지나지 않아 귀족(nobility)뿐만 아니라 하류계급을 포함한 영국 거주자 중 읽고 쓸 수 있는 사람의 비율은 2%에서 50% 혹은 심지어 60%로까지 높게 증가하였다. 실제로는 중

---

1) 이 수치는 보우와 케이블의 『영어의 역사』, 195쪽에 인용되어 있다. 영어로 인쇄된 첫 번째 책인 『철학자의 격언과 발언(Dictes and Sayenges of the Phylosophers)』은 1477년 11월에 등장했다. 캑스턴은 죽을 무렵(1491)까지 100개가 넘는 작품을 출간했는데 이 가운데에는 초서의 『캔터베리 이야기(Canterbury Tales)』와 다른 시들, 존 가우어(John Gower)의 『연인의 고백(Confessio Amantis)』, 토마스 말로리(Thomas Malory)경의 『아서의 죽음(Morte Darthur)』, 존 리드게이트(John Lydgate)의 작품들이 있다. 『브리태니커 백과사전(Britannica Encyclopedia)』의 '윌리엄 캑스턴' 항목을 참조할 것. 여기 내용은 2008년 1월 17일에 브리태니커 백과사전 온라인 판을 검색한 결과이다(www.search.eb.com/eb/article-9021929).

산층과 그 이상 계층의 남자가 읽는 것을 배웠다. 귀족계층의 여자도 읽고 쓸 수는 있었으나, 이는 일반적으로는 약 200년 후인 산업혁명 때까지도 대부분의 여자에게는 가르치지 않는 기술이었다.

초기현대영어 시기 동안에 문해력의 증가와 더불어 어휘의 급속한 확장이 동시에 발생했다. OED의 어휘 항목을[2] 일일이 세어서 얻은 추정치에 따르면 4,500개나 되는 새 단어가 1500년과 1700년 사이 매 10년마다 영어에 기록되었다. 이 가운데 3분의 2는 이미 존재하는 어근과 접사를 사용해서 새로 만든 것들이었고[3], 3분의 1은 인상 깊게도 직접 차용한 단어였다. 알려지지 않은 출처를 가진 새 단어와 1700년 이후에 기록되지 않은 단어를 제외하더라도 영어는 두 세기 동안 영구적으로 사용할 용도로 20,000개가 넘는 단어를 차용했다. 이 기간의 두 배가 되는 중세영어 기간 동안에 차용되어 남아있는 단어의 추산치는 약 7,500개이다. 이러한 숫자상의 차이는 책의 이용 가능성과 초기현대영어 시기의 문해력과 교육에 대한 인기 때문이다. 새로운 지적 활동, 고대 철학, 종교, 문학 걸작들의 재발견과 재감상은 그리스어와 라틴어처럼 영어도 고전 작품이 전달해 준 미묘한 감정과 추상적인 개념을 충분히 표현할 수 있어야 한다는 깨달음과 함께 이루어졌다. 영어에서 어휘의 풍요는 비교할 수 없을 정도로 수준 높은 고전 유산에 대한 관심의 결과이다. 르네상스는 '재탄생'의 시대였을 뿐만 아니라 발명, 성장 그리고 팽창의 시대이기도 했다.

르네상스(Renaissance)란 단어 자체는 뒤를 돌아보고 동시에 앞을 내다보는 생각을 표현한다. 단어의 첫 번째 요소인 're-'는 '다시' 혹은 '어떤 지점에서 뒤로'의 의미이고, nais- '태어나다'는 라틴어 어근인 nasc-를 프랑스어가 받아들여 발전시킨 형태인데 이는 nascent^초기의^, native^원주민의^, nation^민족, 국가^과 같은 단어에서 발견된다. 놀라운 사실은 르네상스라는 단어 자체는 초기현대영어 화자가 알고 있었던 단어가 아니었다는 점이다. 이 단어는 18세기 '재탄생'이란 엄격한 종교적 의미로 프랑스어에서 차용한 것이었고, 르네상스가 현대의 문화적, 역사적 연관성으로 발전된 것은 훨씬 이후인 약 1840년대 이후부터이다.

---

2) 찰스 바버(Charles Barber)의 『초기현대영어(Early Modern English)』(Edinburgh University Press, 1997), 220쪽. 주어진 수치는 OED 1판에 등재된 2%의 항목을 포함해서 바버가 계산했던 것을 재계산한 것이다. 여기서 바버의 2%는 10년마다 약 95개 단어가 추가됨을 말한다.

3) 이 용어들은 4장에서 충분히 설명될 것이다. 접사(affixes)를 간단히 설명하면 단어 끝에 전형적으로 나타나는 '단어의 어미' 혹은 단어 처음에 전형적으로 나타나는 '단어의 시작'으로 여겨질 수 있다. 이 책에서는 단어에서 접사의 위치는 하이픈의 위치로 파악될 수 있다. re-처럼 하이픈이 뒤에 오면 왼쪽 끝에 오는 접사이고 -ness처럼 하이픈이 앞에 오면 오른쪽 끝에 오는 접사이다.

2. 르네상스 시기의 어휘의 풍요

고전 모델의 재발명과 재해석이란 위대한 지적 운동은 이탈리아에서는 초기 중세 시대에 시작되었고, 점차 유럽 전역으로 확산되어 15세기에 영국에 도달하였다. 이후 프랑스어 차용어의 중요성은 감소하였고, 반면 영어는 새 학문적 단어를 구하기 위해 점점 더 라틴어와 그리스어로 향하게 되었다. 16세기까지만 해도 학술어와 일상어는 프랑스어에서 계속 차용되었다. 예: fragrant[향기로운](1500), elegance[우아](1510), baton[지휘봉](1520), accent[강조, 어조], adverb[부사](1530), amplitude[진폭](1540), cassock[카속(성직자의 옷)](1550), chamois[샤모아(알프스 산양)](1560), demolish[무너뜨리다](1570), pounce[구멍을 뚫다](1580), admire[감탄하다](1590), avenue[거리](1600). 그러나 연도가 언급되어 있는 『시기별 영어사전』의 내용은 시간이 지남에 따라 프랑스어로 확인되는 단어가 차지하는 부분은 라틴어나 그리스어 차용어가 들어옴에 따라 점점 줄어들게 되었다.[4)]

르네상스 동안에 라틴어와 그리스어를 유창하게 구사한다는 것은 곧 교육받았다는 것을 의미했다. 수많은 학술작품과 학교에서의 글은 근대라틴어 혹은 르네상스라틴어로 알려진 라틴어의 한 형태로 쓰여졌다. 교육을 잘 받은 르네상스 시대 사람에게는 라틴어가 제2의 언어와 같았고, 따라서 라틴어는 학구적인 담화를 통해 가르쳐졌고, 읽혀졌고, 사용되었다. 많은 에너지와 열정이 고전을 영어로 번역하는 데 쏟아졌다. 번역가들은 낯선 개념에 해당되는 새로운 영어를 만들어서 그 의미가 오해를 사는 위험을 걱정하기 보다는 바로 새 단어를 도입하는 것이 더 쉽다는 것을 보다 자주 깨닫고 있었다. 이러한 관례가 얼마나 널리 퍼져있는가에 대한 흥미로운 예를 뛰어난 시인이자 작가인 존 스켈턴(John Skelton)이 1485년경에 번역한 작품에 실린 라틴어 신조어의 총 숫자를 통해서 확인할 수 있다. 스켈턴은 디오도루스 시쿠루스(Diodorus Siculus)의 『세계의 역사(The History of the World)』를 영어로 번역하면서 800개 이상의 새 라틴어를 도입하였는데 이후 이 가운데 많은 단어가 차용어로 OED에 기록된다.[5)]

학술어는 새로운 라틴어 어휘 중 가장 많은 부분을 구성하고 있다. 고전 문명, 철학, 종교, 교육 분야의 차용어로 초기현대영어는 alumnus[동창], arena[원형경기장], contend[주장하다], curriculum[교육과정], elect[선출하다], exclusive[배타적인], imitate[모방하다], insidious[서서히 퍼지는], investigate[조사하다], relate[이야기하다], sporadic[간헐적인], transcendental[선험적인]과 같은 단어를 더했다. 수학, 기하학, 식물학, 생물학, 지리학, 의학 분야의 차용어 가운데에는 abdomen[복부], antenna[안테나], calculus[미적분학], cerebellum[소뇌], codex[고문서], commensurable[약분할 수 있는], compute[계산하다],

4) 핀켄슈타트, 라이지와 울프의 『시기별 영어사전』을 참고할 것.

5) 차용어로 기록된 단어들의 예는 보우와 케이블의 『영어의 역사』, 210쪽, 주석1에 인용되어 있다.

evaporate[증발하다], lacuna[빈틈], larva[유충], radius[반지름], recipe[조리법], species[종]가 있다. 이와 함께 상당수의 일상어 또한 차용되었다. 이 단어는 아마도 처음에는 전문적인 단어로 시작했겠지만 곧 일상어가 되었다. 예: frequency[빈도], parental[부모의], plus[더하기], invitation[초대], susceptible[민감한], offensive[불쾌한], virus[바이러스]. 이 두 세기 동안 일어난 차용 과정에서 가장 중요한 측면은 라틴어에서 아주 많은 접사가 들어왔다는 점이다. 예를 들면 -ence, -ancy, -ency < Latin -entia, -antia가 있고, Latin -ius, -ia, -ium, -ous와 Latin -us, -ate는 형태 변화 없이 그대로 차용되었다. ante-, post-, sub-, super- 등의 차용 접두사는 영어에서 생산적인 형태가 되었다.[6]

2.1에서 언급했듯이 그리스어 단어가 들어온 경로는 자주 간접적이긴 했지만, **고전 그리스어***(Classical Greek)*는 초기현대영어 시기 동안에 들어온 학술어의 또 다른 출처였다. 로마인은 그리스 문화유산을 알고 있었고 존경했었다. 라틴어 어휘는 그리스어 학술어를 많이 포함하고 있다. 비슷하게, 프랑스어는 라틴어를 통하거나 혹은 직접 그리스어 단어를 많이 차용했다. 따라서 오늘날 우리가 사용하는 그리스어 단어는 직접 차용만큼이나 라틴어와 프랑스어를 통해 영어로 들어왔을 가능성이 크다. 라틴어나 프랑스어를 통해 들어온 그리스어 단어 중에는 atheism[무신론], atmosphere[대기], chaos[혼돈], dogma[신조], economy[경제], ecstasy[황홀경], drama[희곡], irony[반어법], pneumonia[폐렴], scheme[계획], syllable[음절]과 같은 단어가 있다. 그리스어 문헌 연구나 번역처럼 고등 교육과정 중에 그리스어에서 들어온 학술어 차용어로는 asterisk[별표], catastrophe[재앙], crypt[토굴], criterion[기준], dialysis[투석], lexicon[어휘(고)], polyglot[여러 언어를 사용하는], rhythm[리듬], syllabus[강의요목]가 있다. amoral[도덕적이지 않은], homosexual[동성애자(의)]과 같은 경우에는 단어의 첫 그리스어 요소인 a- ‘non-, not’[아닌], homo- ‘same’[동일한]가 라틴어 요소인 moral[도덕적인], sexual[성적인] < Latin moralis, sexualis와 결합한다. 이와 같은 하이브리드의 예는 epicenter[진원지] < Gk. epi ‘on, upon’ + center < Latin/Old French와 chronic[고질적인] ‘long lasting, inveterate’[오래 지속되는, 뿌리 깊은] < Gk. chronos ‘time’[시간] + -ic < Old French -ique, Latin -icus에서도 볼 수 있다.

르네상스 시기의 새 어휘의 흥미로운 또 다른 측면은 프랑스어로부터 영어에 이미 차용되었던 단어가 다시 라틴어로부터 차용되었다는 점이다. 아래 표에 있는 한 쌍의 단어는 서로 다른 발음을 갖고 있는데 이는 프랑스어에 있던 라틴어에 일어난 변화 때문이다.

---

6) ‘생산적’이라는 표현의 의미는 이어란 접사가 아직도 새로운 단어를 만들어내는데 사용되고 있다는 것을 의미한다. 예로 postwar[전후](1908), subset[부분집합](1902), superstar[수퍼스타](1925)가 있다. growth[성장], warmth[온기], health[건강], wealth[부]의 화석화된 <th> 혹은 withstand[견뎌내다], withdraw[인출하다], without[없이]의 <with>와 같은 다른 접사는 더 이상 생산적이지 않다.

중세영어 차용어	초기현대영어 차용어	출처
count세다(1325)	compute계산하다(1634)	Lat. computare, OFr. cunter
cross가로지르다, v. (1391)	cruise쉬다(1651)	Lat. cruc-em, OFr. croiz
debt빚(1225)	debit차변(1682)	Lat. debitum, OFr. dete, dette
frail노쇠한(1382)	fragile부서지기 쉬운(1513)	Lat. fragilis, OFr. fraile, frele
ray광선(13-)	radius반지름	Lat. radius, OFr. rai, ray

고전어에서 온 수백 개의 새 단어의 차용과 동화는 추적하기가 쉽지 않다. 궁극적인 출처는 중간 단계에 일어난 차용과 변화에 의해 모호해질 수 있다. 즉 라틴어는 그리스어로부터 자유롭게 단어를 차용했다. 라틴어로부터 영어에 직접 차용된 단어와 프랑스어를 거쳐 들어온 라틴어 차용어를 구별하는 것은 종종 어렵다. 그럼에도 초기현대영어 시기 동안에 프랑스어로부터 직접 차용한 단어보다 3배에서 4배 이상의 더 많은 단어가 고전 문헌을 읽고 번역하는 과정을 통해 라틴어로부터 직접 차용되었다. 이제 3절에서는 차용어의 출처 또는 복수의 출처를 확인할 것이다.

다른 인도유럽어. 신세계. 지식의 부활과 발견이라는 르네상스 정신은 모험으로 가득한 여행, 다른 나라와 민족에 대한 한껏 고조된 정치, 경제, 문화적 관심 속에 등장했다. 프랑스어와 고전 언어를 제외한 언어로부터 단어를 차용하는 상황은 좋았다. 많은 영어 화자는 영어 역사 상 처음으로 다른 유럽 사람의 관습과 업적에 노출되었다. 점점 더 많은 수로 부상하는 영국의 상인계층은 여행과 항해, 제조와 상업에 있어서 유럽의 파트너와 활발한 관계를 유지하였다. 고전어 차용어에 비해 다른 인도유럽어나 비인도유럽어로부터 들여온 초기현대영어의 차용어 양은 압도될 정도는 아니나 오늘날까지도 안정적으로 증가되는 추세를 만들어냈다. 즉 상당히 고상한 과거의 언어로부터 들어온 차용어뿐만 아니라 동시대의 다른 언어로부터 들어온 차용어를 환영하는 그러한 추세를 만들어냈다.

프랑스어와 더불어 이탈리아어는 많은 차용어를 제공했다. 초기현대영어 시기에 들어서면서 처음 두 세기 동안 이탈리아어로부터 차용된 단어는 일상생활과 관련된 단어로부터 군사행동, 건축, 예술에 이르기까지 고르게 분포되어 있었다. 이 시기에 우리가 물려받은 단어로 artichoke아티쵸크(1531), bazaar시장(1599), gondola곤돌라(1549), vermicelli버미첼리(아주 가느다란 이탈리아 국수)(1669), squadron비행중대 (1562), balcony발코니(1619), fresco프레스코(1598), opera오페라(1644), rotunda원형건물(1687), stanza스탠자(시의 연)(1588)가 있다.

18세기 초 오페라를 비롯한 이탈리아의 음악이 영국에서 아주 유행했고 이와 더불어 이탈리아어 차용어가 새 물결이 되어 들어왔다. 이탈리아어에서 온 음악 관련 새 단어로

영어는 정말로 폭발할 정도였다. 차용된 날짜와 이들 단어의 일부를 발췌한 목록이 여기 있다.[7)]

adagio느리고 침착하게(1746)[1]
allegretto조금 빠르게(1740)
andante느리고 걸음걸이의 빠르기로(1742)
aria아리아(1742)[2]
bravo브라보(감탄사)(1761)
cantata칸타타(1724)
coda코다(1753)
coloratura콜로라투라(1753)
concerto협주곡(1730)
contralto콘트랄토(1730)
crescendo점점 세게(1776)
divertimento희유곡(1759)
duet이중창(1740)
falsetto가성(1774)
forte세게(1724)
impresario오페라기획자(1746)
lento느리게(1724)
libretto오페라 대본(1742)
maestro지휘자(1724)
mezzo-soprano메조소프라노(1753)
moderato보통 빠르게(1724)
operetta소형 오페라(1770)
oratorio성가극(1727)
pianissimo매우 여리게(1724)
pianoforte피아노(1767)
soprano소프라노(1730)
sotto voce작은 목소리로(1737)
tempo속도(1724)
trombone트럼본(1724)
violoncello첼로(1724)

영어에 이탈리아어 음악용어가 더해진 것은 어휘 구성에 있어서 혁신, 지도력, 명성이 중요하다는 것을 잘 보여 준다. 지금도 여전히 그렇듯이 18세기에는 이탈리아어 단어를 사용하지 않고 서구 음악에 대해 영어로만 이야기하는 것은 불가능했다. 21세기 초 어떤 언어가 되었든 간에 영어 단어를 사용하지 않고 컴퓨터에 대해 이야기하는 것이 아마도 불가능한 것과 마찬가지다.

르네상스 시기와 그 이후에도 영국과 북해 연안의 저지대 국가(Low Countries)[3] 사이에 상업적, 문화적 관계가 강했었다. 영어에 들어온 네덜란드 초기 차용어에 drill송곳으로 구멍을 뚫다, v.(1622), foist속이다, v.(1542), knapsack배낭(1603), pickle소금이나 식초에 절이다, v.(1552), smuggle밀수하다, v. (1687), rant고함치다, v.(1598), trigger방아쇠를 당기다(1621), yacht요트(1557)와 같은 단어가 있다. 이들은 학술어도 전문화된 단어도 아니다. 네덜란드어에서 대중이 사용하는 단어를 차용하는 경향이 18세기에 계속되었기 때문이다.

7) 주어진 연도는 모두 『시기별 영어사전』에서 가져왔다. 1700년 이전에 차용된 단어에 대한 연도는 바버의 『초기현대영어』(229-231쪽)에 일부분 인용되어 있다.

bully[괴롭히다], v.(1710)
cookie[과자], n.(1730)
crap[허튼소리], n.(1721)
gin[진], n.(1714)
kid[아이], n.(1769)
kit[세트], v.(1725)
ogle[추파를 던지다], v.(1700)
roster[근무자 명단], n.(1727)
scoop[한 숟갈], n.(1742)
scuffle[실랑이를 벌이다], v.(1766)
snuffle[코를 훌쩍이다], n.(1764)
track[추적하다], v.(1727)

네덜란드어와 이탈리아어 차용어 사이에는 흥미로운 차이점이 있다. 이탈리아어 단어는 더 전문화되었을 뿐만 아니라 모두 명사인 반면에, 게르만어 친족어인 네덜란드어에서 차용된 단어는 동사와 명사가 꽤 섞여있다. 네덜란드어 단어는 영어와 네덜란드어를 사용하는 사람과의 직접적인 접촉을 통해 차용되었던 반면, 이탈리아어 용어는 대부분 종이를 매개로 전파되었음이 틀림없었다. 네덜란드어와 영어의 구조적 밀접함으로 인해 아마도 영어 화자는 두 언어가 섞인 문장을 사용했을 것이다. 그 가운데 외래어는 새로운 사물(명사)을 지시하거나 새로운 유형의 행위(동사)를 기술할 수도 있었을 것이다.

스페인어와 포르투갈어 차용어 역시 기원이 되는 두 나라의 전통과 업적, 해군과 군대의 위업을 반영하고 있다. 스페인과 포르투갈은 신세계의 식민화에 있어서 유럽을 선도하고 있었다. 따라서 스페인어 차용어 중 일부는 아메리카 인디안 언어로부터 스페인어에 차용된 단어이다. 스페인어에서 차용된 초기 단어 중에는 buoy[부표](1596), cargo[화물](1602), guava[구아바](1555), hammock[해먹](1555), masquerade[가장무도회](1654), mestizo[메스티조(스페인인과 북미원주민 피가 섞인 라틴아메리카인)](1588), negro[흑인](1555), potato[감자](1565), siesta[낮잠](1655)가 있다. 이들 언어에서 차용된 18세기 차용어의 예는 다음과 같다.

adobe[아도비 점토](1748)
albino[선천성색소결핍증에 걸린 사람/동물](포르투갈어)(1777)
banjo[밴조](1764)
cocoa[코코아](1707)
demarcation[경계](1727)
fandango[판당고(스페인 춤의 일종)](1700)
flotilla [소함대](1711)
hacienda[대농장](1760)
jerk[갑자기 잡아당김](1707)
lasso[올가미](1768)
mantilla[소형 망토](1717)
mesa[메사(꼭대기는 평평, 등성이는 벼랑인 언덕)](1775)
palaver[괜한 법석](포르투갈어)(1733)
poncho[판초](1748)
quadroon[흑인의 피를 4분의 1을 가진 사람](1707)
torero[투우사](1728)

초기현대영어 시기에 들어온 새 단어의 정확한 출처에 관한 통계를 집계하는 것은 해당 단어의 어원을 둘러싼 불확실성 때문에 어렵다. 그럼에도 어떻게 어휘가 변화했는가에 관한 대략적인 그림을 그려보는 것은 도움이 된다. OED에 있는 '상당히 확실한' 어원을 가진 1,848개의 단어 샘플에서 1500년과 1700년 사이에 들어온 새 차용어 전체를 보면 그 출처가 다음과 같이 나뉜다.[8)]

라틴어(62.9%)(*393*)
프랑스어(19.3%)(*121*)
프랑스어 혹은 라틴어(3.2%)(*20*)
그리스어(5.5%)(*35*)
이탈리아어(2.5%)(*16*)
스페인어/포르투갈어(2.5%)(*16*)
독일어/네덜란드어(1.5%)(*9*)
다른 언어(2.4%)(*15*)

차용어 총계: 625

다음의 차트는 출처에 따라 분류한 차용어의 분포를 시각화해 준다.

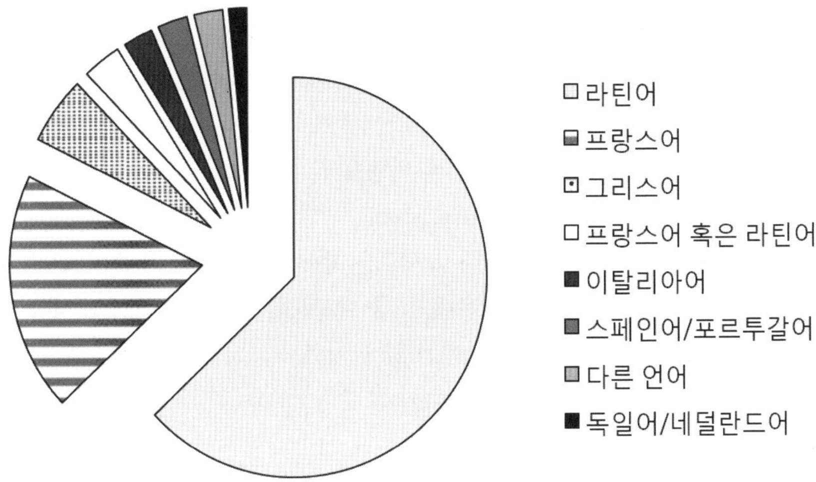

거의 63%를 차지하고 있는 라틴어는 초기현대영어 시기 중 처음 두 세기 동안 새 단어를 가져다 준 단연코 가장 중요한 기부자였다. 프랑스어는 1등과 꽤 차이가 나는 2등이다. 그러나 18세기 말에 가까워지면서 이 둘 사이의 균형은 여행과 상업 분야에서 유리한, 살아있는 언어 쪽으로 이동했다. 마지막 3세기, 즉 마지막 분기 동안에 이루어진 차용어 추세는 다음의 표에서 볼 수 있다.

8) 주어진 퍼센트 수치는 바버의 『초기현대영어』(221쪽)에 나온 숫자(괄호 안에 있는 이탤릭으로 표시된 숫자)를 기반으로 계산했다. 바버의 차트는 『옥스퍼드 영어사전』과 동일한 2퍼센트의 샘플에 바탕을 두고 있는데 이는 1500년에서 1700년의 기간 동안 전체적인 차용어 숫자를 계산하기 위해 사용된 수치이다.

<각 시기별 가장 빈도가 높은 차용어의 출처가 되는 10개의 언어>[9]

1775-1799(*305*)	**1875-1899(*816*)**	**1975-1999(*84*)**
프랑스어(33%)	라틴어(40.5%)	라틴어(20%)
라틴어(30%)	독일어(18%)	프랑스어(16.5%)
독일어(5%)	프랑스어(25.5%)	일본어(8.5%)
산스크리트어(5%)	이탈리아어(4%)	스페인어(8.5%)
이탈리아어(3%)	일본어(3%)	독일어(7%)
말레이어(2.5%)	스페인어(3%)	러시아어(3.5%)
우르두어(2.5%)	그리스어(2%)	힌디어(3.5%)
힌디어(3%)	이디시어(1.5%)	이탈리아어(3.5%)
남아프리카네덜란드어(1.5%)	하와이어(1%)	줄루어(3.5%)
스페인어(1.5%)	스웨덴어(1%)	그리스어(2.5%)

비고전어 차용어가 영어에서 차지하는 몫이 증가하는 상황은 18세기 후반과 19세기 후반의 자료에서 명확히 드러난다. 19세기 후반의 수십 년 동안 비교적 높은 퍼센트로 라틴어 차용이 이루어졌는데 이는 더킨(Durkin)이 '분류학과 의학에 사용되는 라틴어'로 정의내린(30쪽) '과학 라틴어(Scientific Latin)'에 바탕을 둔 184개라는 상당한 수의 단어 때문이다. 이 단어 중에는 magnolia^목련^, n., macadamia^마카다미아^, n.와 같은 단어와 그 파생어가 있다. 현대영어는 고전어 어근을 사용해서 새로운 용어를 계속해서 만들어 낸다. 19세기 독일어 차용어 또한 그 수가 비교적 많은데 이 중 대부분은 고전어 어근에 바탕을 둔 과학 단어이다. 하지만 이들은 원래는 독일어에 있던 단어였고 그것을 영어가 독일어에서 차용했다. 이와 같은 19세기 차용어의 예로 merispore^열생포자^, meroistic^부분영양성^, metabiosis^변태공생^가 있다.

20세기 말을 살펴보면, 영어에 아주 많은 양의 일본어 차용어가 있다는 사실이 별로 놀랍지 않다. 일본어 차용어는 일본과 영어를 사용하는 세계 사이에 더욱 밀접한 연결 고리가 있음을 반영한다. 르네상스로 시작했던 단어 차용이라는 이 유행은 18세기에 더욱 확연해졌으며 오늘날까지도 계속되고 있다. 21세기에 들어서서 우리는 영어 어휘의 국제화에 대해 이야기 할 수 있다. 이전에 익숙하지 않던 지리학적 지역, 관습, 문명을 나타내는 정말로 새로운 대상을 위해 영어는 살아있는 현대의 언어에서 단어를 계속 받아들이고 있다.

---

9) 이 표는 상당히 많은 정보를 제공해주고 있는 논문인 필립 더킨(Philip Durkin)의 '현대영어의 어휘 차용(Lexical borrowing in Present-Day English)'(『언어학, 문헌학, 음성학에 관한 옥스퍼드대학 연구논문(Oxford University Working Papers in Linguistics, Philology & Phonetics)』, 다니엘 쾰리간(Daniel Kölligan)과 란얀 센(Ranjan Sen) 편집, 2권, 2006, 29쪽) 논문에 있는 표3에 기반을 두고 있다. 각 시기별 차용어 총합을 이탤릭체로 더 넣었다. 더킨은 이 단어들이 차용된 지역, 사회적 지위, 지역적 사용 외에도 훨씬 더 많은 흥미로운 정보를 제공하고 있다.

온라인 연습문제집에는 가장 최근에 차용된 영어 어휘에 관한 특별한 내용이 포함되어 있다.

3. 전파, 어원, 출처 확인

언어 가계도라는 생물학적 은유는 공통된 기원으로부터 언어가 진화했다는 것을 기술하는데 편리하지만, 영어 어휘에 대한 외부 영향과 그 반응에 관해서는 아무 것도 이야기 해주지 않는다. 생물학적 가족처럼 언어는 자라나고, 새로운 (문법적) 특징과 (어휘) 요소를 차용하고 받아들이면서, 언어는 원래 기원이 되는 계통적 무리로부터 벗어날 수 있다. 그러나 사람들과 달리 언어는 시간이 감에 따라 늙거나 기능을 제대로 못하게 되는 일은 결코 없다. 언어가 죽으면, 즉 더 이상 사용되지 않으면, 그 이유는 거의 항상 그 언어가 사용되는 사회가 겪는 비언어적인 변화 때문이다. 어휘에만 주목해 보면 언어는 기존 단어의 의미를 변화시키면서 불필요한 단어를 버리고, 새로운 어휘 항목을 만들거나 차용하면서 끊임없이 스스로를 새롭게 한다. 영어에서의 어휘 교체는 아주 놀라울 정도이다. 왜냐하면 어원적으로 말해 우리가 지금 사용하는 영어는 전혀 고대영어의 후손처럼 보이지 않기 때문이다. 천 년 전 사용되었던 어휘 가운데 80퍼센트 이상이 노르만 정복 이후 차용된 단어와 새로 만들어진 단어로 대체되었다.

차용된 어휘가 영어로 전파되는 과정은 직접적(구전)으로도 그리고 글, 교육, 문해력을 매개로 간접적으로도 이루어져 왔다. 언어 전파 형태에서 면대면 의사소통이 가장 쉽고 확실하다. 로마 군대가 초기 기독교 시대에 이교도 게르만 부족과 싸우고 무역을 했을 때, chalk[분필], cheese[치즈], street[도로], wall[벽], wine[포도주]과 같은 어휘를 게르만어로 차용하도록 이끈 직접적인 교류가 그들 사이에 있었음에 틀림없다. bag[가방], call[부르다], fell[떨어뜨리다], skin[피부]의 단어가 10세기 이후 영어 어휘의 일부가 된 것은 스칸디나비아인 정착자들과 직접적인 대화를 통해 이루어진 것임이 틀림없다. 1066년 이후 노르만인에게 차용한 air[공기], beast[짐승], mountain[산], river[강], story[이야기], very[매우] 같은 단어 역시 직접적인 대화를 통해 듣고 배웠음에 틀림없다. 구전은 여전히 우리의 일상적인 경험의 일부가 되고 있다. bagel[베이글], cockroach[바퀴벌레], gumbo[검보(아욱과 식물)], macho[남자다움을 과시하는], moccasin[모카신], pajamas[잠옷], sherbet[셔벳], sushi[스시]와 같은 단어는 문서에 적히거나 사전에 기록되기 한참 전부터 아마도 일상생활 대화에서 들려지고, 이해되고, 반복되었던 단어이다.

이 상황은 학술어와 아주 다르다. 물론 학술어는 영어 차용어의 많은 부분을 구성하고 있다. 학술어는 전쟁터나 시장터로부터 혹은 이중 언어를 사용하는 가정환경으로부터 직접오지 않으며 이 단어의 의미는 더 추상적인 경향이 있다. '서적용' 단어의 전파는 어떤 면에서 때로는 아주 급진적으로 그 의미를 변화시킬 가능성이 더 큰 경향이 있다. 하나의 동일한 형태이지만 여럿의 의미를 가진 인도유럽어 어근이 고대영어, 프랑스어, 라틴어, 그리스어 등등의 서로 다른 언어에서 자주 다른 의미로 등장한다. 같은 어근으로 시작했으나 사전에서 서로 다른 개별 표제어로 다루어질 만한 단어는 동족어(cognate)라 불린다. 다음 장에서 동족어에 대해 좀 더 자세하게 기술할 것이다. 여기서는 단지 동족어가 영어에 들어온 방법과 전파 과정 가운데 일어난 의미와 형태의 어마어마한 변이를 보여주기만 할 것이다.

간단한 예로 시작해 보자. 고대영어와 다른 게르만어는 라틴어로부터 discus '납작한 둥근 접시'란 단어를 차용했다. 고대영어에서 이 단어는 음식을 담는 납작한 접시를 나타내기 위해 사용되었고, 또한 타원형의 큰 접시, 움푹한 그릇 그리고 그 범위가 확장되어 음식 자체를 의미하게 되었다. 단어 형태는 discus에서 disc로 바뀌었고, 영어 dish와 같은 방법으로 발음되었다. 이 단어는 교회 글이나 설교에서 처음 사용되었다가 화자를 통해 직접 전파되었을 가능성이 가장 크다. 그 후 17세기가 되면서 그 출처 역시 라틴어 discus인 프랑스어 disque가 다시 차용되었고, 이번에는 태양이나 달 표면과 같은 '평평한 표면'이라는 의미로 제한되어 사용되었다. 이 단어는 [disk]로 발음되었고 철자는 disc 혹은 disk로 썼으며 1664년에 처음 기록되었다. 교육과 읽기를 매개로 영어에 들어왔음에 틀림없다. 이 두 번째 차용은 빠르게 퍼져 의학, 동물학, 식물학에서 사용되었다. 나중에는 disc brake자동차용 원판 브레이크처럼 전문용어로 발전했다. disc의 '축음기 녹음'이란 음악적 의미는 1888년에 처음 기록되었다. 2차 세계대전 이후 discothèque란 단어가 프랑스어에서 만들어졌고, 1951년 영어에 차용되었다. 영어에서 이 단어는 1964년 짧게 줄이기 방식에 의해 disco가 되었다. 이 단어는 다시 수정되어 최근에는 disk camera(1973), compact disc(1979)의 도입과 더불어 새로운 의미를 부여 받았다.[4] 컴퓨터의 발명과 대중화가 이 단어에 새 생명과 더불어 새 의미를 준 것이다. 따라서 영어에는 floppy disk, hard disk, disk drive, 축소형 diskette가 있다. 그러나 이것이 전부가 아니다. 17세기 동안에 그리스어 diskos로부터 직접 discus가 차용되어 원반(discus) 던지기라는 올림픽 종목과 연관된 전문화된 운동 경기의 의미도 가진다. 이 풍부한 동족어 그룹에는 라틴어 discus의 고대프랑스어 형태도 첨가되었는데 이 단어는 영어에서 dais '연단'으로 등장한다.

변덕스러운 전파 과정을 보여주는 또 한 가지 복잡한 예는 인도유럽어의 어근 *bha- 'speak'에 의해 제공된다. 이 어근의 단어군은 반복된 접촉이, 즉 문학이나 행정 서류 읽기와 생산이 어떻게 의미를 변화시킬 수 있는지를 보여준다. 같은 어근을 갖고 있는 라틴어 형태는 fa-와 fe-이고 그리스어 형태는 pha-와 phe-이다. 단어 fame '~에 관해 언급된'은 중세영어 시기에 라틴어나 프랑스어로부터 차용되었고 이 단어는 좋던 나쁘던 상관없이 단지 명성을 가진 것을 의미했다. 아마도 구전으로 영어에 들어왔을 것이다. 이 단어의 동족어인 infamy오명는 15세기 차용어로 라틴어로 쓴 법률 문헌을 통해 영어에 들어왔는데, 그 문헌에 있던 라틴어 단어 infamia파렴치, 불명예에 해당하는 단어가 영어에는 없었기 때문이었다. 그래서 이 단어의 전파가 성립되었다. 또 다른 동족어로는 수사학적 용어인 euphemism완곡어법 '공격적인 말을 피하기', '잘 말하기'(여기서 eu-는 '좋은, 보다 나은'을 의미한다)는 17세기에 그리스어에서 차용된 완전히 문어적인 단어다. infant아기란 단어는 (1382년에 처음 기록됨) 구전이나 글 중 어떤 경로로 차용되었는지는 모르지만, infanta '스페인이나 포르투갈 왕의 딸'(1601)이라는 단어는 정치적 담화를 통해 차용된, 따라서 엄격하게 말하면 학술용어이었다. 이 두 단어 모두 부정 접두사 in 'not'을 가지고 있다. infant는 원래 '말을 하지 않는 사람' 혹은 단순히 '말하지 않는'을 의미했던 반면, infanta는 '말을 하지 않는 사람' 중에서도 아주 특별하고 제한된 의미를 부여한다. 이 단어는 스페인과 포르투갈의 여자 왕족 후손을 지시하는 데에만 사용될 수 있기 때문에 영어 화자들은 일상생활에서 이 단어를 자주 마주치지 않았을 것이다.

dish접시, diskette플로피 디스켓, discus원반, fame명예, infamy오명, infant아기와 같은 동족어는 역사적 전파 방식이 어떠하던 간에 이들 단어에 대한 기원의 흔적을 보여준다. 그러나 의미관계는 아주 복잡하다. fame과 infant는 말하기 개념을 보존하고 있다. 하지만 '나쁜 명성을 얻은 결과로 인한 권리의 상실'이란 의미의 법률용어인 infamy는 기원이 되는 fa-에 의미가 연결되어있다는 것은 곧바로 짐작할 수 없다.

그리고 의미 흔적이 완전히 모호해진 동족어 중에는 infantry보병대와 bandit도둑과 같은 놀랄만한 예가 있다. bandit은 이탈리아어 bandetto(1593)로부터 영어에 차용되었는데 이 단어 자체는 후기 라틴어를 거쳐 초기 게르만어로부터 차용된 것이었다. 이 사실은 이 단어가 *fandit이 아니라 왜 bandit이 되었는가를 설명해 준다. 즉 게르만어에서는 인도유럽어 bh-는 b-로 바뀌었던 반면 이탈리아어의 조상인 라틴어에서는 f-로 바뀌었기 때문이다. 이탈리아어에서 이 단어는 'to speak'말하다 이라는 의미뿐만 아니라 좀 더 전문적으로 'summon소환, to muster모으다, to band together함께 뭉치다'를 의미하게 되었다. 그 이유는 bandit란 의미가 범죄자 무리의 행동에서 파생되었기 때문이다.[10)]

infantry는 이탈리아 단어 infanteria로 음식에 관한 모든 일을 하는 젊은 병사로 구성된 군대, 즉 취사병이다. 이 단어는 이탈리아어에서 프랑스어로 차용되었고, 다시 프랑스어에서 영어(1579)로 차용되었다. 따라서 동족어가 같은 형태를 공유할지 여부는 각각의 단어

---

10) 이탈리아어 bandito '선언된, 금지된', 복수형 bandititi, n. '무법자들', bandire의 과거분사 = 중세라틴어 bannīre '선언하다, 금지하다': BAN금지(하다) n., v., OED의 BANISH추방하다와 비교해 볼 것.

가 서로서로 얼마나 멀리 떨어져 있는지 그리고 기원이 되는 형태로부터 얼마나 떨어져 있는지에 달려있을 수 있다. <그림 3.1>은 인도유럽어 *bha- 'speak'가 다양한 여식어(daughter language)에서 어떤 변화가 일어났는지 요약해 주고 있다.

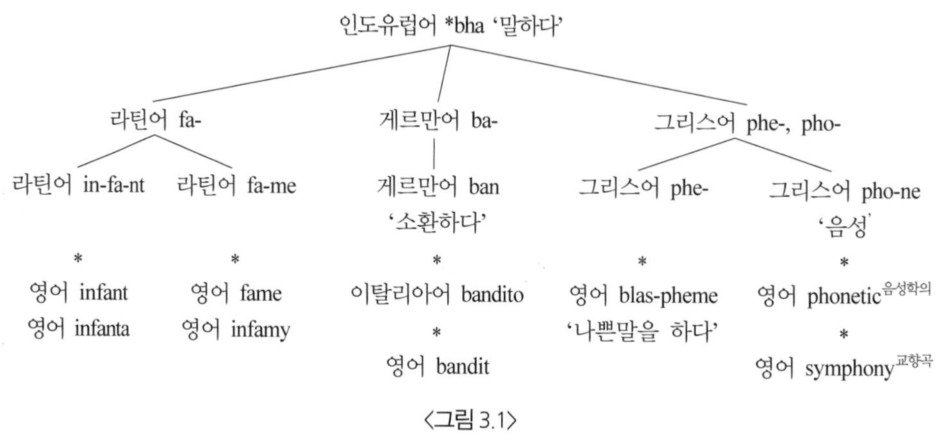

〈그림 3.1〉

어원. 어원(etymology)은 단어 사이의 형식적, 의미적 관계에 관한 역사적 발견과 연구이다. 문자 그대로 말하면 어원은 '진짜 의미의 연구'를 의미하는데, 이는 어근 etym '진짜의' 와 o-logy '~에 관한 학문, ~에 관한 이론'에서 비롯한다. 어원을 배우는데 있어 우리가 알아야할 중요한 요점은 의미적 연관성은 동족어의 역사적 발달과는 독립적으로 존재하며, 동시에 bandit, fame, infantry, euphemism처럼 의미적 연관성이 극단적으로 동떨어지게 되거나 모호하게 되는 동족어 관계가 존재한다는 점이다. dish와 diskette사이에 혹은 infant, fame과 bandit 사이에 존재하는 역사적(통시적) 관계는 이런 단어의 어원이 제공하는 부가적인 정보가 없다면 우리는 이해하지 못했을 것이다. 어쨌든 통시적 관점에서 공통의 기원을 가지고 있기는 하지만 이제 이 단어는 개별적으로 독립된 현대영어 단어이다. 다음에 오는 장들에서는 영어 단어의 어원이 좀 더 투명해질 수 있는 다양한 방법을 기술할 것이다. 어구 분석과 의미변화를 파악하는 원리와 방법에 들어가기 전에 현대영어 어휘의 어원적 구성에 관한 사실을 여기서 일부 제공하도록 한다.

앞의 2장과 여기 3장에서 역사적 개관을 통해 왜 그리고 어떻게 해서 영어가 수적으로 어원적으로 이렇게 풍요롭고 다양한 어휘를 발달시켰는가를 명확히 알 수 있었다. 고대영어 어휘는 동질적(homogeneous, homo 'same'같은 + gen 'origin'기원)이었으나 노르만 정복 이후에 있었던 문화적 변화는 이질적(heterogeneous, hetero 'other다른, diverse다양한')인 어휘 발달의 조건을 만들었다. 어휘고의 계통적 다양성에 대한 현대 화자의 인식은 교육, 관심, 다른 언어에 대한 친숙함뿐만 아니라 아주 개인적인 다른 많은 요소에도 달려있다.

그러나 우리 모두 공유하는 인식은 우리가 말하고, 읽거나 쓸 때, '외래성'을 의심하지 않을 수 없는 단어를 접하게 된다. 우리는 blasé[심드렁한], glasnost[정보공개], niño[소년], mbongo[앞잡이], gyoza[만두], pas de deux[남녀 2인무] 혹은 echt[진정한]와 같은 단어를 자신있게 사용할 수도 있지만 더듬거릴 수도 있다. 그 어떤 경우에도 우리는 이 단어가 일반적인 영어 단어와는 어느 정도 다르다는 것을 알고 있다. 어휘를 고유어 ↔ 외래어의 척도 위에 분포시킨다고 했을 때, blasé, glasnost, niño, mbongo, gyoza와 같은 차용어는 확실히 척도 맨 끝의 '외래어'에 있다. 그리고 우리가 편하게 여기는 많은 학술어 또한 아마도 우리 머릿속에는 비고유어로 저장되어 있을 것이다. 예: convalesce[요양하다], deduce[추론하다], exorcism[악령쫓기], hermaphrodite[자웅동체], hibernation[동면], paradigm[전형], polygamy[일부다처제]. 대부분의 사람에게 hesitate[망설이다], machine[기계], neuter[중성], pantry[식료품 저장실], supply[공급(하다)]와 같은 단어는 정복 이후의 차용어일지라도 '외래적' 연관성을 갖지 않을 것이다. 마지막으로, arrive[도착하다], dinner[저녁], dollar[달러], face[얼굴], mountain[산], really[정말로], river[강], sky[하늘], very[매우]와 같은 단어는 정말 '고유어'일 것 같은 생각이 든다. 사용 기간과 빈도가 이들 초기 차용어로 하여금 원래부터 고유어였던 단어와 섞이도록 해 주었으나, 어원학자에게 이들 단어는 여전히 '외부어'로 남아있다. '고유어'와 '외래어'를 하나의 연속선상에서 파악할 수 있도록 다음과 같이 나타내 볼 수 있다.

고유어	초기 차용어	최근의 차용어	**외래어**
◀--------	--------	--------	--------▶
mother[어머니]	animal[동물]	prospectus[투자설명서]	kolkhoz[콜호스(구소련집단농장)]
green[초록색]	crimson[진홍색]	gelatinous[젤리 같은]	ecru[담갈색]
sleep[잠자다]	spouse[배우자]	supplement[증보판]	mbongo[앞잡이]

현대영어의 어휘 구성은 성장 과정 속의 역사적 상황을 반영한다. <표 1>은 영어에서 가장 빈도 높은 10,000개 단어의 고대영어와 정복 이후 언어의 어원 구성 퍼센트를 보여준다.[11]

〈표 1〉

고대영어	프랑스어	라틴어	기타 게르만어	기타 언어
31.8	45	16.7	4.2	2.3

위의 숫자는 우리에게 앵글로 색슨 시대부터 오늘날에 이르기까지 어휘의 교체가 얼마나

11) 퍼센트 수치는 로버츠(A.H. Roberts)의 『미국영어의 통계언어학적 분석(A Statistical Linguistic Analysis of American English)』(The Hague: Mouton, 1965)(36쪽)에서 왔다

중요했었는지를 보여준다. 우리가 배우고 사용하는 첫 10,000개 단어 중 3분의 1만이 고유어, 즉 고대영어 시대 이후 계속 사용되어왔던 게르만어이다. 프랑스어와 라틴어를 합치면 고유어와 비고유어 어원 사이에 나타나는 불균형은 아주 놀라울 정도이다. 이때의 비율에 의하면 두 단어 가운데 한 단어가 로맨스어 차용어가 되는 정도이다.

<표 1>의 숫자는 신중히 다루어져야 한다. 이 숫자는 단지 직접적인 출처(immediate source), 즉 영어에 직접 차용되었던 단어의 언어를 반영한다. 궁극적인 출처(ultimate source), 즉 해당 단어가 처음 기원했던 언어는 이 자료에 기록되지 않았다. 따라서 두 개의 그리스어 어근인 tele '멀리 떨어진'과 graph '쓰다'를 가진 telegraph[전보]는 프랑스어로 간주된다. 멀리로 신호를 보낼 수 있는 움직이는 팔을 가진 신기한 장치인 telegraph는 1792년 프랑스에서 발명되었고, 영어에 들어온 단어의 직접적인 출처이다.

비슷한 경우로, 그리스어 agōniā '육상 경기에서 승리하려고 분투하다'에서 온 agony[고통]와 같은 단어는 이러한 분류방법을 따르면 프랑스어로 간주된다. 전파 경로를 보면 그리스어에서 라틴어로 다시 프랑스어로 이동했다. 로마인들은 이 단어를 '정신적 혹은 육체적 어려움'이라는 의미로 차용했고, 고대프랑스어에서는 agonie '정신적 고통'으로 수정되었는데 바로 이 의미가 1382년 이후 영어에 처음 기록된 의미이다.

Draco는 기원전 621년 아테네의 입법자로 고전시대보다 200년 전인 고대그리스 시대에 최초로 엄격한 법전을 확립한 것으로 알려져 있다. 그러나 draconic[용 같은]은 1680년 영어에 처음 기록된 단어로 라틴어를 통해 들어왔다.

이 단어들은 직접적인 출처와 궁극적인 출처 사이에 명확한 구분이 가능한 예이다. 그러나 종종 두 어원 사이의 경계는 아주 불분명하다. destructive[파괴적인], cooperation[협력], position[위치], solid[딱딱한]는 라틴어에서 왔는지 프랑스어에서 왔는지 구분할 수 없다.

또한 어원적 분류는 언어가 혼합된 어휘형성법에 의해 방해를 받는다. 2장의 2.2.1에서 지적되었듯이, 중세영어 시기에 이루어진 어휘의 하이브리드화는 어원이 섞인 새로운 단어들을 만들어냈다. un-important[중요하지 않은], prince-ly[웅장한], over-estimate[과대평가하다], respect-ful[존경심을 보이는]에서는 고유어 접사가 차용어 어근과 결합한 반면, woman-ize[여성화하다], re-fill[다시 채우다], foresee-able[예견할 수 있는]에서는 고유어 어근이 차용어 접사와 결합한다. clergyman[성직자], nobleman[귀족], superman[초인]은 주요소인 man 때문에 고유어로 간주되지만, man-hour[한 사람이 한시간동안 할 수 있는 평균 일의 양], manservant[하인], manpower[인력]는 고유어로서의 자격이 없다. 영어 어휘는 직접적인 어원의 측면에서만 보면 정말로 이질적이다. 궁극적으로는 영어의 95%를 훨씬 넘는 단어들이 인도유럽어 기원을 가진다. 나머지는 인도유럽어에 속하지만 게르만어(2장 2.2.1을 보기)에서만 발견되는 단어들과, 아랍어, 말레이어, 일본어, 하와이어, 줄루어, 호피어, 중국어와 같은 비인도유럽어에서 온 단어들로 구성되어 있다. 영어의 긴 역사에 걸쳐 영어와 비인도유럽어 사이의 지리적, 문화적 거리를 고려해본다면 별로 놀랍지 않다.

<표 1>에서 제시한 퍼센트 수치는 좀 문제가 될 수도 있는데, 이는 10,000개의 단어라는 일률적인 숫자가 어원, 단어의 빈도 그리고 단어가 사용되는 문맥과 문체 사이의 중요한 상관관계를 불분명하게 만들기 때문이다. 더 특수한 문맥과 더 고상한 문체는 차용어와 덜 흔한 단어들에 의해 아주 많이 영향을 받는다.

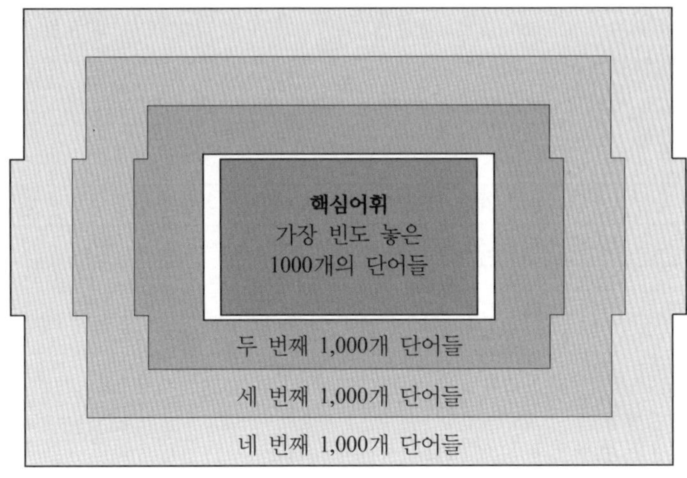

〈그림 3.2〉

이 그림에서 가장 빈도가 높은 단어들은 어휘의 핵을 형성하며 많은 성인에 의해 공유되지만, 핵으로부터 멀리 있는 층위에는 점점 친밀도가 줄어든 단어들이 놓인다. 여기서 OED 편집자들이 이 상황을 어떻게 기술하고 있는지 보자.

> . . . 영어를 사용하는 사람들의 어휘를 구성하는 단어와 구의 막대한 총합은 천문학자들에게 익숙한 하나의 성운 덩어리의 양상을 제공한다. 즉 성운 덩어리 안에는 확실하고 오해의 여지가 없는 핵이 존재하고 핵의 밝음은 가장자리 사방으로 퍼져가면서 점차 흐려져 간다. 영어 어휘는 의심할 여지가 없는 영어성(Anglicity)을 지닌 수천 개 단어의 핵심 또는 중심 부분을 가지고 있다 . . . 그러나 그들은 모든 부분과 연결되어있다. 이 명칭을 부여받을 자격이 점점 떨어지는 다른 단어들과 연관된 부분 그리고 좀 더 뚜렷하게는 지역방언, 속어, 무역과 그 과정에서의 독특한 세부조항들, 모든 시민국가에 공통적인 과학용어, 다른 나라와 민족이 실제 사용하는 언어에 속한 단어 등등 이 모든 부분과 연관되어 있다.[12]

12) OED, 2판, xxiv쪽.

<그림 3.2>는 처음 네 개의 10분위 분배율, 즉 4,000천 개의 단어에 대해 핵과 주변 층위의 분포를 그림으로 나타낸 것이다. 여기에서 볼 수 있는 것보다 더 많은 층위가 더해질 수 있다.

층위들 사이에 있는 구분선은 대략 나눈 것일 뿐이다. 단어 빈도수는 자료를 가져온 텍스트의 성격에 따라 달라진다. 그럼에도 광범위하게 이루어진 어휘연구에서는 단어들의 상대적 빈도에 따른 영어의 어원 분포에 대한 정보를 잘 제공해주고 있다. <표 2>는 이러한 연구 중 하나의 결과를 보여준다. 이 연구는 1천5백만 개 이상의 연속된 단어들을 대상으로 하고 있으며 그 중 절반 이상은 업무 서신과 일상적인 활동을 반영하는 개인 서신에 기록되었던 단어들이다.[13)]

〈표 2〉

영어에서 가장 빈도가 높은 10,000개 단어들의 어원					
10분위 수	영어	프랑스어	라틴어	노스어	기타
1	83%	11%	2%	2%	2%
2	34	46	11	2	7
3	29	46	14	1	10
4	27	45	17	1	10
5	27	47	17	1	8
6	27	42	19	2	10
7	23	45	17	2	13
8	26	41	18	2	13
9	25	41	17	2	15
10	25	42	18	1	14

개별적인 변이형은 물론 가능하지만 그래도 <표 2>의 숫자는 흥미로운 관찰을 촉발시킨다. 첫 줄의 퍼센트는 영어의 핵심어휘, 즉 water[물], food[음식], go[가다], sleep[자다], wake[깨(우)다], sister[자매]와 brother[형제], green[초록색]과 yellow[노란색]와 같이 일상생활에 필수불가결한 단어들은 고유어의 어원을 가질 가능성이 가장 크다는 주장을 증명한다. cognition[인식], psychoanalysis[심리분석], reverberate[소리가 울리다], telethon[기금모금을 위한 장시간의 TV 방송]처럼 개념이 더 복잡하고 추상적일수록 차용어일 가능성이 커진다. 10분위 층위가 높아질수록 이념, 예술,

13) 이 결과에 대한 첫 연구결과는 로버츠의 『미국영어의 통계언어학적 분석』(35-38쪽)에 실려 있다. 여기서 사용한 내용은 조지프(Joseph)와 윌리엄스(M. Williams)의 『영어의 기원: 사회와 언어의 역사(Origins of the English Language: A Social and Linguistic History)』(New York: The Free Press, 1975)(67쪽)에서 가져온 것이다.

과학, 기술, 전문화된 담화 영역에 속한 단어들이 포함되고 차용어 비율은 증가한다. 빈도가 높은 쪽에서 낮은 쪽으로 이동해보면 고유어 영역에서 상당한 감소가 있음을 알아차리게 된다. 따라서 두 번째 층위의 단어들을 보면 34%만이 약 1,000년 전 알프레드 왕 시대로부터 전해진 단어들이다. 1,000에서 2,000의 10분위에 해당하는 이 두 번째 층위에서 프랑스어와 라틴어를 합한 차용어의 비율은 첫 번째 10분위에서 13%였던 것이 57%로 인상적으로 증가한다. 그 다음 층위로 갈수록 고유어의 비율은 더욱 천천히 감소하고, 마지막에서 네 번째 10분위 층위부터 마지막 층위까지는 25%로 거의 고정된다. 바깥쪽 층위에 있는 프랑스어와 라틴어의 몫은 놀랄 정도로 변함이 없다. 두 번째 10분위 층위부터 '기타' 어원의 퍼센트가 증가한다. 이 수치를 보여주는 연구에서는 어원이 불확실하거나 알려지지 않은 단어들을 포함하고 있으며, 그리스어 어원을 기타 어원에서 따로 분리하지 않고 있다. 따라서 '기타' 어원에서의 퍼센트 증가는 대체로 그리스어 차용어의 존재 때문이다.

영어에서 볼 수 있는 사용빈도와 어원 사이의 상관관계가 모든 언어에 필수적으로 나타나는 것은 아니다. 어떤 언어는 가장 세련된 개념이나 새로운 상품을 나타내기 위한 단어들로 어휘를 풍요롭게 만들기 위해 전통적으로 자신의 언어에 의존해 왔다. 게르만어의 독일어가 이에 딱 들어맞는 경우이다. 예를 들어 Übersetzung은 영어의 translation[번역]에 해당하나, 이 단어는 문자 그대로 'setting over'[위에 놓기]를 의미한다. Fernsehen은 television[텔레비전]에 해당하나, 문자 그대로 'far-seeing'[멀리 보기]을 의미한다. Lautlehre는 phonology[음운론]에 해당하나, 문자 그대로 'sound study'[소리 연구]를 의미한다. 즉 독일어에서는 고유어 어근이 결합하여 새로운 복합어를 만드는데 이는 고전어 복합어와 동일한 의미를 가진다. 이러한 어휘 증가 방법은 영어에서도 역시 익숙하게 이루어지고 있다. doorbell[초인종], horseshoe[편자], lighthouse[등대], shorthand[속기], stronghold[보루]는 모두 고유어 요소만으로 구성된 복합어이다. 그러나 독일어에 비해 영어는 자신의 어근으로 새 단어를 만드는데 있어서는 덜 독창적이었다. 대신 다른 언어에 있는 어근을 덧붙이고 창조적으로 재활용해 왔다.

4. 초기 영국의 역사와 영어 차용어 요약

아래 표에서 가운데 세로선은 초기에서 후기로 진행하는 시간선이다. 여기에 있는 날짜들은 근사치로 받아들여져야 한다.

500 BC 혹은 이전	켈트인 영국에 거주
약 BC 200년부터	고대로마와 게르만인의 접촉
BC 56, AD 43 이후 마지막 정복	로마인 영국에 거주
약 430년 까지	로마인 영국에서 나감
449 **게르만족의 영국 정착**	**앵글로 색슨 시대의 시작**
	고대영어
450-600	기독교 개종 이전의 영국
597	기독교 영국에 들어옴
약 700년 부터	최초의 고대영어 문헌들
850-1066	데인로
1066 노르만 정복	**고대영어의 끝**
1066 노르만 정복	**중세영어**
1086	둠스데이(doomsday)[5] 조사, 인구 150만 명
1204-5	존 왕의 노르만 영지 상실
약 1150년부터	영어로 쓴 문헌의 부활
약 1450년까지	라틴어와 프랑스어로 쓴 법
1363	영어로 의회 개회
1383	영어로 쓴 최초의 유서
1400	초서의 사망[14)]
1476	윌리엄 캑스턴 인쇄기를 도입하다
1489	의회 법령에 더 이상 프랑스어를 사용하지 않음
	중세영어의 끝
1476-1650	20,000개의 출판물이 인쇄됨
1500-1600	고전의 번역[15)]
1564	셰익스피어 탄생
약 1550년부터	문해력으로 인해 들여온 차용어(아래에 연도별 제시)

14) 초서가 사용한 단어들 중 약 12%는 프랑스어에서 차용되었다.

15) 투키디데스(Thucydides), 크세노폰(Xenophon), 헤로도토스(Herodotus), 플루타르크(Plutarch), 시저(Caesar), 리비우스(Livy), 타키투스(Tacitus), 아리스토텔레스(Aristotle), 키케로(Cicero), 세네카(Seneca), 오비디우스(Ovid), 호라티우스(Horace), 호머(Homer), 보에티우스(Boethius).

1500년-1600년의 라틴어: cadaver시체, arbiter결정권자, integer정수, genius천재, torpedo어뢰, pollen꽃가루, cornea각막, fungus곰팡이, vertigo현기증, acumen감각, folio2절판으로 된 책, alias~라는 가명으로 알려진, peninsula반도, regalia왕권의 상징물, abdomen복부, animal동물, appendix부록, 맹장, miser구두쇠, circus서커스, aborigines원주민들, axis축, vacuum진공, genus속, medium도구, species종, terminus종점, caesura중간휴지, caveat경고, multiplex복합상영관, corona광환, 달/해무리, hiatus틈, innuendo빈정거림, cerebellum소뇌, decorum점잖음, compendium개요(서), radius반지름, sinus부비강, albumen알부민(흰자), delirium섬망, stratum층위.

1600년-1700년의 라틴어: premium보험료, torpor무기력, equilibrium평형, specimen견본, spectrum스펙트럼, series연속, census인구조사, cerebrum대뇌, plus더하기, vertebra척추 뼈, squalor불결한 상태, affidavit선서 진술대, arena원형경기장, apparatus장치, agendum의사일정, veto거부(권), fiat명령, curriculum교육과정, query문의, imprimatur허가, onus책임, impetus추동력, alumnus동창, data자료, insignia휘장, copula계사(be동사처럼 주어와 보어를 연결해주는 품사), stamen수술, album앨범, complex복잡한, desideratum원하는 것, vortex소용돌이, honorarium사례비, pendulum추, nebula성분, rabies광견병, tedium지루함, lacuna빈틈, minimum최저의, dictum격언, residuum잔적층, serum혈청, fulcrum받침점, calculus미적분학, stimulus자극, lumbago요통, status지위, antenna안테나, momentum탄력.

1700년의 라틴어: nucleus핵, inertia타성, propaganda선전, alibi변명구실, auditorium객석, ultimatum최후통첩, maximum최대의, insomnia불면, bonus상여금, extra여분의, prospectus사업설명서, deficit적자, addendum부록, habitat서식지, humus부엽토, referendum국민투표, moratorium지불유예.

1500년 이전에 프랑스어를 통해 들어온 그리스어: academy학교, atom원자, bible성서, center중심, character성격, climate기후, diet식사, diphthong이중모음, dynasty왕조, ecstasy황홀경, emblem상징, fancy상상, fantasy공상, frenzy광분, galaxy은하수, harmony조화, horizon수(지)평선, idiot바보, ink잉크, logic논리, magic마술, magnet자석, melon멜론, mystery신비, nymph요정, pause휴지, plane평면, pomp장관, rhetoric수사법, rheum점막 분비물, scandal추문, schism분립, spasm경련, sphere구, stratagem책략, surgeon외과의사, theater극장, tragedy비극, turpentine테라빈유.

1500년 이전에 라틴어를 통해 들어온 그리스어: abyss심연, agony극도의 고통, allegory우화, artery동맥, asphalt아스팔트, centaur켄타우로스, chaos혼돈, chimera키메라, comedy희극, crypt토굴, cycle주기, demon학령, echo메아리, halcyon평온한, hero영웅, history역사, hyena하이에나, manis천산갑(개미핥기의 일종), 말썽꾸러기, mechanic기계공, meteor유성, paper종이, piracy해적, plague전염병, siren사이렌, theme주제, thesis학위논문, thorax흉곽.

1500년 이후의 그리스어: irony역설, trophy트로피, elegy애가, drama희곡, tome두꺼운 책, dilemma진퇴양난, phrase구, idea생각, trope비유, enigma수수께끼, scene장면, rhapsody광시곡, crisis위기, tragic비극, cynic냉소가, machine기계, scheme계획, cube정육면체, caustic부식성의, isthmus지협, rhythm리듬,

chorus[합창], chemist[화학자], despot[폭군], topic[주제], nausea[메스꺼운], chord[화음], cylinder[실린더], prism[분광기], basis[기반], skeptic[회의론자], larynx[후두], skeleton[뼈대], pathos[연민을 자아내는], amnesty[사면], climax[절정], diatribe[비판], comma[쉼표], acrostic[각행의 첫 글자를 아래로 연결하면 특정 어귀가 되는 것], nomad[유목민], critic[비평가], ode[시], epic[서사시], trochee[강약격], disaster[재난], python[비단뱀], chasm[(지면, 암석의 깊은)틈], cynosure[관심의 초점], stigma[오명], theory[이론], energy[에너지], enthusiasm[열의], strophe[연(시의)], orchestra[오케스트라], acoustic[음향의], clinic[병원].

---

1 • 아리아: 오페라, 칸타타 혹은 오라토리오에 나오는 선율적인 독창 부분. • 칸타타: 작은 규모의 오라토리오. 오라토리오보다 가사길이가 짧고 서정적이며 극의 줄거리 해설자가 없음. 바로크 시대에 성행했던 성악곡 형식. • 오라토리오: 작은 규모의 오페라로 성경 내용을 노래함. • 코다: 곡의 끝에 붙는 종결 부분. • 콜로라투라: 18-19세기 아리아에 즐겨 쓰인 선율 또는 양식. • 콘트랄토: 여성의 가장 낮은 음색(남성의 알토에 해당). • 디베르티멘토(기분전환): 18세기 후반 특히 오스트리아에서 성행했던 희유곡. 귀족들이 즐기기 위해 작곡된 일종의 무도곡.

2 템포에 따른 음악용어는 다음과 같다(왼쪽에서 오른쪽으로 진행하면서 속도가 더 빨라짐): Largo(느리고 폭넓게)—Lento(느리고 무겁게)—Adagio(느리고 침착하게)—Grave(느리고 장엄하게)—Andante(느리고 걸음걸이의 빠르기로)—Moderato(보통 빠르게)—Allegretto(조금 빠르게)—Allegro(빠르게)—Vivo(힘차고 빠르게).

3 네덜란드, 벨기에, 룩셈부르크 지역을 일컫는다.

4 디스크카메라는 카세트식 필름을 사용하는 카메라를 말한다. 콤팩트디스크는 음악이나 데이터 저장용 광디스크로 약어는 CD이다.

5 노르만인은 자신들의 영국 내 재산을 파악하기 위해 영국의 토지, 인구, 가축을 모두 기록하도록 했는데 이 기록물이 둠스데이(토지대장)이다. 라틴어로 쓰인 이 토지대장은 두 권으로 구성되어 있다.

4

단어보다 작은 단위들: 형태소와 형태소 유형

1. 최소의미 단위

사람들은 단어가 의미를 표현하는 가장 기본적이며 토대를 이루는 단위라고 생각한다. 이 생각이 사실이라는 것에는 일리가 있다. 단어는 의미를 나타내면서 자유롭게 존재할 수 있는 최소단위이다. 모든 단어는 각각의 독립된 항목으로 언급될 수 있다. 단어는 사전에 표제어로 등재될 수 있다. 단어는 인용될 수도 있다. 단어는 다른 단어들과 결합하여 구문과 문장을 만들어내기도 한다. 일반적으로 단어는 다른 어떤 것들보다도 가장 기본적인 단위로 생각되는 최소의 단위이다. 단어는 문장 구성의 최소단위이며 우리가 의식적으로 문장을 만들고자 할 때 인식하는 최소단위이다.

그러나 실제로는 한 언어에서 의미를 전달하는 단위 중에 단어보다 더 작은 단위가 있다. 단어는 바로 이 작은 단위들로 만들어져있다. <그림 4.1>에 있는 'gen'이라는 단위를 보자. 'gen'은 확실히 자유롭게 존재할 수 있는 단어는 아니지만 단어 구성에 필요한 더 작은 단위라고 할 수 있다. 이 작은 단위를 **형태소(morpheme)**라 부른다. 'gen'이 바로 형태소이다. 'gen'에서 하나의 기본적 의미는 '탄생'이었는데 이후 두 개의 다른 그러나 서로 연결되어있고 어느 정도 의미도 중복되는 의미인 '탄생, 기원'과 '종족, 혈통, 국가, 유형'으로 나뉘었다. 각각의 의미를 가진 단어들을 살펴보면 그 차이를 바로 알 수 있다.

'기원'이란 의미는 그 의미의 바로 아래에 있는 가운데 가지에서 가장 쉽게 볼 수 있는데 genetic[유전적인]과 genital[생식기의] 등이 예로 있다. '유형'의 의미는 general[일반적인]과 같은 단어들에서 쉽게 볼 수 있다. gentle[부드러운]의 의미는 '좋은 종족/가문에 속하거나 좋은 혈통에

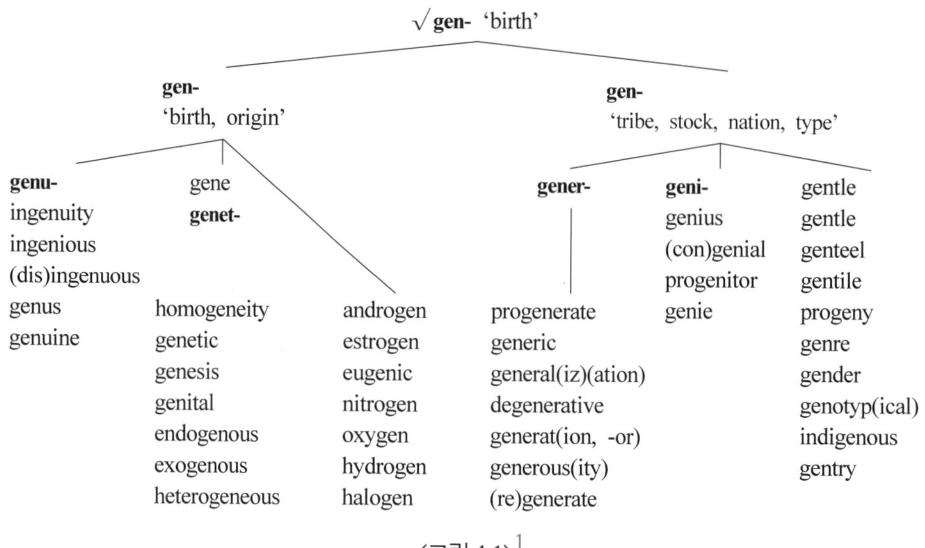

〈그림 4.1〉[1]

서 나온'이란 개념에서 비롯되었다. 한편 중복되는 의미도 있다. 가령 generate[발생시키다]와 같은 단어들은 오른쪽 가지에 있지만 '만들다, 탄생시키다'의 의미인 왼쪽 가지에 넣어도 합당하다. 반면에 genus[종/속]는 '기원'과 '종류' 모두에 양다리를 걸치고 있다.

gentile[상류층의]은 원래 히브리어로 된 성경을 라틴어로 번역한 불가타 성서에 나오는 단어로 단순히 '유대인이 아닌 종족/국가들'을 의미했다. 이후 17세기에 같은 단어인 gentil을 프랑스어에서 다시 차용했고 영어에 들어와 genteel이 되었다. gentil은 원래 '좋은 혈통에서 나온'이라는 긍정적인 의미를 가지고 있었지만 이후 영어에서 genteel[상류층, 비유대인]이라는 단어가 되면서 과거에는 '적절한 혈통을 가졌으며' '우아하고 스타일이 있다'는 의미였지만 지금은 약간 비꼬거나 얕보는 의미로 바뀌었다. gentry[상류층, 신사계급]의 '출생으로 인한 계급'이라는 의미는 gentrification[중산층 이상의 사람들이 몰리는 현상]에서 '모든 중류층 계급'으로 확장되었다.

genius[천재]는 로마신화로부터 비롯되었다. 이 단어는 '개인의 운명을 지배하고 성격을 결정하며 궁극적으로는 세상으로부터 나오도록 인도하기 위해 태어날 때부터 각 개인에게 배정된 수호신 혹은 곁에서 지켜주는 영혼'(OED)을 의미했다. 이후에 '곁에서 지켜주는 영혼'에서 '음악적인 천재적 기질을 가진'을 거쳐 '음악적인 천재'란 의미 변화의 간단한 단계를 거친다. genre[장르]는 인문학자들에 의해 '문학의 유형'를 의미하는 용어로 쓰인다. gender[성]는 문법학자들이 사용할 때는 명사의 종류나 범주를 의미한다. 이 단어가 일반적으로 사용될 때는 남녀라는 성으로 구분되는 인간의 유형을 지칭하는 사회적 용어로 받아들여졌다.

1.1 형태소는 무엇인가?

형태소는 의미의 최소단위이므로 각각의 단어들은 적어도 하나 이상의 형태소를 가지고 있어야 한다. 예를 들면 out[밖으로], just[바로], grace[우아함], person[사람], ozone[오존], London[런던]과 같은 단어가 있다. 하나의 단어가 두 개 이상의 형태소를 가질 수도 있는데 outing[외출], justly[당당하게], ungracious[우아하지 못한], personalize[개인에 맞추다], ozonation[오존화], Londoner[런던시민], morpheme[형태소]이 그 예이다. morpheme이란 단어 자체는 두 개의 형태소 morph '형태, 모양'와 -eme '언어학적으로 구분되는 단위'로 구성되어 있다. 따라서 형태소는 개별적 의미와 연관된 형태이다.

형태소에 관한 가장 중요한 사항은 하나의 형태소는 더 작은 의미단위로 나눌 수 없다는 점이다. 형태소 자체가 최소의미 단위이다. 그러나 혹자는 morph 자체는 <m> + <o> + <r> + <ph=f>의 철자로 표시되는 네 개의 소리로 이루어져있다는 사실을 지적하면서 더 작은 단위로 나눌 수 있다고 항변할 수도 있다. 왜 이들은 더 작은 단위가 아닌가? 답은 이들은 소리(혹은 철자) 단위이기 때문이다. 이 소리들 혹은 문자들을 함께 연결하면 형태소가 된다. √gen과 √graph를 예로 들어 소리, 형태소, 의미의 관계를 다음과 같은 그림으로 나타낼 수 있다.

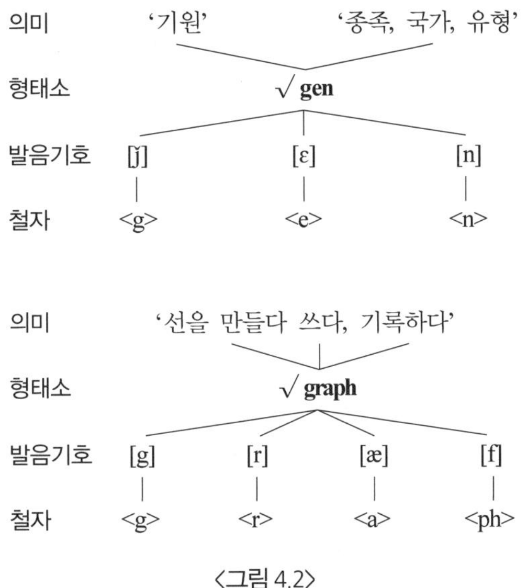

〈그림 4.2〉

<그림 4.2>에는 몇 가지 전문적인 부호가 나온다. 형태소 gen이나 graph 앞에 있는 √ 기호는 단순히 '이것은 형태소다'라는 의미로 일반수학에서 사용하고 있는 루트(root, 어근이라는 의미의 단어와 일치함)기호를 유추해서 사용한 것이다. 3장에 있는 각주 3과 연습문제집 2장에서 이미 언급했듯이 접사가 왼쪽 혹은 오른쪽으로 첨가되는가에 따라 하이픈으로 표시했다. 따라서 be-, for-, re- 등의 접두사는 어근의 왼쪽에 오고 -ly, -ness, -ity와

같은 접미사는 어근의 오른쪽에 온다. √gen과 √graph 아래에 있는 사각괄호는 발음을 표시한다. 사각괄호 안에 있는 부호들은 음성적인 표기방법인 음성기호이다. 음성기호들을 다 알지 못한다고 걱정할 필요는 없다. 나중에 다시 설명할 것이다. 맨 아래에 있는 것은 철자들로 꺽쇠괄호 < >에 들어가 있다. 꺽쇠괄호는 '이 단어에 있는 소리들을 문자로 표기하기 위해 전통적으로 사용하는 알파벳 기호'라는 의미이다.

형태소는 **형태론**(morphology)으로 불리는 언어학의 한 분야에 속하는 연구 대상이다. 이번 4장과 앞으로 나올 3개의 장에서 형태론을 다루면서, 단어연구(그리스어 √leg-, √log- '단어, 말하다')는 보다 광범위하게 말하자면 인문학적 노력을 넘어서는 분야를 목표로 한다는 점을 독자에게 상기시킬 것이다. OED에서는 이 분야의 정의와 이 분야를 지칭하는 용어들이 영어에 가장 먼저 나타난 시기를 다음과 같이 밝히고 있다.

- 사전학(lexicography)(1680): 어휘고나 사전을 집필하거나 수집하는 것; 사전집필 기술 혹은 실천행위. 웹스터는 자신의 『영어의 미국사전(American Dictionary of the English Language)』(1828)에서 lexicography라는 단어를 '단어를 정의내리는 기술이나 실천행위'라는 의미로 사용했다.
- 어휘론(lexicology)(1828-32): 단어와 형태, 역사, 그리고 **의미**를 다루는 지식분야
- 형태론(morphology)(1870): 하나의 언어에 있는 단어 혹은 단어들의 구조, 형태, 형태의 이형(어휘형성법, 변화, 굴절을 포함) 연구.

영어 사전학이나 영어 어휘론에 대한 주제들은 앞으로 이 책의 다른 부분에서 다루어질 예정이다. 따라서 여기서는 형태소와 그 특징들을 집중적으로 살펴본다.

1.2 형태소의 특징

이제 형태소의 특징들을 요약할 것인데 이는 형태소가 음절, 단어 그리고 개별적인 소리들과는 다르다는 것을 보여주기 위함이다. 다른 언어학적 단위들과는 차별화되는 형태소만의 고유한 특징들은 다음과 같다.

(1) 형태소는 의미와 관련된 최소의 단위이다. 다음의 예를 살펴보자.

car[자동차]	**care**[돌봄]	**car**pet[카펫]	**car**digan[카디건]
carpal[손목뼈의]	**car**ess[애무하다]	**car**ve[새기다]	**car**amel[캐러멜]
carrot[당근]	**car**bon[탄소]	**car**ibou[카리부(순록)]	s**car**let[진홍색]
bac**car**at[바카라]	mas**cara**[마스카라]	myo**car**dial[심근의]	Os**car**[오스카]
vi**car**[교구목사]	s**care**[겁주다]	dis**card**[버리다]	pla**card**[현수막]

이 단어들은 모두 <car>라는 철자를 포함하고 있다. 이 사실이 중요한지 아닌지 어떻게 판단할 수 있을까? 답: <car>라는 형태소의 의미와 연결된 의미가 각 단어마다 일관되게 있는지 살펴본다.

care[돌봄]는 car[자동차]와 상관이 없다는 것이 명확하다. car의 의미는 care의 의미로부터 완전히 독립되어 있다. 그러면 caress의 경우를 보자. 외형적으로는 prince[왕자]라는 단어가 princess[공주]와 연결되어있는 관계처럼 caress는 car를 닮고 있다. 하지만 car와 caress는 의미를 전혀 공유하지 않는다. 반면에 carpet은 약간 (상상을 하면) 관련이 있는 것처럼 보인다. 마치 tablet[태블릿]이 작은 테이블(table)인 것처럼 carpet[카펫]은 작은 카프(carp[잉어])처럼 보일 수 있지만 물론 그렇지 않다. 마찬가지로 형용사 carpel '손목뼈와 관련된'도 자동차를 함께 타고 다니는 친구가 아니다. carpet은 하나의 형태소로 이루어져있고 √carpet으로 표기될 수 있다. 각각의 경우에 마찬가지 논리를 적용하면 √care, √carve, √caribou, √baccarat, √Oscar, √cardigan, √carrot, √caress, √caramel, √scare, √vicar로 표기할 수 있다. 이들 단어는 그저 '우연히' <car>라는 철자를 가지게 되었지만 √car라는 형태소를 갖고 있지는 않다. (그런데 왜 이 논리를 discard, myocardial, placard에는 적용하지 못할까?)

(2) **형태소는 재사용이 가능한 단위이다.** 형태소의 가장 중요한 특징 가운에 하나는 수많은 단어를 만들기 위해 형태소가 계속 여러 번 사용될 수 있다는 점이다. 형태소 √care[돌봄]는 uncaring[무정한], careful[조심하는], careless[조심성없는], caregiver[돌보는 사람]를 만들 때 사용될 수 있다. 우리는 이미 <그림 4.1>에서 √gen이라는 형태소가 수십 개의 단어들을 만드는데 사용되었음을 보았다. 만약에 cardigan이나 caramel의 의미를 모른다면, 그리하여 이들 단어가 형태소 √car를 가지고 있을지도 모른다고 생각하다면, 이 추측이 맞는지 시험해 볼 수 있는 한 방법은 해당 형태소를 뺀 나머지 부분이 다른 단어들에서 사용될 수 있는지를 알아보는 것이다. 즉 나머지 부분이 또 다른 형태소인지 알아보는 것이다. 분명히 -digan이나 -amel 등은 형태소의 첫 번째 정의를 만족시키지 않는다. 독립적 의미도 가지지 않고, 가령 √care + -ful, un + √care + -ing, √care + √give + -er에서처럼 다른 단어에서 재사용되지도 않는다.

그러나 조심해야할 부분이 있다. 재사용성은 오해를 가져오는 부분이 있을 수 있는데 가령 carrot[당근], carpet[카펫], caress[애무하다], carpal[손목뼈의] 등과 같은 경우들이다. 모든 형태소는 다른 조합으로 여러 번 사용될 수 있지만 간혹 단어의 형태소가 아닌 부분도 우연히 낯익은 형태소처럼 보일 수 있다.

(1)에서 정의 내렸던 형태소 여부를 결정하는 테스트, 즉 일련의 소리를 형태소로 만드는 것은 독립적인 의미를 전달하거나 단어에 의미를 더할 수 있는 능력인데 이 능력이 있는지에 대한 테스트는 항상 반드시 첫 번째로 적용되어야만 한다. 하지만 어떤 경우에는 흥미롭게도 (1)번과 (2)번의 테스트를 결합해야만 형태소인지 아닌지를 판단할 수 있다.

happy[행복한]라는 단어를 분석하면 -y를 형태소로 쉽게 떼어낼 수 있다. 이 형태소는 단어를 형용사로 바꾸어 놓아 문법적 의미를 더한다. 예컨대 show-y[현란한, 보여주는], trend-y[최신 유행의], summer-y[여름에 어울리는] 등이 있다. 하지만 happ-이라는 단어가 있을까? 이 부분만 따로 떼어놓고 보면 단어의 어원에 관한 지식이 고대노스어까지 미치지 못하는 독자들은 아마도 아무런 의미가 없을 거라고 생각할 것이다. 고대노스어에는 happ이라는 명사형 단어가 있었는데 그 의미는 '행운, 기회'였다. 이 단어는 12세기에 영어로 차용되었다. 형태소 happ은 더 이상 독립적으로 존재하지 않는 것 같다. OED에 의하면 마지막으로 이 단어가 문헌에 나타나는 건 1888년이다. 하지만 형태소로는 살아남아 중심적인 의미를 가진 많은 단어를 만들어내는 능력을 발휘했다. 예를 들면 mishap[작은 사고], happen[일어나다], happenstance[우연], happily[행복하게], hapless[불운한], happiless[행복이 없는], happify[행복하게 하다], perhaps[아마도], slaphappy[기분이 좋은], unhappiness[불행]와 같은 단어들이 있으며, 심지어 perhaps[아마도]는 (품사전이가 일어나) 동사형도 가지고 있다. 다시 말해 오늘날 영어에서 √hap(p)-의 재사용성은 비록 어원정보가 없다하더라도 형태소로서의 지위를 확실히 해주고 있다. 앞으로도 보겠지만 이 책에서 다루어질 많은 고전어 형태소는 √hap(p)-과 같은 유형에 속한다.

(3) **형태소는 음절과 혼동되어서는 안 된다.** 형태소는 0개에서부터 여러 개까지 음절수가 다양하다. 전형적으로 형태소는 한 두 음절로 구성되어 있으나 때로는 서너 개의 음절로 되어 있을 수 있다. 음절은 의미와 상관이 없다. 음절은 발음의 단위이다. 대부분의 사전에서는 한 행 끝에 왔을 때 단어를 잘라 다음 행으로 보내기 위해 어디서 잘라야하는지를 알려주기 위해 하이픈을 사용한다. 하이픈은 단어를 음절로 나누는데 사용하기도 한다. 음절은 단어를 작은 부분으로 나눌 때 독립적으로 **발음될 수 있는** 최소 단위이다. 하나의 단어 안에 있는 형태소와 음절의 수는 서로 다를 가능성이 아주 크다. √car와 √care 각 단어는 하나의 음절로 이루어져있다. √carpet, √caress, √carrot, √carat는 각각 두 개의 음절로 되어 있다. 그리고 √baccarat, √cardigan, √caramel은 세 개의 음절로 되어있다. 그러나 이 단어들은 모두 하나의 형태소로 이루어져있다.

형태소는 길이에 있어서도 음절보다 **짧을 수**도 있다. car와 cars의 경우를 살펴보자. cars는 하나의 음절로 되어있지만 두 개의 형태소로 되어있다. √car + s의 구조를 갖는데, 여기서 -s는 '복수'를 만드는 형태소로 하나보다 더 많다는 것을 의미한다. 음절을 이루지 못한 형태소의 다른 예로는 cared[care의 과거형, 돌보았다], caressed[caress의 과거형, 애무했다], rubbed[rub의 과거형, 비볐다]의 -ed와 growth[grow의 명사형, 성장], warmth[warm의 명사형, 온기]의 -th가 있다. 그러나 일반적으로 형태소는 독립적으로 발음할 수 있으며 길이에 있어서도 적어도 하나의 음절로 구성된다. 예를 들어 √gen, √morph, √hap(p), -y 등이 있다.

드문 경우지만 어떤 형태소는 추론에 의해서만 존재할 수 있다. 우리가 'The sheep are

grazing(양들이 풀을 뜯고 있다)'이라고 말할 때, sheep은 단수와 복수의 형태가 동일한 단어이므로 이 경우는 단수가 아니라 복수라는 것을 추론해야한다. 'I cut some flowers yesterday(나는 어제 약간의 꽃을 잘랐다)'라고 말할 때, 우리는 cut을 현재가 아니라 과거로 이해한다. 이는 cut에 어떤 형태소도 첨가되어있지 않지만 yesterday[어제]와 함께 쓰였기 때문이다. 가장 긴 단일 형태소는 장소나 강 또는 인디언부족 이름인 경우가 많은데, 예를 들면 Mississippi[미시시피, 미국의 주 이름], Massachusetts[매사추세츠, 미국의 주 이름], Potawatomi[포타와토미, 인디언부족], Saskatchewan[사스카체완, 인디언부족]이 있다.[1] 이름이 차용된 미국 원주민 언어에서는 단어들이 여러 형태소로 구성되어 있었지만 이제 그 정보는 완전히 사라져 영어 화자에게 남아 있는 것이 없다.

(4) 하나의 동일한 형태소가 음성적으로 다를 수 있다. 같은 형태소의 다양한 모습들을 우리는 '이형태(allomorph)'라고 부른다(이는 다른 형태를 의미하며 √allo '다른' + √morph '형태'의 구조이다). 형태소가 갖는 이형태적 변이의 일반적 특징을 이형태(allomorphy)[2]라고 한다. 하나의 형태소가 갖는 다양한 이형태들을 파악하는 것은 바로 우리의 어휘지식을 확장하고 단어들 사이의 관계를 찾아낼 수 있는 확실한 방법 가운데 하나이다. 영어 화자들이라면 누구나 cares[돌봄들], caps[모자들, 대문자], classes[수업들]의 세 단어에 철자와 발음은 같지 않지만 복수 형태소인 -s를 공통적으로 가지고 있다는 것을 알고 있다. 복수 형태소는 세 가지 이형태를 가지고 있다. 복수형 -s의 이형태는 모든 사람의 영어 지식에서 핵심이 되는 부분이긴 하지만 이런 지식이 전혀 자동적으로 이루어지지 않는 형태소들도 많다.

'take'[가지고 가다]와 'contain'[포함하다]의 의미를 가진 형태소를 살펴보자. 가장 익숙한 이형태 √cap이 다음과 같은 단어에서 발견된다.

capable[능력이 있는] **cap**sule[캡슐] **cap**tive[사로잡힌] **cap**acity[수용력]

이 형태소의 이형태 √cep은 다음 단어에 나타난다.

ac**cep**t[인정하다] de**cep**tion[사기] inter**cep**t[가로채다] per**cep**tible[지각할 수 있는] re**cep**tacle[그릇]

이 형태소의 세 번째 이형태 √cip은 다음의 단어에 나타난다.

anti**cip**ate[예측하다] eman**cip**ate[해방시키다] in**cip**ient[막 시작된] parti**cip**ate[참가하다]

---

1) Answers.com이라는 웹사이트의 확인이 안 된 검색자료에 의하면 매사추세츠에 있는 한 호수의 이름은 49개의 글자로 되어있는 Chargoggagoggmanchauggauggagoggchaubunagungamaugg로 북미에서는 가장 긴 장소 이름이다. 이 호수는 웹스터 호수로 불리기도 한다.

네 번째 이형태 √cup은 occupy[차지하다], recuperate[회복하다]와 법률용어 nuncupative[구두로 하는 유언장이나 선언문](OED)와 같은 소수의 단어들에서 볼 수 있다.

9장에서 형태소 cap의 의미가 이들 일부 단어에서 **투명(transparent)**한 사실을 논의할 것이다. 예를 들어 captive는 '누군가에게 사로잡힌'을 의미하고, capable은 '가져갈 수 있는'을 의미하며, participate는 '참석하다'를 의미한다. 그러나 다른 단어에서는 **불투명(opaque)**하다. 예를 들어 perceptable[지관력 있는]이 기본적인 의미인 'take'와 'contain'에 어떻게 관련되어 있는지 분명하지 않다. 아마도 '[하나의 감각을 통해서] 받아들일 수 있는'이란 의미처럼 애매한 것이다. 게다가 recuperate에서는 더 불투명하다. 아마도 '[건강을] 회복하다' 정도의 의미일지도 모르고 anticipate는 '미리 가져가다'의 의미인지도 모른다.

마지막으로 recipe[조리법]와 √cap의 경우, 이 두 단어의 관계는 어원사전의 도움을 받아야만 알 수 있다. 연결고리는 라틴어에서 'take'라는 의미를 가진 동사의 명령형이다. 이 때문에 recipe가 '의학적 처방을 위한 공식'이라는 첫 번째 의미를 가지게 되었다. 이후 요리로 의미가 확장되었고, 물론 오늘날에는 '성공을 위한 레시피'나 '재난을 일으키는 레시피'라는 표현에서처럼 '재료목록과 일련의 행동'이라는 좀 더 일반적으로 전이된 의미로도 사용하게 되었다. 이는 √cap의 기본적인 의미에서는 아주 멀어진 것이다. 형태상의 변이와 의미적 변이가 상호 작용을 하면서 아주 복잡해진다. 다음 장들에서 이 문제를 다시 다룰 것이다.

다음 네 가지가 모든 형태소가 가지는 기본적인 특징들이다. (1) 형태소는 의미로 포장된다. (2) 형태소는 재사용될 수 있다. (3) 형태소는 다양한 수의 음절로 나타날 수 있다. (4) 형태소는 '형태를 바꾼다'.[3] 즉 형태소는 음성적으로 다양하게 발음될 수 있다.

2. 형태소의 종류

모든 형태소는 앞에서 논의된 특징들을 공유하는 반면, 형태소들 사이에는 기능적, 구조적 차이가 있다. 그 이유는 모든 형태소가 단어를 만들 때 동등하게 중심 역할을 하는 것은 아니기 때문이다. 영어에서 발견되는 형태소의 전체 목록을 둘로 나눌 때 첫 번째 주요 구분은 어근과 접사 사이의 구분이다. 먼저 어근에 주목하자.

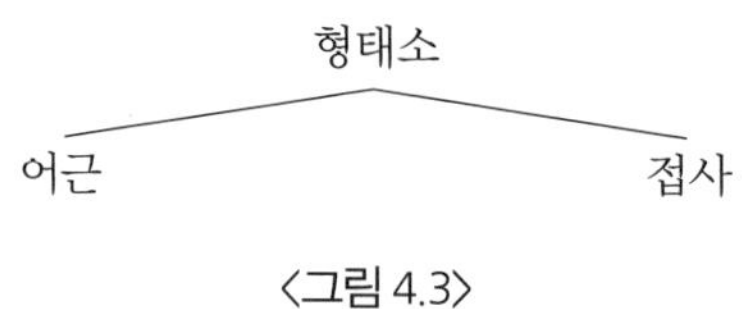

〈그림 4.3〉

2.1 어근

화자에 의해 하나의 단어로 파악된 하나의 소리 혹은 일련의 소리들은 적어도 하나의 어근을 가진다. 어근(root)은 단어 파생 과정의 중심에 있다. 어근은 가장 기본적인 의미를 가지며 거기서 단어의 나머지 의미가 나올 수 있다. 가령 Chaplin[채플린, 미국의 유명희극배우], host[주인], fair[공정한], red[빨간], travel[여행하다], schmooze[수다를 떨다]는 모두 어근이다. 이 어근들의 의미가 Chaplinesque[채플린 희극과 같은], hostess[여주인], unfair[공정하지 못한], redden[붉게 만들다], travelable[통행 가능한], schmoozaholic[수다광]과 같은 단어들로 이월된다. host[주인], fair[공정한], travel[여행하다]과 같은 어근은 자유형태소, 즉 단어의 종류로 파악될 수 있는 독립된 통사적 실체이다. 그러나 꽤 자주, 특히 차용어휘에서는 segment[분절]의 √seg, genetics[유전학]의 √gen, cardiac[심장의]의 √card, sequence[연속]의 √sequ, brevity[간결함]의 √brev, pterodactyl[익룡]의 √pter와 같은 어근이 있다. 이들은 단어로 독립적으로 사용되지 않는다. 이들은 **의존어근형태소(bound root morpheme)**라 불리며, 하나의 독립적인 단어로 쓸 수 있는 **자유어근형태소(free root morpheme)**(독립된 단어이기도 한)와 구별된다. 이는 <그림 4.4>에 주어져 있다.

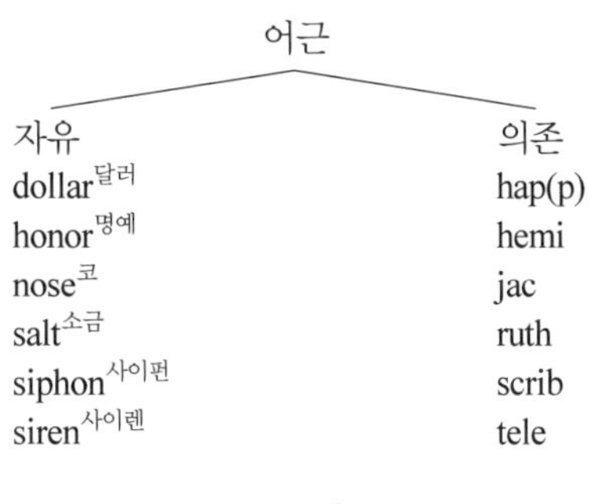

〈그림 4.4〉

오늘날 영어에서 발견되는 대부분의 의존어근형태소는 고전어에서 온 것이다. 르네상스 시기와 그 이후에 라틴어, 그리스어 혹은 다른 유럽의 언어로부터 영어로 차용된 것들이다. 게다가 영어는 이들 언어로부터 대규모로 단어를 차용했다. 고전어 어근들은 segment[부분], genetics[유전학], cardiac[심장의]처럼 파생어 안에 둥지를 트는 경우가 많았다. 아주 자주는 아니지만 때때로 차용된 어근들은 자유형태소 목록 속에 자리 잡기도 한다. counterrevolutionary[반혁명의]이란 의미의 contra(1981), graph[도표](1878), phone[전화](1866), 패션이나 스타일과 연관된 retro[복고풍의]가 일부 예이다. 영어에 처음 기록된 연도에서 볼 수 있듯이 이들 어근들이 독립단어가 된 것은 꽤 최근의 일이며 이들은 고전어 단어들 혹은 이 단어들을 포함하는 구문을 줄여 만들어졌다. 이처럼 의존어근형태소에서 독립어근형태소가 된 것은 바로 영어라는 토양에서 일어났다. 따라서 고전어에서 차용된 어근들은 거의 항상 의존형태소라고 말해도 괜찮을 듯하다

차용된 어근들의 '의존성'은 기증언어[4]에서 가지고 있었던 그들의 지위를 반영하지 않는다. 고전어에 있는 기본 숫자들은 해당 숫자들이 영어에서 그러한 것처럼 그리스어와 라틴어에서도 자유형태소이었지만, 현재는 영어에 수많은 복합어를 만드는 의존형태소를 제공해주고 있다. 예를 들면 unanimity[만장일치]와 unilateral[일방적인]의 uni- '하나', pentagon '오각을 가진'의 penta- , septet '일곱이 모인 그룹'의 sept-, octagonal '8개의 각을 가진'의 octa-가 있다.

반면에 hapless[불운한], happy[행복한] 와 같은 단어 속의 hap(p) '행운, 운'과 같은 게르만 어원을 가지고 있는 의존어근형태소의 수는 비교적 적다. 게르만 어원을 가지고 있는 의존어근형태소로 feckless[무기력한], reckless[신중하지 못한], ruthless[버릇없는], listless[열의없는], uncouth[무례한], unkempt[단정치 못한] 등의 단어가 가진 의존형태소[즉 -less와 -un]가 있다. 이 모든 단어에 직접적인 역사적 변화가 일어났다. 처음에는 단어로도 사용되곤 하였던 어근이었지만 이후에는 독립적인 단어로 잘 사용되지 않거나 완전히 사라지게 되었고 파생형만 남기기도 했다.

따라서 feckless[무기력한]는 16세기 스코틀랜드어의 단어 feck에서 파생되었는데, 이는 effect[효과]의 축약형이었다. 나중에 effect는 스코틀랜드어에 재도입되어 feck이라는 형태를 대체하였다. 그러나 파생형인 feckless '효력 없는'는 여전히 사용되고 있다. 오늘날 ruthless[신중하지 못한]에 있는 ruth를 의존어근형태소로 간주하지만 18세기에는 '동정, 슬픔'을 의미하는 영어에서는 아주 일반적인 단어였다. 이 단어는 많은 사전에서 표제어로 등장하지만 현대영어에서는 폐어가 되었다. 그러나 확실하게 명사를 파생시켰을 동사형 'to rue'[후회하다]와의 연관관계를 주목하자. 어떤 경우에도 지금 여기서 설명하고 있는 역사적인 과정은 특수사전의 도움 없이는 복원될 수 없다. 일반 영어 화자들에게는 feck-, hap(p)-, ruth- 등은 의존어근형태소일 뿐이다.

마무리해보면 의존어근형태소는 거기에 다른 형태소가 덧붙여져야 한다. 더해진 형태소는 어근일 수도 있고 접사일 수도 있다. 만약 어근이라면 그 결과로 만들어지는 단어는 복합어(compound)이다. 복합어와 복합어를 만드는 과정에 관련된 문제들에 대해서는 1장에서 이미 논의되었다. 아마도 여러분은 airship[비행선], birdcage[새장], bookmark[즐겨찾기], flagship[기함], hemisphere[반구], hydrogen[수소], phonograph[축음기], polymath[박식한 사람], telephone[전화]과 같은 단어들이 복합어라는 것을 기억할 것이다. 그들 모두 두 개의 어근을 가지고 있다. 의존어근이 또 다른 어근에 붙지 않으면, brevity[간결성], capable[능력있는], cardiac[심장의], gentile[비(非)유대인]에서처럼 **접사**가 동반되어야 한다.

2.2 접사

어근이 아닌 모든 형태소는 접사(affix)이다. 접사는 하나의 단어에서 핵심이 되는 의미를 이루지는 않는다. 접사들은 주로 **어기(base)**의 의미를 약간 바꾸는 효과를 가진다.

어기는 어근이나 어근과 접사를 합한 것 혹은 접사가 붙거나 붙지 않은 두 개 이상의 어근을 말한다.[2)] 접사는 어기의 어휘적인 의미와 (혹은) 품사를 바꾸거나 문법적 특성을 바꾼다. 후자에 대해서는 2.3에서 언급하겠다. 어근과 파생접사 사이의 차이부터 시작하자. 파생접사가 가져오는 가장 흔한 변화는 단어가 속하는 부류, 즉 품사를 바꾸는 것이다. 그러므로 명사 child어린이는 형용사 childish어린애 같은, 유치한가 된다. 또 형용사는 childishly유치하게라는 부사가 될 수도 있다. 아니면 형용사형 어기에 다른 접사를 첨가해서 추상명사인 childlishness어린애 같음, 철없음를 만들어내기도 한다. 접사첨가(affixation)에 의한 파생으로 알려진 이 과정은 어휘형성법에 있어서 두 가지의 가장 기본적인 과정 중 하나이다(다른 하나는 복합어 만들기인데 이미 1장에서 설명했다). 접사첨가로 만들어진 단어를 **파생어** *(derivatives)* 또는 **파생된***(derived)* 단어라 부른다. 파생접사의 특징을 어근과 비교해서 보다 자세히 살펴보자.

접사는 다음과 같이 세 가지 면에서 어근과 다르다.

(1) 접사는 스스로 단어를 만들지 않는다. 반드시 **어기**에 첨가되어야하다.
(2) 접사의 의미는 어근의 의미처럼 명확하거나 구체적이지 않은 경우가 많다. 많은 접사는 거의 의미가 없는 것처럼 보일 정도로 불투명하다.
(3) 어근의 수는 굉장히 많은 반면(어떤 언어든지 어근은 수 만개에 이른다), 접사의 수는 상대적으로 적다(많아도 몇 백 개에 불과하다).

영어에서는 생산성(productive)이 있는 접사(여기서 '생산성'은 많은 일을 한다는 의미이다)로 어기의 끝에 첨가되는 **접미사(suffix)**와 어기의 맨 앞에 첨가되는 **접두사(prefix)** 두 종류가 있다. 의미가 명확한 접두사 중 많이 사용되는 예를 보도록 하자.

co + occur '동시에 발생하다'	**peri** + meter '둘레'
mid + night '자정'	**re** + turn '돌아가다'
mis + treat '학대하다'	**un** + filled '비어있는'

다음은 의미가 명확한 접미사 중 많이 사용되는 예이다.

2) 어간(stem)은 접사가 첨가될 수 있는 단어의 부분을 말할 때 함께 쓸 수 있는 용어이다. 그러나 어간은 파생어미보다는 굴절어미와 함께 쓰이는 경우가 더 많다. 그러므로 어간은 단어에서 굴절어미를 제외한 나머지 부분을 가리킨다.

act + **ion** '행동'	child + **ish** '어린애 같은'
act + **or** '배우'	child + **hood** '어린 시절'
act + **ive** '적극적인'	child + **less** '아이가 없는'

불행히도 대부분의 접사는 여기 있는 단어들처럼 분명하게 의미가 연결되지는 않는다. 나중에 좀 더 자세한 내용을 설명할 텐데 그때 접사들이 가질 수 있는 의미들을 연결시켜 볼 것이다.

정의상 모든 접사는 의존형태소이다. 역사적으로 그들은 자유형태소였지만 독립성을 잃어버리고 접사가 되었고 그리하여 의존형태소가 되었을 가능성이 있다. 투명한 하나의 예가 접미사 -less이다. 기원이 되는 형용사 less '~이 없는'과 접미사 -less를 가진 단어들과의 연관성은 특별한 지식이 없어도 알아차릴 수 있을 것이다. 접미사 -dom, -hood, -ship 등도 한때 명사로 독립적인 의미를 가진 적이 있었다. dom이라는 단어는 '죽음, 판단, 법령'을 의미했고 현대영어 doom죽음의 조상이다. 접미사 -hood는 '조건'이나 '일의 상황'을 의미했다. 그러나 현대영어에서는 이 단어의 대응어가 남아있지 않으며, hood '머리를 감싸는 두건'과도 관련이 없다. 좀 더 최근 단어인 hood(1969)는 파생어 neighborhood이웃, 근린의 절단어이다.

반대의 경우, 즉 의존형태소가 자유형태소 목록으로 이동하는 경우는 드물다. 특히 어근의 경우보다 접사의 경우에서 더 그렇다. 영어에서 일어나는 최근 경향은 접사를 의존어근에서 떼어내어 자유어근의 지위로 격상시키는 것이다. 이 경우에 해당하는 예로 명사 ex이전 배우자(1827), 동사 ex삭제하다(1935) 그리고 동사 disrespect결례하다, 무례하다에서 온 dis결례하다(1980)가 있다. 독립된 단어가 되기 위해 떨어져 나온 접사로 professional전문적인에서 나온 pro가 있다. professional전문적인은 원래 '밖으로(pro) 고백하는(fess) 사람'이란 의미였다.[3] pro golfer프로 골프선수라는 구에서 더 이상 pro의 의미를 process과정, provide제공하다, profess주장하다에 나타나는 접두사 pro-와 관련된 것으로 생각하지 않는다. *The Lady is a Trans*는 1996년 대성공을 한 뮤지컬이었는데 여기서 trans는 성전환을 한(transgendered) 사람이다.[4] 또 다른 전형적인 예는 anti이며 이 단어는 명사로도 형용사로도 사용된다. 'It doesn't matter what the principle is, he is so stubborn that he's bound to be anti(원칙이 무엇이든 상관없이 그는 고집이 너무나 세서 반대의 입장에 설 수 밖에 없다)'와 같은 문장을 말할 수 있다.

지금까지의 예 가운데 일부는 '유머러스하거나' 혹은 '표준이 아닌' 것으로 간주된다.

---

3) 이 과정은 절단을 연상시킨다. 물론 절단은 형태소 경계를 무시하는 경향이 있지만 말이다. 1장 3.3을 참조할 것.

4) 『반하트 사전 보조자료: 신조어 계간지(Barnhart Dictionary Companion: A Quarterly of New Words)』(10권 1호, 1997년, 여름, 69쪽)에서 인용함(Springfield, MA, Merriam-Webster).

이미 contra[반정부 세력](1981)와 retro[복고풍의]의 경우에서처럼 의존형태소에서 탈출한 독립된 단어들을 보았다. 비슷한 경우의 예로 그래도 좀 받아들여지고 있는 단어들로 hyper[과대선전을 하는 사람](1952), sub(< submarine sandwich 샌드위치의 일종, 1955), mini[짧은 스커트](1966), maxi[긴 스커트](1967), semi[반](1912), stereo(< stereophonic[스테레오 효과의] 1954)가 있다.

따라서 접사 대 어근의 위상 그리고 의존어근 대 독립어근의 위상은 유동적이다. 아직도 접사가 경우에 따라 독립어근의 영역으로 침투하지만 그렇다고 해서 접사는 어기에 붙어야만 하는 의존형태소라는 기본적인 원칙은 바뀌지 않는다.

2.3 접사의 기능

기능에 따른 접사의 종류가 <그림 4.5>에 요약되어 있다.

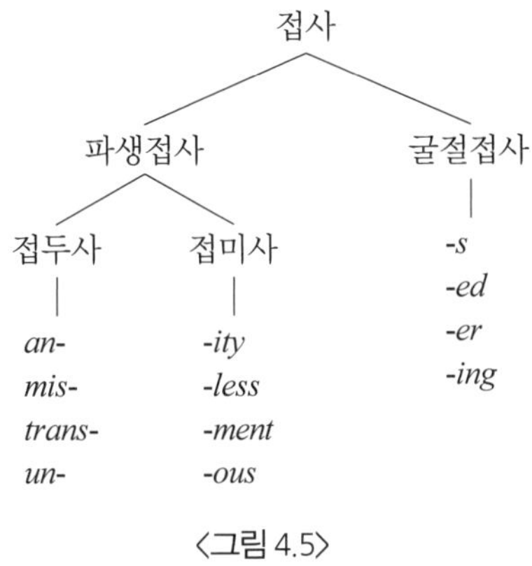

〈그림 4.5〉

접사는 두 가지 서로 다른 기능을 한다. 하나는 새로운 단어를 만드는 데 참여하는 것이다. 이러한 일을 하는 접사를 **파생**접사(**derivational** affixes)라고 하고 이 책에서 아주 중요한 주제이다. 다른 하나는 어휘형성과정에는 전혀 참여를 하지 않는 접사로 **굴절**접사(**inflectional** affixes)라 불린다. 영어의 굴절접사는 라틴어나 그리스어 혹은 고대영어에 비해서 아주 적은 숫자이며, 실제로는 통사론의 한 영역이다. 하지만 일부 굴절접사들은 시제(play-s, 3인칭단수현재, play-ed 과거), 수(girl-Ø과 girl-s에서처럼 단수와 복수)와 같이 아주 넓은 의미범주를 나타내기도 한다. 명사에 사용되는 가장 전형적인 굴절접사는 대부분의 인도유럽어와 마찬가지로 문장의 주어가 어떤 단어인지 혹은 어떤 단어가 동사의 목적어인지를 알려주는 역할을 한다. 라틴어의 예를 보자.

Ama-t	puer	puella-m
'사랑한다	소년이 – 명사(NOM)	소녀를 – 목적어(ACCUS)'

여기서 NOM은 'nominative(주격)'를 의미하는데 문장의 주어이다. ACCUS는 'accusative(직접목적격)'로 동사의 직접목적어를 의미한다. 의미를 바꾸지 않은 채로 이 세 단어들은 어떤 순서로도 배열될 수 있다. 어떻게 위치를 바꾸어도 모두 '소년은 소녀를 사랑한다'를 의미할 뿐이다.

Puer puellam amat
Puellam puer amat
Puellam amat puer
Puer amat puellam

굴절접사는 문장의 구조와 구성을 알려주는 역할만 하기 때문에 새로운 단어들을 파생한 다음에 첨가되므로 지금은 별다른 관심을 가질 필요가 없다. 굴절접사는 언제나 어간의 오른쪽 맨 끝에 첨가되고(항상 **접미사**가 된다) 제한이 별로 없다. 예를 들어 소수의 예외를 제외하고 모든 영어의 명사들은 복수 굴절어미 -(e)s를 가진다.

그러나 지금까지 말한 것은 단순한 설명임을 인정해야 한다. 굴절접사의 첨가는 그 접사가 나타냈던 원래 의미 범주에서 멀어져 새로운 의미를 발전시키는 경우가 있다. customs[세관], news[뉴스], spectacles[안경] 등이 그 예이다. 이와 마찬가지로 현재분사 접사인 -ing와 과거분사 접사인 -ed는 이중적인 모습을 보인다. 이들은 'They were build**ing** the new dorm(그들은 새로운 기숙사를 건설하고 있었다)'이나 'They paint**ed** the wall(벽에 페인트칠을 했다)'과 같은 문장에서는 순수하게 굴절접사이다. 하지만 'The build**ing** on the corner(코너에 있는 건물)'와 'the paint**ed** wall(페인트칠을 한 벽)'에서는 파생접사처럼 행동하면서 새로운 품사를 만들어 낼 수 있다.

파생에서 어근이 핵(nucleus)[5]이라면 접사는 위성과도 같다. 더 나아가 접사들은 서로 다른 거리에서 핵 주위를 돌고 있어야 한다. 모호하게 말하자면 태양계 같이 말이다. 예를 들어 uninhabitableness[사람이 살기에 부적합함]라는 단어를 보자. 어기는 habit[습관]이다. 자 그러면 우리는 un-을 habit에 붙일 수 있을까? 물론 안 된다. unhabit은 단어가 아니다. 그렇다면 이 파생에서 in이 먼저 붙어야한다. 그럼 다시 물을 수 있다. un-은 inhabit[살다]에 붙을 수 있을까? 답은 같다.[5)] 안 된다. 계속 해보자. inhabitable[살 수 있는]이 나올 때까지 단어의 오른쪽에 형태소를 계속 붙인다. 그런 후에야 비로소 앞에 un-을 붙일 수 있다. 왜 그럴까? 왜냐하면 -able이라는 접사가 붙은 후에야 드디어 형용사가 되었기 때문이다.

---

5) 여기서 우리가 살펴보고 있는 un-이라는 접사는 '~이 아닌, 부정, 모순'이라는 의미를 가지고 있고 형용사와 형용사로 쓰이는 분사에만 붙을 수 있다는 점에 주목하자. '뒤바뀜'이라는 의미를 가지고 있는 un- 은 'unbutton[단추를 풀다], undo[풀다/무효화하다], unfasten[풀다/끄르다] 에서처럼 동사 앞에 놓일 수 있으며, 특별한 의미, 즉 '뒤바뀜'의 의미를 가지는 동사를 만들어내는 다른 접사이다. uninhabit에서의 un-은 명백하게 다른 유형의 접사이지만 이러한 어휘형성의 잠재력을 가지고 존재한다. OED는 unhabit이 1650년에 '버릇/습관에서 자유로워지다'란 의미의 동사로 한 번 쓰였다고 기록하고 있다.

현대영어에서의 un-은 일반적으로 형용사, 부사 그리고 형용사로 쓰이는 분사에 붙는다는 것이 바로 un-의 특징 가운데 하나이다. 이에 대한 재미있는 반례로 부정의 un-이 파생되지 않은 몇 가지 명사에 붙은 예로 unbook[책과 블로그의 중간 형태], uncola[콜라 대용품으로 나온 레몬/라임 향 음료수(콜라가 아니라는 의미)], undeath[죽지 않은 상태](그리고 'unrest[불안]', 'unconcern[무관심]'과 같은 좀 더 보편적인 단어들도 몇 개 있기는 하다)가 있다.[6]

하지만 미국의 세븐업 광고에 나온 uncola 같은 신조어가 효과적인 이유는 이 단어가 un-이라는 접두사로 만들 수 있는 어휘형성에서 대부분의 패턴을 위반하고 있기 때문이다. 물론 un-이라는 접사를 아무 형용사에나 첨가할 수 있는 것은 아니다. unable[할 수 없는], unkind[불쾌한/잔인한], unwise[어리석은]와 같은 몇 가지 예외가 있긴 하지만 단순 형용사에는 un-접두사가 붙지 않는다. 따라서 *unbad, *unsmall, *unglad, *ungood, *unstrong, *unwarm 등은 가능하지 않다.[7] 이와는 달리 파생된 형용사와 부사들에는 부정의 접두사 un-이 자유롭게 붙으며 그 예로 uninteresting[재미없는], unreliable[믿을 수 없는], unimportant[중요하지 않은], unsympathetically[매정하게], unpremeditatedly[미리 계획하지 않고] 등이 있다. 원래의 어근 habit에 접사를 첨가해서 파생되는 어휘형성의 계층적 구조를 다음과 같이 표현할 수 있다.

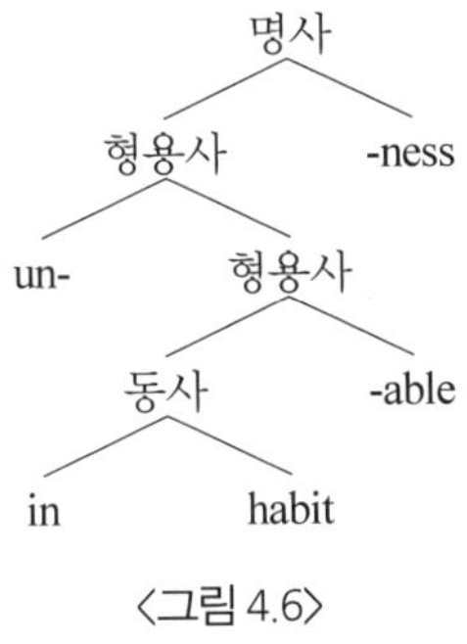

〈그림 4.6〉

inhabit[살다]과 inhabitable[살 수 있는] 둘 다 단어이기 때문에 어근 habit에 접두사 in-이 먼저 붙고, 나중에 접미사 -able이 붙을 수 있다는 것에 주의하도록 한다.

같은 논리로 -ness는 형용사나 형용사 기능을 하는 분사인 단어 뒤에 붙을 수 있다. 따라서 접사 -ness는 그 사용이 제한되어있다고 볼 수 있다. 명백하게 동사적인 의미를 갖는 어근에는 첨가될 수 없다. 그러므로 *eatness, *jumpness, *sleepness가 불가능한 것과 마찬가지로 habitness나 inhabitness도 불가능한 단어이다. 유일하게 존재하는 forgiveness[용서]는 진짜 예외라고 볼 수 없다. 왜냐하면 이 단어는 규칙적인 단어형성법에 의해 형용사로 쓰이는 과거 분사형인 forgiven에 ness가 붙은 후 동일한 자음 /n/이 단순화된 형태이기 때문이다. 따라서 -ness의 경우 또한 적절한 명사를 만들어내기 위해서는 형용사를 만드는 접미사를 먼저 붙여야한다. 다른 유형의 제약이 접미사 -able의 사용을 통제하는데, 이 접미사는 enjoy[즐기다], pay[지불하다], know[알다], notice[통지하다], biodegrade[생분해하다], read[읽다], interpret[해석하다]처럼 목적어를 갖는 동사에 붙을 수 있지만 snow[눈이 오다], rain[비가 오다], fall[떨어지다], rise[오르다], arrive[도착하다]와 같은 동사에는 붙지 않는다.

이 책에서는 접사 앞이나 뒤에 하이픈을 넣음으로써 접사가 어기에 첨가되는 위치를 표시했다. 예를 들어 trans-, un-이지만 -ment, -ous, -ly, -ness로 표기한다. 접사는 지정된 위치를 가지고 있다. 접사는 접두사이거나 접미사이며, 화자는 새로운 의미를 만들어내기 위해 위치를 자유롭게 바꾸지 않는다. 유형별 형태소 배열에 있어 아주 엄격한 제한이 있다. 어떤 접사가 어떤 종류의 어기에 붙는지에 대한 제한이 있으며, 이러한 엄격성은 형태소의 순서에도 적용된다.

간단한 예를 들어 보자. un + happ + y + ness는 이 단어에서 형태소 결합의 유일한 방식이다. 다른 구성은 가능하지 않으므로 *y + happ, *un + ness + y + happ, *happ + ness + un + y, *un + ness + happ + y 등 언어학적으로 버려지는 폐기물이 생길 수 있다. 파생접미사의 일련의 순서가 품사를 결정한다. 예컨대 self- > selfish[이기적인] adj. > selfishness[이기심] n. 에서 순서상으로 마지막에 붙는 접사가 파생단어의 품사를 결정한다.

따라서 새로운 단어를 파생시키는 기능을 갖는 접사는 접사의 위치와 접사가 붙는 어기에 따라 제한을 받는다. 접사는 간혹 품사를 바꾼다. 어기의 전에 혹은 후에 위치할 수 있으며 un-in-habit-able에서 접사 in-처럼 마지막 형태의 단어 안에 둥지를 틀 수도 있다. 접사를 어기의 양쪽 어느 쪽에든 연결할 때에는 단어의 품사를 결정하는 것은 마지막 파생접미사라는 것을 다시 한 번 더 유념하자.

<그림 4.7>은 지금까지 설명한 모든 유형의 형태소를 요약해 보여준다.

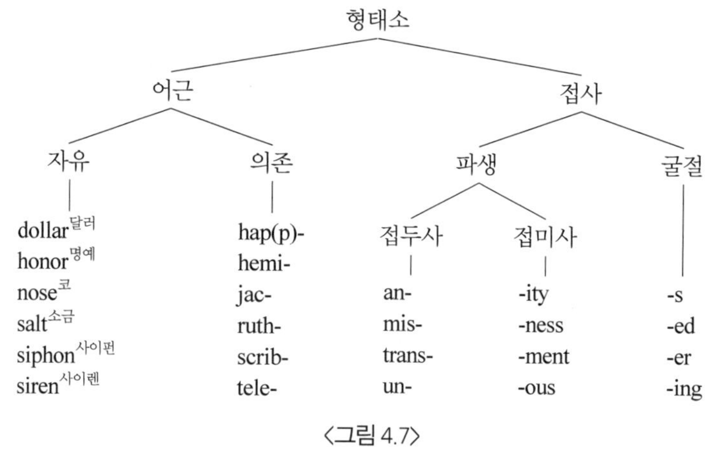

〈그림 4.7〉

3. 복합어

1장 2.3에서 이미 복합어를 만드는 과정을 소개했다. 여기서는 복합어의 구조에 대한 보다 자세한 내용을 덧붙이겠다. 복합어는 두 개 혹은 그 이상의 어근을 가지고 있는 단어이다. 접사를 포함할 수도 있는데 왜냐하면 복합어는 어기이므로 복합어가 아닌 단순한 어근과 같기 때문이다. 복합어에 있는 어근은 자유어근일 수도 있고 의존어근일 수도 있지만 반드시 적어도 두 개이어야 한다. 따라서 orthodontist(n. 치과 교정의)는 두 개의 의존어근과 하나의 접미사로 구성된 복합어이다.

√orth 'right'[옳은] + √odont 'tooth'[치아] + √ist 'one who'[하는 사람]

pterodactyl[익룡]은 하나의 의존어근과 하나의 자유어근으로 구성된다.

√ptero 'wing'[날개] + √dactyl 'finger'[손가락]

dactyl은 특별한 의미를 가질 때만 자유어근으로 볼 수 있는데 그 의미는 시의 운율과 관련이 있다. OED는 다른 의미의 최근 인용을 제공하지 않고 있으며, 『메리엄 웹스터 10판 대학생용 사전』에 제시된 유일한 의미도 이 의미이다. 그래서 '손가락'이라는 의미를 가지는 경우에 dactyl은 의존어근으로 여겨져야 한다. 별 문제가 없는 예는 아마도 stratosphere[성층권], hemisphere[반구], biosphere[생물권]일 것인데, 이들 단어 모두에 있는 두 번째 어근은 sphere[공]이며 이는 명백하게 자유어근이다.

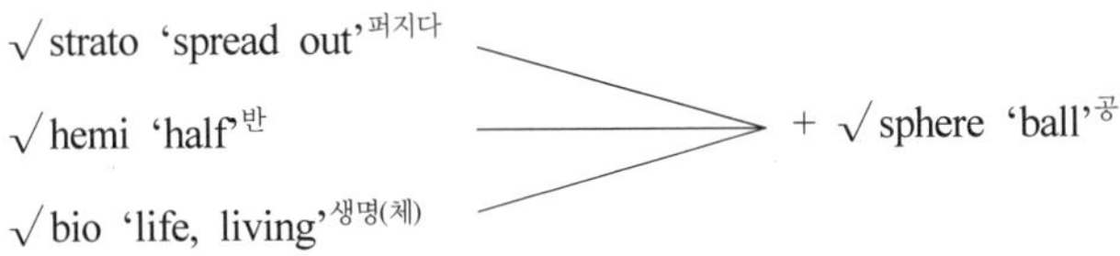

airport[공항], backpack[배낭], getaway[휴가], leftmost[제일 왼쪽의], killjoy[남의 흥을 깨는 사람] 등은 두 개의 구성원이 모두 자유형태소로 이루어진 익숙한 복합어들이다. 이는 굉장히 생산적인 패턴으로 downsize[줄이다], laptop[노트북], shareware[공유 프로그램], trackball[트랙볼] 모두 20세기 후반에 만들어진 복합어이다.

화자들은 복합어를 매일같이 새롭게 만들어내고 있다. 일단 복합어가 만들어지면 이 복합어는 하나의 또 다른 어기처럼 행동한다. 즉 어기의 특성에 따라 접사를 취할 수 있게 된다. 따라서 blockhead[돌대가리] → blockheadishness[멍청이 같음], downsize[축소하다] → re-downsize

[다시 축소하다] → re-downsizeable[다시 축소할 수 있는] → unre-downsizable[다시 축소할 수 없는] → unre-downsizeability[다시 축소할 수 없음] 등이 나오게 된다. 복합어의 어근은 반드시 바로 근접해있을 필요는 없으며 접사를 사이에 두고 떨어져 있을 수도 있다. 가령 overreact[과잉반응을 보이다], underperform[기량발휘를 못하다], photoreduction[광화학적 환원]에서 첫 번째 어근은 이미 접두사가 붙은 react[반응하다], perform[수행하다], reduction[축소]에 붙는다.

4. 하이픈

고정된 순서대로 일직선으로 배열된다는 원칙은 모든 접사에 해당이 된다. 따라서 여기서의 첫 번째 요점은 낯선 접사를 만나게 되면 하이픈의 위치를 확인해야 한다는 것이다.

형태소가 만약 하이픈으로 표시가 되어 있지 않으면 그 형태소는 여전히 의존형태소일 것이며 따라서 복합어나 어기의 어근으로만 나올 수 있다. 그러나 어근형태소가 자유형태소일지라도, 복합어를 만드는 과정에서 다른 형태가 반드시 이들 어근형태소의 앞에 올지 혹은 뒤에 올지 그 순서를 예측하는 것은 불가능하다. 이는 고유의 형태소이든 차용된 형태소이든, 혹은 자유이건 의존이건 상관없이 모든 어근에 해당된다. baby-sit[아이를 돌보다]과 crybaby[울보]를, crowbar[쇠 지렛대]와 scarecrow[허수아비]를, horsepower[힘의 단위 마력]와 racehorse[경주용 말]를 비교해보자. 차용된 어근이나 의존어근 모두에서 √tele는 일반적으로 복합어의 첫 번째 어근으로 나타나고, √phon, √dict, √graph, √card는 양쪽 모두에 위치할 수 있다. 예를 들어 telephone[전화]과 phonology[음운론]를, dictaphone[딕터폰]과 verdict[선고]를, graphotype[그래퍼타이프]와 ideograph[표의문자]를, cardiogram[심박동 곡선]과 myocardium[심근]을 비교해보면 알 수 있다.

복합성과 하이픈에 대해 한 가지 더 언급할 것은 복합어에 하이픈 삽입은 대체로 규칙적이지 않다는 점이다. '결합'이라는 항목의 지시문에서 OED는 어떤 복합어가 하나로 통합되어 하이픈을 쓰지 않아야 하는지 결정하기가 어렵다는 점을 인식하고 있다.[6] postman[우편배달부], headline[주요뉴스], wallpaper[벽지]와 같은 단어들은 명백한 경우로 하나의 단어로 표기된다. 다른 유형은 하이픈이 삽입되어 이 두 개의 어기가 특별한 관계를 가지고 있다는 것을 나타내주는데 예로 fine-tuned[미세하게 조정된], head-to-head[직접 대면하는], open-minded[열린 마음의] 등이 있다. 그리고 많은 복합어 가운데 일반적으로 서술적인 이름은 하이픈을 쓰

---

6) '형태적 결합과 실제적 결합은 결코 일치하지 않는다. 하이픈의 사용은 많은 경우에 별로 상관이 없기도 하지만 습관적으로 사용되고 있는 경우라도 결합이 되었다고 해서 의미의 통일을 암시하지 않는다. 반면 특별한 결합이나 혹은 의미가 특화된 경우에는 하이픈은 사용되지 않는다' (www.oed.com/archive/oed2-preface/gen-combinations.html).

지 않는다. Black Jack[블랙잭(카드게임)], Santa Monica[산타 모니카(도시이름)], Old English[고대영어] 등이 전형적인 경우이다.

많은 복합어는 사전마다 다르게 표기되어있거나 혹은 세 가지 다른 철자법이 다 인정된다. 이 해결되지 않은 문제 상황을 반영하여 OED에 있는 '단어 찾기(Find Word)' 검색기능은 하이픈을 무시하며 하이픈과 빈칸을 구분하지 않는다. 따라서 database[데이터베이스]라는 단어는 database, data-base, data base라는 세 가지 방법으로 찾을 수 있다.

5. 동족어

3장에서 동족어를 동일한 조상의 어근에서 출발하였지만 사전에서 서로 다른 어휘 항목으로 발전한 단어라고 정의 내렸다. 어근과 접사 모두 동족어 관계를 가질 수 있다. 역사적으로 hyper[들뜬, 과도한] 는 super[최고의]와 동족어 관계이고, hemi-[절반의]와 semi-[절반의]는 동족어 관계이며, 마찬가지로 bha-는 fa-나 phe-와 동족어 관계이다. 동족어라는 단어 cognate는 이번 장 시작에 등장한 어근형인 √gen을 가지고 있다. cognate 단어는 다음과 같이 나누어진다.

co- 'together'[함께] + √gn(=√gen) 'birth'[출생] + -ate 'being[존재하는], adj.'

대충 말해서 '함께 태어나 존재하는'을 의미한다. 하나의 동일한 근원이나 동일한 원형(etymon)[8]을 가지고 있는 모든 어근형태소가 동족어라고 할 수 있다. 동족어가 된다는 것은 이러한 어근들이 오늘날 이형태의 예로 간주되고 있다는 사실을 절대로 함의하지 않는다. 동족어 관계는 역사적인 관계이다. 이형태는 공시적인 관계이며 오늘날 언어를 사용하는 화자들이 일반적으로 인식하는 형태이다. 이 둘은 가끔 서로서로 가깝게 되어 합쳐지기도 하는데 이에 대해서는 앞으로 살펴볼 것이다.

원칙적으로 모든 이형태는 동족어이지만 동족어가 반드시 이형태 관계에 있는 것은 아니다. 5장에서부터 8장에 걸쳐 살펴보겠지만, 이형태는 공시적으로 투명한 것부터 시작해서 훌륭한 어원사전을 참고해야만 알 수 있는 것까지 다양하게 존재한다. 따라서 현대영어에서 어떤 것이 두 개의 독립된 형태소인지 혹은 하나의 동일한 형태소가 갖고 있는 두 개의 이형태인지에 대한 판별은 화자마다 다를 것이다.

공통의 기원이 모호해진 극단적인 예가 많이 있다. 이 경우 동일한 기원으로부터의 이탈이 너무 급진적으로 이루어져 수준 높은 역사적 지식을 참조하지 않으면 이형태 사이의 관계를 알아낼 수 없다. 이는 이전에 이미 보았던 인도유럽어 *bha 어근에 해당하는 이야기이다. 이 어근은 꽤 많은 보편적인 단어에 등장한다. bandit[노상강도], fame[명성], infant[유아], phonetic[음성적인], symphony[교향곡] 모두 이 어근을(√ban, √fa, √phon의 형태로) 가지고 있다. 이 어근들은 동족어이다. 그런데 이들 사이에서 이형태 관계를 찾을 수 있을까? 자동적으로는 안 될 것이다. 아마도 일반화자들은 전혀 못 찾을 것이다. 하지만 어원적인 관계가 어떤지 알아보는 것은 언제나 흥미로운 일이다. 3장 <그림 3.1>에서 보았던 어근 *bha에 대한 가계도를 다음처럼 다시 그려보도록 하자.

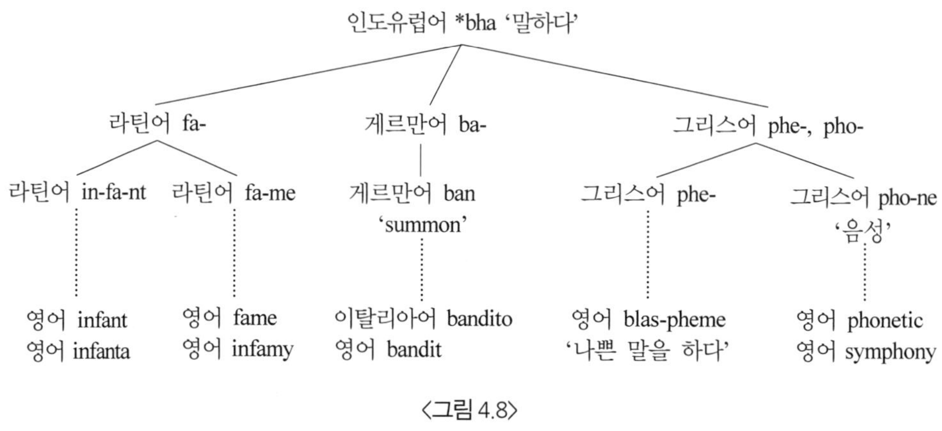

〈그림 4.8〉

<그림 4.8>에 나와 있는 형태소 *bha의 '가계도'를 보면 아마도 더 오래된 언어로부터 현대의 언어에 이르기까지 연속적으로 이어진 계승선이 존재한다는 인상을 받을 것이다. 하지만 이는 항상 그렇지 않다. 특히 좀 더 최근, 지난 4세기 혹은 5세기 이내로 제한하여 좀 더 최근에 영어에 들어온 단어들의 경우는 그렇지 않다.

*bha-의 게르만어 형태인 ban '소환하다, 선언하다, 함께 묶다'는 직접적으로 bandit이라는 단어를 만들어 내지 않았다. 무슨 일이 일어났느냐 하면, 처음에는 (후기)라틴어가 원래부터 라틴어에 있던 fa-에 더해 게르만어의 이형태 ban을 차용했다. 그런 후 이탈리아어가 bandito라는 단어를 만드는데 새로운 이형태를 사용했다. 마침내 영어는 16세기 말 이탈리아어로부터 이 단어를 수입했다. 그러므로 어느 시점에서 전달순서가 깨졌고 그런 사실을 <그림 4.8>에 점선으로 반영했다. 점선이 의미하는 것은 인도유럽어의 형태와 우리가 오늘날 영어에서 사용하는 형태 사이의 연결 관계는 자연적인 계승이 아니라 차용에 의한 것이라는 점이다. 차용이 이루어질 때 차용된 형태는 차용을 한 언어에서 더 이상 동족어의 모습을 닮지 않게 되는 일이 쉽게 일어난다. 따라서 더 이상은 이형태를 통해서 연결되어있다고 인식할 수 없게 된다. 차용을 한 언어의 입장에서는 결국 다른 어근일 뿐

이다. 여기서 '자연적인' 어근은 √ban이다. √ban은 √fam과 √phon을 전혀 닮지 않았다. 이 후자의 두 형태가 차용되면 이들 형태는 처음 차용했거나 나중에 이들을 알게 된 영어 화자들의 마음속에서 √ban과 전혀 관련되지 않게 된다.

영어 화자들을 위해 영어 어근들 사이의 동족어 관계를 가장 접근이 용이하게 그리고 가장 풍부하게 설명한 내용은『아메리칸 헤리티지 사전』(4판, 2000)의 부록에 있는 '인도유럽어 어근'이라는 항목을 보면 된다(www.barleby.com/61/IEroots,html). 이 내용은 별도의 출판물에서도 찾아볼 수 있지만 사용하기는 더 힘든데, 그 이유는 일반적인 사전 목록 단어와 부록의 단어들을 교차하면서 검색을 해야만 하기 때문이다. AHD 온라인 판에는 'etymology'어원라는 별도의 범주를 추가하여 거기서 단어의 인도유럽어 어근을 참조할 수 있다. 가령 명사 retrospect회상의 어원은 다음과 같다.

> ETYMOLOGY: 라틴어 retrōspicere뒤돌아보다의 과거분사형인 *retrōspectus에서 옴: retrō-, retro- + specere보다; 부록에 있는 **spek**-을 참조할 것.[7]

비교를 위해 OED에 제시된 명사 retrospect회상하다항목을 보면 다음과 같다. 'L.유형 *retrōspect-us, 여성형 retrōspect-, retrōspicere뒤돌아보다의 동사 어간: prospect전망와 비교하기'. 따라서 단어의 가장 근본적인 뿌리에 관심이 있다면 가장 좋은 출처는 AHD이다. 그러나 영어에서 사용하고 있는 단어가 어디에서 만들어졌고 어디에서 차용된 것인지를 알려면 OED를 참고해야 한다.

5.1 공유 구조

만약 여러 개의 단어가 동일한 어근을 가지고 있다면 이들은 동족어이다. 그러나 구조 상 같은 요소를 공유하는 경우는 어떨까? 다시 말해서 서로 다른 어근을 갖지만 하나의 동일한 파생접사나 한 세트의 동일한 파생접사를 공유한다면? 이 말은 '다른 면에서는 다를 수 있지만 이 그룹의 모든 멤버는 붉은 색 머리칼을 갖고 있다'는 말과 같다. childless아이가 없는, humorless유머감각이 없는, painless고통 없는, timeless시간이 흘러도 변하지 않는와 같은 단어 세트 혹은 apologize사과하다, dramatize극화시키다, digitize디지털화하다, terrorize공포에 떨게 하다와 같은 단어 세트를 고려해 보자. 이 단어들은 아주 사소한 면에서만 동족어이다. 이들은 서로 닮았는데 그 이유는 단어에서 눈에 보이는 반복되는 부분, 즉 접미사 -less와 -ize을 포함하고 있기 때

---

7) www.bartleby.com/61/96/R0199600.html에서 가져왔다. **spek** 형태는 인도유럽어 어근 목록과 연결되어있다. '어원' 범주에 관련 동족어들이 나열되어 있지만, OED에는 재구된 인도유럽어 항목을 제시하지 않고 있다.

문이다. 한 세트의 단어들이 접사를 한 개 또는 여러 개를 공유할 때, 이들 단어들은 공유 구조를 가진다고 말한다. 따라서 biped두발 동물, expedite신속히 처리하다, impede지연시키다는 같은 어근인 √ped '발'에서 파생되었고 동족어이지만 구조를 공유하지는 않는다.

한 세트의 단어들이 동족어인지 혹은 공유 구조를 갖고 있는지를 구분하는 것이 까다로운 경우가 때때로 있다. 가령 -ology로 끝나는 단어나 단어 부분들의 목록을 만든다고 하자. (OED에 따르면 hatology, nothingology, commonsensology, keyboardology, undergroundology 처럼 장난스럽게 만들어진 신조어를 포함하여 수 백 개의 -ology 단어들이 있다고 한다.[9] 구어에서는 '절단된(clipped)' 명사 ology가 19세기 초 이후부터 영어에서 사용되어 왔다.) 그 목록은 다음과 같을 것이다.

bio-	-ology	(생물학)	phil-	-ology	(문헌학)
cosm-	-ology	(우주론)	phon-	-ology	(음운론)
herpet-	-ology	(파충학)	physi-	-ology	(생리학)
immun-	-ology	(면역학)	rheumat-	-ology	(류머티즘학)
music-	-ology	(음악학)	robot-	-ology	(로봇학)
ornith-	-ology	(조류학)	vir-	-ology	(바이러스학)

이들 단어 모두가 완벽한 동족어(full cognate)가 아닌 것이 확실하다. 이 단어들은 단지 '결합형'인 -ology를 공유할 뿐이다. 그리고 실제로 -ology는 세 개의 형태소 -o, -log, -y로 이루어진 어기이다. 오른쪽에 있는 형태소 모두 동일하므로 확실히 서로서로의 동족어가 된다(동일하다는 것은 일종의 동족어라는 것과 같은 의미이다). 그러나 앞에 오는 어근과 어기들은 동족어가 아니다. 앞에 있는 어근들이 서로 관련이 없다는 사실은 이 단어들이 완벽한 동족어가 아니라고 판단하기에 충분하다. 가령 infant유아와 fame명성은 이런 점에서 동족어이다. 이들은 어근을 공유하고 있다. 그러나 biology생물학와 virology바이러스학는 -(o)logy를 공유하지만 완벽한 동족어가 아니다. 왜냐하면 √bio 와 √vir는 공통의 조상 어근에서 유래하지 않았기 때문이다. 타협적 관점에서, 이처럼 단어의 일부만이 식별할 수 있을 정도로 그리고 의미적으로 동족어인 경우를 **부분적 동족어**(partial cognate)라 부를 수 있을 것이다.

5.2 공유 형태와 의미

두 개의 단어들이 일관된 의미를 가지면서 형태를 공유하고 있다면 이들 사이에 필연적으로 의미관계가 있을 것이며, 그 의미는 분명히 비슷할 것이다. 앞에서 언급된 단어 목록에서 -(o)logy는 '연구, 학문'이라는 의미이다. 그러므로 이들 단어들은 '생명 연구', '우주 연구', '파충류 연구', '면역 연구' 등을 의미한다.

자연언어가 보여주는 신기함 가운데 하나는 한 쌍의 단어가 진정한 동족어이고 심지어 완전히 동일한 어기를 공유하지만 적어도 표면적으로 아주 다른 의미를 가질 수 있다는 점이다. 그러한 단어 쌍으로는 outcome[결과] vs. income[수입], graceful[우아한] vs. disgraceful[불명예스러운], pertinent[적절한] vs. impertinent[무례한]가 있다. output[출력] vs. input[입력], organized[조직화된] vs. disorganized[체계적이지 못한], plausible[타당한] vs. implausible[타당하지 않은]과 같은 단어 쌍에서 완전히 다른 의미가 out[밖으로]과 in[안으로] 사이의 대립 혹은 부정자질의 의미를 가진 dis-, in/im에 명백히 의존하고 있다는 것을 알고 있는 이상, 우리는 outcome[결과]이 income[수입]의 반대라는 것 그리고 disgraceful[수치스러운]이 어떤 면에서 graceful[우아한]과 반대라는 것을 추론할 수 있어야 한다. 동족어 ease[용이함]와 disease[질병]의 차이는 훨씬 더 극적이다. 대부분의 사람에게 이 두 단어의 연관성은 뜻밖일 것이다. 이처럼 짝이 맞지 않는 단어 쌍은 전형적인 경우가 아니다. 일반적으로 우리는 단어 부분의 의미로부터 전체의 의미를 추론할 수 있다.

6. 사전에서 어근 찾기

영어 단어를 이루는 형태소의 종류와 형태소에 대한 논의를 마무리하기 전에 사전에서는 어떤 식으로 어근과 접사들이 구분되어 있는지 알아볼 필요가 있다. OED가 눈에 띄는 예외의 경우이지만, 많은 사전이 단어를 음절로 구분해놓고 있다. 음절 구분은 단어가 길어 철자가 다 끝나기 전에 다음 줄로 넘어가야할 때 어디에 하이픈을 넣을지 결정하게 하는 주된 역할을 한다. 또한 대부분의 사전은 다음절어의 강세 위치와 발음을 제시해준다. 물론 의미와 쓰임 그리고 여러 종류의 백과사전적 정보도 제공해 준다. 그러나 흥미롭게도 대부분의 사전은 단어를 형태소로 나누어 제시하지 않으며, 나누어 준다 해도 어느 것이 어근이고 접사인지 표시해 주지 않는다. 대신 어원에 관한 정보를 제공하여 사용자로 하여금 어근형태소와 다른 형태소들이 어떤 것인지 파악하도록 해 준다. 어근만을 모아 놓은 사전도 있고 접사만을 모아 놓은 사전도 있지만, 영어 단어를 구성 형태소로 깔끔하게 나누어 표시해 주는 사전은 어디에도 없다. 『옥스퍼드 축약본 사전(Concise Oxford)』에 실린 municipal[지방자치제의]의 해당 부분이 아래에 있다.

municipal † pert. to the internal affairs of a state; pert. to local self-government, esp. of a town. xvi. -L *municipalis*, f. *municipium* Roman city of which the inhabitants had Roman citizenship, f. *municeps*, *-cip*, f. *munia* civic offices + *capere* take.

municipal † 한 국가의 내정에 관련됨. 지방의 자치정부에 관련됨. 특히 마을의 정부를 말함. xvi. -L *municipalis*, f. *municipium*. 거주민이 로마 시민권을 가지고 있는 로마의 도시. f. *municeps*, *-cip*, f. *munia* '시민 관청' + *capere* '가지고 가다'.

이 정보를 통해 어떻게 어근을 찾을 수 있을까? 일단 약자가 의미하는 내용을 알아야 한다. 이 약자들의 의미는 사전 맨 앞에 실려 있다. 이 단어 항목에서, 우리가 알아두어야 할 부호와 약자가 있다. 칼 모양 부호 †는 '더 이상 사용되지 않는'(단어가 아니라 단어의 첫 번째 의미가 더 이상 사용되지 않는다는 뜻이다)다는 것을 나타내며, 로마의 숫자 xvi는 영어에 이 단어가 처음 등장한 시기가 16세기라는 것이고, 약자 L은 라틴어를, f.는 '기반으로 형성된' 것을 의미한다. 가장 중요한 부분은 L 앞에 붙어있는 하이픈이다. 하이픈은 어원 정보의 시작을 말한다. 이는 '~의 차용(adoption of)'을 의미한다. 이 단어는 라틴어 *municipalis* 로부터 차용되었고, 어말에 있는 -is를 탈락시키는 작은 변화를 거쳤다.

이제 어원 자체, 즉 하이픈 뒤에 오는 내용을 살펴보자. 여기서 우리는 어근을 발견할 수 있는데 간접적으로만 가능하다. 어원 정보 중에서 가장 맨 뒤에 오는 최종적 기원을 살펴보아야한다. 이 경우에는 'f. *munia* '시민 관청' + capere '가지고 가다''이다. 우선 이것이 우리에게 알려주는 사실은 다음과 같다. 이 단어는 두 개의 어근을 가지고 있으며 복합어로서 하나는 '시민을 위한 관청'을 의미하는 어근과 '가지고 가다'를 의미하는 어근이 합쳐진 것이다.

다음 단계는 어려운 부분이다. 여기에 주어진 형태로부터 어근이 아닌 부분을 빼야한다. 예를 들어 munia의 경우, -a가 접미사라는 것을 알고 있다. 이런 분석을 위해 라틴어를 많이 알 필요는 없지만 이 정도는 알고 있어야한다. 어떤 접미사이며 무엇을 의미하는지는 상관없고, 중요한 것은 그것이 단지 접미사라는 것과 어근을 찾기 위해서는 접미사를 빼야한다는 점이다. 두 번째 어근은 capere '가지고 가다'라는 의미이다. 여기서도 약간의 라틴어를 알아야 한다. -ere가 접미사의 한 종류라는 것을 알아야 한다. 이 접미사는 특정부류의 동사에서 원형을 표시하는 접미사이다. 라틴어 기원을 가지고 있는 어원을 살펴볼 때 우리가 믿을 만한 한 가지 요소는 -are, -ere, -ire를 단어 끝에서 발견할 때마다 그 단어는 동사로 번역이 된다는 것이다. 그리고 원형이므로 -are, -ere, ire는 어기를 찾기 위해 뺄 수 있게 된다. 여기서 예를 든 것처럼 만약 전체 단어가 최대한 쪼개져 있는 상태라면 이 어기가 바로 어근이 된다.

---

1 <그림 4.1>에 주어진 단어의 의미는 다음과 같다.

- genu- : ingenuity[독창성], ingenious[독창적인], (dis)ingenuous[순진한 (순진하지 않은)], genus[종(또는 속)], genuine[진품의]
- genet- : homogeneity[동질성], genetic[유전적인], genesis[기원], genital[생식기의], endogenous[내인성의], exogenous[외인성의],

heterogenous[이질적인], heterogeneous[여러 다른 종류로 이루어진]

- androgen[안드로겐(남성호르몬)], estrogen[에스트로겐(여성호르몬)], eugenic[우생의], nitrogen[질소], oxygen[산소], hydrogen[수소], halogen[할로겐]
- gener- : progenerate[미리 발생시키다], generic[포괄적인], general(iz)(ation)[일반화], degenerative[퇴행성의], generat(ion, or)[발생시키다(발전기)], generous(ity)[너그러운(너그러움)], (re)generate[발생시키다(다시 발생시키다)]
- geni- : genius[천재], (con)genial[상냥한(마음이 통하는)], progenitor[조상], genie[요정]
- gentle[부드러운], genteel[상류층의], gentile[상류층(비유대인)], progeny[자손], genre[장르], gender[성], genotyp(ical)[유전자형(공통유전자를 가진)], indigenous[토착적인], gentry[상류층]

2 allomorph와 allomorphy의 경우 영어로는 서로 다른 형태를 가지고 있지만 한국어로는 동일하게 '이형태'로 번역한다. allomorphy는 이형태의 집합적인 형태이다.

3 저자는 morph라는 단어를 사용하고 있는데 이 단어는 '바뀌다'는 의미를 가지고 있다. 같은 단어이나 다른 의미를 갖고 있는 단어를 사용하고 있어 일종의 펀(pun)이라고 볼 수 있다.

4 기증언어(donor language)는 단어를 제공해주는 기원언어를 말한다.

5 핵(nucleus)이라는 용어는 언어학에서는 보편적으로 사용되는 용어이다. 하나의 구성요소를 이루는 가장 중심이 되는 요소로, 주로 음절을 이루기 위해 가장 중요한 요소인 모음을 말할 때 '핵'이라는 용어를 사용한다. 여기서는 단어에서 가장 중심이 되는 요소를 핵으로 지칭하고 있다.

6 unbook이 동사로 쓰일 때는 각주5에서 설명된 것처럼 un-은 '부정'의 의미가 아닌 '되돌림, 뒤바뀜'의 의미의 접두사이다. 따라서 동사 unbook은 '예약을 취소하다'의 의미가 된다.

7 언어학에서 단어나 문장 앞에 붙는 별표(*)는 두 가지를 의미한다. 하나는 재구형을 다른 하나는 비문법형임을 나타낸다. 여기 주어진 단어 앞의 별표는 비문법형임을 표시해 준다.

8 etymon은 원형 어근이라는 의미로 어근 중 기원을 같이 하는 경우를 말한다.

9 여기에 나오는 단어들은 실제 사용되는 단어가 아니라 개인이 상황에 따라 필요한 단어에 -ology를 첨가하여 전문적인 연구 분야인 것처럼 대접하는 것을 말한다. 가령 hat + ology는 모자를 전문적으로 다루는 사람을 말한다.

5

이형태, 음성학 그리고 접사 첨가

1. 형태 규칙

시간이 지나면서 단어의 형태와 의미가 변한다는 것은 모두 잘 알고 있는 사실이다. 한 단어의 어원을 알기 위해서는 음성적 형태가 진화한 방식과 의미의 진화에 대해 익숙해 져야 한다. 단어 구성요소의 다양성을 인식한다면 단어 관계에 좀 더 흥미로운 방법으로 더 많은 것을 알 수 있게 된다. 이번 5장과 다음에 오는 6장과 7장에서는 어근, 접사 그리고 전체 단어의 음운적 형태에서 일어났던 규칙적인 변화를 다룰 것이다. 이러한 규칙적인 변화를 우리는 **형태 규칙**이라고 부른다.

1.1 이형태의 종류

어근과 접사에서 발견할 수 있는 많은 이형은 음운론적 특성이 상호작용한 결과로 인한 것이라고 볼 수 있는데 이 경우 **규칙적인 이형태**라고 말한다. 규칙적인 이형태는 투명하다고 말할 수 있는데 왜냐하면 두 가지 형태는 하나의 형태의 이형들임을 쉽게 알아볼 수 있기 때문이다. 형태소에 일어난 변화는 발음에만 영향을 미칠 수도 있고, 발음과 철자 모두에 영향을 미칠 수도 있다. 어떤 경우에도 형태소의 이형들을 규칙적인 변화라는 관점에서 서술할 수 있다. 그러한 의미에서 이형태들은 예측이 가능하다.

규칙성의 첫 번째 유형은 **invent**^발명하다^–**convene**^소집하다^의 단어 쌍에서 볼 수 있는데 이 두 단어 모두 어근 √ven '오다, 가져오다'에서 파생되었다. 이러한 유형의 예를 더 들면, √loc '장소'를 가진 **locus**^장소^–al**loc**ate^할당하다^, √phag '먹다'를 가진 dys**phag**ia^연하 장애^–necro**phag**ous^죽은 고기를 먹는, √iatr ‘다루다’를 가진 psych**iatry**[정신의학]－pedi**atric**[소아과], √phil ‘사랑’을 가진 biblio**phile**[애서가]－**phil**osophy[철학], √sol ‘혼자, 단독의’를 가진 **sole**[유일한]－**sol**itude[고독] 등이 있다. 여기에 주어진 단어 세트에서 반복적으로 등장하는 형태소의 철자는 변화가 없는 반면, 발음은 영어 음운론의 규칙적 특성에 따라 달라지는데 이에 대해서는 2.6에서 다시 살펴본다.

규칙적인 변이는 동일한 형태소에 속하는 이형들의 철자와 발음을 바꿀 수도 있다. 이러한 유형을 아래 예로 주어진 형태소 syn- ‘~와 함께, 같이’의 이형태를 살펴보면 알 수 있다.

sy**m**metry[대칭]	[-m]	sy**m**phony[교향곡]	[-m]
sy**ll**able[음절]	[-l]	sy**ng**amy[배우자 합체]	[-ŋ][1)]

syn-이 붙는 어근의 첫 소리에 따라 형태소의 마지막 소리가 달라짐을 주목하자. 대부분 많은 경우에 한 형태소는 단지 두 개의 이형태를, 가끔은 세 개의 이형태를 가진다. 이 장 마지막 부분과 6장, 7장에서 규칙적 이형태를 보여주는 형태소를 인식할 수 있게 도와주는 몇 가지 규칙들을 요약하기로 한다.

그러나 같은 의미를 가진 동일한 형태소의 모든 이형을 ‘규칙’으로 설명할 수 없다. 두 번째 유형은 **불규칙한 이형태**이다. 영어의 어휘고로 들어온 단어들의 역사적 깊이와[1] 그들의 간접적인 진입 경로로 인해 불규칙성을 지니게 된 형태소의 예측불가능성은 두 단계로 파악할 수 있다. 첫째는 오래 전에 음변화가 한 형태에는 일어난 반면 다른 형태에는 일어나지 않았기 때문에 현재에 불규칙한 형태소가 존재하게 된 경우다. 다음으로 불규칙한 이형태는 음변화를 일으키는 조건들이 더 이상 존재하지 않게 되면서 남아있는 이형태들을 공시적으로 불투명하게 만들 때에도 발생한다. 그러한 관계는 **gen**esis[창세기, 기원]－**gon**ad[생식선]－co**gn**ate[동족어]에 나타난 √gen－gon－gn ‘탄생, 근원’ 사이의 관계에서, **opus**[저작, 작품번호]－**oper**ate[작동하다]에 나타난 √opus－oper ‘일’ 사이의 관계에서, 또는 infant[유아]－aphasia[실어증]－ban[금지]에 나타난 √fa－pha－ba 사이의 관계에서 발견된다. 이 경우 역사적으로 설명이 잘 되어 먼 과거에 있었던 타당한 규칙성과 관련짓게 되고 따라서 회복 가능한 교체형을 가지고 있다면, 우리는 많은 수의 ‘예외’를 갖게 된다. 이 그룹에 속한 불규칙 형태들은 모음교체[2], 로타시즘[3], 그림의 법칙[4] 그리고 라틴어－그리스어의 상관관계와 같은 부류에 속한다. 이들 부류들이 어떻게 작용하는지는 8장에서 살펴볼 것이다.

불규칙하게 바뀌는 형태를 가지고 있는 형태소의 또 다른 하위 그룹은 전혀 예측할

1) 발음기호 [-ŋ]은 [n]이 [g] 앞에 올 때 발음의 이형을 나타낸다. <그림 5.2>와 논의를 참조할 것.

수 없는 단어 세트이다. 기원언어의 역사를 볼 때 아주 오래 전 단계에서는 형태소들 사이에 어느 정도의 규칙성이 존재해서 서로 연결시킬 수 있었다 하더라도 지금은 그 패턴이 완전히 사라져서 이들을 회복시키려는 시도 자체가 무의미할 지도 모른다. 그들은 부수어진 이형태의 파편들을 보여주는 것이 아니라 단지 동족어일 뿐이다. 예측할 수 없는 형태 세트의 예들은 찾기 어렵지 않다. √ab- = abs- '~부터', √bene = bon '좋은', √can = cyn '개', √ced = ceed '가다, 가게 하다', √erg = urg = org '일하다' 외에도 많다. 이들 예에서 서로 다른 형태들 사이의 유일한 연결고리는 공통의 어원적 기원이다. 다시 말해서 이들은 단순히 동족어이다.

<그림 5.1>에 지금까지 밝혀진 이형태의 종류들이 요약되어 있다.

이형태 종류	영역	예
규칙적	발음	sole[유일한] – solitude[고독], venue[(행사)장소] – convene[소집하다]
	철자와 발음	syncope[음절중략] – symmetry[대칭] – syllable[음절]
불규칙적	제한된 적용: 화석화	opus[작품] – operate[작동하다], genetic[유전의] – cognate[동족어]

〈그림 5.1〉

동족어와 이형태의 명칭 사용에 대해 한 가지 내용을 알아둘 필요가 있다. 4장 5절에서 원칙적으로 모든 이형태는 동족어라고 한 것을 기억할 것이다. 이와 관련해서 제기되는 하나의 질문은 이형태적 변이가 소리와 의미에 있어서 더 이상 이형태로 인식되지 않을 정도로 아주 동떨어진 형태를 만들어 낼 수 있는가이다. 물론 쉽게 정의내릴 수 있는 것은 아니라는 점은 인정하지만 그래도 하나의 단어 가족에 속한 구성원들이라 할지라도 단일 형태소의 이형으로 보이지 않는 경우가 있다. 아주 고상하고 많은 교육을 받은 사람조차 현대 화자에게 이러한 이형태들은 완전히 사라졌거나 혹은 적어도 화석화(fossilized)되었다. 화석들이 지질학적으로 초기 시대에 대해 우리에게 이야기를 들려주는 것과 마찬가지로 단일 이형태의 화석화된 변이형들은 우리를 언어학적 역사의 초기 단계로 데려간다.

시간적으로 상당히 오래 전으로 거슬러 올라가면 지금은 더 이상 파악되지 않는 동족어 관계를 발견할 수 있게 된다. 즉 더 이상 이형태로 여겨지지 않는 형태들을 발견한다. 예를 들면 mono**graphy**[단행본], mono**gram**[모노그램]에서 볼 수 있는 √graph와 √gram '쓰다', **glot**tis[성문], **glos**sary[단어풀이]에서 볼 수 있는 √glot과 √glos '언어, 말하기', **vac**ant[비어있는], **van**ish[사라지다], **void**[무효로 하다]에서 볼 수 있는 √vac, √van, √voi '비어있는'이 있다. 이들 단어에서 기원 어근들은 오랜 동안 교체 형태로 나타나지만 교체의 이유는 알아낼 수 없다. 앞에서 이미 살펴본 것처럼 완전히 화석화된 변이형들은 단지 동족어일 뿐 이형태는 아니다. 다시 말해 모든 이형태는 동족어이지만, 이형태를 좀 더 좁은 의미에서 공시적으로 이해하는 맥락에서는 모든 동족어가 이형태인 것은 아니다. 그러므로 √ced = ceed '가다, 가게 하다'와 √erg = urg = org '일하다'와 같은 세트는 역사적으로 어느 단계에서는 이형태였을 것이라는 사실에도 불구하고 지금 우리에게는 예측이 불가능한 동족어 변이형일 뿐이다.

이형태를 논의할 때 한 가지 더 반드시 주목해야 할 점은 상당히 많은 수의 형태소가 모든 형태에서 철자와 발음 두 가지를 모두 다 보존하는 것 같다는 점이다. 모든 파생형태에서 대체로 거의 변함없이 그대로 남아있는 형태소의 예를 다음 표에서 볼 수 있다.

√chron '시간'	√dys '나쁜, 나쁘게'	√morph '형태'
chronic[만성적인]	dyslexia[난독증]	morpheme[형태소]
anachronism[시대착오적인 생각]	dysentery[이질]	amorphous[무정형의]
chronometer[정밀한 시계]	dyspeptic[소화불량의]	allomorph[이형태]
diachrony[통시]	dystrophy[영양실조]	geomorphology[지형학]
synchronize[동기화(동시에 발생)하다]	dyslogistic[비난의]	isomorph(ic)[동일구조(의)]

'대체로'라고 표현한 이유는 처음 보기에 매우 안정적으로 보이는 형태에서조차 그 파생어에서는 강세 위치에 따라 발음의 차이가 생길 수 있기 때문이다. 가령 √chron의 모음 발음은 **chron**ic[만성적인]에서는 강세를 받는 모음이지만 **chron**ology[연대기]와 syn**chron**ize[동기화하다]에서는 강세가 없는 '약화된' 모음으로 발음된다. 강세가 없는 음절에서의 모음약화는 아마도 자동 생성되는 형태에 근접하는 변형일 것이다. 이런 종류의 변이는 충분히 투명하여 거의 논의할 필요가 없는 것으로 추정한다.

1.2 이형태의 기원과 동족어의 가변성

언어의 변화는 멈출 수 없다. 이는 모든 단계의 구조에서 모든 공동체에서 일어나며, 한 언어가 라틴어처럼 사어(dead language)거나 에스페란토어처럼 인조어가 아니라면 그 언어의 특징은 끊임없는 변화를 겪는다. 앞에서 syn-의 예에서 보았듯이, 형태소의 모양은 음성적인 환경 때문에 변화할 수 있다. 만약 특정한 음성적인 변화가 전반적으로 일어나지 않고 파생적으로 관련된 단어 세트에서 부분적으로 일어나면 우리는 이형태들을 감지할 수 있다. 그 이유는 변화가 어떤 단어에서는 일어났지만 다른 단어에서는 일어나지 않았기 때문이다. compel[강요하다]과 compulsion[강요]이라는 단어를 살펴보자. √pel은 '밀다'를 의미하는 어근이다. 이 어근의 마지막에 있는 l뒤에 pulse[맥박]나 compulsion[강요]처럼 자음으로 시작되는 접미사가 뒤따라오면 <e>는 <u>로 변하게 된다. symmetry[대칭]에서 원래 syn-이 sym으로 변한 것과 마찬가지로 특정 음성적 환경에서 √pel이 √pul로 바뀌는 변화는 규칙적인 과정이다. 이 과정은 어기가 √pel인 형태소의 새로운 이형태를 탄생시키는 효과를 가져 온다.

어기의 역사적 가변성을 가져오는 또 다른 주요 출처는 두 개의 다른 언어에서 차용된 동족어들 혹은 하나의 언어이지만 서로 다른 시기에 차용된 동족어들이다. 영어에 공존하고 있는 이러한 형태들 사이의 관련성은 음성적 환경에서 볼 때 더 이상 투명하거나 예측 가능하지 않다. 영어는 그리스어에서 √onym '이름'을 차용했고 이를 가진 단어로 pseudonym[익명/가명], anonymous[익명의], heteronym[이음동철어]이 있다. 또한 마찬가지로 '이름'을 의미하는 √nom을 라틴어에서 차용했는데 그 예로 nominal[명목상의], nominate[지명하다], nomenclature[명명법]가 있다. 이러한 이중차용의 결과로 인해 영어는 같은 의미를 갖는 한 쌍의 어근 √onym과 √nom을 가지게 되었다. 비슷한 경우로 라틴어의 어근 √via '길'은 via '경유하여', viaduct[구름다리], trivia[하찮은]와 같은 차용어에 보존되어있다. 그러나 같은 어근이 프랑스어에서 차용된 단어들에서는 √vey나 √voy로 변한 것을 볼 수 있는데 그 예로 convey[전달하다], envoy[결구]가 있다. 이러한 역사적 관련성은 그리스어, 라틴어 혹은 프랑스어의 초기음운역사를 잘 알고 있는 전문가만이 찾아낼 수 있다. 우리에게는 √onym과 √nom 그리고 √via와 √voy라는 교체형 사이의 연결고리는 단지 어원적인 것일 뿐이다.

1.3 음성적 변화를 일으키는 요인들

이형태는 음성적 변화의 결과로 등장한다. 음성적 변화를 작동하고 그리하여 이형태 규칙을 적용하도록 만드는 것은 다수의 구조적, 역사적 혹은 사회적 요인들에 달려있다. 개별적인 규칙들을 자세히 살펴보기 전에, 특정한 음운 규칙이 이형태를 만들어 내거나 만들도록 영향을 미칠 수 있는 다섯 가지 일반적인 원칙을 간단히 살펴보도록 하자.

(1) 편이성(Ease): 어떤 음성적 순서는 다른 순서에 비해 선호되는데 왜냐하면 발음하기 편하기 때문이다.
(2) 투명성(Transparency): 어떤 음성적 순서는 다른 순서보다 발음하기는 어렵지만 우리 귀에 더 투명하게 들린다. 인지의 편이성은 발음의 편이성과 갈등을 일으키거나 무시한다.
(3) 빈도(Frequency): 빈도가 높은 형태들은 빈도가 낮은 단어들보다 더 잘 부식된다.[5]
(4) 기원(Origin): 고유어 단어는 차용어와는 간혹 다르게 행동하는데 왜냐하면 언어가 다르면 선호하는 음성적 변화도 다르기 때문이다.
(5) 나이(Age): 음성적 순서는 시간이 지남에 따라 천천히 바뀐다. 은유적으로 말해서 사용기간에 의한 부식은 한 단어의 나이를 보여줄 수 있다.

이 다섯 가지 원칙들을 좀 더 자세하게 살펴보도록 하자.

발음의 편이성: 한 단어를 만들기 위해 형태소들이 합쳐지면 인접한 형태소의 접촉 부분에 있는 소리들이 서로 양립할 수 없거나 화자에게 추가적인 노력을 요구할 수도 있다. 예를 들어 [n + p]와 같은 자음 연속은 보통 더 쉬운 발음 연속인 [m + p]로 바뀐다. in + possible은 im + possible이 된다. 또 많은 언어에서 음절을 이루는 두 모음의 연속은 회피되는 경향이 있다. 따라서 √meta '초월하는, 변화된' + √onym '이름'은 meta-onym이 아니라 metonym[환유어]이 된다. 다시 말해 좀 더 복잡한 단어를 파생하는 과정에서 음성적으로 발음하기 어려운 조합이 만들어질 때마다 이를 단순화하거나 제거하는 변화들이 있을 것으로 기대된다.

모든 언어에는 어떤 연속 순서가 발음하기 편안하고 또 어떤 연속 순서가 발음하기 불편한지, 즉 어렵거나 혹은 아예 발음하기 불가능한지를 통제하는 원칙이 있는데 이를 음소배열제약(phonotactic constraints, √phono '소리' + √tact '배열하다')이라고 부른다. 이 제약들은 언어마다 다르다. 가령 [mn-]이나 [ps-] 자음군은 그리스어나 러시아어의 단어 처음에 올 수 있지만 영어에서는 회피되고 단순화된다. 동일한 언어에서조차 음소배열의 선호도와 제약은 시대에 따라 변할 수 있다. 고대영어에서는 know[알다], knee[무릎], kinight[기사]와 같은 단어에서 어두에 있는 두 개의 자음은 실제로 [kn-]으로 발음되었었다. 마찬가지로 write[쓰다], wrist[손목], wrong[잘못된]에 해당하는 단어들은 [w-]로 시작했었다. 고대영어에는 현대영어에서 불가능한 자음군인 [hn-], [hl-], [hr-]로 시작하는 단어들도 있었다.

그러므로 예를 들어 연속한 4개의 자음이나 4개의 모음과 같이 발음하기 어렵거나 전혀 불가능한 발음의 조합을 금지하는 일부 아주 일반적인 원칙을 제외하고는 음소배열제약은 절대적인 것이 아니다. 여기에서는 일반적인 원칙은 관심의 대상이 아니다. 우리는 발음은 할 수 있지만 보통은 겉으로 드러나는 음성적 이유 때문에 부분적으로 혹은 전적으로 회피되는 연속된 소리들에 관심이 있다. 심지어 그러한 경우에도 다른 언어에서 단어를 차용했을 때는 그 제약들을 어길 수도 있다. 이 때문에 우리는 가령 **Brn**o, Bed**řich**, chi**huahua**, **Dn**iepr, **Dv**ořak, **Dz**ershi**nsk**, **gn**occhi, **Nkr**uma, **Mb**abane, **Lh**otse, **Ts**angpo, **schw**a, **Zw**eig와 같은 많은 단어를 억지로 성공적으로 발음할 수 있지만(물론 이런 경우에도 원래의 소리 연속이 상당히 왜곡된다), 여전히 이상함을 발견한다.

투명성: 투명성은 편리성의 반대이다. 화자가 발음을 좀 더 쉽게 하기 위해 발음을 바꿔버리면 청자는 단어를 알아듣기 힘든 경우가 간혹 일어난다. unfurl[펼쳐지다]과 imbibe[마시다] 사이의 차이를 살펴보자. 첫 단어가 *umfurl이 되면 화자의 입장에서는 발음하기 더 쉬운데 이는 [m]은 [f]와 더 비슷하기 때문이다. 그러나 이렇게 발음하면 접두사 un-의 정체성이 덜 투명하게 된다. 두 번째 단어가 *inbibe라면 청자의 입장에서 좀 더 이해하기 쉬운데 이는

접두사 in-이 즉각적으로 파악되기 때문이다. 하지만 발음을 더 어렵게 만든다. length[길이]에서 마지막 3개의 자음은 발음하기가 정말 쉽지 않아 쉽게 발음하기 위해 자음군을 단순화해서 lent처럼 발음하면 length와 long과의 투명한 관계에도, depth[깊이], warmth[온기], wealth[부유함]와 length와 같은 -th로 끝나는 다른 많은 명사와의 투명한 관계에도 해를 끼치게 된다. imbibe에서처럼 편리성이 이길 것인지 아니면 unfurl[펼쳐지다], unfulfilled[충족되지 않은], midtown[중간지대], midsummer[한여름], subclass[하위분류], subsection[세부항목]에서처럼 접두사가 철자와 주의 깊은 발음에서 음성적 변화를 거부하고 투명성 유지를 선호할지의 여부는 예측할 수 없다.

사용빈도: 사용빈도와 변화정도 사이의 연관성은 간단히 설명되는 문제가 아니다. 그러나 순전히 음성적으로 야기된 변화로 말하자면 단어가 빈번하게 사용될수록 더 쉽게 변한다. 다시 은유적으로 말하자면, 다른 체계에서와 마찬가지로 과도한 사용은 특정한 체계가 어떻게 잘 살아남을 수 있을지를 결정하는 요소가 될 수 있다. 반면 가장 빈번하게 사용되는 어휘는 어려서부터 우리의 어휘고에 깊이 단단히 자리 잡고 있어서 동일 형태의 단순한 반복적 사용은 그 단어가 변하는 것을 막을 수 있다.[2)]

이러한 빈도의 모순적인 효과 외에도 영어 차용어의 형태를 결정하는 빈도의 중요성은 평가하기가 힘들다. 왜냐하면 해당 단어가 기증언어에서 갖고 있었던 빈도가 영어에서의 빈도와는 상당히 다를 수 있기 때문이다. 당연히 차용된 단어들이 새로운 언어로 들어온 시점에는 그다지 빈번하게 사용되지 않을 것이며 따라서 처음에는 주로 음성적인 편리성과 구조의 투명성에 의해 그 형태가 결정될 것이다. 투명성이 더 중요한 많은 경우에 빈도는 있을지도 모르는 예견 가능한 변화를 일으키는데 별다른 역할을 하지 않을 수도 있다.

기원: 형태소의 어원적 기원 또한 중요하다. 음성규칙의 적용성과 일반성은 전체 체계에 따라 달라진다. 영어의 경우 단어가 게르만어의 후손인지 혹은 비게르만어, 즉 고대영어가 아닌 다른 언어에서 온 단어인지가 중요하다. 어떤 규칙들은 고유어 형태소와 차용 형태소들에 의해 공유된다. 따라서 [n]은 고유어 어휘 an(부정관사로 고대영어 수사 an '하나'에서부터 기원됨)과 라틴어를 거쳐 그리스어로부터 차용된 흔히 발견되는 부정접두사 an- '아닌'의 경우에는 모음 앞에서 보존된다. **an** **o**pportunity[기회] vs. **a** **p**erspective[관점]가 그러하고, an + arch + y는 **an**archy[무정부상태]가 되고, **an** + **p**olitical는 **a**political[정치에 관심 없는]이 된다. 다른 규칙은 고전어 어원의 형태소에만 적용된다. 형태소 syn- 이나 -in에서처럼 특정한 조

2) 베티 필립스(Betty Phillips, 『단어의 빈도와 어휘적 확산(Word Frequency and Lexical Diffusion)』(New York: Palgrave Macmillan, 2006))의 연구 결과에 따르면, 가장 빈번하게 사용된 형태와 가장 덜 빈번하게 사용된 형태 둘 다 변화의 전선에 설 수 있으며, 변화는 새로운 형태에 대하여 얼마만큼의 분석이 화자에게 요구되느냐에 달려있다.

건에서 [n]을 [m](혹은 [l]이나 [r])으로 바꾸는 규칙은 -n으로 끝나는 비고유어 형태소에만 영향을 미친다. 예: sympathy[동정], syllable[음절], imbibe[마시다], illogical,[비논리적인] irresponsible[무책임한]. 형태소 un-은 게르만어의 접두사로 라틴어의 부정접두사 in-에 상응하는 것으로 같은 환경에서 [n]을 유지한다. 예: unbiased[편견 없는], unlawful[불법의], unready[준비되지 않은].

어떤 형태소는 고유어이고 어떤 형태소는 외래어인지의 결정은 단어의 역사에서 얼마나 뒤로 가고자 하는지에 달려 있다. 일반적으로 받아들여지는 관례는 대부분의 게르만어에서 공통적으로 발견되는 형태소들은 고유어로 분류한다. 그리고 라틴어, 그리스어, 때때로 프랑스어, 스페인어, 이탈리아어에서 영어로 들어온 형태소는 모두 뭉뚱그려 로맨스 차용어(여기서 '로맨스'는 '고전어'라는 뜻을 포함하는데 특히 많은 라틴어 차용어가 아주 늦은 1500년 이후에 과학과 고등교육에서 유럽의 링구아 프랑카(공용어)였던 근대라틴어로부터 차용되었다)로 분류한다.

나이 또는 영어에 들어온 시기: 영어나 기증언어의 역사에 있어서 비교적 초기에 차용되었거나 만들어진 단어와 어근은 꽤 많은 음성적인 변화를 거쳤을 가능성이 크다. 반면 좀 더 최근에 차용되었거나 최근에 만들어진 단어들은 형태소의 원래 형태를 보존하기 쉽다. Antarctic[남극]과 antagonist[적대자]라는 단어는 모두 초기 차용어(14세기와 16세기)인데 이 단어들은 궁극적으로는 그리스어지만 라틴어와 프랑스어를 거쳐서 영어로 들어왔다. 원래의 언어에서는 형태소 anti가 모음으로 시작하는 어근에 첨가되는 경우 두 번째 모음이 상실되는 변화가 있었음을 보여준다. 그러나 좀 더 최근 형태에서는 anti-의 두 번째 모음이 그대로 보존되는데 그 예로 anti-American[반미](1773), anti-attrition[감마제](1833), anti-imperialism[반제국주의](1846), anti-abortion[반낙태](1936)이 있다. OED는 일부 단어에 대해 두 가지 형태를 기록하고 있는데 동일한 모음이 상실된 경우와 상실되지 않은 형태들이다. 예: anti-acid[제산제]와 antacid[제산제], anti-emetic[구토방지제]과 antemetic[구토방지제], 심지어 antodontalgic[치통을 멈추는/치통약](1880)도 있다.[3)]

2. 영어의 소리

이형태에 대한 구체적인 규칙들을 논의하기에 앞서 영어의 소리 목록을 간단히 살펴볼 필요가 있다. 기초적 사실에 대한 지식은 영어의 이형태를 통제하는 많은 규칙을 이해하고 기억할 수 있게 돕는다.

---

3) 앞 장에서도 살펴본 것처럼 차용된 어휘의 연대는 OED 온라인 판에서 가져온 것이다.

2.1 음성 표기 체계

모든 언어의 소리들은 음성 표기 체계를 통해 믿을만하게 표기될 수 있는데 이 가운데 국제음성알파벳(International Phonetic Alphabet, IPA)이 가장 유명하다. 그러나 단 하나 만의 음성 표기 체계가 존재하는 것은 아니다. 사전들은 저마다 다른 체계를 사용하고 있고 따라서 어떤 체계를 사용하고 있는지 세부 내용을 알아내기 위해 사전의 서문과 사전의 중요한 내용을 담고 있는 부분의 아랫단을 확인해야 하는데 거기에서 해당 사전에서 사용하고 있는 발음기호를 발견할 수 있다.

미국의 음성학자들과 사전학자들은 일반적으로 유럽의 음성학자들과는 조금 다른 기호들을 사용한다. 우리가 알아두어야 할 중요한 사항은 음성기호들은 언어가 가지고 있는 소리를 자의적으로 코드화하여 표현한 것이라는 점이다. 원칙적으로 잘 정의된 체계는 다 괜찮다. 비록 체임버스(Chambers) 사전이나 일반적 용도의 미국 사전에서는 사용되고 있지 않지만 OED를 비롯한 많은 사전에서 IPA가 사용되고 있기 때문에 이 책에서도 (단순화한 버전의) IPA를 사용했다. 어쨌든 IPA가 일반 교육에서는 더 널리 알려지고 있으며 또 그래야만 한다고 믿는다. 나중에 IPA 기호, 체임버스 사전의 기호, 아메리칸 헤리티지 사전의 기호 그리고 낯선 단어의 발음을 표기하기 위해 신문에서 많이 사용되는 아주 광의의 재철자(respelling) 체계를 비교해 볼 것이다. 이 비교를 통해 여러분은 이들 사이의 차이점과 공통점을 찾아낼 수 있을 것이다.

2.2 곽괄호 안에 있는 음성기호

알파벳의 기호들이 구체적으로 언어의 소리를 표현하게 되면 곽괄호에 넣어진다. [p, t, k]는 pill[알약], till,[~까지] kill[죽이다]를 시작하는 소리임을 의미한다. 이처럼 일단 하나의 기호가 곽괄호 안에 놓이게 되면 그 기호는 더 이상 철자를 나타내지 않으며, 단지 소리를 나타내게 된다. 따라서 philosophy[철학]의 첫 글자는 p이지만 첫 소리는 [f]이다. pneumonia[폐렴]의 첫 글자는 p이지만 첫 소리는 [n]이다. 오늘날 많은 사람이 글을 읽을 줄 아는 서구사회에서는 단어의 **소리**와 **철자**를 혼동하는 일이 흔하게 일어난다. 우리는 이 두 가지를 별개의 것으로 구분해야한다. 왜냐하면 단지 철자에 관한 설명인지 혹은 단지 소리에 관한 설명인지를 오해한다면 어원에 관한 설명은 혼동을 가져올 수 있기 때문이다.

IPA에서 대부분의 음성기호는 영어 단어를 나타내는 표준철자에서 왔으므로 여러분에게 친숙할 것이다. 그러나 애매함을 없애기 위해 몇 가지 새로운 기호가 도입될 필요가 있다. 이는 음성 표기의 기본적인 생각은 하나의 소리에 하나의 기호를 사용하고, 동일한 소리에 대해 항상 동일한 기호를 사용한다는 것이기 때문이다. 예를 들어 thigh[허벅지]와 think[생각하다]와 같은 단어의 첫 소리를 표기하기 위해 [θ](이 기호는 그리스어 쎄타(theta)로 표준 IPA 기호이다)를 사용할 것인데 이는 실제 소리가 하나의 소리(즉 t 더하기 h가 아니라는 것[4])이기 때문이다. eth(에쓰) 또는 edh(에드)로 알려진 IPA 기호 [ð]는 them[3인칭목적격대명사]이나 though[~일지라도]와 같은 단어들에서 첫 자음 소리를 나타내는데 사용된다. 이 두 가지 소리의 차이를 잘 모르겠다면 ether[에테르/높은 하늘](thigh와 think처럼)와 either[어느 하나](them과 though처럼)를 비교해보면 그 차이를 쉽게 들을 수 있다.

shout[소리지르다]와 she[3인칭여성주격대명사]와 같은 단어의 첫 자음을 표현하기 위해서 이 책에서는 IPA 기호인 [ʃ](esh) 대신에 s wedge[쐐기](에스 웨지)라고 부르는 [š]를 사용할 것인데, 단순히 글자를 인쇄하기가 쉽다는 이유 때문이다. 이와는 비슷하지만 완전히 동일하지 않은 소리가 measure[측정하다]라는 단어의 중간이나 triage[환자분류]라는 단어의 제일 마지막에 나온다. 이 소리는 z wedge(지 웨지) [ž]를 사용할 것이다. IPA에서는 이 소리를 yogh(요프)라고 부르는 [ʒ]로 표기한다. 표준 IPA 기호들과 다른 이 네 개의 기호들은 원칙적으로 IPA의 음성 표기의 일반적인 효용성이나 목적을 해치지 않는다. 먼저 c wedge(씨 웨지) [č]는 church[교회]의 첫 음과 마지막 음을 나타낸다. 비슷한 소리가 judge[판단하다]의 첫 음과 마지막 자음에 나타난다. 이 소리를 나타내기 위해 이 책에서는 j wedge(제이 웨지) [ǰ]를 사용할 것이다.

또한 IPA에서의 eng(엥) [ŋ] 기호 대신에 [ng]를 사용하는데 이 소리는 sing[노래하다]이나 singer[가수]에서 들을 수 있다. 마지막으로 year[해/연]나 yes[네]의 첫 소리를 표기하기 위해 IPA의 [j] 대신에 [y]를 사용할 것이다. [j]는 영어 화자들에게는 혼란을 일으킬 수 있는 불필요한 원인을 제공하기 때문이다. 이 소리를 [y]로 표기하는 것은 『아메리칸 헤리티지 사전』(4판, 2000)의 표기법이기도 하다.

2.3 자음의 분류 기준

영어(혹은 어떤 언어)에서 자음 조음을 설명할 때 다음의 세 가지 분류 기준을 고려할 필요가 있다.

(1) **조음위치(Place of Articulation)**: 정확하게 말해, 움직일 수 있는 두 조음기구인 혀와 아랫입술이 입천장 어느 부위에서 완전히 혹은 거의 완전히 접촉하여 공기의 흐름을 차단하

---

4) IPA 기호의 이름은 아주 유용한 책인 『음성기호 안내(Phonetic Symbol Guide)』 (2판, 제프리 풀럼(Geoffrey Pullum)과 윌리엄 라두소(William Ladusaw), Chicago: University of Chicago Press, 1996)에서 찾아볼 수 있다.

는가? 가능한 부위는 (a) 윗입술 (b) 윗니 (c) 윗니 바로 뒷부분에 있는 치경 (d) 경구개 (e) 빌럼(velum)이라 불리는 연구개이다. 이 다섯 부위를 여러분의 혀끝으로 윗입술에서 시작해서 입천장을 따라 혀끝이 닿을 수 있는 곳까지 움직이며 느껴볼 수 있다.

(2) **조음방법(Manner of Articulation)**: 조음기구와 조음위치에서 만들어지는 공기의 차단 혹은 부분 차단(즉 입안에 흐르는 공기 흐름을 방해하는 종류)의 정도는 어떠한가?

(3) **유무성(Voicing)**: 하나의 특정한 소리가 만들어지는 동안 성대가 진동하는지 않는지?

이 세 가지 분류 기준을 좀 더 자세히 알아보자.

2.3.1 조음위치

자음을 기술할 때 이 분류 기준은 하나의 소리를 만들 때 관여하는 성도(vocal tract)에서의 접촉지점을 말한다. 가령 pill[알약], bill[계산서], mill[방앗간], will[미래조동사]에서 나오는 [p, b, m, w]와 같은 소리들은 윗입술과 아랫입술 모두 사용한다. 이들을 양순음이라고 부른다. fairy[요정], very[아주]의 [f, v]는 아랫입술과 윗니를 사용하여 소리를 만들어내므로 순치음이라고 부른다. 영어자음을 구분하는 여섯 개의 중요한 조음위치가 있다.

양순음 [p, b, m, w]: 두 입술을 사용하여 조음한다.

순치음 [f, v]: 아랫입술과 윗니를 사용하여 조음한다.

치음 [θ, ð]: thistle, this에 있는 소리처럼 혀가 치아의 뒷부분에 닿으면서 조음한다.

치경음 [t, d, s, z, r, l, n]: too[너무/또한], do[하다], sue[고소하다], zoo[동물원], rue[후회하다], loo[화장실], new[새로운]에 있는 소리처럼 혀가 윗니 바로 뒤에 있는 치경(alveolar ridge)에 닿거나 가까이 접근하여 조음한다.

구개음 [š, ž, č, ǰ, y]: shoe[신발], genre[장르], chew[씹다], jew[유대인], you[2인칭대명사]에 있는 소리처럼 치경 뒤에 있는 딱딱한 경구개에 혀가 닿거나 혹은 가까이 접근하여 조음한다.[6]

연구개음 [k, g, ng]:[5)] kill[죽이다], guilt[죄책감]의 첫 소리와 sing[노래부르다]의 마지막 소리처럼 혀의 뒷부분을 연구개를 향해 들어 올려 조음한다.

2.3.2 조음방법

조음'방법'은 하나의 소리가 만들어질 때 허파에서 나온 공기가 입과 코를 동시에 혹은 입이나 코를 지날 때 이 공기에 어떤 일이 일어나는가에 대한 것이다. 예를 들어 자음 [p, b, t, d, k, g]를 만드는 동안 공기가 완전히 **차단(폐쇄)되는(stopped)** 잠깐 동안의

5) [w]도 연구개에서 조음되는 소리이지만 간혹 양순음과 연구개음 두 가지 모두로 분류된다.

기간이 있다. 따라서 이들 자음을 **폐쇄음(stop)**이라 부른다.[6] [f, v, θ, ð, š, ž]을 만드는 동안 공기는 입 밖으로 나갈 수 있지만 그러는 동안 어느 정도의 마찰이 생겨 쉿쉿하는 소리를 만들게 된다. 따라서 이들을 **마찰계속음(fricative continuant)**이라 부른다. [č, ǰ]를 만들 때에는 공기가 잠시 차단되었다가 어느 정도의 마찰과 더불어 방출(release)되는데 이들을 **파찰음(affricate)**(절반은 폐쇄음이고 절반은 마찰음)[7]이라 한다. 폐쇄음, 마찰음, 파찰음을 하나의 그룹으로 묶어 저해음(obstruent)이라 한다.

[m, n, ng]을 만들 때에는 공기의 흐름이 구강 성도에서는 막히지만 코를 통해 계속 흐르게 되어 이들을 **비음공명음(nasal sonorant)**(공명음은 허밍이 가능한 소리)이라 부른다. 다른 공명음들은 공기의 흐름을 여러 다양한 방법으로 바꾼다. [l]은 **설측공명음(lateral sonorant)**이라 불리는데 혀의 옆쪽으로 공기가 흘러가도록 하기 때문이다. [r]은 **반전공명음(retroflex sonorant)**이라 불리는데 이는 공기의 흐름이 뒤로 말려진 혀의 끝을 지나가도록 하기 때문이다. 따라서 영어 자음을 설명하는 다섯 가지 주요 조음방법이 있다.

폐쇄음 [p, b, t, d, k, g]: 잠시 동안 공기의 흐름은 완전히 차단된다. town[도시], down[아래에]의 초성 혹은 upper[위쪽], rubber[고무], sucker[잘 속는 사람], mugger[강도]의 가운데 부분에서 이러한 차단을 느낄 수 있어야 한다.

파찰음 [č, ǰ]: 공기는 차단되었다가 어느 정도의 마찰을 가지면서 방출된다－pitcher[투수], ledger[원장/바닥].

마찰음 [f, v, θ, ð, s, z, š, ž]: 공기는 방해받지 않지만 어느 정도의 마찰을 일으키며 흐른다[7]－fan[부채], van[밴(유개화물차)], through[관통하여], this[이것], sip[홀짝이다], zip[잠그다], sure[확신하는], azure[하늘색의].

비음 [m, n, ng/ŋ]: 공기는 입보다는 코를 통해서 방출된다－mom[엄마], nun[수녀], hung[매달린].

접근음 [r, l, y, w]: 다른 자음들을 조음할 때 비해 공기가 보다 자유롭게 흐르며 혀의 모양으로 소리가 달라진다. 예: rear[뒤], lull[소강상태], yell[소리 지르다], wow[우아/와]. 이 부류 속에서 [r, l]은 **유음(liquid)**이라고 부른다. [r]은 영어의 다른 이형에서 서로 다르게 소리가 나지만 편의상 이 모든 소리를 나타내기 위해 [r] 기호를 사용한다. [l]은 **설측음(lateral)**이다. 혀는 입천장에 붙이고 양쪽 측면을 붙이지 않아 그 사이로 공기가 자유롭게 흐른다. [y, w]는 **전이음(glide)**, 때론 **반모음(semi-vowel)**이라 부르기도 한다.

2.3.3 유무성

자음 음성학과 관련된 마지막 분류 기준은 유무성이다. 영어에서 공명음을 제외한 모든 자음은 유성음이거나 무성음이다. 소리를 만들어내는 동안 성대가 진동을 하면

---

6) 폐쇄음에 대한 다른 명칭은 파열음(plosives)이다.

7) 마찰계속음에 대한 다른 명칭은 마찰음(spirants)이다.

그 소리를 유성음이라고 한다. 성대가 진동하지 않으면 무성음이다. 여러분의 손가락 끝을 후골(adam's apple)이라고 부르는 후두에 대고 즈~~~(zzzzzz~) 소리를 내면 성대가 진동하는 것을 느낄 수 있다. 피부 아래에서 진동을 느낄 수 있을 것이다. 똑같은 실험을 하되 이번에는 스~~~ (ssssss~) 소리를 내 보자. 이번에는 피부 아래에서 아무 진동도 느낄 수 없을 것이다. 왜냐하면 마찰음 [z]는 유성음인 반면 마찰음 [s]는 무성음이기 때문이다. 이제 s－z－s－z－s－z~~를 반복해보자. 그러면 성대가 진동하거나 안하거나 하는 것을 느낄 수 있다. 영어의 무성자음은 [f, ɵ, s, š, p, t, k, č]이고 유성자음은 [v, ð, z, ž, b, d, g, ǰ, m, n, ŋ, r, l]이다.

2.3.4 **영어 자음: 요약**

지금까지 설명한 영어 자음에 대한 모든 내용이 <그림 5.2>에 나타나있다.

	조음위치 / 조음방법	순음 (Labial)	순치음 (Labiodeantal)	치음 (Dental)	치경음 (Alveolar)	구개음 (Palatal)	연구개음 (Velar)
저해음(Obstruent)	파열음(Stops)	p b			t d		k g
	파찰음(Affricates)					č/ʧ ǰ/ʤ	
	마찰음(Fricatives)		f v	Θ ð	s z	š/ʃ ž/ʒ	
공명음(Sonorant)	비음(Nasals)	**m**			n		ŋ
	설측음(Laterals)				l		
	접근음(Approximants)	(w)			r	y	(w)

〈그림 5.2〉 영어 자음

<그림 5.2>의 각 칸에 주어진 두 개의 기호 가운데 왼쪽에 있는 것은 무성음이고 오른쪽에 있는 것은 유성음이다. 표의 아래 세 줄에 있는 [m, n, ŋ, r, l, w, y]는 공명음이다. 유성음이나 무성음이 될 수 있는 파열음, 마찰음, 파찰음과 달리 영어에서 공명음은 항상 유성음이다. 또한 공명음은 기류가 입을 통해 나가는지 아닌지에 따라 **구강음** [r, l, w, y] 혹은 **비(강)음** [m, n, ŋ]으로 나뉜다. 앞에서 살펴본 것처럼 [w]는 연구개에서도 조음이 이루어지기 때문에 이 사실을 두 개의 칸에 괄호를 사용하여 동시에 넣어 표시한다.

<그림 5.2>에 없고 논의도 하지 않았던 유일한 영어의 자음은 바로 [h]이다. 이는 [h]의 조음위치가 인접한 모음에 따라 달라지기 때문이다. 실제로 [h]는 일종의 모음이고,

사실은 무성모음이다. 모음과 관련된 음성적 규칙에서 대부분 모음 앞에 [h]가 오는지 오지 않는지의 여부에 따라 같은 방식으로 규칙이 적용되기 때문이다. 일부 독자들에게 혼동을 일으키는 원인은 <th, ch, sh, ph> 철자로 표시되는 소리에 [h]가 정말 있을 거라는 흔한 추측 때문이다. 사실은 <th, ch, sh, ph> 철자는 음성적으로 [h] 소리를 전혀 포함하지 않으며 [h]를 나타내지도 않는다. 이 경우 [h]는 완전히 다른 소리, 여기서는 [θ, ð, č, š, ǰ]를 나타내는 인접한 기호와 함께 사용된 단순히 구별부호일 뿐이다.

2.4 영어 모음

위에서 언급한 <h>를 가진 구별부호 철자를 제외하고 영어의 철자체계는 높은 수준의 일관성과 신뢰성을 가지고 자음을 나타낸다. 완벽하지는 않지만 그래도 그렇게 복잡하지 않은 편이다. 이에 대한 농담으로 조지 버나드 쇼(George Bernard Shaw)가 한 질문이 있다. 쇼는 'ghoti는 어떤 것의 철자일까?'라고 물었는데 답은 물론 fish이다.[8]

한편 영어를 학습하는 외국인이나 철자를 배우는 어린이 모국어화자 입장에서 그들을 낙담하게 만드는 주된 원인은 모음에 대한 영어 철자체계가 지나치게 다양하다는 것이다. 모음은 자음보다 음성적으로 특징짓기가 더 어렵다. 그 이유는 부분적으로는 자음처럼 쉽게 구분을 할 만한 조음기준이 없기 때문이기도 하고 또 다른 면에서는 영어철자가 모음을 나타내는 방법이 잘못되어있기 때문이기도 하다. 영어의 철자체계가 비난을 받을 때 그 비난의 근거는 대체로 바로 이 사실, 즉 모음체계의 비일관성 때문이다. beet[근대]에서의 <ee>철자가 나타내는 소리는 niece[조카]의 <ie>, neat[정돈된]의 <ea>, machine[기계]의 <i>, complete[완전한]의 <e> 등등으로도 표기될 수 있다.

모음은 최대한 공명을 하는 소리, 즉 자음 유형의 공기저해가 전혀 일어나지 않는다. 입 안에서 일어나는 일이라고는 목의 윗부분과 입을 포함하는 성도에서 소리가 공명하는 공간의 크기와 모습이 서로 다른 모음들을 만들어내기 위해 달라지는 것뿐이다. 이러한 차이를 어떤 일관적인 방법으로 나타낼 수 있을까? 전체적으로는 모음은 '시각적인' 이형태－즉 철자체계를 통해 눈으로 볼 수 있는 차이(즉 전통적인 이형태를 살펴볼 때 우리가 주로 관심을 갖는 것들)－라고 부를 수 있는 내용에서는 그다지 중요한 역할을 하지 않는다. 반면 모음은 철자에 필수적으로 영향을 미치지 않는 변형을 가져오는 데에는 핵심적이다. 이에 대해서는 나중에 다시 설명하겠다. 그러나 모음을 구분하는데 있어 중요한 기술을 발전시키기 위해 요구되는 치밀함 없이, 우선은 모음조음의 주요 분류 기준을 제

8) 이 농담을 잘 알고 있지 못한 독자들을 위해 설명한다면 <gh>는 tough에서처럼 [f]음에 대한 철자이고, <o>는 women에서의 모음 [i] 그리고 <ti>는 revolution에서의 [š]를 나타낸다.

시하겠다. 그럼에도 사전에서 발견되는 선호되는 발음의 음성 표기를 해석하기 위해서는 그리고 다음에 설명할 어원적인 과정을 이해하기 위해서는 모음조음의 기초적인 내용을 이해하는 것이 필요하다.

2.4.1 모음변이

모음이 어떻게 조음되는지에 대한 정확한 세부 사항은 영어를 사용하는 전 세계에 걸쳐 놀라울 정도로 다양한 변이를 보인다. 그리고 모음체계에 관한 어떠한 기술도 일부 선택된 지리적인 지역 안에서만 올바른 것이 된다. 영국에서 가장 널리 인정되는 형태는 일반적으로 '용인발음(Received Pronunciation)'으로 불리는 것으로 이는 영국 남부지방의 교육받은 화자들의 발음에 기초를 두고 있다. 간혹(특히 미국에서는) 'BBC영어'라고 부르기도 한다.[9] 이 발음은 『옥스퍼드 영어사전』과 다니엘 존스(Daniel Jones)의 『영어발음 사전(English Pronouncing Dictionary)』[10]의 여러 판본에서 기록되고 있는 바로 그 발음이다. 이 책에서 우리가 사용할 발음은 '일반미국영어(General American)'로 언급되는 것(물론 어느 정도는 단순화하겠지만)으로 『미국영어 발음사전(A Pronouncing Dictionary of American English)』[11]에 기록된 발음을 의미한다. 여기 기록된 발음은 기본적으로 애팔래치아 산맥의 서부와 오하이오 강의 북부를 한 줄로 연결하고 거의 위도 40도선에서 서쪽으로 확장되어 로키 산맥까지 이르는 지역에서 사용되는 미국영어의 이형 발음이다. 이 지역은 북부와 남부에 걸쳐 마치 커다란 부채처럼 펼쳐져 있으며 이 지역 전체에서 사용되는 이형은 최소한의 변이를 보인다.

2.4.2 모음의 분류 기준

모음이 만들어지고 구분되는 방식을 이해하려면 입 안에서 혀의 위치가 만들어내는 상당히 미묘한 차이를 알아야 한다. 마치 의사가 하는 지시로 시작해보자. "'아'라고 말해보세요." 의사는 왜 '아' 해보라고 하는 걸까? '아'를 말하려면 입을 크게 열어야 하고

---

9) 『아메리칸 헤리티지 사전』은 BBC영어를 '이전에는 영국 방송매체의 방송 표준어로 사용되었던, 영국 남동부지방의 상류층 말에 기초를 둔 영국영어의 발음'으로 정의한다.

10) 존스의 첫 번째 발음사전은 1907년에 출간되었다. 가장 최근 판은 17판으로 2006년에 발간되었다. 이 책은 『케임브리지 발음사전(Cambridge Pronouncing Dictionary)』(저자 다니엘 존스, 편집자 피터 로치(Peter Roach), 제임스 하트만(James Hartman), 제인 세터(Jane Setter))으로 이름이 바뀌었다. 이 사전은 영국영어와 북미영어 발음을 포함하고 있다.

11) 존 케년(John S. Kenyon)과 토마스 케년(Thomas A. Knott)(Springfield, MA: Merriam, 1953)을 참고할 것. 웰스(J.C. Wells)의 『롱맨 발음사전(Longman Pronouncing Dictionary)』 (3판, Harlow, UK: Pearson Education Ltd, 2008)도 참고할 것.

그러면 혀가 턱의 가장 아래 부분에 놓인다. 그래야 의사는 여러분의 목을 들여다볼 수 있게 되는데 그렇지 않으면 혀가 방해가 되기 때문이다. 입을 크게 벌려 발음하는 소리는 ‘열린모음(개모음)’ 혹은 ‘저모음’이라 부른다. 이 특정한 모음은 모든 모음 중에서 가장 많이 열려있다. <그림 5.3>을 보면 이 모음이 그림의 칸에서 [ɑ]로 표기된 것을 볼 수 있다. 수직축에서는 저모음, 수평축에서는 중설모음이다.

<그림 5.3>은 영어 모음에 대한 개관을 보여주고 있다. 전형적으로 영국 남부지방의 표준이형들은 BrE라고 표기된다. 콜론(:)은 모음이 길다는 것을 나타내기 위해 흔히 사용하는 관례이며 이에 대해서는 다음에 더 자세히 설명하겠다. [ey/ei]와 [o] 대신 사용한 [ow/ou] 표기는 이 모음들이 pate와 boat에서처럼 이중모음이라는 것을 나타낸다. 이중모음은 모음을 시작하는 시점과 끝나는 시점의 혀의 위치가 서로 다르다. 미국영어에서는 이중모음화는 오대호 주변 지방보다는 중부지방과 동해안 지역에서 더 많이 들을 수 있다.

<그림 5.3>은 모음을 발음하기 위한 혀의 상대적인 높이와 위치를 도식적으로 나타낸 것이다. 그림의 왼쪽을 치아 바로 뒤에 있는 입안의 앞부분이라고 생각하고 오른쪽은 입의 뒷부분(거기서 목구멍으로 내려간다)이라고 생각하자. 좀 빠른 속도로 이－아－이－아를 반복해서 말하다보면 혀에 무슨 일이 일어나는지 느낄 수 있다. ‘이’에서 ‘아’로 옮겨가면서 턱(과 혀)이 아래로 내려가는 것을 느끼고, 다시 ‘이’를 발음하기 위해 혀가 올라가면서 턱이 올라가는 것을 느낄 것이다. 이제 입이 가장 많이 열려있는 위치, 즉 의사의 ‘아’ 위치에서 혀를 위로 ‘이’ 위치로 아주 천천히 움직여 보자. 움직이는 동안 모음의 음가가 중간정도의 전설모음을 통과하면서 점진적으로 달라지는 것을 느낄 것이다.

모음체계에서 의사의 ‘아’(즉 <그림 5.3>에 있는 음성적으로 [ɑ] 소리)를 최대한 입이 열려진 지점으로 받아들인다면, 나머지 다른 두 기준점인 반대쪽의 가장 입을 닫은 모음들을 정할 수 있다.

	전설모음 (FRONT)	중설모음 (CENTRAL)	후설모음 (BACK)
고모음(HIGH)	**iy/i(:)** (PEAT)		(BOOT) **uw/(u:)**
저－고모음(lower HIGH)	**ɪ** (PIT)		(PUT) **ʊ**
중모음(MID)	**e(y)** (PATE)	**ɜ: (BrE)**[12]	(BOAT) **o(w)**
저－중모음(lower MID)	**ɛ** (PET)	**ə** (CUT)	(CUT) **ʌ** (BrE)
고－저모음(higher LOW)	**æ** (PAT)		(PAW) ɔ (:) (POT) ɒ (BrE)
저모음(LOW)		ɑ (POT, FATHER)[13]	

〈그림 5.3〉 영어 모음

(1) 최대한 닫혀있는 전설모음의 기준점은 [iy/i(:)]로 표시되는 모음이다(<그림 5.3>에서 고모음과 전설모음의 교차지점). 영어 철자체계에서 이 모음은 geese[거위(복수형)], meet[만나다], beet[근대], feet[다리(복수형)], keep[지키다]에서처럼 '더블 e' 철자로 흔히 표기되지만, beat[이기다], bean[콩], grease[기름], flea[벼룩]에서처럼 <ea>[8] 혹은 field[들판], pierce[뚫다], bier[상여]에서처럼 <ie>로 표기되기도 한다. 이 모음을 나타내기 위해 <i>가 사용되는 유일한 영어 단어들은 비교적 최근에 프랑스어에서 차용된 단어들로 machine[기계], mystique[신비로움], fatigue[피로], regime[정권]과 같은 단어들이 있다. 이 소리를 음성적으로 나타내기 위해 <i>를 사용하는 것은 의심의 여지가 없이 대부분의 유럽언어에서 <i>가 우리가 현재 논의하고 있는 모음을 나타내는 데 규칙적으로 사용되는 글자라는 사실 때문이다. 가령 프랑스어의 oui, 스페인어의 si, 이탈리아어의 si를 보자. 이 점에서 영어는 특이한 언어이다.

(2) 최대한 닫혀있는 후설의 기준점은 [uw/u(:)]로 표시되는 모음이다(<그림 5.3>에서 고모음과 후설모음의 교차점). 영어 철자체계에서 이 모음은 '더블 o' 철자로 흔히 표기되며 goose[거위], moot[고려할 가치가 없는], boot[목이 긴 장화], loop[연결고리]과 같은 단어에서 볼 수 있다.

여러분은 미－마－무, 즉 음성적으로는 [mi－mɑ－mu]를 발음하면서 이 세 기준점을 느낄 수 있다. 세 번째 모음 [u]를 발음하기 위해서는 혀를 높게 하여 뒤쪽으로 옮겨야할 뿐만 아니라 입술이 주름 잡히도록 오므려야 하는데 음성학자들은 이를 '입술을 동그랗게 만든다'고 말한다. 입술을 동그랗게 만들기(원순)는 추가적인 분류기준이지만 영어에서는 자연스럽게 이루어지기 때문에 더 이상의 특별한 논의를 필요로 하지 않는다.

<그림 5.3>은 영어 모음 사이에 존재하는 또 다른 차이점에 관한 정보를 담고 있다. 고모음(HIGH), 중모음(MID), 저모음(LOW)은 같은 칸 안에서 다시 저－고모음(lower HIGH), 저－중모음(lower MID), 고－저모음(higher LOW)으로 나뉜다. 이러한 추가적인 분류가 필요한 이유는 영어의 **긴장모음** 혹은 **장모음**인 [iy, ey, uw, ow]는 이에 대응하는 같은 칸에 있는 **이완모음** 혹은 **단모음**을 발음할 때보다 혀가 더 높은 곳에 그리고 입안에서 더 가장자리에 위치하기 때문이다. 2.6에서 이 모음들의 역사를 다시 다룰 것이다. 초서 이전

---

12) 이 기호는 영국 남부영어에서 미국인들의 bird[새], word[단어], rehearse[연습하다], first[첫째], sir[경/남성존칭어]와 같은 단어의 [r] 발음이 변화한 결과를 나타낸다. 이 모음의 IPA 표기는 r-컬러가 된 슈와(schwa), 즉 [ɚ] (오른쪽에 갈고리가 달려있는 슈와)이다. father[아버지], further[더 멀리]의 -er, -ur와 같은 미국영어 [r]은 이 책에서는 강세를 받거나 받지 않거나 모두 [-ər]로 쓴다.

13) 많은 미국인에게는 POT[냄비], FATHER[아버지], PAW[발]에 있는 모음들이 모두 동일하다.

영어와 고전어들에서는 '단모음'과 '장모음'은 주로 길이에서만 차이가 있었던 반면, 현대 영어에서의 장모음은 대응하는 단모음과 아주 많이 다르다. 비록 이 두 모음이 같은 철자로 지금까지 계속 표기될 수 있었음에도 불구하고 [발음은 많이] 다르다. hide[숨기다]와 hid[hide의 과거]에서 <i> 글자의 음가, pet[애완동물]와 Pete[남자 이름의 일종]에서 <e> 글자의 음가, grade[등급]와 gradual[점진적인]에서 <a> 글자의 음가 그리고 sole[발바닥]과 solitude[고독]에서 <o> 글자의 음가를 비교해 보면 그 차이를 알 수 있다.

지금까지는 주로 영어의 **단순모음(monophthong)**에 대해 설명했다. 이 모음들은 상대적으로 '순수한'[9] 모음들이다(<그림 5.3>에 있는 PATE와 BOAT에 대해 앞에서 언급한 내용을 살펴볼 필요가 있긴 하지만). 영어에는 두 모음이 결합된 것을 나타내는 이중모음이라 불리는 모음도 있어 이에 대한 표기법이 필요하다. 이중모음은 단일한 장모음 단위처럼 활동하지만 사실은 두 가지 모음의 높이와 전방위(frontness) 자질을 가진다. 이중모음은 첫 모음으로 시작해서 두 번째 모음 위치로 빠르게 미끄러져가면서 발음된다. 영어에 있는 네 개의 일반적인 이중모음을 다음에 나열해놓았다. 이 모음들에 대한 음성적 대체 표기 방식은 / 로 구분해 제시해 놓았다.

[ɑi]/[ɑy] bite[물다], lie[거짓말하다], hide[숨기다], might[가능성 조동사 may의 과거형], dine[(저녁)식사하다]
[ɑu]/[aw] bout[한바탕], bow[머리를 숙이다], bowed[머리 숙인], down[아래로], noun[명사]
[oi]/[oy] boy[소년], avoid[회피하다], groin[사타구니], coy[수줍어하는]
[iu]/]yu] beauty[아름다움], cute[귀여운], fume[연기를 내다], dispute[분쟁]

많은 화자는 duty[의무], dues[회비], news[소식], sue[고소하다], tune[곡조]에서도 [iu]를 발음하지만, 미국에서는 이 단어들이 [iu] 대신에 [uw/u:]로 더 자주 발음되는데 [t, d, s, z]라는 치경자음에 속하는 자음 뒤에 이 모음이 오면 언제든지 그렇게 된다.

모음구개도 공간 안에 있는 모든 점은 가장 가장자리에 있는 [i, u, ɑ]의 위치를 기준으로 계산되어질 수 있다. <그림 5.3>에 주어진 키워드를 살펴보면 이들 음성기호들이 어떤 소리를 나타내는지 정확하게 알 수 있다. <그림 5.4>에서는 네 개의 표기방식으로 이들을 제시한다.

(1) 앞에서 논의한 대체기호를 포함하는 단순화시킨 IPA(이 책에서 사용)
(2) 『아메리칸 헤리티지 사전』 (AHD 4판, 2000)
(3) 『체임버스 사전』(1998)
(4) 신문에서 사용하는 '재철자'

예	IPA	AHD	체임버스	재철자
bead구슬, see보다, niece여자조카	[i]/[i:]	ē	ē	ee
bid명령하다, his그의(3인칭 대명사 소유격), sin죄	[ɪ]	ĭ	i	i
paidpay(지불하다)의 과거형, may가능성의 조동사, camecome(오다)의 과거형	[e]/[ei]	ā	ā	ay
bed침대, saidsay(말하다)의 과거형, bread빵	[ɛ]	ĕ	e	e
bad나쁜, pack꾸리다, jazz재즈	[æ]	ă	a	a
pod꼬투리, lot많음, father아버지	[ɑ]	ŏ[14)]	o	o
pawedpaw(발로 긁다)의 과거형, caughtcatch(잡다)의 과거형	[ɔ][15)]	ô	ö	aw
bud싹, wasbe동사의 1/3인칭 과거형 , rough거친	[ʌ] ([ə])	ŭ	u	u
hoedhoe(괭이질하다)의 과거형, coat외투, note노트	[o]/[ou]	ō	ō	oa
good좋은, would미래조동사 will의 과거형	[ʊ]	oo	oo	oo
boot목이 긴 신발, food음식, noon정오	[u]/[u:]	ōō	ōō	oo
beauty아름다움, new새 것의	[iu]	ȳ	ū	yoo
eye눈, mine1인칭 대명사 소유격, pie파이	[ɑi]/[ay]	ī	ī	igh
how어떻게, bout한바탕, loud큰	[ɑu]/[ɑw]	ou	ow	ow
boy소년, loin허릿살, point요점	[oi]/[oy]	oi	oi	oy
bird새, hurt다치다, fur털	[ər], [ɚ]	ûr	û(r)	ur
uh어~ , a(bout)부정관사(~에 대하여)	[ə]	ə	ə	uh

〈그림 5.4〉

2.5 모음약화

완전모음(full vowel)[10]과 약화된 모음(reduced vowel) 사이의 차이는 음의 돋들림, 즉 강세의 유무에 달려있다. 다음 예에서 강세가 있는 모음은 진하게 표시했다. tele와 graph라는 두 형태소의 서로 다른 이형태들을 비교해 보자.

tele-graph전보를 보내다 — [ˈ**tɛ**lə-græf] 또는 [ˈ**tɛ**lɪ-græf]

vs.

tele-graph-y전신 — [təˈ**lɛ**-grəfi]

14) AHD에는 father아버지에 있는 강세모음을 표기하기 위한 별도의 기호 [ä]가 있다.

15) 몇몇 방언에서는 pod꼬투리의 모음과 구분되지 않는다. r-탈락이 이루어지는 영국영어의 pore숙고하다, sore아픈와 같은 단어의 모음을 나타내기 위해선 [-ɔ:] 장음부호가 필요할 수도 있다. 미국영어에서는 이 단어의 모음은 외향전이음(off-glide) 슈와(표에서 바로 아래 칸을 보기)가 필요하다.

tele의 첫 음절은 강세를 받으면 belly[배]와 각운을 거의 이루지만, 강세를 받지 않으면 첫 음절은 but[그러나]의 모음과 같아진다는 것에 주목하자. 이러한 모음음가의 변화를 **모음약화(vowel reduction)**라고 한다. 모음약화는 강세의 상실과 직접적으로 관련이 있다. 모음약화는 강세를 받는 모음이 무엇이든 간에 강세를 잃게 되면 가장 중립적이고 조음을 거의 하지 않아도 되는 모음인 이른바 슈와(schwa)라는 모음으로 대체된다. 슈와는 <e>를 뒤집어 놓은 것, 즉 [ə]로 표기한다. <그림 5.4>에서 IPA, AHD 그리고 체임버스 사전이 모두 동일하게 사용하고 있는 유일한 기호가 슈와이다. 이 기호는 메리엄 웹스터(Merriam-Webster) 사전에서도 사용되는데 자신들의 위대한 사전인 1961년도 무축약본 때부터 사용하기 시작했다.

모음약화는 영어에 있는 고유어휘나 라틴어 어휘 모두에서 광범위하게 일어난다. 차용된 형태소가 철자 상 안정되어있을 때조차도 원래 모음으로부터 강세의 이동은 모음약화를 야기한다. 이것은 1.1에서 √chron, dys-, √morph와 같은 형태소는 모음약화 때문에 이형태를 갖는다고 말했을 때 미리 염두에 두었던 것이다. 모음약화의 몇 가지 예를 들어보자.

약화 없음	약화됨
valid[유효한] [væ-]	validity[유효성] [və-]
Canada[캐나다] [kæ-]	Canadian[캐나다사람] [kə-]
comedian[희극인] [-mi-]	comedy[희극] [-mə-]
idiotic[멍청한] [ɪdɪ-ɑ-]	idiot[바보] [-ət]
explanatory[이유를 밝히는] [plæ-]	explanation[설명] [-ə-n-]

2.6 장모음추이

5장 첫 부분에서 이형태를 설명했던 부분으로 돌아가면 이제 좀 더 많은 교체형에 보다 구체적인 설명을 할 수 있게 되었다. 가령 mania[열광]−maniacal[열광적인]에서 √mani '강렬한 욕구', mime[무언극]−mimic[흉내 내는]에서 √mim '복사하다, 모방하다', arrive[도착하다]−river[강]에서 √riv '기슭, 강', profess[주장하다]−proactive[주도하는]에서 √pro- '공간이나 시간에 있어서 앞에'와 같은 형태소가 있는데 이들 예는 일부에 불과하다. 이들 이형태 쌍은 철자로 표시되지 않는 영이형태(zero allomorphy)[11]가 어떻게 발음이 달라질 수 있는지를 보여준다. 여기서는 이 교체형들의 역사와 구조체계를 알아본다.

먼저 <그림 5.5>의 A와 B 세로로 나열된 단어들의 어근 음절에 있는 모음의 **음성적** 차이를 살펴보자.

A		B		철자
sane정신이 온전한	[ey]	sanity온전한 정신	[æ]	<a>
serene고요한	[iy]	serenity고요함	[ɛ]	<e>
final마지막의	[ɑy]	finish끝내다	[ɪ]	<i>
reduce감소하다	[iu]	reduction감소	[ʌ/ə]	<u>
abound 풍부하다	[ɑw]	abundant풍부한	[ʌ/ə]	<u, ou>
melodious듣기 좋은	[ow]	melodic선율의	[ɑ]	<o>
school학교	[u:]	scholar학자	[ɑ]	<o>

<그림 5.5> 어근을 공유하는 차용어에서 나타나는 모음교체

얼핏 보기에 A와 B의 모음들을 보면 공통된 점을 찾아보기가 힘들다. 그러나 진하게 쓰인 모음들과 오른쪽 끝에 있는 글자 사이에 존재하는 철자상의 유사성은 여기에 뭔가 기본적으로 공통된 점이 있음을 알려준다.

A와 B에 있는 음성기호는 당분간 잊어버리기로 하자. 사실 이런 기호들은 간혹 필요하고 사실상 맞는 것이지만 실제로는 이들 사이의 관계를 모호하게 만든다. 각 쌍의 첫 번째 음성기호들을 '이름모음'(name vowel)인 [A－E－I－YU－OU－O－OO] = [ey－iy－ɑy－iu－ɑw－ow－uw]로 바꾸어 보자. '이름모음'이라는 개념은 완벽하지는 못해서 [A－E－I－O]의 경우에만 적용된다. [U]의 경우에는 아마도 beauty아름다움에서처럼 다른 어두자음을 더해 [YU]가 된다. bound튀어오르다의 경우에는 가장 흔한 철자인 <OU>를 사용한다. 그리고 마지막으로 food음식의 모음에 대해서 가장 보편적으로 쓰이는 철자 <OO>를 사용한다. 이런 식으로 해서 우리는 음성적 이름이 아닌 일곱 개의 모음을 가지게 되며, 이 모음들은 초등학교 방식의 이름처럼 관련된 소리들을 서로 작용시킨다.

이러한 것이 단지 기억에 의한 속임수라거나 난해한 이름붙이기 게임이라면 위의 단락은 별 소용이 없다. 요점은 이렇다. 이 일곱 개의 모음은 대략 초서의 사망(1400)과 엘리자베스 여왕의 사망(1603) 사이인 후기 중세영어 시기와 초기현대영어 시기 사이에 완전한 **장모음** 세트를 구성하는 아주 중요한 모음들이었다. 이 시기가 시작될 즈음 각각의 장모음－모음의 '이름'을 상기하자'－은 이에 대응하는 **단모음**의 긴 버전인 [æ:－e:－i:－o:－u:]로 발음이 되었다. 따라서 이들은 '긴 애시(ash)(즉 æ)', '긴 e', '긴 i', '긴 o', '긴 u'로 읽히며 '후기 중세영어의 장모음'으로 불린다. 음성기호에서 콜론이 없는 경우는 '짧은 æ', '짧은 e', '짧은 i', '짧은 o', '짧은 u'로 읽히며 이들은 '후기 중세영어의 단모음'으로 불린다. 이 두 세트는 길이를 제외하고는 거의 비슷하게 발음되었을 것이다. 이는 <그림 5.6>의 모음배치도에 제시되며, 이 원칙을 분명하게 하기 위해 일부 대응관계는 단순화했다.

i: — i u — u:

e: — e o — o:

æ: — æ ɔ — ɔ:

ɑ — ɑ:

〈그림 5.6〉 중세영어 장－단모음 대응관계

<그림 5.6>에 있는 장－단모음 쌍은 <그림 5.5>에 있는 것들과 동일하지 않다. <그림 5.7>에 현대영어 단어들이 제시되어 있으며 이들은 <그림 5.6>에 있는 모음들의 거의 대략적인 음가를 가진다.

beet[근대]	—	bit[작은 조각]	pull[끌다]	—	fool[바보]
bait[미끼]	—	bet[돈을 걸다]	cot[아기 침대]	—	coat[외투]
----	—	bat[방망이]	----	—	caught[잡다의 과거형]

calm[차분한] — bomb[폭탄]

〈그림 5.7〉 〈그림 5.6〉에 있는 모음의 대략적인 음가들

<그림 5.7>에 있는 대응관계는 영어 화자들에게 자연스럽게 느껴지지 않을 것이 분명하다. 요점은 장모음과 단모음의 대응관계가 초서의 시대에는 음성적으로 투명했으나 어떤 일이 일어나 그 관계가 지금은 불투명해졌다는 것이다. 과거에는 길이를 바탕으로 짝지어진 [sæ:n]－[sænɪti]와 같은 단어의 쌍은 이형태의 투명성을 유지하며 자연스럽게 '어울리는 짝'을 구성했었다.

14세기 이후에 <그림 5.6>에 있는 '이름모음'인 '장모음'의 발음이 변하면서 원래의 짝으로부터 멀어져 이전에는 자연스럽고 명백했던 세트의 단어 가운데 부적절한 장－단모음 쌍을 만들어내는 일이 발생했다. 이는 차용어와 고유어휘 모두에서 일어났는데 그 예로 heal[치유하다]－health[건강], wide[넓은]－width[넓이], knee[무릎]－knelt[무릎을 꿇은], nation[국가]－national[국가의], revise[수정하다]－revision[수정], seduce[유혹하다]－seductive[유혹], sole[혼자의]－solitude.[고독]이 있다.

장모음 변화의 방향은 모음배치도에서 원래보다 하나 위로 옮겨가는 것이었다. 이미 맨 위에 있었던 모음들은 특별한 형태의 이중모음인 외향-전이 이중모음(끝나는 음이 [-y]이거나 혹은 [-w])이 되었는데 바로 이 모음들이 오늘날 우리가 이름모음으로 여기는 A, E, I, O, U이다. 이를 고려하면 앞에서 언급한 예와 anglo**phile**[영국 애찬자]과 **phil**osophy[철학], **greg**arious[남과 어울리기 좋아하는]와 e**greg**ious[지독한], **river**[강]와 ar**rive**[도착하다], 그리고 **mime**[무언극]과 **mime**ograph[등사판 인쇄물] 단어들에서 진하게 표시된 어근들은 여전히 하나의 동일한 형태소라는 것이 명확하다. 그들은 철자상으로 동일하게 보이며, <그림 5.6>에 있는 것처럼 (길

이를 제외하고는) 발음이 동일했었다. 그리고 이제 장-단모음 쌍에서 각각의 세트는 음성적으로 서로 아주 달라졌음에도 불구하고 정체성 공간에서는 여전히 서로 어울리는 짝이다. 어떻게 해서 이렇게 됐을까?

기본적으로 단모음들은 변하지 않고 그대로 남아있었고 어떤 음성적인 변화도 격지 않았다. (여기서 단순하게 설명한다면 <그림 5.6>에 있는 단모음들은 <그림 5.3>에 있는 현대영어 이완모음 [ɪ, ɛ, æ, ʊ, ʌ, ɔ]에 해당된다.) 동시에 장모음들은 상당히 체계적인 방법으로 움직여 갔다. 이들의 음성적인 이동과정(아직도 일어나고 있는)을 설명하기 위해서는 '가장자리에서는 위로 올라가며, 가운데를 향해 미끄러져가고, 비어있는 공간을 채운다'는 표현을 기억할 필요가 있다.

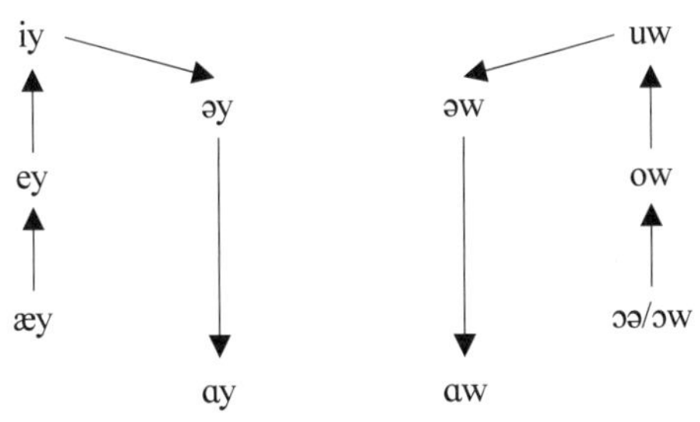

〈그림 5.8〉 장모음추이의 방향도

<그림 5.8>에 제시된 변화를 일반적으로 **모음대추이**(*The Great Vowel Shift*)라고 부른다. 이 책에서는 이 명칭을 되도록 쓰지 않는다.[16)] 이 변화과정의 맥락에서 장모음 변화의 가장 중요한 양상은 <그림 5.5>에서처럼 차용어에 적용되는 이형태의 새로운 패턴을 만들어냈다는 것인데 이 패턴은 heal[치유하다]-health[건강], wide[넓은]-width[넓이], knee[무릎]-knelt[무릎을 꿇은], five[다섯]-fifth[다섯 번째]와 같은 단어에서처럼 영어 자체가 갖는 역사적 이형태의 일부분이 되었다. 하지만 이 내용은 철자에 반영되지 않았다. 언어학적인 관점에서 볼 때 이들 단어 쌍과 photograph[사진]-photography[사진술], serene[고요한]-serenity[고요함], resign[사직하다]-resignation[사직], deprive[빼앗다]-deprivation[박탈]과 같은 단어 쌍들은 우리로 하여금 흥미로운 분석에 도전하게 하며, 많이 연구되고 있다.

---

16) 추이에 대한 다른 해석을 보려면 로버트 스톡웰(Robert Stockwell)이 쓴 논문 "영어 모음추이에서 어느 정도의 추이가 실제로 일어났을까?(How much shifting actually occurred in the historical English vowel shift?)"(민코버(D. Minkova)와 스톡웰(R. Stockwell)이 편집한 『영어사 연구: 천년의 관점(Studies in the History of the English Language: A Millennial Perspective)』(Berlin: Mouton de Gruyter, 2002), 267-282쪽)를 참고할 것.

3. 영어의 접사[17)]

단연코 가장 많은 수의 영어 형태소는 어근이지만, 가장 빈도가 높은 형태소는 접사이다. 그리스어와 라틴어와 같은 고전어에서 만들어졌거나 고전어 어근에서 새롭게 만들어진(역사의 이전 시기 뿐 만아니라 오늘날 학문의 모든 분야에서 만들어지고 있는 것처럼) 거의 모든 단어는 하나 이상의 접사를 가진다. 동일한 접사가 반복적으로 나온다. 빈도 때문에 이 접사들을 인식하고 기억하는 것은 그리 어려운 일이 아니다.

어근 vs. 파생접사: 이 둘은 어떻게 다를까? 4장 2.2에서 살펴보았듯이 어근들은 그 자체가 명확한 의미를 가지고 있다는 점을 상기하자. 몇몇 접사들은 그런 반면(가령 un-은 'not'을 의미한다) 대부분의 접사는 명확한 의미를 가지지 않는다. 접사는 극단적으로는 '탈색(bleaching)' 과정을 거칠 수도 있다. 탈색 과정에서 원래의 의미가 바래 완전히 사라져 버리면 뒤에 남아있는 것은 그 의미를 구체화하기가 불가능해진다. 이런 경우가 영어 접미사 -dom, -hood, -ly이다. 이미 설명이 된 어근과 파생접사의 차이에 덧붙여 우리는 모든 접사가 어근과 동등하게 구별되지 않는다는 점을 알아야 한다. 일반적으로 접미사는 어근이 아닌 것으로 쉽게 알아볼 수 있지만 접두사는 좀 더 어근처럼 보이는 경우가 많다. 역사적으로 어근은 자주 접두사(혹은 OED의 명칭을 사용하면 '연결형')가 되었는데 ambi, mono, tele 등이 그러하다. 혹은 반대로 어근으로부터 잘려져 나와 그 자체가 어근이 된 경우도 있는데 anti, dis, ex, pro 등이 있다.

다음의 목록은 각각의 접사가 갖고 있는 기본적인 개별의미(sense)를 반영하고 있지만 그 의미가 사람들이 마주치는 유일한 의미라고는 간주할 수 없다.

3.1 접두사

계산 접두사: 어근을 어떤 방법으로든 계량화함

a- 또는 an- '부족한(lacking)': asymmetric[비대칭의], amoral[도덕관념이 없는], atonal[특정한 조로 쓰이지 않은]

ambi- '둘 다, 주변(both, around)': ambidextrous[양손잡이의], ambiguous[모호한], ambivalent[반대 감정이 병존하는], amphibious[양서류인], amphitheater[계단식 관람석]

arch- '대장, 학장, 높은(chief, principal, high)': archbishop[대주교], archduke[대공작(왕자)]

---

17) 여기서 자유롭게 가져다 사용하는 영어 접사에 대한 상세한 정보의 주 자료는 한스 마샹드(Hans Marchand)의 『현대영어 어휘형성법에서의 부류와 유형(The Categories and Types of Present-Day English Word-Formation)』(München: Beck, 1969)에서 가져왔다.

bi- '두 번, 이중(twice, double)': bifocal[이중 초점의], biennial[2년에 한 번씩의], bipolar[조울증의], bisulfate[중황산염]

di- '둘(two)': dioxide[이산화물], ditransitive[목적어를 두 개 취하는], dichloride[2염화물]

mono- '하나(one)': monograph[(단행본 형태의 단일주제) 논문], monosyllabic[단음절의], monomorphemic[단일형태소의]

multi- '많은(many)': multifaceted[다면적인], multivalent[다원자가의], multiform[여러 형태의]

oligo- '소수의(few)': oligarchy[과두제], oligotrophic[(호수·하천 등이) 빈(貧)영양의]

omni- '모두(all)': omnipotent[전능한], omniscient[모든 것을 다 아는], omnidirectional[전방향의]

pan- '모두, 모두를 포함하거나 영향을 미치는(all, comprising or affecting all)': panorama[전경], pandemic[전국적인 유행병]

poly- '많은(many)': polychromatic[다색(多色)의], polyangular[다각(多角)의], polygamy[일부다처제]

tri- '셋(three)[18]': triangle[삼각형], tridimensional[3차원의]

uni- '하나(one)': unisex[남녀 공용의], unidirectional[단일 방향(성)의], univocal[뜻이 분명한, 한 뜻 밖에 없는]

관여 접두사: 어근의 행동 참여자가 관여된 형태를 말함

anti- '반대하는, 대신에(opposed, instead)': antidote[해독제], antisemitic[반유대주의의], antacid[위산을 중화하는 약제]

auto- '자신(self)': automaton[로봇 같은 사람], autobiography[자서전], automobile[자동차]

co-, con- '함께, 공동으로(together, jointly)': coexistence[공존], cooperate[협력하다], concur[동의하다]

contra- '~에 반해서, 다른 편의(against, opposite)': contradiction[모순], contrary[반대되는]

vice- '~의 자리에, ~ 대신에(in place of, instead)': vice-consul[부영사], vice-president[부통령]

판단 접두사: 어근에 대한 판단을 내림

dis- 강조어로 쓰였을 때: disturb[방해하다], disgruntle[기분 상하게 하다], disannul[취소하다]

dys- '나쁜, 나쁘게(bad, badly)': dyslogistic[비난의], dyspeptic[소화불량의]

eu- '좋은, 좋게(good, well)': eugenics[우생학], evangelical[복음주의의], euphoria[행복감]

extra- '영역 밖에(outside the scope of)': extraordinary[기이한], extramarital[혼외(婚外)의]

mal- '아픈, 악한, 잘못된(ill, evil, wrong)': malfeasance[부정행위], malodorant[고약한 냄새가 나는], malpractice[위법행위]

meta- '초월하는, 변화한(transcending, changed)': metaphysics[형이상학], metamorphosis[변형]

mis- '나쁘게, 잘못하여(badly, wrongly)': misspent[낭비한], miscalculate[잘못 계산하다], mislead[오도하다]

pro- '~를 위하여(on behalf of)': pro-British[친영의], pro-education[교육 찬성]

---

18) 4, 5, 6, 7, 8, 9, 10을 의미하는 접두사도 있다. √quadri (quadrilateral[사각형의]), √tetra (tetrahedron[사면체]), √penta (pentagon[오각형]), √hex (hexagonal[육각형의]), √sept (septuagenarian[70대사람]), √octo (octogenarian[80대사람]), √nov (November[11월: 숫자는 9를 의미하지만 역사적인 이유로 11월이 됨]), √dec (December[12월: 숫자는 10을 의미하지만 역사적인 이유로 12월이 됨], decasyllabic[10음절의])

proto- '처음, 주된(first, chief)': protoorganism[원시림], protoplasm[원형질], prototype[원형]

pseudo- '거짓, 기만적인 유사성(false, deceptive resemblance)': pseudonym[필명], pseudoprophet[허위예언자], pseudo-archaic[허위고풍의]

장소 접두사: 장소나 방향에 관한 것을 말함

ab-, a- 또는 abs- '~로부터, 떨어져(from, away)': abnormal[비정상적인], abstinence[금욕], abjure[포기하다]

ad- 또는 a '~를 향하여(toward)': admit[인정하다], advance[전진하다], admonish[꾸짖다], ascribe[~의 탓으로 돌리다], avenue[거리], avenge[복수]

ana- '뒤로(back)': anatomy[해부], anachronism[시대착오적인 사람], anaphora[대용], analogy[유추]

apo- '~에서 멀리, ~로부터(away, from)': apocryphal[출처가 불분명한], apostasy[배교], apology[사과]

cata- '아래로, ~에서 멀리, 뒤로, 반대편의(down, away, back, opposite)': catapult[내던지다], catastrophe[재앙]

circum- '빙 둘러(around)': circumnavigate[세계일주를 하다], circumspect[신중한], circumcise[할례를 하다]

counter- '~에 반하여, 반대편의(against, opposite)': counterfeit[위조의], counterbalance[(반대되는 힘으로) 균형을 잡다]

de-, di 또는 dis '~로부터 멀리, 아래로(away from, down)': debase[저하시키다], depend[의존하다], digest[소화하다], direct[직접적인], dismiss[묵살하다]

dia- '가로질러, 관통하여(across, through)': diameter[지름], diachronic[통시적인]

ecto-, exo- '외부의(external)': ectoplasm[외형질], ectoderm[외배엽], ectophyte[외부기생식물], exocentric[외심적인], exocardial[심장 외의]

en- '안에, 안으로(in, into)(in-의 한 형태)': encapsulate[요약하다], enclose[둘러싸다]

endo- '내부의(internal)': endodontic[치내요법의], endogenous[내생의], endocardial[심내막의], endocrinology[내분비학]

epi- '위에(on, over)': epiglottis[후두개], epidermis[표피], epicycle[주전원]

ex-, ec- '밖으로, ~에서 멀리(out from, away)' ex consul[전 영사], ex-wife[전 부인], eccentric[기이한] 약화형: educate[교육하다], eradicate[근절하다], emit[내뿜다]

in- '안에, 안으로, 안에서(in, into, within)': inaugurate[취임하게 하다], inchoate[시작단계인]

infra- '아래에, 안에(below, beneath, within)': infrastructure[사회기반시설], infrared[적외선의], infraterritorial[기반영토의]

inter- '사이에, ~중에서(between, among)': interchange[교환], interpose[끼어들다], intersect[교차하다]

intra-, intro- '안으로(inside)': intracity[시내 중심부의], intramural[교내의], intracellular[세포 내의], introvert[내성적인]

ob- '향해서, ~에 기대어(toward, against)': obdurate[고집 센], obfuscate[혼란스럽게 만들다], occasion[때/행사], obsequious[아부하는]

para- ‘옆에, ~와 나란히(beside, along with)’: paramedic[긴급의료의], parallel[평행한]

per- ‘관통하여, 철저히(through, thoroughly)’: perspire[땀을 흘리다], pernicious[치명적인], pervade[만연하다]

peri- ‘빙 둘러, 가까이에(around, nearby)’: perimeter[주변], peristomatic[이끼류의, 치모의]

pro- ‘앞에(in front of)’: proposition[제의], proscenium[앞 무대], propel[나아가게 하다]

pros- ‘관해서, 향해서(concerning, towards)’: prosody[운율체계], proselyte[개종자]

retro- ‘뒤로, 뒤에(backwards, back)’: retrogression[후퇴], retrospection[회고]

sub- ‘아래로, 아래에(under, below)’: subdivision[세분], subtraction[삭감], subtitle[자막]

super- ‘위로, 위에(over, above)’: supernatural[초자연적인], supererogatory[직무 이상으로 일하는], superman[초인]

sur- ‘위로, 위에, 넘어서(over, above, beyond)’: surtax[누진 소득세], surrealistic[초현실적인]

syn- ‘함께, 더불어(with, together)’: synthetic[합성한], synchronic[공시적인]

trans-, tres-, tra-, ‘가로질러, 능가하는(across, surpassing)’: transalpine[알프스 저편의/알프스를 횡단하는], transoceanic[대양 저편의], transhuman[초인간적인], trespass[무단 침입하다], trajectory[탄도], traduce[비방하다], tradition[전통]

측정 접두사

crypto- ‘비밀의, 숨겨진(secret, hidden)’: cryptography[암호해독술], cryptanalytic[암호해독의]

hemi- ‘절반(half)’: hemisphere[반구], hemicircle[반원], hemistich[반행]

holo- ‘전체의, 전부의(whole, entire)’: holocaust[대참사], hologram[홀로그램], holarthritic[다발성관절염의]

hyper- ‘넘어서, 지나치다(over, to excess)’: hyperactive[활동 과잉의], hypersensitive[과민한]

hypo- ‘아래로, 약간(under, slightly)’: hypotactic[종속적인], hypoglossal[혀 아래의], hypotoxic[저독성의]

is-, iso- ‘동등한(equal)’: isochrony[동시발생], isosceles[2등변의], isotope[동위원소]

macro- ‘큰, 큰 규모(large, broad scale)’: macroeconomics[거시경제학], macroclimatology[광역기후학]

mero- ‘부분, 부분적인(part, partial)’: meroblastic[부분할의], merocracy[부분정치], meronym[부분어]

micro- ‘아주 작은, 적은 규모(tiny, small scale)’: microorganism[미생물], microscope[현미경]

mid- ‘중간(middle)’: midwinter[한겨울], midlands[중부지방], midnight[자정]

semi- ‘반, 부분적으로(half, partly)’: semicolon[세미콜론], semifinal[준결승], semi-annual[반년마다의]

ultra- ‘~를 넘어서, 극단의(beyond, extreme)’: ultraliberal[급진적 자유주의의], ultramodest[최고로 겸손한], ultraviolet[자외선의]

부정 접두사

dis- ‘떨어져서, 반대의, 결핍한(apart, reversal, lacking)’: displease[불쾌하게 만들다], disallow[인정하지 않다], distaste[불쾌감]

in- ‘부정의(negative)’: indiscreet[조심성없는], ineffectual[능력이 부족한], incredible[믿을 수 없는], illegible[읽기 어려운]

non- ‘~이 아닌(not)’: nonsense[터무니없는 생각], non-resident[비거주민], non-intervention[불개입]

ob- ‘반대의, 반대방향의(inverse, in the opposite direction)’: object[반대하다], obverse[반대]

se-, sed- ‘떨어진(apart)’: separate[분리된], select[엄선된], sedition[선동], seduce[유혹하다]

un- ‘~이 아닌(not)’: unclean[더러운], uneven[울퉁불퉁한], unmindful[무관심한], unbearable[참을 수 없는], uncouth[무례한]

un- ‘반대로(opposite)’: untie[매듭을 풀다], unlock[열다], uncoil[감긴 것을 풀다]

시간 접두사: 시간이나 기간에 관한 것을 알려줌

ante- ‘선행하는(preceding)’: antechamber[대기실], ante-Norman[노르만 이전의]

fore- ‘시간이나 공간에서 그 이전의(‘before’ in time or space)’: forecast[예측], forefinger[검지], foreskin[표피]

neo- ‘새로운, 최근의(new, recent)’: neonatal[신생아의], Neolithic[신석기 시대의], neotype[신기준 표본]

post- ‘뒤에, 뒤로(after, behind)’: postpone[연기하다], postnasal[코 뒷면의], postposition[후치사]

pre-, pro- ‘앞의(before, in front of)’: preconceive[예상하다], preposition[전치사], progress[진전], professor[교수]

re-, red- ‘새로이, 다시, 뒤로(anew, again, back)’: regenerate[재건하다], rehearse[예행연습을 하다], reward[보상], restore[회복시키다], redaction[편집], redeem[보완하다]

3.2 접미사

단어의 마지막 접미사는 언제나 단어가 속한 품사를 결정한다. 즉 명사인지, 동사인지, 형용사인지 혹은 부사인지를 결정한다. 많은 경우에 이것이 접미사가 하는 모든 일인 것처럼 보이기도 한다. 가령 명사를 형용사로 바꾸거나(friend[친구]—friendly[친절한]) 형용사를 동사로 바꾸는 것처럼 말이다(final[마지막의]—finalize[마무리짓다]). 그러나 일부 접미사는 좀 더 구체적인 의미를 가진다. 다음에 나오는 접미사 목록에서 가능한 한 구체적인 의미를 보여주도록 노력했는데 일부 의미는 아마도 지나치게 구체적일 수 있다. 따라서 여기 주어진 접미사들의 의미는 탄력적으로 해석하여 주어진 문맥에 맞게 이해할 필요가 있다.

명사나 동사를 형용사로 만드는 접미사

-able ‘하기 알맞은, 해놓기에 알맞은(fit for doing, fit for being done)’: agreeable[기분좋은], comfortable[편안한], incalculable[헤아릴 수 없이 많은]

-al (-ial, -ical, -ual) '~의 자질을 가진(having the property of)': conjectural[추측의], fraternal[형제간의], dialectal[방언의], sensual[감각적인], comical[웃기는], analytical[분석적인], ministerial[장관의]

-an, -ian '~에 속하는, 닮은(belonging to, resembling)': reptilian[파충류의], Augustan[아우구스투스 시대의], plebeian[평민의], patrician[귀족의]

-ary '어떤 경향이나 의도를 가진(having a tendency or purpose)' 형용사를 만들고 이후 2차적으로 명사를 만든다: secondary[2차적인], discretionary[자유재량에 의한], rudimentary[기본적인], tributary[지류]

-ate '가득 찬(full of)' 명사를 형용사로 만들며 [ət]로 발음된다: passionate[열정적인], affectionate[애정어린], extortionate[터무니없이 높은]

-ese '어떤 장소에 속하는(belonging to a place)' 장소를 나타내는 명사를 형용사로 만든다: Japanese[일본인/일본어], New Yorkese[뉴욕 말씨], journalese[신문기사체]

-esque 'X의 스타일을 가진(having the style of X)' 주로 명사를 형용사로 만든다: Romanesque[로마네스크양식의], lawyeresque[변호사 양식의], statuesque[조각상 같은]

-esc '되다(become)': tumescent[부풀어 오른], coalesce[합치다]

-ful 'X로 가득 찬(full of X)' 명사를 형용사로 만든다: peaceful[평화로운], powerful[힘센], skillful[숙련된]

-iac '자질 X에 속한(pertaining to the property X)': elegiac[애가적인], hypochondriac[심기증 환자], maniac[미치광이의]

-ic '자질 X를 가진(having the property X)' 형용사를 만든다: alcoholic[알코올이 든], atheistic[무신론의], naturalistic[자연주의적인], romantic[낭만적인]. -ical은 경우에 따라 나타나는 이형태: comic[웃기는]/comical[재미있는]

-ish 'X처럼 되다(to become like X)' 명사를 형용사로 만든다: churlish[무례한], boyish[소년같은], Irish[아일랜드사람/아일랜드어], modish[유행을 따른]

-ive '~에 의해 특징지어진(characterized by)' 대부분의 어간, 특히 동사 어간을 형용사로 만든다: abusive[모욕적인], contradictive[모순된], retrospective[회고하는]

-less '없이, ~을 면한(without, free from)' 명사를 형용사로 만든다: faultless[흠잡을 데 없는], keyless[열쇠가 없는], fearless[두려움을 모르는]

-ly '~에 적당한, 알맞은(appropriate to, befitting)': friendly[친절한], timely[시기적절한], shapely[균형잡힌], fatherly[아버지 같은]

-oid '어떤 형태를 가진, 닮은(having the shape of, resembling)': humanoid[인간과 비슷한 기계]

-ory '~와 연결된, ~구실을 하는(connected with, serving for)' 형용사형을 만든다: obligatory[의무적인], inflammatory[선동적인], illusory[환상에 불과한]. '장소, 어떤 곳에서(place where)'의 의미를 가진 명사를 만든다: dormitory[기숙사], lavatory[화장실], refectory[식당]

-ose '가득 찬, ~이 풍성한(full of, abounding in)': verbose[장황한], morose[시무룩한], jocose[익살스러운]

-ous '소유하고 있는, X의 본성을 가진(possessing, of the nature of X)' 형용사를 만든다: virtuous[도덕적인], torturous[고문의], glorious[영광스러운], grievous[통탄할]

-some '~와 같은, ~에 의해 특징지어진, ~하기 쉬운(like, characterized by, apt to)' 거의 모든 종류의 어간을 형용사로 만든다: cumbersome[크고 무거운], awesome[엄청난], bothersome[성가신]

-y '가득 찬, ~에 의해 특징지어진(full of, characterized by)' 명사를 형용사로 만든다: mighty[강력한], moody[기분 변화가 심한], healthy[건강한]

추상명사를 만드는 접미사

-asy, -acy '상태, 자질(state, quality)': advocacy[지지], intricacy[복잡한 사항], accuracy[정확], ecstasy[황홀감]

-age '조건, 상태, 계급, ~의 공직(condition, state, rank, office of)': anchorage[정박지], postage[우편요금], coinage[신조어]

-ance, -ence '~의 상태, 행동이나 사실(state, act, or fact of)' 동사를 추상명사로 만든다: repentance[뉘우침], perseverance[인내], emergence[출현]

-ad(e) '일반명사(general noun)': accolade[포상], brigade[여단], cannonade[연속 포격], ballad[발라드], salad[샐러드], parade[행진], lemonade[레몬네이드], comrade[동지], sonata[소나타], armada[함대]

-al '~의 행동(act of)' 동사를 추상명사로 만든다: renewal[부활], revival[회복], trial[재판]

-ation '~X로 되어있는 상태(state of being X-ed)' 네 가지 유형의 동사를 추상명사로 만든다. 이들 동사는 -ify, -ize, -ate로 끝나거나 damm[비난하다], inform[정보를 주다]처럼 동사임을 알려주는 부분이 없다: purification[정화], organization[조직], contemplation[명사], information[정보]

-ery, -ry '집합성(collectivity)' 구상명사를 추상명사로 만든다: masonry[석조], carpentry[목수일], slavery[노예], savagery[야만성]

-hood '~의 상태, 조건(state of, condition of)' 구상명사를 추상명사로 만든다: childhood[어린시절], womanhood[여성들], priesthood[사제직]

-ia '~의 조건(condition of)': euphoria[희열]

-icity '-ic를 가진 단어를 추상명사로 만든다': historic[역사적인]/historicity[역사성], electric[전기의]/electricity[전기]

-ism '원칙들의 교조적인 체계(doctrinal system of principles)': communism[공산주의], realism[현실주의], romanticism[낭만주의]

-ity '~의 상태, 자질, 조건(state, quality, condition of)' 형용사를 추상명사로 만든다: agility[민첩함], diversity[다양성], actuality[실제]

-ment 'X가 되기 위한 조건(condition of being X)' 동사와 형용사를 추상명사로 만든다:

advancement[발전], treatment[치료], abandonment[유기], aggrandizement[권력강화], amusement[재미], merriment[유쾌하게 떠들석함]

-ness '~의 상태, 조건, 자질(state, condition, quality of)' 동사가 아닌 주로 형용사를 추상명사로 만든다: bitterness[쓴 맛], fairness[공정성], idleness[게으름], deafness[귀먹음]

-ship '상태, 조건(state, condition)' 구상명사를 추상명사로 만든다: dictatorship[독재정부], trusteeship[신탁관리업무], workmanship[솜씨]

행위자 명사를 만드는 접미사

-ant, -ent '~을 하는 사람(one who)' 동사를 명사로 만든다: agent[행위자], defendant[피고], participant[참가자]

-arian '하나의 교리를 주장하는 집단의 구성원(member of a sect, holding to a doctrine)' 명사나 형용사를 만든다: utilitarian[실용적인/공리주의자], egalitarian[평등주의의/평등주의자], authoritarian[권위주의적인/권의주의자], septuagenarian[70대인 사람]

-ast 'X와 결부된 사람(one associated with X)': enthusiast[열광적인 지지자], pederast[남색자]

-er '행위자(agent)' 동사를 행위자 명사로 만든다: baker[제빵사], thriller[오싹하게 하는 것/사람], worker[노동자], sweeper[청소부], retriever[회수자, 검색기]

-eer '행위자(agent)' 초기형태는 -ier: grenadier[영국근위보병연대병사], mountaineer[산악인], auctioneer[경매인], volunteer[자원자]

-ist '관련된 사람, 주로 행위자(one connected with, often agent)': socialist[사회주의자], perfectionist[완벽주의자], dentist[치과의사], pugilist[권투선수], ventriloquist[복화술자]

-ician '어떤 예술이나 과학 분야의 숙련된 사람(one skilled in some art or science)': physician[내과의사], musician[음악가], magician[마술사], mathematician[수학자]

어근과 어간을 동사로 만드는 접미사

-ate 'X를 야기 시키다(cause X to happen)' [eyt]로 발음된다: create[창조하다], contaminate[오염시키다], frustrate[좌절시키다], terminate[끝내다]

-en '되다(to become)' 형용사를 동사로 만든다: darken[어두워지다], chasten[훈계하다], cheapen[격을 떨어뜨리다], deafen[귀를 먹게 만들다]

-ify 'X가 되게 하다(to cause to (be) X)' 원인동사를 만든다: purify[정화하다], denazify[비(非) 나치화하다], sanctify[신성하게 하다], verify[확인하다], amplify[증폭시키다]

-ize 'X가 되게 하다(to cause to be X)' 거의 모든 어간을 원인동사로 만든다: popularize[대중화하다], legalize[합법화하다], plagiarize[표절하다], miniaturize[작게 만들다], weatherize[(추운) 기후에 견디는 구조로 하다]

기타 접미사

-arium, -orium '장소격, ~와 관련된 혹은 ~을 위한 장소(locative, a place for or connected with)': aquarium[수족관], vivarium[동물사육장], honorarium[사례비], auditorium[강당], crematorium[화장터]

-ess 'X의 여성형(feminine of X)': tigress[암컷 호랑이], laundress[여자세탁부], stewardess[여자 승무원]

-let '지소사(아주 작은 형태, diminutive)': 예 leaflet[전단지], driblet[소량]

---

1 historical depth에 대한 번역으로 해당 단어들이 역사적으로 얼마나 오래되었는지 혹은 그 기간 동안에 겪은 역사적 변화를 포함한다.

2 형태가 바뀔 때 모음이 달라지는 현상을 지칭하는 문법적 용어로 현대영어에서는 sing－sang－sung 등의 문법적 변이형태에서 볼 수 있다.

3 로타시즘(rhotacism)은 /r/로의 변화를 말하며 이에 대해서는 7장에서 자세히 설명되고 있다.

4 그림의 법칙(Grimm's Law)은 게르만어에서 일어난 변화로 1차 자음추이법칙이라고도 불린다. 인도유럽어와 게르만어 사이에 일어난 자음변화를 설명한다. 이 규칙을 발표한 학자의 이름에 따라 그림의 법칙으로 알려졌지만 실제는 라스크(Rask)라는 학자가 정리했다.

5 언어가 부식(erosion)된다는 것은 더 이상 사용되지 않거나 사라지게 됨을 의미한다.

6 많은 음성학 교재에서는 일반적으로 [y]만을 구개음으로 분류하고, 나머지 자음 [š, ž, č, ǰ]은 경구개와 치경 사이에서 만들어지는 치경경구개음(alveo-palatal)으로 분류한다.

7 한국어의 파찰음이란 용어는 폐쇄음(stop)의 다른 명칭인 **파**열음(plosive)의 첫 글자인 '파'와 마**찰**음의 두 번째 글자인 '찰'이 합쳐져 만들어졌다.

8 이 단락에서 < > 기호는 역자에 의한 것임. 이해를 돕기 위해 철자는 < >에 넣어 구별하였다.

9 pure에 대한 번역으로 '순수'하다는 것은 두 개 이상의 음가가 섞이지 않은 하나의 음가로만 구성되어 있다는 것을 의미한다.

10 여기서 '완전'하다는 것은 원래의 모음음가를 온전히 그대로 유지하는 것을 의미한다.

11 null allomorphy(영이형태)라고도 불린다. 예를 들면 two ship에서 복수를 나타내는 형태소가 철자나 발음의 형태를 따로 갖지 않은 이형태를 지칭한다.

6

대체규칙

이 장과 다음 장에서 이형태를 설명하기 위한 규칙을 다룬다. 이 규칙은 형태소의 철자와 발음에 모두 영향을 준다. 형태소의 모양을 바꾸는 과정은 다음의 세 가지 유형의 규칙으로 설명될 수 있다.

대체규칙(replacement rules): 형태소의 특정 위치에 있는 하나의 소리를 다른 소리로 대체한다.

삭제규칙(deletion rules): 형태소에 있는 하나의 소리나 혹은 여러 소리를 삭제한다.

확대규칙(extension rules): 형태소의 기존 구조 속에 새로운 소리를 첨가하여 형태소를 확대한다.

이 분류는 음성적 분절음에 어떤 일이 일어날 수 있는지에 대한 논리적인 가능성을 모두 포함한다. 분절음은 대체될 수도 있고, 삭제될 수도 있고, 연속적인 소리들로 확대될 수 있다.

1. 동화와 동화의 종류

동화규칙(assimilation rule)은 대체규칙이다. 이 규칙은 하나의 모음이나 자음을 다른 모음이나 자음과 비슷하게 만들거나 심지어는 동일하게 만드는 효과를 낸다. 원칙적으로 동화는 모음과 자음 모두에 영향을 미칠 수 있지만 앞으로 논의될 대부분의 동화현상은 자음에서 일어난다.

동화의 과정은 목표로 하는 **대상(target)**, **방향(direction)** 그리고 결과로 만들어지는 유사성의 **범위(scope)**, 이 세 가지로 설명할 수 있다. 동화는 소리의 자질인 유무성(혹은 성대의 진동), 조음위치, 조음방법 가운데 일부 혹은 전체를 대상으로 할 수 있다. 소리 사이에 미치는 영향의 방향에 따라 우발좌향 동화, 즉 뒤(오른쪽)의 소리가 앞(왼쪽)의 소리에 영향을 미치는 A←B 유형의 **역행동화(regressive assimilation)**와 좌발우향 동화, 즉 앞(왼쪽)의 소리가 뒤(오른쪽)의 소리에 영향을 미치는 A→B 타입의 **순행동화(progressive assimilation)**가 있다. 여기서 제시되는 대부분의 자음동화는 뒤에 오는 소리 때문에 그 앞의 소리가 변화하는 오른쪽에서 왼쪽으로의 역행동화이다. 그러나 왼쪽에서 오른쪽으로의 순행동화도 영어에서는 익숙한 현상이다. 그러한 현상 일부는 성대의 진동에 따른 동화현상을 다루는 절에서 언급될 것이다.

범위의 관점에서 동화는 한 소리의 자질이 인접한 다른 소리의 자질로 대체되는 결과를 가져 온다. 이런 유형의 변화를 **부분동화(partial assimilation)**라고 한다. 두 개의 자음은 별개의 소리로서 그 독자성을 유지하지만 서로 더 비슷해진다. 최대로 동화되는 경우인 **완전동화(full/total assimilation)**는 인접한 두 소리의 모든 차이를 제거한다. 완전동화는 본질적으로 소리의 복제이며 이는 **이중자음화(gemination)**로 알려져 있다. 앞으로 이 장에서 언급하게 될 동화의 유형이 <그림 6.1>에 제시되어 있다.

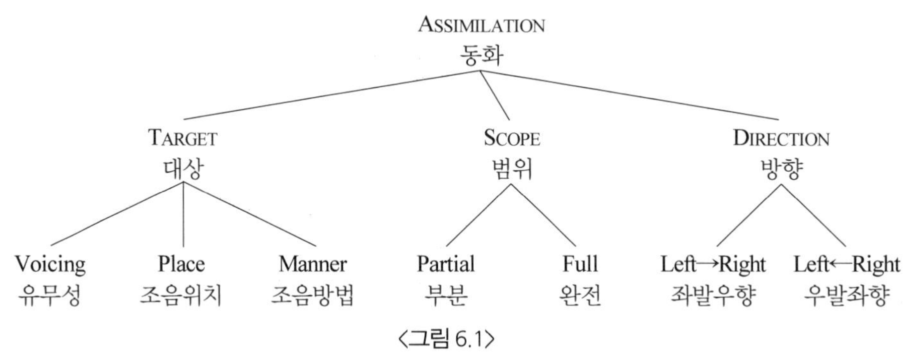

〈그림 6.1〉

동화를 관장하는 원칙은 5장 1.3에서 정의 내려진 발음의 편이성 원칙이다. 본질만 말하자면 동화규칙은 단순히 다음을 요구한다.

더 쉬운 조음을 선호하라.

하나의 자질이 한 소리에서 다른 소리로 확산되면 이 자질은 동화되는 소리에 있던 기존의 자질을 대신한다. 궁극적으로 두 소리는 하나의 조음동작(gesture)을 공유한다. 결과적으로 발음을 하기가 더 쉬워지는데 전체적인 조음과정에서 하나의 조음동작이 제거되기 때문이다. 다음 두 절에서는 두 유형의 부분동화를 다룰 것이다. 변화가 일어날 대상은 인접한 분절음의 조음위치이거나 성대의 진동 여부이다.

2. 순음동화

순음동화(labial assimilation)의 본질은 이것이다.

순음 앞에서는 순음을 선호하라.

-n + [p-, b-, m-, (f-)]
↓
-m

이 규칙은 다음과 같다. '하나의 형태소 마지막 위치에 -n이 나타나고 다음에 [p-, b-, m-, f-]로 시작하는 형태소가 따라오면 이 -n은 -m으로 바뀐다.' 자음 [m]은 순음이므로 치경음인 [n]보다는 [p, b, m, f]에 더 비슷해진다.

순음동화는 입력형 자음(여기서 '입력형 자음'은 윗줄에 있는 자음들이고 '출력형 자음'은 아랫줄에 있는 자음이다)의 조음방법이 아닌 조음위치에 영향을 미친다. 원칙적으로 순음동화는 좀 더 넓은 범위의 규칙이지만 여기서 논의되는 순음동화에 영향을 받는 모든 형태소는 모두 [n-]으로 끝나는 접두사이기 때문에 [n]이 [m]으로 변화하는 것으로 제한했다. 게다가 인접한 순음을 가진 단어에서는 동화가 영어가 아닌 기증언어에서 일어났고, 영어는 이들을 한꺼번에 차용했다. 사실 이 음성 변화의 자연성을 고려할 때 이는 놀랄 만할 일이 아니다. 영어에서 모든 경우의 순음동화는 오른쪽 소리가 왼쪽 소리에 영향을 주는 역행동화이다. 즉 비순음 자음이 뒤에 오는 형태소의 첫 자음의 순음성을 예상하여 순음이 되는 것이다. 어떻게 작용하는지가 다음에 보여 진다.

in + **p**ed 'foot' + e → i**mp**ede[지연시키다]
in + **b**ib 'drink' + e → i**mb**ibe[흡수하다] (그러나 inbred[근친교배한], inborn[타고난]을 참조할 것[1)])

---

1) inbred[근친교배한], inbuilt[천부적인], inmost[가장 깊은 안쪽의]의 형태소 in-은 부정의 in-과 다르다. 부사적인 in-은

en + **b**ell ‘beautiful’ + ish → **emb**ellish[장식하다] (en-은 강조를 나타낸다)
en + **pl**oy ‘fold’ → **empl**oy[고용하다]
en + **ph**a ‘speak’ + tic → **emph**atic[단호한]
pa**n** + **pl**eg ‘stroke’ + ia → pa**mpl**egia[사지마비]
pa**n** + **ph**ag ‘eat’ + ous → pa**mph**agous[무엇이든 다 먹는]
sy**n** + **p**ath ‘feel’ + y → sy**mp**athy[연민]
sy**n** + **b**ol ‘throw’ → sy**mb**ol[상징]
sy**n** + **ph**on ‘sound’ + y → sy**mph**ony[교향곡]

순음동화는 라틴어와 프랑스어에서 온 접두사 in-, en-과 그리스어에서 온 접두사 pan-, syn-에 영향을 미친다. 이 변화를 일으킨 것은 두 번째 형태소에 있는 자음 [p, b]로 순음성의 조음자질을 공유한다.

모든 순음 자음이 똑같이 선행하는 [-n]에 강력한 영향을 미치는 것은 아니다. 이 점에서 양순폐쇄음 [p, b, m]은 좀 더 강한 반면 [f]의 영향은 훨씬 약한 편이다. 그래서 앞에 주어진 규칙에서 [f]를 괄호 안에 넣었다. 사실 그리스어에는 동화를 일으킬 수 있었던 [f]가 없었다. symphony[교향곡], pamphysic[범 물리학], pamphlet[소책자][2]과 같은 그리스어 어근으로 형성된 단어들에서 <ph>로 철자화된 발음을 [f]로 해석했는데 사실 이것은 원래 그리스어의 기식폐쇄음 [p^h]의 후기 변화형이었다. 이 [n]은 좀 더 최근인 1970년대 초에 만들어진 synfuel[합성연료]에 그대로 유지되고 있다. 이로 인해 혼성어 sy**n**thetic + **f**uel의 첫 음절이라는 것을 투명하게 유지시켜 주고 있다. [f]는 접두사 in-을 im-으로 동화시키지 않는다. infant[유아], infect[감염시키다], infinite[무한한], influence[영향] 등과 비교하면 알 수 있다.

라틴어 접두사인 con-/com-/co-를 설명하려면 좀 어렵다. 원래 형태는 순음을 가진 com-이었다. 그래서 인접한 순음이 표면형에 나타난 combat[전투]이나 compatriot[동포의]와 같은 단어는 더 오래된 형태를 보존하여 [n-]이 [m-]으로 동화된 것이 아님을 보여준다. com- + [f-]의 경우에는 [-f] 앞에 있는 [m]과 [n]의 조음위치는 모두 [n-]으로 일반화되었는데 이는 발음의 편이성을 무시한 것이다. 그러나 순음마찰음 [f] 앞에서 [n]을 발음하는 것은 순음폐쇄음 [b]나 [p] 앞에서 [n]을 발음하는 것만큼 거의 어렵지 않다는 것에 주목하면 여기서 발음의 편이성 위반은 그리 대단하지 않다. [f] 앞에 있는 비음은 모든 경우에서

어근형태소의 지위를 갖는다. 따라서 inbred, input[출력(형)] 등은 복합어로 여겨지고, 동화가 되지 않은 접두사는 자체적인 자율성과 투명성을 보존한다.

2) pamphlet이라는 단어는 흥미로운 역사를 가지고 있다. OED에 따르면 이 단어는 궁극적으로 후기 고전라틴어인 Pamphilus에서 왔다. 이 단어는 고대그리스어에 바탕을 두고 있으며 ‘모든 이의 사랑을 받는’을 의미하는 사람 이름이다(< pan ‘모두’ + phil-us ‘사랑’ + 중세프랑스어 -et ‘축소형 명사’). 이후 Pamphilet은 중세시대에 아주 인기 있던 연애시 Pamphilus의 이름이 되었고, 나중에는 의미가 확대되어 문학이나 정치적인 내용의 단편작을 의미하게 되었다.

라틴어는 [n]을 갖고 있었고 이 소리는 고대프랑스어를 거쳐 중세영어로 전달되었다. 이야기를 더 복잡하게 하자면 15세기와 16세기에 [f-] 앞에 있는 [n-]을 [m-]으로 동화시키려는 약간의 움직임이 있었으나 이는 겨우 몇 개의 단어에서만 보일 뿐이다. comf-로 시작하는 단어를 OED에서 찾아보면 comfit[호두가 든 사탕], comfort[안락함], comfrey[컴프리(식물의 이름)]와 이들 단어에서 파생된 단어 몇 가지에 불과하다. 이와 대조적으로 conf-로 시작하는 단어 목록은 훨씬 더 길다. 따라서 예외를 제외하면 다음과 같이 일반화를 할 수 있다: co[n] + [-f]가 기대되는 소리의 연쇄이다. 우리는 *confusing*[혼란스러운]하고 *confounding*[당혹스런]한 패턴에 *confront*[직면하다]하지 않게 된다.

규칙적인 동화작용의 효과는 투명성을 더 많이 확보해야할 필요가 있을 때 거꾸로 될 수 있다. OED에는 이제는 사용하지 않는 단어인 **pambrittanick**[영국적인]과 동일형으로 오늘날 사용되는 형용사 **pan-Britannic**[범 영국적인]이 기록되어 있다. **panpharmacon**[만병통치약]은 이미 동화된 소리를 가진 그리스어 **pampharmacon**을 동화 이전의 원래 소리로 바꾸어 놓은 경우인데 이 또한 단어의 투명성을 보여주기 위함이다.

앞서 제시된 규칙에 따르면 자음 [m]도 순음동화를 일으킬 수 있다. [-m] 앞에서 [-n]이 [-m]으로 바뀌는 것은 상당히 광범위하게 나타난다. OED에 기록되어 있는 **inmaculate, inmaterial, inmovable, inmortal**과 같은 초기 형태의 단어들은 **immaculate**[오점이 없는], **immaterial**[무형의], **immovable**[움직일 수 없는], **immortal**[불멸의]로 변했다. 여기서의 동화는 순음동화인 동시에 4절에서 따로 논의될 완전동화이다. 만약 단어가 별개의 형태소로 분석이 되지 않으면 발음에 있어서 동일한 자음 가운데 하나는 상실될 수 있다. immaculate[ɪ'mækjələt]가 그러한데 여기서 잘 사용되지 않는 형용사 maculate[더러워진]는 모국어 화자들에게는 친숙하지 않을 수 있다. 따라서 형태소 경계가 모호해져 [m]을 하나만 발음하게 되고 철자만이 완전동화의 흔적을 간직하게 된다.

2.1 순음동화의 차단

순음동화 규칙에 대한 예외는 언뜻 보기에 형태가 바뀌지 않는 영어 고유어 접두사 un-('아닌' 혹은 '뒤바뀜'을 의미한다)인 것처럼 보인다. 이 접두사의 치경비음은 순음이 있는 환경에서도 순음비음으로 바뀌지 않는다. 따라서 **unbridled**[억제되지 않은], **unbalanced**[균형 잡히지 않은], **unmistakable**[실수할 수 없는], **unmanageable**[통제할 수 없는], **unprepared**[준비되지 않은], **unprofitable**[이윤이 없는], **unfair**[불공정한], **unfathomable**[헤아릴 수 없는]과 같은 예가 있다. un- 접두사는 고대영어 시기부터 지금까지 영어에 존재해 왔고 아직도 꾸준히 생산적이다. 그러나 편안한 구어체 영어의 음성규칙은 철자상으로 순음동화를 보여주는 단어를 생산하지 않았다. 물론 발화문에 있는 [un] + [p-, b-, m-, f-]의 소리 연쇄뿐만 아니라 **inbred**[근친 교배한], **inbuilt**[천

[부적인]처럼 확실히 '동화되지 않은' 다른 단어들 모두 격식을 갖추지 않거나 빠른 발화에서 간혹 동화작용이 일어나서 **umb**ridled, **umm**anageable, **ump**lanned, i**mb**red, i**mb**uilt처럼 발음된다는 것을 인정해야 한다. 또한 어말의 [n-]이 다음에 오는 단어의 어두 자음 [p-, b-, m-]과 만나면 순음동화는 빠른 발화에서 종종 일어나기도 한다. 예를 들어 pen pal[펜팔], ten boys[10명의 소년들], bran muffin[겨로 만든 머핀]에서 앞 단어에 있는 [-n]이 [-m]으로 바뀌어 [pem-, tem-, bram-]으로 발음된다.

이처럼 un-을 가진 단어들이 안정적으로 행동하는 이유 가운데 하나는 이 형태소의 의미적 독자성을 아주 쉽게 알아차릴 수 있기 때문이다. 이들 형태소는 unforeseen[예측하지 못한], unforgiving[용서하지 않는], unmistaken[틀리지 않은], unprepared[준비되지 않은]에서처럼 종종 강세를 받기도 한다. 따라서 순음동화에 관련하여 un-의 자질은 다음과 같이 정리할 수 있다. 순음동화를 겪을 것 같은 접두사 가운데 un-은 정상적으로는 제2강세를 가지고 있고 다른 접두사와 달리 보통은 자유어근에 붙는다. un-은 영어에서 가장 오래된 부정접두사이다. 이 접두사는 한때 제1강세를 가졌었다. un-은 고대영어 시기에도 아주 생산성이 높았던 부정접두사이었고 모든 게르만어에 존재했었다.

반면 in-(이형인 en-과 더불어), syn-, pan-은 영어에 들어온 지 오래되지 않았고 이들이 만들어낸 파생어들 역시 새로운 단어에 속한다. 이들은 주로 의존어근 앞에 온다. 이 절에서 논의된 철자에 영향을 주는 순음동화의 경우, 순음동화가 모두 영어가 아닌 단어를 제공한 기증언어에서 일어났었고, 영어는 투명성을 무시하고 그 단어들을 통째로 차용했다는 점을 다시 강조할 필요가 있다. 따라서 순음동화의 규칙은 철자에 반영된 규칙이자 대부분 비고유어 접두사의 발음에 일관되게 영향을 준 규칙으로 생각할 수 있다.

3. 유무성동화

유무성동화(voicing assimilation)는 무성음 [t], [s], [θ]의 영향으로 성대진동을 '플러스'에서 '마이너스'로 바꾸어 놓는다. 유성연구개폐쇄음 [g]는 무성연구개폐쇄음 [k]가 되고, 유성순음폐쇄음 [b]는 무성순음폐쇄음 [p]가 되며, 유성순음마찰음 [v]는 무성순음마찰음 [f]가 된다. [t]는 [g-, b-, v-]를 같은 방법으로 바꾸어 놓는다. 게다가 [g]는 [s] 앞에서 동화되고 [v]는 무성치간마찰음 [θ] 앞에서 동화된다. 분명한 것은 빠른 시간 내에 성대를 진동시켰다 멈추었다 하지 않는 것이 더 쉽다는 것이다. 이것이 규칙이 진정으로 요구하는 전부이다.

유무성동화: 안정된 상태의 유무성을 선호하라.

g + [t, s]
↓
k

b + [t, s]
↓
p

v + [t, θ]
↓
f

자세히 표기된 분절음의 발음기호 대신에 유성음자질 만으로 나타내면 위의 세 규칙을 다음과 같이 하나로 합칠 수 있다.

[+VOI] + [-VOI]
↓
[-VOI]

이 과정을 좀 더 일반화하여 기술하면 다음의 예에서 볼 수 있듯이 유성음은 무성음 앞에서 무성음이 된다고 할 수 있다.

a**g** - **t**	→ a**ct**[행동하다]	nu**b** - **t** - ial	→ nu**pt**ial[결혼생활의]
se - le**g** - **t**	→ sele**ct**[선택하다]	scri**b** - **t**	→ scri**pt**[대본]
in - se**g** - **t**	→ inse**ct**[곤충]	gi**ve** - **t**	→ gi**ft**[선물]
syn - ta**g** - s	→ synta**x**[통사론]3)	fi**ve** - **th**	→ fi**fth**[5번째]

소리와 철자 사이의 관계에 관해 한 가지 주목할 내용은 순음동화에서처럼 오른쪽에서 왼쪽으로의 역행 유무성동화는 철자에 반영된다는 것이다. 그러나 [g]가 [k]로 바뀌는 유무

3) [ks]를 [x]로 대체하는 것은 철자관습이다. 따라서 이는 자음군의 발음에는 아무런 영향을 주지 않는다. 이 대체관습은 thanx (thanks[고마워]), truxtop(truck stop[트럭휴게소]), thumb tax(thumb tacks[압정])와 같은 우리의 주목을 끄는 익살맞은 철자를 만들어내게 된다.

성동화는 문자 <g>가 <k>로 바뀌는 것과 일치하지 않는다. 대신에 문자 <c>가 후설모음이나 다른 자음들 앞에 오는 무성연구개폐쇄음 [k]를 나타내기 위해 관습적으로 사용된다. <c>는 city[도시], Alice[여자의 이름], recede[반환하다], discern[파악하다], cycle[순환] 등에서처럼 [k]가 아닌 다른 음가를 가질 수도 있다. [k] 소리는 문자 <k>, <ch>, <ck> 혹은 <qu>로 나타낼 수 있다. 예를 들면, keep[지키다], kitchen[부엌], cook[요리하다], kid[아이]; ache[아픔], monarchy[군주제]; smack[맛], trick[속임수]; picturesque[그림 같은], quote[인용하다], 영국식 철자 cheque[수표(미국영어철자는 check)]등이 있다.

3.1 좌발우향 유무성동화

영어의 파생형태론에서 대부분의 자음동화는 오른쪽에서 왼쪽으로 진행된다. 하지만 굴절형태론에서 변화의 방향은 왼쪽에서 오른쪽이다. racks[선반의 복수형]와 rags[넝마의 복수형]의 차이를 비교해보자. racks에서 복수형을 표시하는 이형태의 철자는 <-s>이다. rags에서 <-s>를 선행하는 자음은 유성음 [g]이다. 따라서 이 유성음은 복수형태소의 이형태는 [-z]라는 것을 보장한다. racks에서 무성음 [k]는 복수형태소를 무성음, 즉 [s-]로 실현시킨다. 여기서 동화는 왼쪽에서 오른쪽으로, 즉 [k]에서 [s]로 이루어진다. 같은 변화가 동사의 3인칭 단수 현재시제 굴절형인 <-s>에서 일어난다. taps[가볍게 두드리다], sits[앉다], tucks[밀어 넣다]의 [s]와 blabs[정보를 알려주다], bids[명령하다], lugs[끌다]의 [z]를 비교해보자. 세 번째 가능한 형태는 비강세모음 [-ə]나 [ɨ]를 굴절형태소 앞에 첨가하는 경우이다. 이로 인해 복수와 3인칭 단수 현재시제 굴절어미는 별도의 음절을 가진 [-ɨz]나 [əz]로 발음된다. 음절을 이루는 이형태는 치경마찰음, 구개마찰음, 파찰음 [s, z, š, ž, č, ǰ] 다음에 나타나며 예로 ma**sses**[덩어리], qui**zzes**[퀴즈], di**shes**[접시], tria**ges**[부상자 분류], ba**tches**[무리], le**dges**[절벽에서 튀어나온 바위]가 있다.

좌발우향 동화는 일반적으로 **-ed**라는 철자를 가지는 과거시제 어미에도 나타난다. 따라서 racked[괴롭히다]는 [-kt]로 발음되지만 bragged[자랑하다]는 [-gd]로 발음된다. 과거시제 어미의 세 번째 이형태에서는 이제까지 철자에만 있던 모음을 발음해야 한다. 그래야만 치경폐쇄음 [t, d] 뒤에서 <-ed>를 발음할 수 있게 된다. 예를 들면 wan**ted**[원하다], corro**ded**[부식시키다]가 있다. **-es**나 **-ed**에서의 모음을 발음하는 것은 순음동화나 유무성동화처럼 발음의 편리성 때문에 이루어지는 것이 아님을 주목할 필요가 있다. 오히려 [-ɨz]나 [-əz] 또는 [-ɨd]나 [-əd]는 투명성 필요에 대한 반응이다. [s + s], [z + z], [t + t], [d + d]의 순서로 음이 배열되어있을 때 중간에 끼어드는 모음이 없으면 잘 들리지 않기 때문이다. 역사적으로 **-es**나 **-ed**는 모든 경우에 개별 음절로 발음되었었다. 그러다가 투명성이 위협받지 않는 경우에만 모음이 상실되었고, 이 모음상실과 동시에 동화가 일어난 것이었다.

4. 완전동화

인접한 음의 자질을 전이하거나 대체하는 현상은 형태소에 있는 원래 자음의 음성적 특성을 완전히 바꾸어놓을 수 있다. 동화로 인해 입력형 소리가 다음에 나오는 소리와 똑같아지면 이를 완전동화라고 한다. [-n]이 [-m] 앞에서 [-m]으로의 변화는 순음동화 때문이며, 또한 완전동화의 한 예이기도 하다

in + mort '죽다' + al	→	immortal[죽지 않는]
en + mesh	→	emmesh[얽혀 넣다][4]
syn + meter + y	→	symmetry[대칭]
syn + morph + ism	→	symmorphism[동형태]

예로 든 단어들을 보면 입술동작이 인접한 비음 [n]과 [m] 사이에서 발견되는 유일한 차이이다. 그러나 다른 많은 경우를 보면 완전동화는 이보다 더 많은 조음동작을 포함한다. 첫 번째 자음을 넘어서 두 번째 자음의 자질을 모두 복사하기도 한다. 동화라는 단어 자체가 해당 과정을 보여주는 예이다.

ad - simil - ate - ion → assimilation[동화]

4.1 접두사의 완전동화

완전동화는 차용어에서 가장 빈번하게 일어나는데, 이들 단어가 자음으로 끝나는 접두사와 접두사의 마지막 자음과 동일하지 않은 자음으로 시작되는 어근으로 구성되어 있을 때 일어난다. 어근의 투명성을 강조하기 위해서 어근의 첫 자음은 역행, 즉 오른쪽에서 왼쪽으로 가는 동화를 일으키기에 충분한 추진력을 가진 발음인 것 같다. 완전동화가 일어나는데 빈번하게 사용되는 형태소 중에는 접두사 ad-, sub-, ob-, in-, com-/con-, syn-이 있다.

ad - '~로, ~를 향하여, ~에 기대어'

ad - cur -ate '돌봄'	→ accurate[정확한]	ad - note - ate	→ annotate[주석을 달다]
ad - brev '짧은' (i)-ate	→ abbreviate[축약하다]	ad - lev '빛' (i) -ate	→ alleviate[완화하다]
ad - firm	→ affirm[단언하다]	ad - rive '해변'	→ arrive[도착하다]
ad - grav'무거운' -ate	→ aggravate[악화시키다]	ad - sent '동의하다'	→ assent[찬성하다]
ad - pet '구하다' -ite	→ appetite[식욕]	ad - tribute	→ attribute[~의 결과로 보다]

---

4) 동화되지 않은 형태인 enmesh 역시 영어의 모든 이형에서 표준형이다.

접두사 ad-의 완전동화가 일어나는 특별한 경우가 [st-, sp-, sk-]로 시작하는 어근 앞이다.

ad - spir - ation '숨쉬다' → **aØsp**iration[대기음]
ad - string - ent → **aØst**ringent[수축시키는]
ad - scribe → **aØsc**ribe[~의 탓으로 돌리다]

이 단어들에서 [d]와 그 뒤에 오는 형태소의 첫 자음과의 완전동화 결과로 음성소실과 철자소실 모두 일어난다. 사전을 찾아보고 의미론적인 추측을 해야만 aspiration, astringent, ascribe와 같은 단어들이 어떻게 구성되어 있는지 알 수 있다.

접두사 ad-가 자음으로 시작되는 어기에 붙으면 접두사의 [-d]의 완전동화가 매우 잘 일어난다. 동화가 되지 않는 유일한 자음은 유성음 [m, v]이며 이들 자음 앞에서는 기존의 접두사 형태를 그대로 유지한다.[5)]

ad - **v**enture '오다, 가져오다' → **adv**enture[모험]
ad - **v**oc '말하다, 부르다' -ate → **adv**ocate[지지하다]
ad - **m**ir '놀라움' - e → **adm**ire[감탄하다]
ad - **m**it '보내다, 가다' → **adm**it[인정하다]

다음에 오는 형태소가 모음으로 시작하거나 혹은 <h>로 시작하는 경우에도 접두사 ad-는 변하지 않는다. 이는 반복되는 패턴이다. 5장에서 언급되었듯이 모음이나 형태소 앞에 위치한 <h>는 여러 음성규칙이 적용될 때 자주 같은 방식으로 행동한다.[6)]

ad - **o**re '말하다' → **ado**re[사모하다]
ad - **u**mbra '그림자' -ate → **adu**mbrate[대략적으로 알려주다]
ad - **h**ere '막대기' → **adh**ere[들러붙다]

'아래로, 밑에'를 의미하는 접두사 sub- 의 마지막 자음은 좀 더 제한된 환경에서 완전동화를 겪는다. 즉 sub의 [-b]는 [k, g, f, p, r, m]에 동화된다.

---

5) 접두사의 [-d]는 고대프랑스어에서는 순음 앞에서도 동화가 되었다. 따라서 프랑스어에서 직접 차용된 단어들은 이 접두사를 가지고 있지 않다. 예를 들어 avenge[복수하다](< 라틴어 ad vindicare), avow[맹세하다](< 라틴어 advocare), avenue[거리] (< 라틴어 advenire) 등이 있다.

6) 역사적으로 볼 때 advocate[지지하다], advent[출현]와 같은 유형의 예들도 여기에 속하는데 왜냐하면 <v>는 라틴어에서 접근음이었기 때문이다.

sub - cumb '거짓말하다' → succumb[굴복하다]
sub - mon '경고하다' → summon[소환하다]
sub - fer '가지다, 가져오다' → suffer[고통을 당하다]
sub - port → support[지지하다]
sub - gest '나르다' → suggest[제안하다]
sub - rog '물어보다' → surrogate[대리의]

ad-와 마찬가지로 [sp-, st-, sk-]로 시작하는 어근 앞에서 sub-의 마지막 자음은 상실된다.

sub - spect → suØspect[의심하다]
sub - stenance → suØstenance[생명을 건강하게 유지하다]

그러나 이 환경에서 접두사의 <b>가 변하지 않고 그대로 있는 경우를 더 자주 발견할 것이다. 예를 들면 subscript[아래에 적힌], substance[본질], substratum[기층(아래층)], subspecies[아종], subspecific[아종에 속하는]이 있다. 이 단어들은 대체로 글자로는 투명한 구성요소들을 보존하고 있지만, 편안한 발음에서 [b]는 [p]로 무성음화될 수 있다.

접두사 ob- '~로, ~을 향하여'는 세 개의 무성음인 [k, f, p]가 뒤에 올 때만 완전동화 된다. 그리고 가끔 [m]이 뒤에 올 때도 완전동화 된다(이때는 철자 소실도 일어난다).

ob - cad-s-ion '떨어지다' → occasion[경우]
ob - fer '가져오다' → offer[제공하다]
ob - pos '위치에 놓다' → oppose[반대하다]
ob - mit '보내다, 가다' → oØmit[삭제하다]

접두사 in-('안에'와 '아닌'을 의미하는 접두사 모두), en-, syn-은 순음비음 [m-]이 뒤에 오면 완전 순음동화 된다는 것을 우리는 이미 살펴보았다. in-, con-, syn-의 자음 [n-]은 유음 [l, r]에 완전동화 된다.

in - leg-al '법률' → illegal[위법적인]
in - reg- ular '규칙' → irregular[불규칙한]
con - legt '선택하다' → collect[수집하다]
con - rupt '망가진' → corrupt[부패한]
syn - log '말하다' -ism → syllogism[삼단논법]

4.2 이중자음 철자

완전동화는 단어의 철자에서 그 흔적을 간혹 찾아볼 수 있는, 아주 오래전에 있었던 변화이다. 이 경우 동화된 소리의 자리를 철자가 보존해 주게 되는데, 따라서 두 개의 형태소 사이 접촉점에 **이중자음 철자(double consonant letter)**가 만들어진다. 앞에서 분석되었던 단어 assimilation은 철자에 반영된 입력형 자음의 자리가 유지된 완전동화의 예이다.

이중자음은 철자와 발음에 있어서 중요한 차이가 있다. 영어는 하나의 형태소 안에서 긴 자음을 사용하지 않는 언어이다. fu**rr**y[털이 달린]와 fu**r**y[분노], ma**ss**es[덩어리들]와 races[민족들], sa**pp**y[수액이 많은]와 soa**p**y[비누투성이의], a**nn**otate[주석을 달다]와 a**n**onym[익명], su**mm**on[소환하다]과 le**m**on[레몬]의 가운데 자음[발음]은 동일하다. 한편 복합어와 투명한 파생어에서 형태소의 연접 위치에도 이중자음이 있다. 예로 pe**n-kn**ife[작은 주머니칼], lea**d-d**ance[맨 먼저 추는 춤], u**nn**amed[이름없는], mi**dd**ay[정오], misspell[오철자]이 있다. 이중자음은 bi**g g**arden[큰 정원], so**me m**oney[약간의 돈], te**n n**ights[열 번의 밤], lea**d d**own[아래로 이끄는], sto**p p**outing[입술을 볼록 내미는 짓을 멈추다]과 같은 구에서도 들을 수 있다. 동일한 자음의 연속은 한 번의 폐쇄 해제(release)와 한 번의 초성으로 발음되지만, '긴' 자음을 발음하는데 걸리는 실제 시간은 두 개의 개별 자음군을 발음할 때 걸리는 시간만큼 길 수 있다. 추가적인 길이는 형태소 사이에 경계가 존재한다는 것을 알려주기 때문에 유용하다. 이는 영어 화자들이 바로 명확하게 파악하는 것이다.

그러나 고전어의 기원을 가지고 있는 단어들에는 자동적으로 적용되지 않는데, 그 이유는 단어의 구성성분이 모든 화자의 영어에 관한 기본지식의 일부가 아니기 때문이다. assimilation에 있는 <ss>는 이중자음임에도 불구하고 aside에 있는 하나의 철자 <s>처럼 발음된다. 이 장에서 얻은 지식에 따르면 어근의 왼쪽 끝에 위치한 <-ff-, -ll-, -pp-, -rr-, -ss->와 같은 이중자음은 단어의 어원적 구성을 알려주는 아주 유용한 표시가 될 수 있다. 다음 장에서 경계표지로서의 이중자음에 대하여 논의를 할 것이다. 일단은 완전동화를 다음과 같이 두 단계 과정으로 요약한다.

(1) 입력형 자음은 접촉 자음과 동일하게 된다－단어의 철자에 반영된 단계, 그리고
(2) '이중'자음은 음성적으로 하나의 자음으로 짧게 된다. 이 단계는 완전히 동화된 소리를 단어의 음성구조로부터 상실/삭제하는 과정을 포함한다.

5. 약화 혹은 강화에 의한 대체

순음동화와 완전동화라는 명확하고도 눈에 보이는 표시 없이도 다른 종류의 형태

론적 변화가 형태소의 소리에 영향을 줄 수 있다. 이들 변화 가운데 일부는 자음에 일어나고, 또 다른 일부는 모음에만 일어난다. 이 절에서 논의되는 과정들은 공통적으로 (a) 영향을 받는 분절음에서의 공명도의 변화, (b) 분절음을 만드는데 필요한 노력의 양의 변화를 포함하고 있다. 자음의 공명도가 높아지면 이 과정을 약화 혹은 **연음화**(lenition)라 한다. 이 용어는 라틴어 형용사 lenis '부드러운, 온유한'을 기반으로 만들어진 것이다(lenient[관대한], leniency[관용]에서도 이 어근이 발견된다). 연음화는 좁아짐(stricture)[1]/열려짐과 성문상태/공명도에서의 변화를 지칭한다. 즉 자음은 입안이 덜 좁아지고 성문의 상태가 유성음일 때 연음화된다. 자음은 더 많이 연음화가 될수록 더 많이 모음처럼 된다. 좁아짐이라는 관점에서 가장 강한 자음은 폐쇄음이고 가장 약한 자음은 공명음이며, 특히 구강공명음 [r, l, w, y]이 가장 약하다. 모음에 있어서는 가장 열린 모음이 가장 많이 공명을 하고 반면에 고모음은 가장 적게 공명을 한다. 이런 의미에서 고모음은 좀 더 자음에 가깝다. <그림 6.2>에 제시된 영어 소리의 공명도 수치는 단지 근사치임을 염두에 두고 공명도 등급이 어떻게 구성되는지 알아보자.[7)]

무성폐쇄음	p, t, k	0
무성마찰음	f, θ, h	5
	s, š	15
전이음과 공명음	w, y	70
	m, n, r	75
[l]과 고모음	l, i	80
	ɪ	85
중모음과 저모음	æ, ɔ, ou	90

〈그림 6.2〉

분절음의 음성적 정보는 다음 <그림 6.3>에 있는 공명음 인덱스로 나타낼 수 있다.[8)]

---

7) 영어에서의 공명도 위계는 피터 라드포게드(Peter Ladefoged)가 쓴 『음성학 강의(A Course in Phonetics)』(2판, San Diego: Harcourt Brace Jovanovich, 1982)의 표 11.7에 근거하고 있다. 여기서 공명음 [sonorant] 자질의 퍼센트 숫자는 소리를 만들어내는 동안 측정한 음향에너지의 양을 숫자로 정의한 것이다. 자음은 강세음절에 있는 모음 [ɑy] 앞에 나오는 이음으로 측정했다. 모음은 강세음절의 시작점에 위치한 이음으로 측정했다.

8) 엘리자베스 셀커크(Elizabeth Selkirk)의 논문 "주부류 자질과 음절이론에 관해서"에서 가져온 것이다. 아로노프(M. Aronoff)와 오올리(R. Oehrle) 편집 『언어 소리의 구조(Language Sound Structure)』(Cambridge, MA: MIT Press, 1994)(107-36쪽과 112쪽)에 있음

공명도 낮음										공명도 높음
p, t, k	b, d, g	f, θ	v, ð, z	s	m, n	l	r	y, i w, u	e, o	a
0.5	1	2	3	4	5	6	7	8	9	10

〈그림 6.3〉

<그림 6.2>와 <그림 6.3>을 보면 폐쇄음이 좀 더 확실한 자음의 자질을 가지고 있음을 곧바로 알 수 있다. 즉 폐쇄음은 공기의 흐름이 차단되지 않은 채 변하기만 하는 자음들보다는 더 강하다. 공기의 흐름이 완전히 차단되지 않고 발음되는 하나의 자음은 조음 노력이 덜 드는 것으로 해석할 수도 있다. 물론 연음화와 감소된 노력 사이의 상관관계는 연음화와 공명음 사이의 관계보다 신뢰할 수 없긴 하다.

다음에 올 두 절에서는 폐쇄음 [t]와 [d]가 모음 앞에서 연음화되는 것을 논의한다. 이 경우 폐쇄음은 더 약한 자음의 자질을 갖는 소리로 대체된다.

5.1 T-연음화

t + { -y, -e, -is, -ia} (모음으로 시작되는 접미사)
↓
s

T-연음화는 [-t]로 끝나는 어근과 접미사 모두에 영향을 미친다. 차용어에서는 형태소 마지막에 위치한 [-t] 다음에 추상명사를 만드는 접미사 -y, -e, -is나 상태를 뜻하는 -ia가 오면 이 규칙이 나타난다. 이 네 가지 접미사는 모두 전설고모음과 전설중모음으로 시작하지만 그렇다고 해서 이것이 이 규칙을 활성화하는 충분조건은 아니다. 왜냐하면 같은 전설모음으로 시작하는 다른 접미사는 이 변화를 일으키지 않기 때문이다. democratic^민주적인^, democratization^민주화^, hypnotist^최면술사^, importer^수입업자^, active^활동적인^ 등이 그 예이다. 그럼에도 [t] 다음에 오는 모음의 '전설성' 혹은 '폐쇄성'이 촉진요소라고 생각하는 것은 옳다. 왜냐하면 [-t] 뒤에 열린 모음으로 시작하는 접미사가 올 때는 이 규칙은 전혀 적용되지 않기 때문이다. important^중요한^, auditorium^강당^ 등을 비교해볼 것. 연음화와 '전설성' 자질과의 상관관계는 첫 단계인 [t]가 [s]로 변화한 이후에도 계속 중요하게 작용하여 발음의 편이성으로 인한 추가적인 변화를 생성한다.

5.1.1 T-연음화와 철자

T-연음화는 철자에 나타날 수도 있고 나타나지 않을 수도 있다. 연음화의 첫 번째 결과인 [s]는 <s>와 <c> 철자로 바뀐다. 그러나 바뀌지 않을 수도 있다.

<-t-> + {-y, -e, -is, -ia}
- → <s> stat 'stay' + is → stasis[정체]
- → <c> grat 'kind' + e → grace[우아함]
- → <t> dict 'speak' + ion → diction[말씨]

불행히도 어떤 글자가 특정한 형태의 철자로 나타나는지 예견할 수 있는 규칙은 없다. 이는 4세기 이전에 시작되었던 철자관습의 문제이다. T-연음화의 더 많은 예는 서로 다른 철자가 사용되고 있음을 보여준다.

철자변화

<t> → <s>:	eu '좋은' + thanat + **ia**	→ euthana**s**ia[안락사]
	gen + **et** + **is**	→ gene**s**is[기원]
<t> → <c>:	in + port + ant + **e**	→ importan**c**e[중요성]
	demo + crat + **y**	→ democra**c**y[민주주의]
<t> → <t>:	milit + **ia**	→ mili**t**ia[민병대]
	in + tuit '지켜보다' + ion	→ intui**t**ion[직관]

militia와 intuition에서처럼 <t>가 철자에 보존된 단어들에서는 자음의 변화가 철자에 반영되지 않음에 수복하자. 이들은 5장에서 모음약화와 모음추이와 연관하여 논의했던 이형태 변이처럼 행동한다. 모음약화와 모음추이에서는 강세의 부재와 단모음에서 장모음으로의 변화만이 발음에 영향을 미친다.

5.1.2 T-연음화, 구개음화, 파찰음화

역사적으로 T-연음화로 만들어진 [s]는 **구개음화(palatalization)**라 불리는 2차 변화를 거칠 수 있다. 이는 다음에 오는 형태소가 역사적으로 구개전이음 [y]로 시작될 때 치경자음 [s]를 무성음 [š] 혹은 유성음 [ž]로 바꾸는 동화현상이다. 유성구개마찰음 [ž]의 출현은 아마도 중간단계인 [z]를 거친 것으로 보이는데 강세 뒤에 오는 환경에서만 가능하다. 따라서 station[정거장], minutia[세부사항], euthanasia[안락사]는 구개음화인 [š]나 [ž]를 보이지만, 만약에 [s]가 genesis[기원], ecstasy[황홀감], democracy[민주주의]에서처럼 강세가 없는 모음 사이에 올 때는 구개음화가 일어나지 않는다. 구개음으로의 조음점 이동은 발음에서만 나타나며 철자는 T-연음화의 다른 경우에서처럼 <s>, <c>, <t>가 된다.

<-ure> 앞에서 [t] 구개음화는 한 단계 더 나아가 **파찰음** [č]를 만들어낸다.

t + -u(r)e [-yu(r)]
↓
č

이 변화는 고전어에서 유래된 것은 아니지만 영어에 고전어 단어들이 차용된 후에 일어났으며, 사실 영어에서는 이와 비슷한 현상을 쉽게 찾을 수 있다. You bet**cha**, I wat**cha** to do it[2]에서처럼 단어 연쇄를 비격식체로 발음할 때 파찰음을 만들어 낸다.

파찰음화는 또 다른 종류의 구개동화이다. 이 변화를 일으킨 구개음 [y]가 철자에 나타나지 않음에도 불구하고 이 변화는 bet you, want you와 같은 구문과 culture[문화], literature[문학], mature[성숙한], nature[자연], statue[조각상], virtue[미덕]와 같은 로맨스어 어휘에서 왜 <-t>가 [č]로 발음되는지에 대한 이해를 돕는 올바른 근거가 된다(초기현대영어에서 virt**ue**[미덕], amat**eur**[아마추어]처럼 프랑스어에서 차용된 단어들에서 <ue>나 <eu>로 철자화된 모음 역시 [yu]로 이해되었고 따라서 같은 효과를 보였다). 파찰음화 또한 강세와 관련이 있다. 역사적으로 파찰음은 단어의 주 강세가 있는 음절에서 일어났다(따라서 literaTYUR, naTYUR[3] 등으로 발음되었다).

5.1.3 **요약: T-연음화 이후의 구개음화와 파찰음화**

[-t]로 끝나는 형태소가 [i]나 [y]로 시작하는 형태소와 만나면 네 가지 서로 다른 변화가 일어날 수 있다. secrecy[비밀유지], apostasy[배교], genesis[기원], importance[중요성]에서처럼 [t]가 [s]로 변하는 단순 연음화가 있다. 영어에서, 즉 차용 이후에, 연음화에 더해 [š]로 구개음화가 되는 patient[환자], derivation[파생], segregation[분리], secretion[분비물], vacation[휴가], action[행동]과 같은 예가 있다. 또는 euthanasia[안락사], anesthesia[마취]에서처럼 [ž]로 구개음화된다. 마지막으로 nature[자연], literature[문학]에서처럼 [č]로 파찰음화된다.

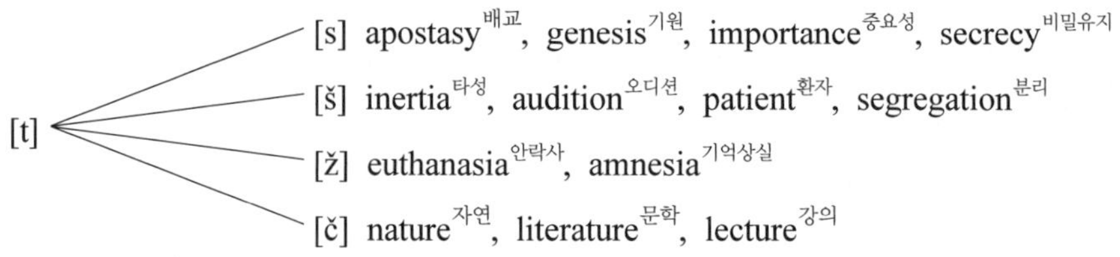

5.2 D-연음화

T-연음화와 역사가 아주 다르지만 결과는 비슷한 패턴이 유성치경폐쇄음 [d]를 접미사 -ive, -ion 앞에서 [s]로 바꾸어 놓는다.

d + {-ive, -ion}
↓
s

T-연음화처럼 D-연음화는 여러 단계를 거칠 수 있다. 가장 단순한 결과는 앞의 표에 있는 것이다. 즉 다음처럼 [d]는 [s]로 변한다.

pen**d** '숙고하다' + ive → pen**s**ive[깊은 생각에 잠긴]
in + clu**d** '닫다' + ive → inclu**s**ive[포함된]

프랑스어에서 차용된 -ion으로 끝나는 단어와 다른 [y-] 접미사들을 가지고 있는 단어들에서는 연음화의 출력형인 [s]가 더 진행하여 [š]로 구개음화가 될 수 있고, 구개음화와 유성음화가 같이 일어나 [ž]가 되거나 [ǰ]로 파찰음화될 수 있다.

pen**d** '지불하다' + ion	→ pen**s**ion[연금] [-š-]
ad + lu**d** '놀다, 가볍게 만지다'	→ allu**s**ion[암시] [-ž-]
pen**d** '걸다' + ulum	→ pen**d**ulum[추] [-ǰ-]

[ǰ]로 파찰음화가 되면(예를 들어 module[모듈], verdure[신록]에서처럼) 정확히 말해 D-연음화 규칙은 관련이 없게 된다. 파찰음화는 -ive, -ion 앞에서는 일어나지 않는다. 파찰음화가 일어나려면 [t]와 [d] 두 자음을 파찰음화로 만드는 [yu]가 뒤에 와야 한다. pendulum[추]과 module[모듈]에서처럼 어떤 형태소에 있든 간에 [d]는 동일한 단어와 같은 연쇄 속에서 [-y]가 뒤에 오면 파찰음이 된다. min**d** **y**ou를 발음할 때 [-ǰ-] 그리고 심지어는 ba**d** **y**ear라고 발음할 때 badger[오소리]의 가운데 자음이 나타나는 예도 있다. 관련 환경에서 [d]의 다양한 음성적 실현을 요약하면 다음과 같다.

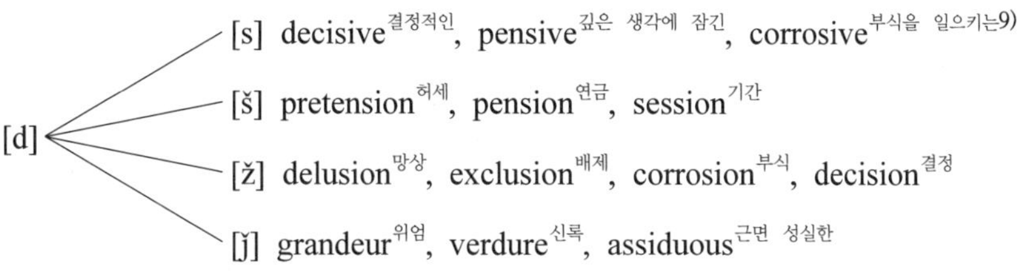

9) rodent[설치류]에서처럼 '갉아먹다'라는 뜻의 rod에서 온 단어임.

5.2.1 **요약: 치음폐쇄음의 구개음화와 폐쇄음화**

치음폐쇄음인 [t]와 [d]가 전설모음으로 시작하는 접미사 앞에 위치하면 [s]를 만들어 내는 것이 단순 연음화이다. 더 나아가 [-i, -y]의 환경에서 [s]는 구개마찰음인 [š]나 [ž]가 될 수 있다. 좀 더 좁혀보면 전이음 [-y]의 환경에서는 구개음화보다는 파찰음화가 더 흔하게 나타나는 결과로, [t]는 대응하는 유성파찰음 [č]가 되고 [d]는 유성파찰음 [ǰ]가 된다.

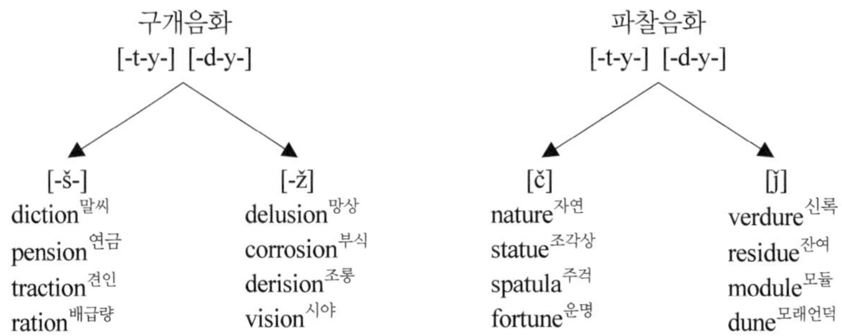

역사적으로 보면 위에 제시된 변화 중 일부는 '젊은' 변화, 즉 얼마 되지 않은 변화이다. 이 변화들은 관련된 음성적 연쇄를 갖추고 있는 모든 단어에서 충분히 자리를 못 잡고 있다. 그러므로 의심할 바 없이, 철자에 영향을 받았을 대체되는 발음들이 존재한다. 예컨대 amnesia[기억상실]에서는 [z]가 아니라 [ž]로, habitual[습관적인], fortune[운], literature[문학]에서 [č]가 아니라 [-ty-]로, grandeur[장엄]나 module[모듈]에서 [ǰ]가 아니라 [-dy-]로 발음된다. 단어의 철자를 보면 이 발음들이 더 정확해보이지만 구개음화나 파찰음화된 발음의 음성적 자연성은 위반되고 있다. 따라서 이 발음들은 현학적이고 심지어는 가식적으로 들릴 수 있다.

5.3 [v]-모음화

마지막 자음대체 변화는 자음약화의 가장 극단적인 예이다. 이 변화는 주로 [t]와 같은 다른 자음이 앞의 유성순치마찰음 [v]를 모음으로 바꾼다.

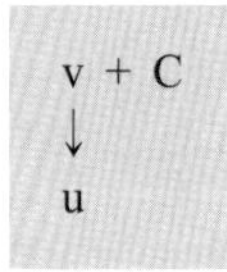

(어떤 모음이든지 '모음'을 나타내는 대문자 V와 달리 여기서 글자 <v>는 일반적

인 알파벳 의미로 사용되고 있음을 유의하자.) 발음의 편이성으로 인해 궁극적으로 촉발된 공명도의 증가가 [v]모음화에 관련되는 원리이다. [v]가 다른 자음과 결합하면 [-vt-, -vf-, -vs-]처럼 발음하기 어려운 자음군이 된다. 이를 고치는 방법은 다른 자음, 주로 [t]인 다른 자음이 뒤에 오면 유성순치마찰음 [v]를 모음으로 변환하는 것이다. [v]-모음화는 고전어에 기원을 둔 다섯 개의 형태소, 즉 av '새', nav '항해, 배', salv '안전한, 건강한', solv '느슨하게 하다, 풀어주다', volv '돌다, 두루마리'에 국한되어 있다.

astro - na**v** - **t** → astrona**ut**[우주비행사], cf. na**vy**[해군], na**vi**gate[방향을 찾다]

a**v** - **s**pic- ious → a**us**picious[상서로운], cf. a**vi**ator[비행사], a**vi**ary[새장]

con - vol**v** - **t**ion → convol**ut**ion[난해함], cf. revol**ve**[회전하다], invol**ve**[포함하다]

sal**v** - **t**e → sal**ut**e[경례하다], cf. sal**va**tion[구원], sal**va**ge[구조]

sol**v** - **t**ion → sol**ut**ion[해결], cf. resol**ve**[해결하다], sol**ve**nt[용액/지불능력]

형태소 eu '잘, 좋은'도 두 개의 이형태를 가진다. 그리스어에서 만들어진 eugenics[우생학], euphony[듣기 좋은 음조]에서는 모음이 보존되는 반면, 모음을 보존했을 때 모음충돌이 발생하면 evangelical[복음주의의] 에서처럼 원래의 [u]가 [v]로 바뀐다.

이 작은 그룹의 어근 안에서도 흥미로운 다수의 대체 가능성이 존재한다. 어근 [-v] 뒤에 [-t]가 올 때 파생어는 둘 이상의 변화를 보일 수 있다. 예를 들면 salute에서는 [t]가 그대로 남아있지만 solution[해결], convolution[난해함], revolution[혁명]에서는 T-연음화와 구개음화가 나타난다. 한 세트를 이루는 nausea[메스꺼움], nauseous[메스꺼운], nauseate[메스껍게하다]에는 [v-]-모음화와 함께 T-연음화의 다양한 가능성인 [s], [š], [z], [ž] 중 하나가 나타난다.

6. 모음대체

마지막 모음대체 규칙은 모음 <a>와 <e>의 변화이다. 라틴어에서는 단모음 [a]와 [e]를 나타냈던 철자 <a>와 <e>는 이들을 가진 형태소가 두 번째 음절이나 그보다 뒤에 올 때 변화한다. 첫 음절에서는 결코 변화하지 않는다. 이 유형의 대체는 라틴어 차용어에 국한되며 영어 고유어 어휘에는 영향을 미치지 않는다.

다음에서 논의될 모음의 변화는 모음상승의 경우이다. 고모음일수록 공명도가 낮아지기 때문에 이 과정은 **분절음의 공명도약화**로 기술될 수 있다. 일반적으로 자음에 적용되는 용어를 사용하여 설명하면 모음은 **강화**(*fortition*)과정을 겪는다고 할 수 있다. 왜냐하면 소리를 낼 때 더 조여지면서 공기가 더 많이 방해를 받기 때문이다. 이런 관점에서 볼 때 독립적으로 사용되는 약화와 연음화는 중복되는 의미를 가진다. 따라서 **자음 연음화**는 자음의 자질을 더 잃어버리는 것인 반면에 **모음의 공명도약화**[4]는 덜 모음스럽게 되는 것을 의미한다. 따라서 모음의 공명도약화라는 현상은 **모음약화(vowel reduction)**와는 구분되어야 한다. 모음약화는 강세를 받지 않는 모음이 중립적인 모음 슈와 [ə]로 바뀌는 것을 말한다. 여기서 모음의 공명도약화는 영향을 받는 모음이 순차적으로 고모음화 또는 닫힌 모음이 되는 것이다. 다른 조건이 똑같다고 간주할 때 저모음은 고모음보다 공명도가 더 높다.

6.1 〈a〉-공명도약화

첫 번째 유형의 공명도약화는 <a>로 철자화되는 모음이 첫 번째 음절을 제외한 나머지 위치의 음절에 나올 때 영향을 미친다.

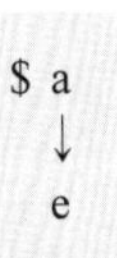

이 도식은 '음절'을 의미하는 '$'를 사용해서 규칙의 변화와 조건을 나타낸다. 이 방식에 따르면 규칙에 있는 <a>는 적어도 왼쪽에 하나의 음절을 가지고 있다. 만약 <a>가 첫 번째 음절에 있다면 변화는 일어나지 않는다.

art[예술]	→ **art**istic[예술적인]	→ in**ert** '기술이 없는'
cand '빛나는, 백색의'	→ **cand**id[솔직한], **cand**idate[입후보자10)]	→ in**cend**iary[방화의]
cap '붙잡다'	→ **cap**tive[사로잡힌]	→ de**cep**tive[기만하는]
fac '만들다, 놓다'	→ **fac**t[사실]	→ in**fec**t '안에 넣다'

이 규칙은 동족어 사이에 있는 형태적 연결 관계를 설명할 때 매우 유용하다. 물론 불행하게도 예외가 없는 규칙은 아니므로 어근의 원래 형태가 변하지 않고 그대로 보존된 단어들은 예외가 된다. 따라서 어근과 파생어 사이의 형태적인 관계는 투명하다. manu**fac**ture[제조하다]에 있는 어근 √fac이나 re**cap**ture[탈환하다]에 있는 어근 √cap은 쉽게 파악되는데, 사실 이 단어들은 기술적으로는 <a>-공명도약화에 대한 예외들이다.

6.2 〈e〉-공명도약화

모음 연음화의 두 번째 규칙은 <e>를 <i>로 바꾸므로 이를 <e>-공명도약화라고 부른다.

---

10) 고대로마에서는 공직 입후보자는 흰색 토가(로마식 의상)를 입었다.

여기에서도 마찬가지로 감소된 공명도, 즉 약화는 중모음에서 고모음으로의 상승으로 연결된다. 이 변화는 <a>-공명도약화보다 좀 더 복잡한데 규칙 적용에 더 많은 조건이 작용하기 때문이다.

$$\begin{array}{l} \$\ e\ C_1 + V \\ \quad \downarrow \\ \quad i \end{array}$$

이 규칙은 이렇게 읽을 수 있다: 다음과 같을 때 <e>는 <i>가 된다.

1) 형태소가 단일 자음(=C^1)으로 끝날 때,
2) 단어의 첫 음절이 아닐 때($를 뒤따를 때), 그리고
3) 모음(V)을 선행할 때.

<e>-공명도약화의 예는 다음과 같다.

leg '선택하다'	→ **leg**ion[군단]	→ di**lig**ent[부지런한]
sed '앉다'	→ **sed**iment[침전물]	→ pre**sid**ent[회장]
spec '바라보다, 보다'	→ **spec**tacle[구경거리]	→ con**spic**uous[현저한]

<a>-공명도약화에서와 마찬가지로 <e>-공명도약화에도 예외가 없는 것은 아니다. <e> 모음이 원래 장모음이었거나 혹은 파생형에서 길어진 형태소는 영향을 받지 않는다. 따라서 medium[중간의] – intermediary[중개인] < med(ī) '중간의', levity[경솔] – alleviate[완화하다] < lev '빛, 오르다', gregarious[남과 어울리기 좋아하는] – egregious[지독한] < greg '무리, 모으다'는 철자 변화가 없다. [r]로 끝나는 형태소도 영향을 받지 않는다. 따라서 fer '나르다'의 [e]는 변하지 않은 채로 남았지만 conference[회의], preference[선호]에서처럼 비강세음절에서의 자동적 약화(reduced)는 예외이다. [l]과 [m] 앞에서의 분포는 복잡하며 또한 어디에도 속하지 않는 진짜 예외들도 있어서 똑같은 어근 cad '떨어지다'에서 만들어진 in**cid**ent[사건]와 de**cad**ent[타락한]와 같은 단어쌍도 생기게 된다. 또한 여기서 '변화가 없다'라는 것은 투명성을 보존한다는 뜻이다. 즉 파생형에서 어근을 쉽게 파악하게 해주는 투명성이 발음의 편이성보다 더 선호되었다.

6.3 복합적 공명도약화

복합적 공명도약화는 하나의 규칙이 아니다. <a>-공명도약화를 먼저 적용하고 다

시 <e>-공명도약화를 적용하는 것이다. 여기서 중간단계인 <a>-공명도약화가 반드시 존재하는 어휘에 나타날 필요가 없다는 것에 주목하자. 그러나 <a>는 <i>로 바로 바뀔 수가 없기 때문에 <i> 출력형은 기록되지 않은 <a>-공명도약화의 결과로 인한 것일 수밖에 없다.

어근	<a>-공명도약화	<e>-공명도약화
agent[대리인]	variegate[얼룩지게 하다]	intransi**gent**[고집스러운]
capture[포로로 잡다]	re**cep**tive[수용적인]	in**cip**ient[막 시작된]
habitation[거주]	→	in**hib**it[억제하다]
de**cad**ent[타락한]	→	in**cid**ent[사건]
fact[사실]	de**fect**[결점]	de**fic**ient[결핍된]

7. 후설성동화

후설성동화는 적은 수의 형태소에만 적용되지만 이 형태소들은 모두 아주 생산성이 높고 흔한 어근들이다. 다음과 같은 변화를 일으킨다.

<el->
　　　　＞ + C → <-ul->
<ol->

이 규칙에 의하면 <el> 또는 <ol>의 연속은 [l-] 앞에 다른 자음이 오면 언제나 <ul>로 변한다. 다음과 같이 작용한다.

cel '덮다'	→ **cel**lar[지하저장고]	→ oc**cul**t[주술적인]
col '살다, 자라다'	→ **col**ony[식민지]	→ **cul**ture[문화]
mel '강한, 위대한'	→ a**mel**iorate[개선하다]	→ **mul**titude[다수]
pel '밀치다'	→ pro**pel**[추진하다]	→ pro**pul**sion[추진력]
***sel** '뛰어넘다'[11]	—	→ ex**ult**[기뻐서 어쩔 줄 모르다], de**sult**ory[두서없는]

후설성동화의 발생 이유는 그다지 명확하지 않다. <u>를 선호할 만한 가능성이 있는 요소는 동족어의 음절구성에서 찾아볼 수 있을지 모른다. cellar[지하저장고], colony[식민지], 라틴어

11) 형태소 *sel '뛰어넘다, 점프하다'는 그 자체로 어원이 입증된 것은 아니다. salient[핵심적인], result[결과], summersault[재주넘기]와 같은 단어에 있는 입증된 어근인 √sal, s(a)ul(라틴어 salire '뛰어오르다')과 -s(a)ul 사이의 중간 형태로 설정된 것이다. salmon '연어, 뛰어오르는 물고기'은 아마도 같은 어근에서부터 왔을 것이다.

pellere(과거분사는 pulsus, AHD는 '밀다, 몰다, 치다'로 정의)에서처럼 [l]이 모음을 선행하면 음절의 처음에 위치한다. 이 위치에서 [l]의 조음자질과 음향자질은 보존될 가능성이 크다. 그러나 [l]이 자음을 선행하면 이는 음절 말음이 되고 여기서는 '어두운(dark)' 혹은 '연구개음화'된 이음 [ɫ]로 발음된다. 이 소리는 조음적으로나 음향적으로 훨씬 더 후설모음 [u]에 가깝다. 그러면 원래의 모음은 [ɫ]의 후설성 자질에 동화되고 결국 [u]와 비슷한 소리로 인지하게 된다. folk[사람들], old[오래된], help[도움], silk[실크]에서의 <l> 소리는 사실 lip[입술], last[마지막]의 자음 <l>보다는 오히려 모음 [u]에 가까운 소리로 발음된다. 이들 단어의 철자 <l>은 후설성동화를 일으키는 요인에 해당하는 음성적 가능성을 제공한다.

---

1 stricture는 입안에서 두 가지 조음기구가 가까워져 공기의 흐름이 방해받는 것을 말한다. 공기 흐름의 방해 혹은 제한은 입안의 조음기구(예를 들어 혀와 입천장) 사이의 거리가 가까워질 때 만들어진다.

2 You betcha.는 You bet you(당연하지)가 축약된 문장이고, I watcha do it은 I **want you** to do it(나는 네가 그걸 하길 원해)가 축약된 문장이다. 특히 betcha와 watcha는 축약된 부분의 구개음화된 발음을 철자를 통해 보여준다.

3 원래 발음은 강세가 앞 음절에 있는 literature [ˈlɪtrəčʊr]와 nature [ˈneɪčə(r)]이지만 [č]를 발음하면서 뒤에 따라오는 음절을 더 강하게 발음하는 현상이 나타난다.

4 본 역서에서는 vowel reduction(모음약화)와의 구분을 위해 vowel weakening은 모음 공명도약화로 번역한다. 반면 consonant weakening은 자음약화로 번역한다.

7

탈락규칙과 기타 이형태

이 장에서는 탈락규칙과 함께 역사적으로만 회복이 가능한 또 다른 종류의 이형태를 다룬다. 다루어질 첫 번째 세트의 변화는 원래의 어근이나 접사의 가장자리에서 두 개 이상의 소리를 탈락시켜 이형태를 만들어 낸다. 대체규칙과 마찬가지로 탈락규칙은 음운론적인 환경과 더불어 변화에 관여하는 형태소의 종류, 위치, 숫자에 의해 정의되어야 한다.

1. 자음탈락

이중자음에 대한 추가설명. 이중자음을 음성적으로 하나의 소리로 단순화시키는 변화를 통제하는 일반적인 원칙은 다음과 같다. 이탈리아어, 핀란드어 그리고 다른 많은 언어와는 달리 영어는 단어 안에서 '긴' 혹은 '이중'자음을 허용하지 않는다. 6장 4.2에 제시된 자음의 이중철자에 대한 설명에서 완전동화의 결과로 만들어질 수 있는 철자상의 이중자음과 그렇지 않은 발음상의 '긴' 자음 사이의 중요한 차이를 지적했다. 형태소 내부에 있는 이중자음 문자는 '길게' 발음되지 않는다. ba**ll**oon[풍선]과 sa**l**oon[휴게실]은 하나의 [l]만 가지고 있으며, le**mm**a[표제어]와 le**m**on[레몬]도 하나의 [m]만을 가지고 있고, pe**dd**le[행상하다]과 pe**d**al[페달]도 동일한 짧은 자음을 중간에 가지고 있다.

영어는 오직 단어와 형태소 사이에 명확한 경계선이 있을 때만 진정한 '긴' 자음을 허용한다. 예: file log[파일기록], big garden[큰 정원], roommate[룸메이트], bus-schedule[버스 일정표], bookcase[책꽂이], sad day[슬픈 날], unnoticed[눈에 띄지 않는], dissatisfied[만족하지 못한]. 인접해있는 긴 자음의 음성적 성질은 동일하지 않다. 왼쪽에 있는 자음은 음절의 말음이기 때문에 '공기를 방출'하지 않는다. 반면 오른쪽에 있는 자음은 다음에 오는 음절의 분절음으로 공기를 완전히 방출한다. big garden이라는 구절을 계속해서 발음하면서 두 단어의 연접(juncture) 부위에서 [g]를 어떻게 조음하는지 주의 깊게 관찰해 보면 이 말이 무슨 뜻인지 이해할 수 있다.

이중자음에서 좀 더 긴 조음시간은 단지 음성적인 현상이고 철자와는 관계가 없다. 그럼에도 진짜 긴 자음과 그리고 6장에서 설명된 완전동화로 인해 생겨난 이중글자 사이에는 유사한 점이 있다. 둘 모두 형태소 경계를 표시해 준다. accurate[정확한], affirm[단언하다], arrive[도착하다]와 같은 단어의 철자는 지금은 합쳐졌지만 두 개의 형태소가 역사적으로 접촉 부위를 알려준다. 형태소 왼쪽에 있는 이중자음 역시 경계를 표시한다. 예를 들어 '긴' 자음은 [s-s]가 있는 pass south와 하나의 [s]가 있는 pass out 사이의 차이를 보여준다. 따라서 긴 자음을 들을 때 두 개의 자음이 서로 다른 형태소에 속한다는 것을 알기 때문에 sto**p** **i**tching[간지럽히는 것을 멈추다]과 sto**p** **p**itching[던지기를 멈추다]을 혼동하지 않게 된다.

어근처럼 행동하는 접사. 영어에서 동일한 자음이 구현되는 가장 보편적인 위치는 car race[자동차경주], hip pain[엉덩이 통증], roommate[룸메이트]에서처럼 두 개의 독립적인 단어나 어근이 연접한 곳이다. 그러나 일부 접사들, 즉 -ful, -less, -ness, counter-, dis-, inter-, mis-, un-, 심지어 격식체에서 -ly는 음성적 길이로 접사임을 강력히 드러낼 수 있다. 예: shel**ff**ul[선반에 가득], sou**ll**ess[마음을 끄는 데가 없는], ster**nn**ess[엄격함], counte**rr**evolution[반혁명], di**ss**atisfy[불만을 갖게 하다], inte**rr**acial[다른 인종간의], mi**ss**tate[잘못 진술하다], u**nn**amed[익명의], who**ll**y[전적으로] vs. ho**ly**[신성한]. 자음을 이중으로 만드는 것에 관한한 이들 접사는 간혹 독립적인 어근처럼 취급된다. 그러나 접사에서 자음을 두 번 발음하는 것이 반드시 필수적인 것은 아니다. 가령 dissident[반체제 인사], dissent[반대], interrogative[질문하는], interrupt[방해하다] 에서는 하나의 자음으로 발음된다. 이는 현대영어 화자들에게는 이들 단어의 어원적인 경계선이 모호해졌음을 보여준다. 즉 접두사와 어근이 함께 어기로 다루어지고, 이 둘은 두 개의 구성성분으로 분석되지 않는다. dissatisfy, interracial은 구성성분이 결합된 것으로 바로 인식이 되지만 dissident, interrogative에서는 접두사－어기의 연접이 작동되지 않고 하나의 단위로 저장된다.

또한 ho**m**e(-)**m**ade[집에서 만든], bu**s** **s**top[버스 정류장], Va**n** **N**uys[반 누이스(미국 인디애나의 도시)], gran**d**(-)**d**aughter[손녀]와 같은 흔한 복합어들에서는 하나의 [m], [s], [n], [d]가 발음되고 있음을 입증할 정도로 그 경계가 충분히 모호해져 있는 것 같다. '부분으로 분석이 불가능한 단어'를 다루면서 가벼운 대화체에서 go**t** **t**o, ough**t** **t**o에서도 이중자음이 나오지 않는 것을 설명할 수도 있다. 긴 자음의 실현 여부는 종종 사용역(register)과 말의 속도에 달려있다. 느리고 주의 깊게 말을 할 때는 bu**s** **s**top에서 [s]와 Va**n** **N**uys에서 [n]을 길게 발음할 가능성이 높은 반면, 빠르고 가벼운 대화에서는 해당 자음군은 단순화된다.

1.1 S-탈락

자연성. 형태소 경계를 넘어서 일어나는 자음군의 단순화는 빈도가 높고 자연스러운 현상이다. 공기를 방출하지 않는 잠재적 이중자음의 첫 번째 자음은 모두 탈락될 수 있고, 그러면 화자는 접사를 가진 단어를 하나의 단위로 재해석할 수 있다. 역사적으로 길이를 잃어버린 첫 번째 경우는 무성마찰음 [s]이다.

S-탈락 과정은 접두사 ex '~로부터, ~에서 멀리'와 [s-]로 시작하는 형태소의 연접 부분에서 첫 번째 [s]를 탈락시킨다

철자상으로	<ex- + s>	→	<ex->
음성적으로	[eks + s]	→	[ekØ – s-]

S-탈락의 예를 들어보자.

ex + spir '숨쉬다'	→	ex**pire**[만료되다] (cf. in + **spir** → in**spire**[격려하다])
ex + sequ '따르다'	→	**ex**equies '장례의식'
		(cf. con + **sequ** 예: con**sequ**ence[결과], con**secu**tive[연이은])
ex + sta '일어서다' + nt	→	**ex**tant[현존하는] (cf. ob + **sta** 예: ob**sta**cle[장애물])
ex + **cep** '가져가다 포함하다' + t	→	**ex**cept[제외하고] (cf. in + **cep** 예: in**cep**tion[시작])

마지막 예의 두 번째 형태소 cep에는 철자 <s>가 없다. 그러나 잉여로 남는 자음을 탈락시키는 원칙은 그대로이다. 이런 현상은 **ex**cess < **ex** + **ced** '가다', **ex**cel < **ex** + **cel** '일어나다'에서도 마찬가지다. S-탈락이 역사적으로 일어난 일부 단어에서는 다음의 예에서 보이듯이 탈락의 결과로 만들어진 [s-]가 [z]로 유성음화되기도 한다.

ex + sample	→	**ex**ample[예][1)]
ex + sequ '끝까지 해내다' + ive	→	**ex**ecutive[경영간부]
ex + sud '땀을 흘리다' + e	→	**ex**ude[줄줄 흐르다]

---

1) example은 S-탈락을 겪은 다른 단어들과 비슷해 보이긴 하지만 그 역사는 다르다. sample은 역사적으로 잘못된 분석의 경우이다. 이 단어의 어원은 ex + em(p) '가지고 가다'이므로 example은 '가지고 나온 어떤 것, 샘플'을 의미한다. sample에서 [s]는 중세영어 시기에 나타난 것으로 라틴어 exemplum의 프랑스어 형태 essample에서 첫 번째 모음이 탈락된 후의 모습이다. 어원적인 호기심을 우리에게 지적해준 제러드 클라인(Jared Klein)에게 감사를 드린다.

이 단어들에서 유성음화되는 것은 [s]만이 아니다. 전체 연쇄인 [-ks-]가 [-gz-]로 유성음화된다. 이 유성음화의 동기는 종종 첫 번째 음절의 강세 부재이며, 이로 인해 -[ek-]에 있는 강한 자음인 무성음 [k]를 [-g-]로 약화, 즉 '연음화' 시킨다. 다시 이 연음화는 뒤따라오는 [s]로 유성음화를 퍼뜨린다.

음성적으로 말하자면 연음화의 이유는 매우 복잡할 수 있다. [k]에서 [g]로 유성음화를 일으키는 것 가운데에 공기 압력의 감소, 짧은 발음시간, 비강세음절의 말음위치에서 [k]의 불완전한 폐쇄 등이 있다. 이 패턴은 Alex[알렉스]와 Alexander[알렉산더]와 같은 단어 쌍의 발음에서 익숙하다. Alex에서는 [-ks]로, Alexander에서는 자음군이 두 개의 음절로 분리되어 유성음 [-g-z]로 발음된다. [-k-s-]가 [-g-z-]로 되는 유성음화는 S-탈락으로 인해 만들어진 자음군이 모음이나 묵음 <h->가 왼쪽에 있는 경우로 제한된다. 예: **ex**aggerate[과장하다], **ex**altation[굉장한 행복], **ex**haust[배기가스], **ex**hibit[전시하다], **ex**hume[발굴하다], **ex**hort[열심히 권하다]. <c-> + 전설모음으로 시작하는 어근들은 S-탈락에 동참하지만 그 결과 만들어진 [ks] 자음군은 유성음화에는 동참하지 않는다. 예: exceed[초과하다], excel[탁월하다], except[~을 제외한], excise[운동하다].

1.1.1 **철자 예외**

S-탈락은 고전라틴어에서 아주 활발한 변화였다. 그러나 근대라틴어(Neo-Latin)에서 영어로 들어온 후기 라틴어 차용어들은 이 규칙을 어기는 것처럼 보일 수도 있다. 발음에서 S-탈락이 일어났지만 두 번째 형태소의 원래 철자에 영향을 주지 않은 단어들은 철자적인 예외로 간주될 수 있다. <-x->와 <-s->를 모두 가진 단어들의 예는 다음과 같은데 OED의 기원 연대가 괄호 안에 함께 주어져 있다.

†**ex**satiate(1599)	**ex**sert[쑥 내밀다](1665) (exert도 있음)
exsanguine[피가 모자라는](1661)	**ex**siccate[바싹 말리다](1545)
exsaturate(1623~6)	**ex**stipulate[떡잎이 없는](1793)
exscind[잘라내다](1662)	**ex**sudation[스며나옴](1646) (exudation도 있음)
exscribe[옮겨적다](1607)	**ex**surge[일어나다](1578)

여기 예로 든 단어들은 모두 드물거나, 사용되지 않거나 혹은 전문적인 단어들이다. 두 번째 형태소에 있는 원래 철자를 그대로 갖고 있다는 것은 학술어 어휘형성에 있어 두 구성성분 사이의 투명성을 보존하기 위한 시도로 확실해 보인다. exsanguinate[피를 뽑다], exsolve[이용하다], exstipulate[떡잎이 없는], exsurge[일어나다]와 같은 일부 단어들은 mass suicide[대량자살], crass sound[무신경한 소리], less salt[더 적은 양의 소금]에서처럼 형태소 경계에서 '긴' [s]를 허용하고

는 있지만 정상적으로 이들은 하나의 [s]로 발음되었을 것이다. 다시 말하지만 자음을 두 번 발음하는 것은 이러한 단어들의 형태소 구성에 주목하게 만든다. ex-의 독립적인 지위가 그러한 발음을 선택한 화자들에게는 투명하게 남아있는 것이다.

1.1.2 S-탈락의 예외

S-탈락은 형태소 ex-가 '과거에 어떤 지위나 공직을 가지고 있었던 사람'을 의미할 때에는 적용되지 않는다. 이 뜻은 중세라틴어에서 ex-의 공간적인 의미에 대한 특수화에 해당한다. 원래 '이전 사람'이라는 뜻의 접두사 ex-는 차용된 어근에만 붙을 수 있었는데 18세기 말엽 즈음에 영어에서 생산적인 요소가 되었다. 예: ex-wife[전처], ex-mate[전 짝], ex-lord[전 주인]. 철자적인 측면에서 이 의미의 ex-는 접두사와 두 번째에 위치한 어근 사이에 하이픈을 넣어 구분한다. 그래서 두 번째 어근의 음성적 형태는 그대로 유지된다. 예: ex-convict[전과자], ex-president[전 대통령], ex-husband[전 남편], ex-actress[전 배우], ex-senator[전 상원의원], ex-service[전 서비스], ex-spouse[전 배우자]. 이 단어들에서 ex는 접두사라기보다는 거의 자유어근에 가까운 지위를 갖고 있는데 이를 이전-접두사(ex-prefix)라고 한다. 19세기 이후부터 ex-는 구어체에서 독립적인 명사로 사용되었고, 비록 문맥상으로 확정된 지위나 계급을 이전에 가졌던 사람이나 사람들을 지시하는데 쓰일 수 있었을지라도 주로 전 배우자를 언급하는데 쓰였다. OED는 명사 ex의 첫 출현을 1827년으로 기록하고 있다.

형태소 ex-는 접두사로서 접두사−어근의 경계선이 애매한 파생어를 만들어내기 위해 어근에 붙을 때만 S-탈락을 일으킨다. ex가 전치사일 때는 S-탈락이 일어나지 않는다. ex officio '공직의 힘으로'나 ex warehouse '직접 팔다', ex libris '~의 장서에서'처럼 차용된 구나 라틴어를 모델로 만든 구에서 그러하다. 독립적인 단어로서의 지위는 **ex s**ilentio '침묵으로부터 혹은 증거부재로부터'뿐만 아니라 어원적인 기원이 섞여 있는 구, 가령 **ex ship**[선측 인도]이나 **ex s**tore[배송료를 구매자가 지불하게 하는]에 나타나는 동일한 자음으로 구성된 자음군과 일치하게 된다.

S-탈락에 대해서 알게 되면 ex로 시작하는 단어들에서 S-탈락을 찾아보고 싶은 생각이 들지도 모른다. 과잉일반화를 피하기 위해서는 어근의 정확한 형태를 파악해야 한다. 정의를 내리자면, 규칙은 s로 시작하는 어근에 의해서만 일어나고 자음탈락은 두 개의 [s]가 역사적으로 인접했었다는 것을 의미한다. **expedi**te[신속히 처리하다], **exculp**ate[무죄를 입증하다], **explic**ate[설명하다], **exquisi**te[정교한], **extempor**ize[즉흥적으로 하다]와 같은 라틴어에서 온 단어들은 인접한 형태소의 원래 형태를 그대로 보존하고 있다. 이들 단어들은 expire[만료되다], except[~를 제외하고]와 같아 보일지라도 그들의 역사는 서로 다르다.

1.1.3 -s로 끝나는 다른 접사

S-탈락의 원칙은 [-s]로 끝나는 다른 두 개의 접사인 dis-와 trans-로 확장된다. 접두사 ex-에서와 마찬가지로 이들 접사는 s로 시작하는 형태소와 결합되면 결과적으로 생기는 '긴' [s]는 단순화된다. 의미를 알려주는 형태소의 경계선이 모호해지는 현상이 일부 경우에도 일어난다. 예: disperse[흩어지다](dis + **sp**erse), dispirited[의기소침한](dis + **sp**irit + ed), distant[멀리 떨어진](dis + **st**a + nt), distinct[뚜렷한](dis + **st**ing '찌르다' + t). 이 예들에서 규칙은 철자와 발음 모두 완결되고 있다. 그러나 보수적인 철자로 인해 접두사가 붙은 단어의 구성에 대한 단서를 보존하는 경우가 좀 더 자주 일어난다. 다음의 예를 보자.

dis + **cern** '나누다, 결정하다' → discern[파악하다]
dis + **cip** (< **cap** '가지고 가다') → disciple[제자]
dis + **ser** '합류하다' + t-at-ion → dissertation[논문]
dis + **sid** (< **sed** '앉다') + ent → dissident[반체제 인사]
dis + **son** '소리' + ant → dissonant[불협화음의]

이 예들에서 접하고 있는 두 개의 [s]의 어원적인 흔적은 단지 철자로만 남아있으며 소리나 의미로는 남아있지 않다. discern[파악하다]과 dissertation[논문] 등에서는 단 하나의 [-s-]만이 발음된다. 접두사 dis-의 의미가 '되돌리기'라는 부정의 의미로 파악될 때 자음군 [-ss-]는 미국영어에서 여전히 발음된다. 예: dissatisfy[만족하지 못하다], disservice[구박], dissimilar[같지 않은]. 아마도 형태소의 경계가 모호해서 선택적으로 소리의 이중음화가 일어났을 수 있다. dissemble[숨기다], dissociate[분리하다]와 같은 단어들은 두 가지 방법으로 발음될 수 있다. 또한 접두사 dis-는 유성자음 [g, v, l, r, m]과 인접할 때 [-s]를 탈락하는 경향을 아주 강하게 보인다. 예: digest[소화하다](dis + **g**es + t), diverge[갈라지다](dis + **v**erge), direct[직접적인](dis + **r**eg '이끌다' + t), dimension[크기](dis + **m**ens '측정된' + ion).

때때로 dis-의 [s]는 뒤따라오는 유성음의 영향으로 [z]로 바뀔 수 있다. dis + aster '별' > disaster[재난], dis + ease > disease[질병], dis + solve > dissolve[녹다]는 모두 [z]를 가진다. 마지막으로 dissyllable[2음절]과 심지어 trissyllable[3음절]의 철자는 프랑스어에서 차용된 것으로 어원적으로 없었던 두 번째 -s가 숫자를 나타내는 접두사에 첨가되었다. 이 철자들은 16세기부터 계속 자주 사용되었지만 지금은 단지 역사적인 호기심의 대상일 뿐이다.

접두사 trans- 역시 S-탈락을 일으킨다.

trans + **scend** (< scand ‘오르다’) → transcend[초월하다]
trans + **scribe** ‘쓰다’ → transcribe[기록하다]
trans + **sect** ‘자르다’ → transect[해부하다]
trans + **sept** (< 라틴어 septum ‘울타리를 친 장소’) → transept[교차]
trans + **spir** ‘숨쉬다’ + e → transpire[발생하다]

최근에 만들어진 trans-sexuality[성전환](1941년 처음 기록됨)나 자유롭게 만들어진 파생어 Trans-Siberian[시베리아횡단], Trans-Silesian[실레지아횡단](철도 노선의 이름) 등은 긴 자음으로 발음된다. 일부 단어들의 운명은 아직도 결정되지 않아 진행 중이기도 한다. 『랜덤 하우스 웹스터 대학생용 사전(Random House Webster’s Collegiate Dictionary)』(1991)은 trans-sonic[음속에 가까운 속도]과 transonic 두 가지 형태를 모두 등재하고 있다. 반면 『아메리칸 헤리티지 사전』(2000)은 transonic 하나만 등재하고 있다. transship[환적]과 tranship은 이 두 사전에서 이형으로 제공되어 있다. 발음에 있어서는 접두사 trans-를 가진 대부분의 단어에서 [-s]가 탈락되는 대신 [-t]로 발음된다는 것을 주목하자. 따라서 이 단어들은 마치 <tran(t)-> 철자로 표기된 것처럼 [træn(t)sɛpt]와 [træn(t)spɑir] 등으로 발음된다.

그러나 이 내용은 다른 모든 규칙과 마찬가지로 과잉분석의 위험에 빠질 수 있다. S-탈락이 transpire[발생하다]에는 적용되지만 잠재적 거짓 동족어인 transparent[투명한](trans + par ‘보이다’ + ent)에는 적용되지 않는다. 단어들의 어원을 잘 알고 있거나 좋은 사전을 참조하면 disperse[흩어지다]와 distant[먼]에는 S-탈락이 적용되지만 display[전시하다], distort[왜곡하다]는 두 개의 형태소 사이의 연접 부위에서 원래의 자음들을 보존하고 있음을 알 수 있다. 좋은 사전은 또한 dismantle[분해하다]과 dismember[시신을 훼손하다]는 접두사 dis + 어간 mantle과 member로 구성되어 있는 반면, dismal[음울한]은 그렇지 않다는 것을 알려줄 것이다. dismal은 라틴어 구인 dies mali ‘나쁜 나날들’에서부터 유래된 것이다.

1.2 X-탈락

더 많은 단순화. S-탈락은 음성적 연쇄 [ks- + -s]를 [ks]로 단순화한다. 즉 잠재적인 ‘이중-s’는 하나의 [s] 표면형으로 드러난다. 그러나 또 다른 변화가 접두사 ex의 음성적 연쇄 [-ks]에 영향을 미칠 수 있는데 이는 X-탈락이다. X-탈락은 접두사 ex-가 ‘밖으로, ~에서부터’라는 의미일 때 접두사로부터 두 개의 자음을 완전히 사라지게 만든다.

dis-와 trans-에게 모두 영향을 미치는 S-탈락과는 달리, X-탈락은 하나의 형태소에 제한된다. 음성적으로 [eks-]로 발음되는 ex-가 유성자음으로 시작하는 형태소에 붙으면 자음군 [ks]는 단순히 탈락된다. 앞에서 dis-가 유성자음 [g, v, l, r, m]을 선행할 때 [-s]가

탈락되는 경우를 언급했었다. 가령 digest[소화하다], diverge[갈라지다], direct[직접적인] 등에서처럼 말이다. 이와 비슷하면서도 좀 더 많이 파급된 현상이 ex-에 일어난다.

dis-에서의 [s-] 탈락과 X-탈락 모두 음소배열 면에서 어색한 자음군을 피하고자 한 결과이다. 5장 1.3에서 본 것처럼 음소배열 제약은 어떤 음들이 연이어 함께 나오는 것을 금지하거나 억제한다. 무성폐쇄음 뒤에 무성마찰음이 오고 다시 그 뒤에 유성자음이 오는 자음군은 굉장히 드문 조합이고 유표적이다.[1] 예를 들어 영어에서 자음군 *-ksb-, *-ksr-, *ksl, *-ksg- 등은 단어 경계를 넘어설 때 허용된다. 가령 li**kes** **B**ob[밥을 좋아하다], lac**ks** **r**igor[엄격함이 부족하다], ro**ck** **s**lide[암석미끄럼사태], ta**x** **g**oals[세금목표액], Than**ksg**iving[추수감사절] 등에서 이들 자음군은 모두 괜찮지만 하나의 형태소 안에 이들 자음군이 나타나는 것은 상상할 수 없다. 이러한 '유표적인' 자음군들은 역사적으로 불안정하다. 이미 라틴어에서는 [eks] 접두사가 유성자음을 선행하거나 혹은 단어의 파생 역사가 모호해지면 화자들은 이 자음군을 단순화해 [-ks]를 탈락시켰고 원래의 접두사의 흔적만 남겼다.

철자 상으로 **ex** + 유성자음 → <e->
음성적으로 [ɛ**ks**] + 유성자음 → [ɛ-] (접두사에 강세가 없는 경우는 [ɪ-] 또는 [i])

다음은 X-탈락의 작용방식이다.

[eks-] + [+CONS, +VOI]
↓
[Ø]

X-탈락

ex + **b**ull '끓다' + ient	→ eØbullient[패기만만한]	**ex** + **l**ev '가벼운' + ate	→ eØlevate[올리다]
ex + **d**uc '이끌다' + e	→ eØduce[잠재력을 끌어내다]	**ex** + **m**erge '살짝 담그다'	→ eØmerge[출현하다]
ex + **g**es '가지고 가다' + t	→ eØgest[배설하다]	**ex** + **r**as '긁다' + e	→ eØrase[지우다]
ex + **j**ac '던지다' + t	→ eØject[튀어나오다]	**ex** + **v**apor + ate	→ eØvaporate[증발하다]

X-탈락 공식은 접두사 ex-가 ([-s]나 [f]가 아닌) 무성자음이나 모음으로 시작하는 형태소 앞에 올 때 접두사는 그대로 보존된다는 것을 의미한다. 정말로 그런지 exhale[내쉬다], extol[극찬하다], expose[드러내다], excursion[소풍], exit[출구], exonerate[무죄임을 밝히다] 와 같은 단어를 보면 알 수 있다. 접두사 ex-의 의미에서도, 무성자음 [(k)s]가 강세음절을 선행하는 단어에서 유성음화가 일어날 가능성이 있다. 따라서 모음(또는 h)으로 시작하는 강세를 받는 어근이 있을

때 접두사 [-ks]가 [-gz]로 유성음화되는 것을 exacerbate[악화시키다], exact[정확한], exaggerate[과장하다], exalt[승격시키다], exhibit[전시하다], exhort[열심히 권하다], exist[존재하다], exuberance[풍부함], exude[물씬 풍기다], exultation[의기양양함] 등의 예에서 볼 수 있다. 이 모든 단어에서는 첫 번째 음절에 원래 있었던 [-k]는 [g-]로 연음화되고 그리고 나서 오른쪽에 있는 음절의 두음 [s-]를 유성음화 시킨다. 그러나 ex-가 강세를 받으면, 자음군 [-ks]는 유성음화될 수도 있고 안 될 수도 있다. 따라서 exercise[연습], exile[망명], exit[출구], exodus[탈출]에서는 유성음화가 되지 않을 수도 있다. 이 그룹에 속하는 일부 단어들에서는 [ks]와 [gz]가 모두 허용된다. 예: exhume[발굴하다], exile[망명], existential[존재에 관한], exit[출구].

1.2.1 X-탈락의 예외

S-탈락과 마찬가지로 X-탈락은 ex-가 독립적인 단어, 즉 전치사로서의 지위를 보존하고 있으면 적용되지 않는다. 라틴어 구인 **ex** **g**ratia '호의를 베풂으로써', **ex** **l**ibris '~의 장서에서', **ex** **n**ihilo '아무 근거도 없이'와 같은 예가 있다.

ex-가 [f-]로 시작되는 어근에 붙을 때에는 X-탈락은 일반적으로 앞에서 설명된 규칙과 동일한 방법으로 진행된다. 즉 자음군 [ks-]는 탈락된다. 이 경우 X-탈락 규칙은 다르게 보이는데 왜냐하면 철자에 흔적을 남기기 때문이다. 즉 어근의 첫 글자 <f>를 중복한다. 예: efface[지우다], effect[효과], effeminate[여성적인], effigy[모형], effort[노력], effusive[야단스러운]. 르네상스 기간과 그 후에 만들어진 단어들에서는 ex-가 보존될 수도 있다. **exf**oliate[벗겨내다](1612)는 **eff**oliate와 교체되어 사용되는 반면, 후기형인 **exf**iltrate[적진에서 탈출하다], **exf**lagellation[편보망출(의학용어)], **exf**odiate(드물었음)등은 철자와 발음 모두에서 이 단어들의 구성요소를 그대로 보여준다.

1.3 N-탈락

제한조건. N-탈락규칙은 부정 형태소 an- '~이 아닌, ~이 없는'에서의 -n과 영어의 부정관사 an(고대영어에서 원래 의미는 '하나')에만 적용된다. 이 규칙은 뒤에 오는 형태소(혹은 부정관사의 경우에는 단어)가 자음으로 시작될 때 -n을 탈락시킨다. 부정형태소와 부정관사 모두에 규칙은 너무나 예외 없이 적용되기 때문에 부정접두사의 경우 자음 앞의 이형인 a-형이 OED에는 '현재 사용되는 부정접두사'라고 an-의 오른쪽에 설명되어있다. 그 이유는 부정접두사 **an-**을 그리스어에서 차용하였는데, 이미 그리스어에서는 amorphous[확실한 형태가 없는]에서처럼 자음 앞에서는 **a-**가 나타났다. 자음 앞에서는 a-로, 모음 앞에서는 an-으로 교체하여 사용하는 원칙은 동일한 접두사를 사용하는 라틴어와 프랑스어 차용어에서도 지켜졌다. 이 원칙은 현대의 학술이나 기술관련 단어들에도 이행되어 an-antherous[꽃밥이 없는], an-isomerous[꽃의 각 부분이 같은 수(數)가 아닌] vs. asexual[무성(性)의], aphemic[실어증에 관련된] 등의 단어를 얻게 되었다.

[n-] + [+CONS]
↓
[∅]

N-탈락

an + **chr**omat '색' + ic → aØchromatic[무색의]
an + **m**or '태도, 관습' + al → aØmoral[평균이 아닌]
an + **gn**os '알다' + tic → aØgnostic[불가지론자]
an + **ph**a '말하다' + sia → aØphasia[실어증]
an + **p**ath '느낌' + y → aØpathy[무관심]
an + **th**eo '신' + ism → aØtheism[무신론]

N-**탈락의 구 영역**. 여기서 살펴본 다른 변화들과는 달리 N-탈락은 파생과정에서 형태소의 가장자리에서만 일어나지는 않는다. 즉 하나의 단어 경계선 안에 국한되지 않는다. 영어 부정관사에서의 -n 탈락은 명사구 전체에 적용된다. 명사 혹은 명사의 수식어가 부정관사 뒤에 올 때 관사는 강세를 갖지 않고 운율적으로 다음 단어에 붙는다. 강세를 받는 주 단어(host)에 속한 강세를 받지 않은 위성 요소를 지칭하는 언어학적인 용어는 접어(clitic)이다(형태소 clit는 '기울다' 또는 '의지하다'를 의미한다). 접어와 주 단어는 함께 접어그룹을 형성한다. 부정관사를 포함하는 명사구는 정의상 적어도 하나의 접어그룹을 가진다. 명사구 a sore point[아픈 곳]는 접어그룹 a sore를 가지며 이 그룹 안에서 탈락이 일어난다. 오늘날 대부분의 화자는 영어 부정관사를 a-로 받아들이는데 사실 역사적으로는 원래 an-에서 온 것이다. 부정의 an-에서의 a-와 마찬가지로 부정관사의 이형태 a-는 현재 독립된 살아있는 형태로 간주된다. 이 두 형태소 사이의 유사성과 그 역사가 없다면 우리는 아마도 관사의 an형을 a-의 공시적 이형으로 간주하여 모음 앞에서 자음 -n이 첨가된다고 보았을 것이다.

1.3.1 발음과 경계선

부정형태소 -n이 탈락되면 남아있는 모음은 전적으로 강세를 잃고 부정관사 a처럼, 즉 [ə](슈와)로 발음될 수 있다. 예: aphasia[실어증], amorphous[확실한 형태가 없는]. 접두사가 강세를 받거나 화자가 관사 a를 강조하고자 하면 이 모음은 음가가 '지정되어'있고 변경된 <a> 철자를 가진 모음, 즉 [e(y)](late[늦은]와 they[3인칭 주격대명사 복수형]에서의 모음)로 발음하게 된다. **a**symmetry[비대칭], **a**theist[무신론자], **a**political[정치에 관심없는] 혹은 'Give me **a**[e(y)] coin, not the contents of your pocket'[2] 등이 그 예이다. apathy[무관심]처럼 드물긴 하지만 일부 단어들에서는 모음이 강세를 받아서 슈와로 약화되지 않는 경우도 있는데, 이 경우에는 전설저모음 [æ]로 발음된다. 그러나 agnostic은 또 다른 경우를 보여준다. 이 단어는 강세를 받지 않는 첫 음절이 [ə-]로 발음될 수도 있고 또 어느 정도 강세를 가져서 [æ-]로 발음될 수도 있다. 지금까지 내용을 요약해보면,

<a>
- [ə] (비강세): aphasia, amorphous, agnostic
- [æ] (강세의 단모음): apathy, agnostic
- [e(y)] (강세의 장모음): asymmetry, atheist, apolitical

접두사 an-은 모음이나 h- 앞에서 그대로 남아있다.

an '~이 아닌' + **e**sth '인식하다' et + ic	→	**an**esthetic[마취]
an + **a**lg '고통' + es + ic	→	**an**algesic[진통제]
an + **h**em '피' + ic	→	**an**emic[빈혈의] (h-탈락이 함께 일어남)
an + **h**ydr '물' + ous	→	**an**hydrous[물이 없는]
an + **o**nym '이름' + ous	→	**an**onymous[익명의]

<h->로 시작하는 단어들 앞에서 부정관사가 [-n]을 보존하는 것은 변이 혹은 화자의 불확신 정도에 따라 달라질 수 있다. 이는 로맨스어에서 차용된 단어들에서 [h-]가 불안정했었던 역사적인 현상에 기인한다. 후기라틴어와 고대프랑스어에서 [h-] 음이 상실되어 able(발음을 **h**abilitation[훈련]과 비교해볼 것), (h)istory[역사], (h)erb[허브], (h)onor[명예] 등에서 발음되지 않았다.[3] 그러나 문자 <h>는 자주 보존되었다. <h> 자음을 유지하고 있는 house[집]나 horse[말]와 같은 고유어휘의 모델과 철자의 영향으로 인해 후기 중세영어와 초기현대영어의 많은 로맨스어 차용어에 [h-]가 다시 회복되었기 때문이다. 이는 herb, humor[유머] 발음의 이형과 able[할 수 있는]—re**h**abilitation[재교육], heir[상속인]—**h**eritage[유산], hour[시(간)]—**h**oroscope[점성술], odometer[주행기록계]—**h**odograph[속도계]와 같은 단어 쌍의 이형태를 설명해준다. 따라서 프랑스어(그리고 궁극적으로는 '고전어' 기원)에서 차용된 단어들의 경우 h- 앞에서 -n 탈락은 아직 완전히 정립된 것은 아니다. a historic event[역사적으로 중요한 사건]와 an historical event[역사적 사건]는 둘 다 표준영어로 받아들여지지만 두 번째 형태는 오늘날에는 좀 과장되고 학문적으로 들려서 주로 글을 쓸 때 사용하고 말에서는 사용되지 않는다. 고유어휘의 경우 N-탈락은 [h-] 앞에서조차 예외 없이 일어난다. 예: a house[하나의 집], a horse[하나의 말], a hot day[더운 날].

N-탈락에 관한 흥미로운 사실 하나는 접어그룹 안에서 경계선을 새로 조종할 수 있다는 것이다. 역사적으로 수사(numeral) an이 자음으로 시작하는 단어들 앞에서 [-n]이 상실되기 시작했을 때 영어를 읽지 못하는 대부분의 화자는 접어그룹에서 단어경계를 어렵게 결정해야만 했다. 아마도 이 문제는 현대영어에서 철자나 좀 더 넓은 문맥을 참고하지 않고서는 **an a**im[하나의 목표] vs. **a n**ame[하나의 이름], **an** ice cube[하나의 정육면체 얼음덩어리], vs. **a n**ice cube[하나의 괜찮은 정육면체]를 들었을 때 어떻게 해석해야할지의 문제와 비슷했었음에 틀림없다. 결과적으로 이들 그룹 안에 있는 일부 경계선들은 잘못 해석되었다. 고대영어 관사－명사 그룹인 a(n) napron, a(n) nadder은 현대영어에서 an apron[앞치마], an adder[살무사]가 되었다. 반대로 an ewt와 an eke name '대체 이름'은 a newt[도롱뇽과], a nickname[별명]이 되었다. 경계선을 새로 조정하는 것은 유명한 유머를 만들어냈다. 'Be *alert*: your country needs *lerts*!'(경계하라, 여러분의 조국은 사건기록추적시스템이 필요하다)[4]

마지막으로 N-탈락을 너무 많이 찾아내지 않도록 주의해야 한다. 접두사 an '~이 아닌, ~이 없는, 덜한'과 접두사 ana- '뒤에, 다시'를 혼동해서는 안 된다. ana-를 가진 예로 anachronism[시대착오]('시대적으로 뒤에')과 anapest[약약강의 운율]('뒤바꾸다, 뒤집혀진')가 있다. anapest는 dactyl[강약약의 운율]이 뒤집힌 것으로 그 예로 Cantonese[광동어]와 Italy[이탈리아]를 비교할 수 있다.[5] 또한 N-탈락의 결과 만들어진 부정의 이형태 a-와 우연하게도 apo-, ad-, ab-, ag-처럼 a-로 시작하는 형태소를 어두에 가지고 있는 단어들과 혼동해서도 안 된다. agent[대리인]는 gentility[상류층인사]에 속하지 않는 사람이란 의미가 아니며 account[계좌]는 count[세다]를 뒤집은 것이 아니다.

1.3.2 다른 접두사에서의 비음탈락

자음 앞에서의 N-탈락이라는 보다 일반적인 규칙은 단지 두 개의 an 형태소에만 영향을 미치지만 다른 두 종류의 접두사인 com-/con-과 syn- 또한 마지막 비음이 탈락된 형태로 나타날 수 있다. 이들 접두사의 비음탈락 조건은 an-의 N-탈락 조건과 다르다. 그리고 이 두 접두사 사이에도 적용조건이 다르다.

라틴어 접두사 com-의 이형태인 접두사 co-는 뒤따라오는 형태소가 모음으로 시작되거나 h-로 시작될 때 규칙적으로 <co>로 나타난다.

co(**n**) + **ag** '운전하다, 하다' + ulate → coØagulate[응고시키다]
co(**n**) + **erc** < arc '안에 머물게 하다' + e → coØerce[강압하다]
co(**n**) + **it** '가다' + ion → coØition[교미]
co(**n**) + **o**per '일하다' + ate → coØoperate[협동하다]
co(**n**) + **h**abit '머무르다' → coØhabit[동거하다]
co(**n**) + **h**ort '울타리를 친 장소' → coØhort[집단] (> court)

모음과 [h-] 앞에서 규칙적으로 [-n]이 없어지는 것 외에도 접두사 con-은 coØgnate[동족어]에서처럼 어근 gn '탄생, 기원'을 갖거나 coØgnition[인지]에서처럼 어근 gn '알다'를 가지면 co-로 바뀐다. 유성순치마찰음 [v] 앞에서 이 접두사는 일관성 없이 행동한다. con + ven '가다'는 convent[수녀원], convention[대회/관습]을 만들지만 coØvenant '합의' coØven '집회, (특히 마녀들의) 모임'에서는 [n]이 없다. 런던에 있는 Covent Garden[코번트 가든(런던 중심지구)]의 CoØvent는 17세기까지도 convent의 발음을 가지고 있었다.

부정의 a-와 부정관사 a의 N-탈락 이후의 지위처럼 이형태 co-는 독립성을 갖추게 되었고 이제는 자유롭게 어떤 어근이나 어기에 붙을 수 있다. 한 세트의 세 가지 동족어인 consign[놓다](1430), cosine[코사인](1635), co-sign[공동으로 서명하다](1900)은 con-이라는 이형태로부터 출발하여 새로운 의미로 발전했다는 역사적 가능성을 보여준다. N-탈락의 이형태인 co-는 차용어와 고유어의 어근 모두에서 똑같이 생산적이다. 예: co-owner[공동주인], co-father[공동아버지], co-founder[공동설립자], co-driver[공동운전사]. 게다가 co-는 con-으로 시작하는 단어에 접두사로 붙을 수 있다. 예: co-conspirator[공모자], co-constituent[공동 구성성분], co-conscious[공재의식].

접두사 syn-의 상황은 더 단순하다. 순음동화가 적용되지 않으면 syn-은 그 모습 그대로 표면형에 등장한다. 예: synchronic[공시적인], synergy[동반상승효과], synthesis[통합]. 또 다른 자음을 선행하는 [s]로 시작하는 형태소에 붙으면 [n-]은 탈락된다.

syn + st '서다' + (e)m → syØstem[시스템]
syn + stol '장소, 끌어당기다' + ic → syØstolic[심장수축의]

(그리스어에서 차용된) 영어에서 유일한 조합인 syzygy '연접'(sy**n** + **z**yg '멍에')에서의 탈락뿐만 아니라 예로 든 단어들에서의 탈락은 결과적으로 발음하기 어려운 자음군의 단순화를 가져오며, 이는 발음의 편이성 원칙을 보여주는 또 다른 예가 된다.

2. 모음탈락

이 절에서는 형태소가 새로운 단어의 일부가 될 때 해당 형태소로부터 모음이 탈락하는 과정들을 기술한다.

2.1 모음충돌에서의 V-탈락

모음충돌(hiatus). 'hiatus'라는 단어는 '틈, 열린 부분'을 의미하는 라틴어 차용어이다. 언어학적 용어로 모음충돌은 두 개의 모음이 사이에 끼어있는 자음 없이 음절 경계를 넘어 바로 인접해있을 때 일어나는 일종의 음성적인 개방을 지칭한다. 모음 문자들이 서로 연이어서 쓰였을 때 같은 음절에 속하는지 혹은 다른 두 개의 음절에 속하는지를 구분하는 것은 중요하다. **coat**외투, **sea**-lant밀폐제, **prai**-rie초원에서는 모음충돌 상태에 있는 모음이 없지만 **co-act**함께 행동하다, **Se-attle**도시이름, 시애틀, **na-ïve**순진한에서는 모음충돌 상태에 있는 모음이 있다.

충돌하는 모음을 가진 reality현실, naïve순진한, embryo태아와 같은 단어들은 영어에서는 아주 드물다. 단어 안이나 접어그룹 안에서의 모음충돌은 영어에서는 선호되지 않으며 다른 많은 언어에서도 마찬가지다. 따라서 다양한 '모음충돌 회피체계'가 모음충돌을 고치기 위해 만들어진다. 그 중 하나가 모음탈락으로 이는 2음절 이상 형태소의 마지막 모음이 모음으로 시작되는 형태소에 인접해 있을 때 일어난다. 우리는 이를 V-탈락(V는 글자 이름이 아닌 모음탈락으로 읽는다. 모든 모음을 의미하기 위해 대문자 V를 사용하는 관습이 계속 사용되기 때문이다)이라고 한다.

$ V + {V . . ., h . . .}
↓
[∅]

V-탈락

an + **theo** '신' + ism	→ athe∅ism무신론, cf. th**eo**sophy신지학, th**eo**logy신학
dia + **o**rama '의견'	→ di∅orama박물관의 입체 모형, cf. di**a**lysis투석, di**a**gram도표
epi + **en** '안에' + thesis '놓기'	→ ep∅enthesis삽입, cf. epigraph묘비명, epidermic표피의
homo '인간' + **age** '~의 지위'	→ hom∅age경의, cf. Hom**o** sapiens호모 사피엔스(인류)
homo '동일한' + **onym** '이름'	→ hom∅onym동철이의어, cf. hom**o**graph동형이의어, hom**o**phone동음어
hypo '아래에' + **alg** '고통' + ia	→ hyp∅algia통증완화, cf. hyp**o**thesis최면, hyp**o**toxic독성을 줄인
meta '넘어서' + **onym** '이름' + y	→ met∅onymy환유, cf. met**a**bolism신진대사, met**a**phor은유
para '옆에' + **en** '안에' + thesis	→ par∅enthesis괄호, cf. par**a**legal준법률가, par**a**meter변수
tele '멀리' + **ex** (변하다)	→ tel∅ex전신/텔렉스[2], cf. tel**e**graph전보, tel**e**phone전화, tel**e**scope망원경

예들이 보여주듯이 V-탈락은 형태소 경계선 상에 있는 두 개의 연속적인 모음 중 첫 번째 모음을 탈락시킨다. 이 규칙은 어근과 접사 모두에 영향을 미친다. 이 변화가 일어나는 것은 단어 안에서 두 개의 연속된 모음음절이 연이어 나타나는 것보다는 모음-자음-모음이 번갈아서 나오는 것을 선호하기 때문일 수 있다.

2) 이 단어는 tele(인쇄기) + ex(변화)의 혼성어(blend)로 1932년에 처음 기록되었다(OED).

2.1.1 예외

V-탈락은 예외가 없는 변화가 아니다. <h> 앞에서의 규칙적용은 일관성이 없다. 로맨스 어휘에서 철자 <h>가 보존되자 영어에서는 이 단어들에 <h>가 발음에 간혹 다시 도입되었다(1.3.1을 볼 것). method[방법](< met**a** + **h**od '길'), ephemeral[수명이 짧은](< ep**i** + **h**emer(a) '날' + al)과 같은 단어에서 철자 <h> 앞에서 V-탈락이 일어났다. 이러한 단어들과 나란히 parhelion[환일], telharmonium[전류로 작동하는 건반악기]과 같은 단어들도 발견되는데 여기서는 V-탈락이 적용되었으나 [h-]가 음성적으로 보존된다. 마지막으로 세 번째 유형의 형태로 epihyal[성골궁 위의], homohedral[동일한 면을 가진/완전면의], telehydrobarometer[저수지수량측정기], parahypnosis[준최면] 등이 있는데 이들은 모두 최근에 새로 만들어진 과학용어로 [h-]를 보존하고 V-탈락에 저항하고 있다. anti-, poly-, semi-, neo-, macro-, iso- 와 같은 많은 2음절 형태소도 전체적으로 V-탈락에 저항하는 경향이 있는데, 이는 antiemetic[구토방지 작용의], antioxidant[산화방지제], polyandrous[일처다부의], semiautomatic[반자동의], neoembryonic[산초기의], macroanalysis[보통량 분석], isoelectronic[전자가가 같은], isooctane[이소옥탄]과 같은 단어들에 의해 확인된다.

또한 V-탈락규칙은 2음절 형태소의 비강세모음에만 적용된다. 모음으로 끝나는 1음절 형태소에는 모음탈락이 일어나지 않는다. 따라서 de-, bi-, re-는 모음이나 h-로 시작하는 형태소가 붙어도 그 형태를 바꾸지 않는다. 예: deodorize[악취를 없애다], dehydrate[건조시키다], reinstate[회복시키다], rehabilitate[재활치료를 하다], biennial[격년의]. 그러나 비음탈락이 형태소 경계선을 넘어서면서 적용되어 모음충돌의 환경을 만들면 때때로 모음탈락이 접두사 con-/com-에 적용된다.

입력형	비음탈락	V-탈락
con + ag '운전하다' + ent	→ co + ag + ent	→ cogent[설득력 있는]
con + ag(it) '동작으로 하다' + ate	→ co + agit + ate	→ cogitate[숙고하다]
con + hort '울타리 안, 마당'	→ co + (h)ort	→ court[법정]

마지막으로 접어그룹에서 V-탈락은 일부 앵글로 색슨 계통의 단어의 역사를 설명해 주는 변화라는 것에 주목해야 한다. 따라서 no + one > none[아무도], do + off > doff[옷/모자를 벗다], do + on > don[옷/모자를 쓰다]이 되었다. 또한 모음충돌 회피는 she's[she is(그녀는)의 축약형], we're[we are(우리는)의 축약형], I'm[I am(나는)의 축약형], we've[we have(1인칭복수 완료형 구문의 축약형)]와 같은 축약형도 설명해 준다.

2.2 음절중략

음절은 발음을 할 수 있는 가장 작은 독립된 단위이다. 단어를 가능한 천천히 발음을 하거나 소리를 지르면 그 안에 있는 음절을 셀 수 있다. 일반적으로 모든 음절의 핵에 모음이 위치한다. 그러나 반전공명음 [-r-] 또한 아주 흔하게 음절의 핵이 된다. 반전공명음은 강세를 받지 않는 음절에서 [ər]과 자유롭게 교체하며 나타난다. 예: water[물], meter[미터], matter[문제], feather[깃털]. 측음 [l]과 비음 [m, n]도 반전공명음과 비슷하게 행동한다. 예: little[적은], rhythm[리듬], button[단추]. [-r-]의 경우 일반적으로 영어 철자체계는 <r> 앞에 <e> 또는 <o>를 넣어 음절성을 나타낸다. [r]이 음절성을 갖지 못할 때 음절성의 상실은 모음철자의 탈락을 동반한다. 따라서 이 규칙은 '음절중략(syllable syncopation)'으로 생각될 수 있다.

중략은 '단어를 축약할 때 중간에 있는 하나 혹은 그 이상의 음절이나 글자들을 생략하는 것'으로 정의된다(OED). V-탈락처럼 음절중략은 탈락이 일어나는 형태소(또는 어간)가 적어도 2음절이 되어야 일어난다. 파생형태소가 어두 위치에 있지 않은 음절이 <er> 또는 <or>인 형태소나 어간에 붙을 때, 비강세모음은 단어의 발음(그리고 철자)에서 탈락된다.

```
$ [V] + r + $
    ↓
   [∅]
```

음절중략

met**er** + ic	→ metØric[계량용의]	execut**or** + ix	→ executØrix[여자지정유언집행인]
cylind**er** + ical	→ cylindØrical[원통형의]	aviat**or** + ix	→ aviatØrix[여류비행가]
ang**er** + y	→ angØry[화난]	act**or** + ess	→ actØress[여배우]
equi + lib**er** + ium	→ equilibØrium[평형]	bisect**or** + ix	→ bisectØrix[2등분선]

그러나 음절중략은 철자에 항상 반영되지 않는다. dang**e**rous[위험한], fed**e**ral[연방제의], hist**o**ry[역사], fact**o**ry[공장], nat**u**ral[자연적인], pref**e**rable[선호할 수 있는]과 같은 단어들의 좀 느슨한 발음을 살펴보자. 발화에서 같은 유형의 중략이 다른 음절성을 가진 자음에도 일어난다. bach**e**lor[총각], speci**a**list[전문가], bot**a**ny[식물학], scriv**e**ner[대서인]의 발음을 살펴보자. 이 단어들에서 진하게 표시된 비강세 모음들은 아주 느리고 주의 깊은 발화에서만 들린다. 이 비강세 모음들은 아마도 이 단어들을 따로따로 발음할 때, 강조할 때 또는 하나의 음절이 서로 별개의 음을 가진 노래를 부를 때에나 들을 수 있다. 그러나 보통은 이 단어들에 있는 가운데 음절은 발음되지 않는다. 오늘날 발화에서 일어나는 즉각적인 음절중략과 역사적으로 파생과정에서 일어난 변화 사이의 유일한 차이는 <er>과 <or>에서 역사적인 중략은 철자에 반영되었던 반면 다른 중략은 그렇지 않다는 것이다.

2.2.1 <-er>과 <-or>의 보존

음절중략은 비강세음절에만 영향을 미친다. 만약 새로운 단어를 파생하는 과정에서 [-r-]을 가지고 있는 음절로 강세가 이전되면 중략은 차단된다. 예: victórious[승리한], metaphórical[은유의], matérial[물질적인], supérior[우월한], ultérior[이면의]. 또한 심지어 강세이전이 없어도 어근이나 어간의 투명성을 보장할 필요가 있을 때에는 철자의 음절중략이 적용되지 않을 수 있다. 따라서 sorc**er**ess[여자마법사], mot**or**ist[운전자], mast**ery**[통달], lib**er**ate[해방시키다]로 철자화되지만, 발화에서 [r-]음절은 선택적으로 탈락된다. 인접한 비강세음절의 존재 또한 영향을 미치는 요소이다. caliber[직경]－calibØrate[눈금을 매기다]에서는 내부의 음절이 탈락하더라도 운율적으로 피해가 없다. 음절 -lib-가 두 개의 강세 음절을 구분해주기 때문이다. 반면에 동사형 liberate나 operate[작동하다]와 같은 단어에서는 중략은 강세충돌을 일으키게 된다. 다행히도 중략을 하지 않으면 분석의 문제를 일으키지 않게 된다. 중략규칙이 적용되지 않으면 우리는 표면형에서 바로 단어를 분석하게 되어 원래의 형태소를 찾아내기 위해 규칙을 무효화하는 것을 걱정하지 않아도 된다.

3. 확장규칙: 모음과 자음 첨가

식별할 수 있는 음성적인 요소들이 예견 가능한 이형태 변이를 야기하는 세 번째 그룹의 규칙은 확장 또는 첨가의 규칙이다. 첨가(epenthesis, epi + en '안에' + thesis '놓기')는 두 개의 다른 음 사이에 하나의 음을 넣는다는 의미의 전문용어이다. 자음과 모음 둘 다 기존의 형태소 안에 넣을 수 있다. 탈락과는 달리 첨가과정은 자주 일어나지 않고 비교적 소수의 형태소에 영향을 미치며 많은 예외를 가지고 있다. 그러나 원칙적으로는 첨가규칙은 탈락규칙과 비슷한데, 두 가지 유형 모두 구어체에서 비슷한 형태로 일어나고 그리고 두 경우 모두 변화가 음성적으로 별로 바람직하지 않은 소리의 연쇄를 회피하기 위해 유발되었다는 점이 그렇다.

3.1 U-첨가

U-첨가는 연구개폐쇄음 ([g], [k]) 혹은 양순폐쇄음 ([b], [p]) + 음절성을 가진 공명음 [l]로 구성된 자음군에 영향을 미친다. 하나의 형태소가 음절성을 가진 [l]로 끝나고 모음으로 시작하는 접미사가 뒤에 오면, [yu](철자로는 <u>)의 첨가로 자음군은 해체된다. 그 결과 원래의 자음연쇄는 명확하게 구별되는 음절로 변하게 된다.

{-gl-, -kl-, -bl-, -pl-} + V
↓ ↓ ↓ ↓
{-gul-, kul, bul, pul}

U-첨가

single + ar	→	singular[단수의]	angle + ar	→	angular[각이 진]
particle + ar	→	particular[특정한]	oracle + ar	→	oracular[숨은 뜻이 있는]
table + ate	→	tabulate[표로 만들다]	couple + a	→	copula[연결사]

single[단일의], particle[작은 입자], table[탁자], couple[두 사람] 등의 단어에 있는 어말 -e는 단지 [l]이 음절성을 가지고 있다는 것을 보여줄 뿐이다. 단 하나의 예외적인 경우는 **nucular**(nuclear[원자력의]) 형태인데 여기서 예측 가능한 U-첨가는 필수적이지 않을지라도 충분히 존중되어야 한다. U-첨가는 title[제목] – titular[명목상의]에서처럼 위에 있는 규칙에 포함되지 않는 환경에서도 이따금씩 일어난다. 발음 [nyu.kyə.lər]은 『메리엄 웹스터 사전』 온라인 판에 다음과 같이 설명되어있다. '많은 사람에 의해 거부되고 있긴 하지만 [이 발음은] 과학자, 변호사, 교수, 국회의원들, 미국의 행정요직 임원들 그리고 적어도 두 명의 미국 대통령과 한 명의 부통령을 포함하는 교육을 받은 화자들 사이에서 폭넓게 사용되고 있다. 또 미국에서 가장 흔하지만 영국이나 캐나다영어 화자들에게서도 들을 수 있다.' 거부에 대한 이성적인 근거는 없다. 새로운 발음은 영어의 다른 데서 발견되는 U-첨가 모델에 근거를 둔 정상적인 유추에 의해 발전된 것이다. 어떤 발음 대신에 다른 발음을 선택하는데 있어서 대다수 화자들의 실제 사용이 일관성 있는 유일한 토대가 된다.

이 변화와 유사한 것이 athlete[운동선수]과 같은 단어들의 발음 교체형에서 발견된다. 가끔 비표준어로 간주되기는 하지만 널리 퍼져있는 발음은 치음과 유음 사이에 슈와가 첨가된 발음인 [-θ(ə)l-]이다. 이와 비슷한 슈와(기생음)의 첨가가 film[필름]이나 firm[회사]과 같은 공명음 사이에서도 일어날 수 있다. 슈와 첨가가 미국영어의 각종 이형들에서 비슷한 환경, 즉 아주 다양한 환경에서 음절성을 갖는 공명음 [l] 앞에서 일어나는 것은 별로 놀라운 일이 아니다.

baffle[당황하게 만들다]	→	baffling[당황스러운]	[f(ə)l-]
battle[전투]	→	battling[싸우는]	[t(ə)l-]
bedevil[몹시 괴롭히다]	→	bedeviling[몹시 괴롭히는]	[v(ə)l-]
embezzle[횡령하다]	→	embezzling[횡령하는]	[z(ə)l-]
garble[잘못 이해하다]	→	garbling[잘못 이해하는]	[b(ə)l-]
muddle[헝클어뜨리다]	→	muddling[혼란스러운]	[d(ə)l-]

o**gle**[추파를 던지다]	→ ogling[추파를 던지는] [-g(ə)l-]
to**pple**[넘어지다]	→ toppling[넘어지는] [p(ə)l-]
tri**ckle**[간지럼을 태우다]	→ ticklish[간지럼을 타는] [k(ə)l-]
tu**ssle**[몸싸움을 하다]	→ tussling[몸싸움을 하는] [s(ə)l-]

U-첨가규칙은 잠재적으로 적용 가능한 모든 단어에 적용되지는 않는다. 일부 예외로 cycle[자전거]－cyclical[순환적인], single[단일의]－singly[개별적으로], simple[단순한]－simplex[단일어], bible[성경]－bibliophile[애서가] 등이 있다. 형태소 마지막에 위치하지 않는 연구개음-순음으로 이루어진 자음군은 U-첨가를 겪지 않는다. 예: diglossia[2개 언어 사용], inclination[성향], medulloblastoma[수모세포종], implication[암시].

3.2 P-첨가

이 변화는 아주 제한된 영역에서만 일어난다. 왜냐하면 단 하나의 특정한 자음군 -mt-를 피하기 위해서 일어나는 변화이기 때문이다. 이 자음군은 특별히 흔하지도 않다. P-첨가는 음성적 원인 때문에 발생하고 따라서 구어체에서도 관찰될 수 있는 변화라는 점에서 다른 이형태 규칙과 유사하다. 이 변화의 효과는 유성양순음 [m]와 무성폐쇄음 [t] 사이의 전이를 쉽게 하는 것이다. 첨가되는 폐쇄음 [p]는 양순에서 조음된다는 면에서 이 자음군의 첫 번째 요소인 [m]와 조음특성을 공유한다. 또한 [p]는 뒤따르는 [t]와 조음방식과 성대 진동여부가 같다.

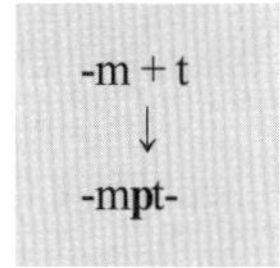

P-첨가

assu**me**[추정하다]	→	assu**mpt**ion[추정]
te**m**-[3]	→	te**mpt**[유혹하다]
redee**m**[상쇄하다]	→	rede**mpt**ion[구원]

대부분의 경우 첨가된 [p]가 철자에 반영되지 않지만 일부 영어 고유어휘의 발음에서 이와 비슷한 음성변화가 일어난다. 중세영어 형용사 emti는 오늘날 empty[비어있는]가 되었다.

3) tem은 tentacle[촉수], tentative[잠정적인]와 같은 단어의 어근인 ten '만지다, 시도하다'의 예측 불가능한 이형태이다.

-m-과 -t-가 서로 다른 형태소에 속할지라도 영어 화자들은 자음군 -mt-를 발음하기 어려워한다. 차용어 controller[조종장치]는 1500년 경 이후부터 comptroller로 기록되어 있고 이 철자(그리고 『아메리칸 헤리티지 사전』에 따르면 [-p-]를 넣어서 발음하는 것)는 특별한 기능을 수행하기 위해 사용된다. [drɛm(p)t]로 발음되는 dreamt[dream의 과거형, 꿈꾸다]는 독특하다. 간혹 [səm(p)θɪŋ]으로 발음되는 something[어떤 것]과 비교해 보자. 이 예들은 단어파생 시에 있었던 P-첨가의 역사적 과정을 그대로 보여주고 있는데 단지 후자만이 철자에 반영되어 있다. 비슷한 음성현상이 영어의 n + s 연속에서 관찰된다. 이 소리의 연속은 첨가되는 [-t-]에 의해서 그 순서가 깨진다. 따라서 prince[왕자], tense[긴장한], mince[갈다]는 prints[인쇄물의 복수], tents[천막의 복수], mints[박하사탕의 복수]와 똑같이 발음된다.

---

1 언어에 사용되는 여러 요소를 유표적(marked) 혹은 무표적(unmarked)으로 나누어 특징짓곤 한다. 별도의 제한이나 조건이 없이 사용되는 것은 무표적이며 그렇지 않은 경우는 유표적이다. 또 한편으로는 대체로 언어 보편적이지 않거나 습득하기 어렵거나 언어습득에 있어 나중에 습득되는 것들은 유표적이며, 반면 언어 보편적으로 존재하거나 습득이 쉽거나 습득단계의 초기에 이루어지는 것들은 무표적이다.

2 '주머니에 든 내용물들이 아니라 동전 한 개 주세요.' 라는 뜻의 문장에서, 다른 것이 아니라 바로 동전 한 개라는 내용을 강조하기 위해 관사 <a>를 [e(y)]로 발음한다.

3 괄호 안에 h를 넣은 이유는 화자나 지역에 따라서 [h-]가 발음될 수도 발음되지 않을 수도 있기 때문이다.

4 alert의 단어 경계를 a lert로 바꾸어서 '여러분의 국가가 복수의 'lert'들을 필요로 한다'는 내용으로 만들고 있다. 그러나 실제로 lert라는 단어는 영어에 존재하지 않는다. 풍자적인 문구로 영어권 국가에서는 난센스 혹은 유머로 포스터나 일상용품에 많이 새겨 넣을 정도로 흔히 쓰이지만 사실 그 의미나 출처에 대한 해석은 분명하지 않다.

5 Cantonese는 세 번째 음절에 강세가 있어 약약강 운율로 anapest에 해당하고 Italy는 첫 번째 음절에 강세가 있어 강약약 운율로 dactyl에 해당한다.

8

화석화된 이형태: 거짓 동족어와 어원적 위험

1. 화석화된 이형태

음성적으로 유발된 대체, 삭제, 삽입으로 인한 이형태와 달리 이번 장에서 다루게 될 이형태는 능동적이며 투명한 소리법칙에 기인하지 않는 것들이다. '화석화'된 이형태들은 형태상으로는 서로 다른 것처럼 보이지만 역사적으로는 연결되어 있는 동족어이다. 이 그룹에 속하는 형태소 이형들은 게르만어와 심지어는 인도유럽어까지 거슬러 올라가는 고대영어 시기 이전에 있었던 체계적인 변화의 결과로 인해 만들어졌다. 영어에서는, 즉 5세기 이후에는, 초기 변화들의 조건이 모호해지면서 그 결과물은 더 이상 규칙적이지 않게 되었거나 혹은 쉽게 예측 가능하지 못하게 되었다. 이형태 변이에 관한 예측성 척도를 만들어 보면, 아마도 동화나 자음과 모음의 탈락으로 만들어진 이형태는 아주 높은 등급에 위치할 것이다. 왜냐하면 이 변화를 일으키는 조건들은 투명하고 회복 가능하기 때문이다. 예측성 척도의 가장 아래쪽에는 생산성이 별로 높지 않은 이형태 변이가 역사적인 용어로 설명되어있을 수 있다. 이는 변화를 일으키는 조건들이 더 이상 존재하지 않기 때문이다. 이 척도의 가장 아래쪽에는 앞으로 나올 6절의 주제인 완전히 예견할 수 없는 동족어의 교체형이 존재한다. 역사적이거나 화석화된 이형태는 여러 가지 일반적인 패턴을 따르는 경향이 있다. 이 패턴에 익숙해지면 겉으로는 달라 보이지만 결국은 어원상 동족어라는 것을 우리는 알아차릴 수 있게 될 것이다.

여기서는 화석화의 세 과정인 1차 자음추의(*First Consonant Shift*), 모음교체(*Gradation*)[1], 로타시즘(*Rhotacism*)을 살펴보기로 한다.

2. 자음 대응관계: 1차 자음추이(그림의 법칙)

2장에서 언급된 내용, 인도유럽어의 가족이기 때문에, 영어, 라틴어, 그리스어가 깊은 역사적인 연결 고리를 공유하고 있다는 사실을 상기해 보자. 이들 언어 사이에 공통적인 기원을 인식할 수 있는 여러 방법 중 하나는 **그림의 법칙**(*Grimm's Law*) 또는 **라스크의 법칙**(*Rask's Law*)로도 알려진 소위 1차 **자음추이**(*First Consonant Shift*)라 불리는 일련의 변화를 참고하는 것이다.

인도유럽어의 다양한 분파에서 일어난 음운변화의 연구는 그 역사가 길다. 게르만어와 그 부모어[즉 인도유럽어] 사이에 존재하는 자음 대응관계는 19세기에 발견되었다. 1818년 덴마크의 어원학자 라스무스 라스크(Rasmus Rask)는 a**g**er '벌판', **p**ater '아버지', **d**uo '둘'과 같은 라틴어 단어들과 acre[에이커(넓이의 단위)], father[아버지], two[둘]와 같은 영어 단어들 사이에 있는 관련성을 관찰했다. 그 후 몇 년이 지나, 전래되어오는 노래와 동화를 모아 책으로 펴내어 유명세를 얻은 두 명의 그림 형제 중 한 사람인 야콥 그림(Jacob Grimm)은 『게르만어 문법(Deutsche Grammatik)』(1819-37)이라는 책에서 게르만어의 자음들과 다른 인도유럽어에 속하는 유럽과 서부아시아 언어의 자음들을 연결하는 규칙성을 설명하였다.

원래 자음변화를 발견한 사람들은 '법칙'이라는 용어를 사용하지 않았지만, 많은 어원학자가 나중에 이 변화를 시조의 이름을 따라서 그림의 법칙 또는 라스크의 법칙으로 부르기 시작했다. 이 법칙이 발견한 위대한 점은 명백하게 연결되어있는 단어들이 어떻게 서로 다른 자음들을 갖게 되었는지를 설명해준다는 것이다. 가령 **f**oo**t**[발] – **p**o**d**ium[발판(연설대)], **t**oo**th**[치아] – **d**en**t**al[치아의], **h**ear**t**[마음] – **c**or**d**ial[정다운]에서 볼 수 있다.

1차 자음추이가 일어난 시기는 대략 기원전 750년에서 250년경으로 재구된다. 이 시기는 바로 게르만어가 모어에서부터 점진적으로 갈라져 나오지만 아직 여러 방언으로 나누어지지 않았던 시기와 일치한다. 1차 자음추이로 인한 변화는 인도유럽어의 폐쇄음에 영향을 미쳤다. <그림 8.1>로 이 변화를 요약할 수 있다.

인도유럽어		게르만어	변화의 종류
p t k	→	f θ h	무성폐쇄음 → 무성마찰음
b d g	→	p t k	유성폐쇄음 → 무성폐쇄음
b^h d^h g^h	→	b d g	유성대기폐쇄음 → 유성폐쇄음

〈그림 8.1〉 1차 자음추이

자음추이의 핵심은 다음과 같다. 인도유럽어의 원래 무성폐쇄음 [p, t, k]는 무성마찰음 [f, θ, h]가 되었다. 두 번째 줄에서 볼 수 있는 것처럼 인도유럽어의 원래 유성폐쇄음 [b, d, g]는 무성음이 되어 첫 줄의 변화로 비어있던 무성폐쇄음 [p, t, k]의 자리를 채웠다. 라틴어나 라틴어의 후속 언어, 즉 현대로맨스어들과 그리스어는 첫 줄에 있는 변화에 영향을 받지 않았다. 따라서 라틴어와 그리스어 단어들에는 원래 인도유럽어의 [p, t, k, b, d, g]가 그대로 남아있거나 원래의 음가에 아주 비슷한 상태로 남아있다.

인도유럽어의 유성기식폐쇄음(aspirated voiced stop)인 [b^h, d^h, g^h][1]의 경우는 약간 복잡하다. 게르만어에서는 궁극적으로 유성폐쇄음 [b, d, g]가 된 반면 라틴어에서는 [b^h, d^h]는 무성마찰음 [f]가 되었고 [g^h]는 어두 위치에서 [h]가 되었다.

<그림 8.1>은 부분적이고 단순화된 내용만을 보여준다. 사실 그림에서는 세세한 설명들을 많이 생략했는데 왜냐하면 여기서 강조하고 있는 것은, 지금 설명하고 있는 변화는 앞서 언급된 음운변화 명칭인 1차 **자음추이**에서 자음 전체의 '**추이**'를 나타낸다는 점이다. 1차 자음추이는 동족어, 즉 같은 어원에서 발달된 단어에서의 자음 차이를 설명한다. 언어가 서로 갈라짐에 따라 동족어의 형태 또한 갈라졌다. 게르만어에서는 자음이 변했지만 라틴어, 프랑스어, 그리스어에서는 똑같은 자음들이 원래의 모습 그대로 보존되거나(원래 폐쇄음인 경우) 게르만어와는 다른 변화를 겪게 된다(원래 유성기식폐쇄음인 경우). 이와 관련된 대응관계는 <그림 8.2>에 보여 진다.

자음	인도유럽어	게르만어	라틴어	그리스어
무성폐쇄음 Voiceless stops	p	f	p	p
	t	θ	t	t
	k	h	k[2]	l
유성폐쇄음 Voiced stops	b	p	b	b
	d	t	d	d
	g	k	g	g
유성기식폐쇄음 Voiced aspirated stops	b^h	b	f	ph
	d^h	d	f	th
	g^h	g	h	kh

〈그림 8.2〉

1) 영어에서는 유성기식폐쇄음은 산스크리트어에서 차용된 단어들 bhakti '공경심' dharma '법령, 관습, 법칙' 그리고 힌디어에서 차용된 단어 gharri '수레, 우마차'에서 발음될 수 있다.

2) 라틴어의 경우 [k]에 대한 가장 보편적인 철자는 <c>이다. cado, cadere '떨어지다', circa '주위에' celer '신속한', cursor '달리는 사람' 등에서 볼 수 있다.

이 추이는 특정 시간 동안 한정적으로 일어났다는 것을 깨닫는 것이 중요하다. 아마도 기원후까지 지속되지는 않았을 것이다. 게르만어에서 추이의 결과로 만들어진 자음들이 영어, 네덜란드어 그리고 다른 저지대 게르만어들과 스칸디나비아어들에서 살아남았다. 자음추이가 제한적인 시간 동안만 발생함으로 인해 영어는 기원이 되는 [동일한] 인도유럽어 어근을 두 번 수용할 수 있었다. 첫 번째는 인도유럽어 형태가 게르만어, 고대, 중세, 현대영어로 직접적으로 지속된 경우이다. 그런 후 독립적으로, 그리고 그림의 법칙이 더 이상 적용되지 않은 이후에, 영어는 같은 인도유럽어 어근을 라틴어나 그 후손 언어들로부터 다시 차용할 수 있었다. 이들 후기 차용어들에는 어떠한 '게르만' 변화도 적용되지 않았다. 따라서 이들 단어들이 수입될 때 인도유럽어의 비게르만어에 나타나는 자음들이 함께 수입되었다. 이러한 대응관계를 보여주는 몇 가지 예를 들어보도록 한다. 괄호 안에 있는 숫자는 (OED에 따르면) 영어에 들어온 라틴어 기원의 차용어들이 맨 처음 발견된 시기이다.

인도유럽어[3]	게르만어(영어)	차용어
***pod-/*ped-**	**foot**[발], **fetter**[족쇄를 채우다4)]	**pod**ium[연설대](1743), **ped**al[발판(페달)](1611)[5]
***ten**	**th**in[얇은]	**ten**uous[미약한](1597), **ten**don[힘줄](1541)
***kerd-/kord-/kard**	**heart**[심장]	**cord**ial[정다운](1386), **card**iac[심장의](1450)[6]
*le**b**-/la**b**	li**p**[입술]	la**b**ial[입술의](1650), la**b**ret[입술장식](1857)
***d**en(**t**)-/odon(t)-	**t**ooth[치아]	**d**en**t**al[치아의](1594), (perio)**d**on**t**al[치주의](1899)[7]
***g**en	**k**in[친족]	**g**ender[성](c.1300), pro**g**eny[자손](1330)

위에 주어진 예처럼 차용어와 고유어의 짝을 맺어줄 때에 인도유럽어의 무성/유성폐쇄음은 그리스어와 라틴어에서 변하지 않은 반면 어두의 유성기식폐쇄음은 <그림 8.2>에서 마

---

3) 부록에서 볼 수 있듯이 * 기호는 재구된 어근형태를 말한다.

4) 고대영어 fōt 'foot', feter '다리의 족쇄'[현대영어 fetter의 고대영어 형태].

5) **ped**-와 **pod**에 바탕을 둔 다른 차용어로 anti**pod**es[정반대쪽에 있는 두 지점](1398), **pod**agra '다리에 있는 감각'(1398), ex**ped**ite[신속히 처리하다](1471), tri**pod**[삼각대](1603), im**ped**e(1605) '다리를 얽다, 방해하다' (영어 fetter와 비교하기), **ped**estal[받침대](1580), milli**ped**e[노래기](1601), **ped**estrian[보행자](1716), **pod**iatry[발병학](1914) 등등이 있다.

6) 같은 어근을 가지고 있는 다른 형태로 ac**cord**[일치하다](1297), courage[용기], concord[화합], discord[불화], misericord[중세교회의 특면실], record[기록]등이 있다. cardium[심장의], endocardium[심장내막], epicardium[외심막], megalocardia[심장비대], myocardium[심근], pericardium[심낭]와 같은 의학용어들은 cardio-에서 파생되었다.

7) 게르만어의 다른 동족어로 tusk[상아]가 있는데 이는 게르만어 *tunth-sk에서 비롯한다. 고대영어 시기 이후의 다른 차용어로 in**dent**[들여쓰다], in**dent**ure[고용계약서], **d**andelion[민들레] (Fr. dent de lion[프랑스어로 '사자의 이빨', 민들레 잎 끝 부분이 사자의 이빨을 닮은 것에 기인해서 붙여진 이름])(1513)이 있고, OED에는 -o**d**ont '치열(齒列)의 종류'를 가진 단어들이 100개가 넘게 실려 있다.

지막 세 줄에 있는 예처럼 변했다는 점을 상기하자. 유성기식폐쇄음이 게르만어에서 어떻게 변했는지 그리고 차용어에서는 어떤 자음으로 나타나는지 살펴보자.

인도유럽어	게르만어(영어)	차용어
***bh**er-	**b**ear[견디다], **b**airn[아이], **b**arrow[무덤]	**f**ertile[비옥한], in**f**er[추론하다], peri**ph**ery[주변][8]
***dh**wer-	**d**oor[문]	**f**oreign[외국의], **f**orest[숲], **f**orum[포럼][9]
***gh**os-ti-	**g**uest[손님]	**h**ost[주인], **h**ostile[적대적인], **h**ostel[호스텔]

여기서 부분적으로 설명된 1차 자음추이는 게르만어와 고대영어에서 유래된 단어들의 형태가 원인도유럽어 형태와는 다르다는 측면에서 한 가지 모습만을 보여주고 있다. 이 자음들을 강조한 이유는 이들이 영어에서는 어원적인 지식을 아주 많이 요구하는 수많은 동족어 쌍에서 보이는 연관성을 좀 더 명확하게 보여주기 때문이다.

이제 깊이 숨겨진 이형태의 다른 두 유형인 모음교체(gradation)와 로타시즘(rhotacism)을 살펴보기로 하자. 원래 모음교체와 로타시즘은 어근형태소에 영향을 미쳤고, 한 패러다임(paradigm)[10] 안에서 특정한 문법변화와 관련되어 규칙적으로 나타났다. 예를 들어 어떤 동사의 현재시제와 과거시제 형태를 비교하거나 혹은 어떤 명사가 갖는 주격과 속격의 형태를 비교할 때 규칙적으로 나타났다. 따라서 일단 생성된 이형태는 각종 다양한 파생어들로 파급되었고, 어근이 가질 수 있는 음성적 교체형 가운데 어떤 것으로 선택할지는 대체로 우연적으로 이루어졌다. 모음교체와 로타시즘은 기존의 동사어근에서 명사형을 만들어내는 과정에서 영향을 미칠 수도 있고, 역으로 명사형에서 동사로 만드는 과정에서 영향을 미칠 수도 있었다. 이를 일반화시킨다면, 하나의 품사에서 다른 품사로 바뀔 때 영향을 미쳤다고 하겠다. 지금으로부터 1,000년보다 더 전에 있었던 풍부한 문법 교체(alternation)와 어휘형성 패턴의 범위 가운데 단지 작은 부분만이 우리에게 남겨졌다. 하지만 남아있는 것은 이해할 가치가 있을 정도로 충분히 일관성이 있고 흥미롭다.

8) 라틴어의 fer-(confer[상의하다], defer[미루다], differ[다르다], offer[제안하다], prefer[선호하다], proffer[내밀다], refer[참조하다], suffer[고통받다], transfer[옮기다], vociferate[큰소리로 고함치다])는 그리스어의 phor-, pher-와 대응하며 그리스어 예로 anaphora[대응], euphoria[대응행복감], metaphor[은유], paraphernalia[용품]가 있다.

9) 라틴어 '문밖으로'라는 뜻의 foras, foris는 접두사 for(e)-가 되어 foreclose[담보권을 실행하다], forfeit[몰수당하다], forensic[법의학적인] 에 나타난다. 그리스어 thura '대문'은 '방패'를 뜻하는 thureos가 되었다. 따라서 17세기에 만들어진 thyroid[갑상선의]는 '문/방패모양의'라는 뜻이다.

10) 패러다임(paradigm)은 한 세트의 굴절형태, 동사활용형 혹은 [명사, 형용사의] 격변화형을 말한다. 현대영어의 단순한 패러다임과는 달리 인도유럽어, 라틴어, 원게르만어 그리고 고대영어는 문법적 기능이나 의미가 달라지면 형태가 달라지는 아주 복잡한 패러다임을 가지고 있었다.

3. 모음교체

모음교체는 독일어 명칭인 **압라우트**(*Ablaut*)로도 알려져 있다. 압라우트는 서로 다른 문법 형태나 품사에서 인도유럽어 모음 e와 o가 서로 교체되거나 모음이 없는 형태(zero형)와 교체되는 방식을 특징짓는 용어이다. 전통적으로 모음 e를 가진 이형태는 **e-교체(e-grade)**를 보이는 것으로 기술되고, 모음 o를 가진 이형태는 **o-교체(o-grade)**를 보이며, 모음이 없는 이형태는 **무형교체(zero-grade)**라 불린다. 모음교체로 만들어진 교체형의 예가 다음에 주어져 있다.

어근	E-교체	O-교체	무형교체
kel '속이 빈, 씌우다'	**cel**lar[지하저장고]	**col**or[색(깔)]	**cl**andestine[비밀리에 하는]
gen '출생, 기원'	**gen**etic[유전의]	**gon**orrhea[임질]	co**gn**ate[어원/어족이 같은]
men '생각하다, 경고하다'	de**men**ted[미친]	ad**mon**ish[꾸짖다]	**mn**emonic[연상기호]
pher '나르다, 지탱하다'	Christo**pher**[크리스토퍼]	eu**phor**ia[행복감]	—
gel '추운, 꽁꽁 언'	**gel**atin[젤라틴]	—	**gl**acier[빙하]
sol '전체'	—	**sol**id[단단한]	**sal**ubrious[살기좋은][11]
ker '섞다, 요리하다'	—	—	**cr**ater[분화구]

e-교체와 o-교체 그리고 무형교체를 수평선상에 배치한 것은 단순히 알파벳 순서에 따른 것이다. 비록 어떤 문법책에서는 e-교체를 가장 '일반적인' 교체라고 설명하고 있기는 하지만, 이 책에서는 첫 열에 있는 대부분의 단어가 e-교체라고 해서 특별한 지위가 있기 때문에 그렇게 배열한 것은 아니다. 역사상 발생한 모음교체의 많은 경우, 이 세 가지 가능한 질적[즉 음가가 달라지는] 이형태 가운데 다만 두 가지 형태만이 살아남아 있고 이는 영어 어휘고에서 입증된다. 앞의 표에서 마지막 세 줄에 대시로 표시된 빈칸은 우연히 그렇게 된 것이다. 교체가 불완전하게 이루어진 어근들을 살펴보면 cere, cre '자라나다'(cereal[곡류], hypocorism[애칭사용]), leg, log '모이다, 읽다, 공부하다'(legion[군단], apology[사과]), sper, spor, spr '흩어지다, 씨앗'(sperm[정액], diaspora[집단이동], sprawl[대자로 눕다], sprout[싹이 나다]), 그리고 men, mon '이끌다, 프로젝트, 위협하다'(menace[위협적인], Montana[미국의 몬타나주])가 있는데 많은 어근이 영어에서는 투명한 무형교체형을 갖고 있지 않다.

또 다른 유형으로 빈번하게 일어나는 인도유럽어의 모음교체는 양적[즉 모음의 음가는 동일하고 길이만 달라지는] 모음교체이다. 여기서는 단모음이 장모음이나 약화된 모음과 교체를 하여 패러다임의 이형태나 파생어의 이형태를 만들어낸다. 영어에 남아있는

---

11) salubrious[살기 좋은]에서 sal-은 원래 무형교체형인 sl-이 라틴어에서 변화한 형태이다.

화석화된 양적 모음교체의 예로는 과거시제 형태로 stood[stand(서다)의 과거형]가 있는 동사 stand[서다]의 패러다임이 있다. sit[앉다]과 soot[그을음]의 역사적인 관계도 마찬가지이다.

3.1 게르만어의 모음교체

모음교체가 왜 일어났는지에 대한 명확한 음운론적이며 문법적인 이유는 대체로 알려져 있지 않다. 아마도 어근에 있는 e와 o 사이에 있는 이형들은 강세의 위치에 따르는 이형들로 인한 것이며, 반면에 강세가 없는 경우에는 무형교체와 관련되었을 것이다. 고전어와 게르만어의 모음교체는 하나의 품사가 다른 품사로 바뀐다는 것을 알려주었다. 또한 규칙적으로 패러다임에 따라 변하기도 했다. 게르만어들에서 모음교체의 주된 기능은 전통적으로 **강변화동사**(*strong verb*)로 언급되는 동사 유형에 존재하는 여러 부류(class)에서 인칭, 수, 시제를 표시하기 위한 것이었다. 인도유럽어로부터 게르만어와 고대, 중세영어를 거쳐 오늘날의 현대영어에 이르기까지 발생한 역사적 음성적 변화를 잘 알고 있지 못한다면 동사의 이형태가 가진 e-교체, o-교체 그리고 무형교체를 알아차리기가 쉽지 않다. 그래서 오늘날 우리는 이들을 '불규칙'[12] 동사라 부른다.

모음교체는 단어 파생에 있어서도 게르만어에서는 흔한 유형이었지만 영어에서는 점차 비생산적이 되었던 반면 다른 게르만 언어에서는 그렇지 않았다. 여전히 현대영어에서 이러한 교체유형의 화석들은 발견할 수 있다. 예를 들면 명사－동사 쌍인 do[하다]－deed[행위], sing[노래하다]－song[노래], break[부수다]－breach[탈색], bind[묶다]－bond[유대관계], bundle[묶음]이 있다. 이들 단어 사이에 존재하는 의미적 관계는 모든 영어 화자에게 명백하게 보일지라도, 역사적으로 발생한 음성적 과정은 최초의 모음교체를 더 이상 인식할 수 없도록 변화시켰다.

이 주제를 마무리하기 전에 1장 3.7에서 지난 3세기 동안 영어는 전혀 다른 모음교체, 즉 압라우트를 사용하기 시작했다고 설명했던 것을 상기할 필요가 있다. 이 모음교체는 criss-cross[십자형의], mish-mash[뒤죽박죽], flim-flam[허튼 소리], riff-raff[별볼일 없는 인간들], shilly-shally[미적거리다], tip-top[정상]등을 만들어 냈다. 이들 예에서는 각 단어의 첫 번째와 두 번째 소리가 특별한 유형의 이형태성으로 연관되어 있다. 즉 두운(alliteration)과 전설고모음이 다음 단어의 비고모음 혹은 비전설모음과의 교체라는 두 현상에 의해 서로 연결되어있다.

---

12) 영어에는 68개의 강변화동사가 있고 별도로 13개의 동사는 약변화동사로도 강변화동사로도 굴절변화를 한다(보우와 케이블, 『영어의 역사』(160쪽)). 강변화동사는 대체적으로 고유어이며 자주 사용되는 동사들로 bite[물다], choose[선택하다], drive[운전하다], eat[먹다], hang[매달다], lie[눕다], ride[타다], run[달리다], see[보다], write[쓰다] 등이 있다 light[불을 켜다], stave[부수다], thrive[번창하다], wake[잠이 깨다]와 같은 동사들은 아직도 강변화동사 형태가 사용되고 있지만, 일부 동사는 약변화동사형을 대체형으로 가진다.

4. 로타시즘

로타시즘(rhotacism)은 어근 rho을 바탕으로 만들어진 언어학적인 용어로, 이 어근은 [r] 글자와 소리에 해당하는 그리스어 글자 <ρ>의 이름이다. 이 용어는 패러다임 속 변화형을 만드는 과정에서 두 모음 사이에 자음 [s]가 오게 되었을 때, [s]가 유성음 [z]를 거쳐 [r]로 변화하는 현상을 말한다. 로타시즘은 라틴어의 기원을 갖는 단어나 게르만어 단어 두 가지 모두에서 발견되지만 이 현상이 적용되는 조건들은 약간 다르다.

4.1 라틴어의 로타시즘

라틴어에서는 모음 뒤에 오는 [-s] 다음에 모음으로 시작하는 접미사(-is, -a, -um, -ere)가 붙어 <-VsV->가 만들어지면 로타시즘이 일어난다. 모음 사이에서 자음 [-s]는 자음성이 약해지게 된다. 따라서 먼저 [-s-]가 [-z-]로 유성음화되고 뒤이어 [-z-]는 공명음 [-r-]로 변하게 된다. 이 과정은 쌍을 이루는 다음과 같은 단어들에서 나타난다. **os** '입' – oris 단수 속격형 '입의', **rus** '시골/전원' – **ruris** '시골의/전원의', **opus** '일' – **opera** 복수형, **ges** '견디다, 나르다' – **gerere** > **gerund** 동사형 – **gesture** '태도' 등이 있다. 역사적으로 로타시즘의 영향을 받은 형태가 나올 것인지 혹은 받지 않은 형태가 나올 것인지에 대한 예측이 가능했다. 즉 <-VsV->에서 [s]는 [r]로 변하고, 그렇지 않은 경우는 변하지 않고 그대로 남았다.

V + [-s-] + V
↓
[r]

로타시즘

flos '꽃' + al	→	**floral** '꽃의, 꽃과 관계되는'
flos + **cule**	→	**floscule** '작은 꽃, 꽃의 부분'
ges '들고가다' + **t** + ure	→	**gesture** '들고 가는 행위, 행동하는 방식'
ges + **und**	→	**gerund** '들고 간, 동명사'
opus '일하다' + **cule**	→	**opuscule** '작은 일'
opus + **ate**	→	**operate** '일하다, 생산하다'
os '입, 말하다' + **ate** + ion	→	**oration** '담화'
os + **cit** '움직이다' + ant	→	**oscitant** '입을 크게 벌린' **oscitancy** '하품하는'
rus '탁트인 대지' + **al**	→	**rural** '시골의'
rus + **tic** + ate	→	**rusticate** '시골로 은퇴하다'

로타시즘 적용에 대해 명확하게 정의된 조건들이 있음에도 불구하고 몇몇 라틴어 어휘들은 규칙을 위반하는 것처럼 보인다. 가끔 일어나는 일은 [-r-]이나 [-s-] 형태 어느 하나가 패러다임 전체로 퍼져 이들은 심지어 더 이상 음성적 환경이 고려되지 않은 채로 새로운 단어를 만들어내는 어근으로 받아들여진다. 따라서 adhere[들러붙다]–adhesion[부착], acquire[습득하다]–acquisition[습득]과 같은 단어 쌍의 두 번째 단어에서 모음 사이에서 변화되지 않은 [-s-] 이형태를 발견한다. 기원전 100년 경 고전라틴어가 시작될 무렵 로타시즘은 더 이상 작용하지 않았다. 좀 더 자주 사용되는 어근의 형태에 대한 유추와 역사적인 사고로 인해 결과적으로 '불규칙한' 형태들이 규칙적인 형태들만큼이나 많이 만들어지게 되었다. 어원적으로 서로 관련이 있는 쌍을 찾기 위해서는 로타시즘을 겪지 않은 어근 형태와 겪은 어근 형태 두 가지를 모두 특별히 주의 깊게 살펴보아야 한다.

4.2 게르만어의 로타시즘

[s]에서 [z]로의 유성음화 그리고 뒤이어 일어난 [r]로의 변화가 일어난 모음 환경은 초기 게르만어에도 있을 수 있는 환경이었지만 게르만어에서는 추가적인 운율조건이 이 과정을 제한했다. 모음교체와 마찬가지로 영어에서는 뒤이어 일어난 음성적 과정이 게르만어의 로타시즘의 결과를 없애 버리거나 아주 모호하게 만들었다. 오래된 이형태의 흔적을 그대로 간직하고 있는 몇 가지 동족어 쌍으로 be 동사의 과거시제 형태인 단수형 was와 대조되는 복수형 were, lose[잃다] 동사의 현재형과 형용사적 분사형 (for)lorn(초기 (for)loren에서부터 온 것임)이 있다. rise[오르다]와 rear[기르다], sneeze[코를 골다]와 snore[재채기하다] 사이의 역사적인 관계 또한 로타시즘의 흔적으로 여겨지는데 이 경우에는 추가적인 모음변화가 있었다.

5. 음위전환

음위전환(*metathesis*, meta '변하다, 너머로' + the '놓다' + (s)is '과정')은 단어 안에서 음의 자리바꿈, 간혹 음절의 자리바꿈을 지칭하는 용어이다. 음위전환은 많은 언어에서 흔히 일어나지만 이 변화를 일으키는 음성적 조건은 아주 일반적인 용어로만 정의내릴 수 있다. 가끔 [r]을 포함하는 어떤 음들의 결합은 음위전환에 더 민감하다. 음위전환은 잘못된 교체형이 화석화되어 남은 흔적이다. 음위전환은 다음 절에 나오는 완전히 '예측할 수 없는' 이형태와는 구분된다. 왜냐하면 완전한 예측 불가능성과는 달리 음위전환으로 만들어진 이형태에는 원래 있던 것과 동일한 자음들이 단지 순서가 달라지거나 혹은 순서가 뒤섞인 채로 남아있기 때문이다. 음위전환은 발화 실수로 인해 생겨났을 수 있다. 이 변화의 증거는 차용된 고전어 어근이나 고유어의 어근 둘 다에서 발견된다. 자주 인용되는 음위전환의 예를 보면 다음과 같다.

[ks] ↔ [sk]	mix[섞다] – promiscuous[난잡한]
[pek] ↔ [kep]	spectacle[구경거리] – skeptic[회의론자]
[rt] ↔ [tr]	nurture[양육하다] – nutrition[영양]

때때로 음위전환은 다른 변화들과 함께 일어나기도 하고 그렇지 않았다면 투명하게 보였을 역사적인 이형태들을 모호하게 만들기도 한다. 따라서 인도유럽어 어근 *əger-의 o-교체, 즉 *əgor는 이형태 *əgre-와 모음교체에 의해 관련되어있음을 알 수 있는데, 이는 [-er]이 [-re]로 순서가 바뀌어야만 가능하다.

모음교체	gregarious[남과 어울리기 좋아하는]	(ə)ger(g)	agora[광장]	(ə)gor
음위전환	egregious[지독한]	(ə)gre(g)	allegory[우화]	–
	aggregate[합계]	category[범주]		

(발음에서의 음위전환을 어간 말의 [(ə)r]의 철자 교체형과 혼동해서는 안 된다. centre – center[중앙], litre – liter[리터], lustre – luster[광택], metre – meter[미터], spectre – specter[유령], theatre – theater[극장]에서 볼 수 있는 영국영어의 <-re>와 미국영어의 <-er> 철자 교체형은 음위전환이 아니다.) 마지막으로 영어 고유어휘 가운데 aspen[사시나무], wasp[말벌], ask[묻다]의 현대영어 방언형인 apsen, waps, aks는 고대영어에 있었던 교체형에 기원을 두고 있다. 이 단어들은 고대영어에서는 æpse, wæpsa, acsian이었다.

6. 모호해진 동족어: 완전히 예측 불가능한 이형태

이형태 규칙을 다 안다 해도 모호한 동족어들이 잔여물로 여전히 남아있다. '모호한(obsure)'이란 어원이 '알려져 있지 않거나' 혹은 '논쟁거리가 되는' 단어들, 즉 우리가 논의를 시작할 수조차 없는 그러한 단어들을 의미하는 것은 아니다. 이 책에서 '모호한'은 이형태 사이의 형식적인 관계가 불투명해졌거나, 두 이형태 사이의 의미적이고 논리적인 연결 관계가 더 이상 재구될 수 없다는 뜻이다.

음성적으로 모호한 이형태의 예는 고전어 어원을 가진 적은 수의 어근에서 볼 수 있다. 그런 예로 spec, plec, fac, fid, neg, lig 등의 어근이 있는데 이들은 역사적으로 spy[스파이], ply[(정기적으로) 다니다], (petri)fy[겁에 질리게 하다], (de)fy[반항하다], (de)ny[부인하다], (re)ly[의지하다] 등과 관련 있다. 이들 모호해진 파생어 가운데 하나인 -(i)fy는 그 자체가 지극히 생산적인 접미사로 발전해 왔다. signify[의미하다], mortify[굴욕감을 주다], satisfy[만족시키다], terrify[무섭게 하다], typify[전형이 되다] 등과 같은 단어들이나 좀 더 최근에 만들어진 신조어들로 countrify[시골스럽게 만들다], Frenchify[프랑스풍으로 만들다], fishify[물고기로 만들다], 심지어는 speechify[연설하다], happify[행복하게 하다]를 예로 들 수 있다. 대부분의 사전에는 -ify는 어근 fac '하다, 만들다'에 기원을 둔 동사화 접미사로 실려 있다. 마찬가지로 plec, ply '접다, 구부리다'의 파생어 또한 꽤 생산적이었고, 예로 apply[적용하다], comply[준수하다], imply[암시하다], multiply[곱하다], supply[공급] 등이 있다. 또한 어근 plec을 가진 라틴어 동사의 과거분사형인 plex의 생산성을 주목해 보면 complex[복잡한], duplex[두 세대용 건물], perplex[당혹하게 하다], simplex[단일어] 등과 같은 단어들이 발견된다.

라틴어 단어들처럼 보이거나 발음되는 단어들의 불투명성은 영어의 단어 형성과 철자에 있어서 주목할 만한 재미있는 결과를 가져온다. absquatulate '어서 꺼져, 서둘러 떠나다'란 단어는 19세기에 장난스럽게 만들어진 유사 라틴어로 영어에 존재하던 ab-(**ab**breviate[줄여 쓰다], **ab**dicate[퇴위하다])을 가진 단어와 -(ul)ate (arti**culate**[조음하다], matri**culate**[대학생이 되다])를 가진 단어로 인해 만들어진 것이다. doubt[의심], debt[빚], advance[전진], advantage[혜택], adventure[모험]와 같은 단어들은 실제 단어 형태와 그 단어를 설명하는 어원적인 역사 사이에 실재하거나 혹은 추정이 가능한 어떤 차이가 있을 때 무슨 일이 발생할 수 있는지를 보여 준다. doubt[의심]와 debt[빚]는 아주 초기에, 아마도 1175년과 1225년 사이에 프랑스어에서 차용된 단어였다. 당시 이 단어들(각각 라틴어의 dub-와 deb-에서 왔다)에 있는 자음 <-b->는 철자와 발음 모두 이미 상실된 상태였다. 이것이 바로 이 단어들의 [b]가 현대영어에서 발음되지 않는 이유이다. 르네상스 기간 동안 고전학자들은 이 단어들의 '적절한(proper)' 형태에 대해 관심을 갖게 되었고, 점차 단어의 철자에 -b-를 다시 도입하게 되었는데 이는 새롭게 차용한 단어들과 dubious[의심하는], debit[인출]과 같은 단어들과의 유추작용에 의한 것이었다.

advance[전진], advantage[장점], adventure[모험]는 [-v] 앞에서 ad-접두사가 동화에 저항한 결과이다(6장 참조). 그러나 막상 이 단어들을 처음 차용해온 고대프랑스어에서는 그렇지가 않았음을 avenue[거리], avenge[복수하다], aver[단언하다]와 같은 차용어들을 통해 알 수 있다. 이들 단어들은 ad-와 프랑스어 차용어의 어두의 ad- + a [v-] 조합은 정상적으로는 [av-]로 바뀐다는 것을 보여준다. 중세영어에 advance, advantage, adventure와 같은 단어들에는 접두사에 -d-가 없었다. 마찬가지로 -d-는 나중에 라틴어 모델에 지나칠 정도로 열정적으로 매달린 고전학자들에 의해 다시 도입되었다. 추측컨대 이 경우는 영어에 철자로 남았을 뿐만 아니라 발음도 된다. 불투명한 기원의 예는 꽤 많다. 『아메리칸 헤리티지 사전』의 '인도유럽어 어근' 영역에 나열된 첫 번째 어근은 ag '몰다, 끌어당기다, 움직이다'이다. 이 어근은 act[행동하다], agile[날렵한], agitate[주장하다], ambiguous[모호한], intransigent[고집스러운]와 같은 단어들에서 음성적으로나 의미적으로 투명하다. ag의 파생어인 axiom[격언]과 cogent[설득력 있는] 사이를 음성적으로 연결하는 것은 좀 더 복잡하지만 여전히 가능하다. 그러나 사전의 도움이 없이 essay[에세이]와 embassy[대사관]를, 심지어는 squat[쪼그리고 앉다](!!!)이 음성적으로 같은 어근에 속한다고 추측할 수 있는 사람은 없다. 또한 ambassador[대사], synagogue[유대교 회당], podagra[발가락의 통풍]의 널리 갈라져 나간 최근 의미를 형태소 ag의 기본적인 의미로부터 추출해내는 것도 어떠한 방식으로도 의미적으로 절대로 가능하지 않다.

마지막으로 발음의 변이가 겉보기에는 무작위로 일어나서 일반화가 불가능한 것처럼 보이는, 완전히 예측 불가능한 이형태가 몇 가지 있다. 이 경우에 우리가 할 수 있는 최선의 방법은 변이형과 이들이 나타나는 단어들에 주목하는 것이다. 이 점에서는 어원에 특화되어있는 사전들이 꽤 도움을 줄 수 있다. 예측 불가능한 이형태의 예를 들어보자.

circ, curv, cor '주위에': circle[원형], curvaceous[곡선미가 있는], cornice[처마의 돌림띠]
cli, cliv, clin '눕다, 침대, 기대다': clinic[병원] decline[감소], inclination[성향], proclivity[성향]
cub, cumb '눕다, 비어있는': incubate[배양하다], recumbent[누워있는], succumb[무릎을 꿇다]
dei, div '신, 전조': deity[신], deism[이신론], divine[신성한], divinity[신성]
don, dat, dot, dor, dos, dow '주다': donor[기증자], data[자료], anecdote[일화], Dorothy[도로시(여자의 이름)], dose[복용량], dowager[미망인]
vac, van '빈, 헛된': evacuate[대피시키다], vacancy[공석], evanescent[덧없는], vacation[방학/휴가], vacuum[진공], vanish[사라지다], vanity[허영심]

7. 거짓 동족어

이형태의 변화에 대한 지식과 단어를 분석할 수 있는 기본적인 기술을 갖고 있다면 여러분은 동족어를 발견할 수 있고 동족어들의 실제 정체에 대해서도 입증할 수 있게 된다. 그러나 낯선 자료들이기에 잘못 분석할 수 있는 위험은 늘 있다. 동음성은 단어를 잘못된 구성요소로 나누게 할 수 있다. 어떤 단어의 의미변화 역사와 연관성을 재구한다는 것 또한 신뢰할 수 없다. 다음 절에서는 낯선 단어의 분석과 의미 해석을 잘못되게 할 수 있는 방법들에 대하여 경고를 할 것이다.

7.1 잘못된 경계위치 설정

신조어들. 낯선 단어들을 만났을 때 첫 번째 관심은 단어 안에 만약 경계선이 있다면 정확하게 어디에 경계선이 있는가를 결정하는 것이다. 이러한 결정을 내리기가 쉽지 않은데 특히 우리가 알지 못했던 형태소에 대한 새로운 정보에 노출되는 경우에는 더욱 그러하다. 일련의 형태소나 단어는 가끔 둘 이상의 방법으로 해석될 수 있다. 따라서 경계선의 위치는 분석할 당시 우리가 어떤 생각을 갖고 있는지 혹은 한 해석이 다른 해석보다 좀 더 친숙한지에 따라 결정된다. 차용된 어휘에서 잘못된 경계선의 위치와 마찬가지로 일상용어에서도 말의 실수나 의도적인 펀(pun), 우리가 말하는 것과 듣는 것 사이에서 이중적인 의미를 갖게 만드는 이중 어구(double entendres) – 가령 syntax[통사론] vs sin tax[죄에 대한 세금], ice cream[아이스크림] vs I scream[나는 비명을 지른다], sly drool[교활한 허튼소리] vs slide rule[계산자], fast ring[단단한 반지] vs fa string[파음의 현] – 와 Polly Glott, Eileen Forward, Sarah Bellum[2]과 같은 이름에서도 잘못된 경계선 선정이 발견되기도 한다. 9장의 1.4를 참조하도록 한다.

익숙하게 보이는 형태소를 복잡한 단어에서 만나게 되면 우리는 속임을 당해 잘못된 분석에 이를 수 있다. 다음 예를 보면 *가 되어있는 것은 분석이 잘못되었다는 뜻이다.

anathema: < *a(n) '부정의, 아니다' + nat '태어나다' + hema '혈통'

음성학적으로는 그럴 듯하게 보이지만 분석의 오류로 인해 anathema는 기이하고 우스꽝스러운 '피가 없는 출생'이란 의미를 갖게 된다. 사실 이 단어의 진짜 의미는 다른 구성요소들 'back'[뒤] + 'place'[~에 놓다]의 확장된 의미다. 즉 '(주류 사회로부터) 멀어져서 결국 저주받고 혐오 받는'이라는 뜻이다.

anathema: < ana '뒤' + the '~에 놓다' + ma – 명사화 접미사

또 다른 예를 들어보자. monitor[모니터], premonition[예감]등과 같은 파생어에 나타나는 어근 mon '생각하다'는 demented[미친], admonish[꾸짖다], mnemonic[연상기호]에 나타나는 men과 mn의 o-교체의 이형태이다. 그러나 monarch[군주], Monday[월요일], month[달]와 같은 단어들 또한 mon + 마지막 부분으로 나누게 되면 잘못된 것이다. 다시 말해 mon + arch는 '생각하는 통치자'가 아니고, Mon + day는 사색을 위한 어떤 하루(적어도 특정한 날)가 아니며, mon + th는 지혜가 아니다. 반면에 monster[괴물]는 동일한 어근 mon에서 파생된 형태로 '경고하다'라는 뜻을 가진다. 따라서 monster는 여러분이 경고를 받을 필요가 있는 무엇이 된다.

어근이나 접사들의 모든 가능한 조합을 예측하거나 기억하는 것은 인간으로서는

할 수 있는 일이 아니다. 과도하게 열정적으로 어원을 찾다 보면 경계선 파악에 있어서 실수를 할 수 있다. 일반적으로 적절한 문맥은 정확한 분석에 대한 꽤 신뢰할 만한 단서를 제공할 것이다. 생물책에서 neotenic이라는 단어를 'These animals are neotenic and retain their larval character throughout life(이 동물들은 neotenic하고 자신들의 애벌레적 특성을 생애 내내 간직한다)'라는 문장에서 발견했다고 하자. 기술적으로 이 단어를 여러 방법으로 분석할 수 있다.

neotenic < *ne '아니다' + ot '귀' + en 동사화 접미사 + ic 형용사화 접미사
< *ne '아니다' + ot '쉬움' + en 동사화 접미사 + ic 형용사화 접미사
< *neo '새로운, 젊은' + ten '유지하다' + ic 형용사화 접미사

이 단어는 유지, 즉 애벌레 상태를 유지하거나 성숙하기 전 젊음의 특성을 설명하고 있는 문맥에서 나타나고 있기 때문에, 논리적으로 마지막에 있는 분석이 문맥에 맞는 의미조합을 만들어 낸다. 한편 어근 via '방법, 길'에 대해 배웠고 또 ad-는 avenge[복수](<라틴어 ad vindicare에서 옴), avenue[거리]에서 볼 수 있는 것처럼 접두사 완전동화를 거치게 된다는 것을 알고 있으므로(6장 4.1), 과연 aviation[항공]이라는 단어가 어떤 기원을 갖고 있는지 알고 싶어 할지도 모른다. 이 단어는 이동수단과 관계가 있으므로 '방법, 길'을 뜻하는 어근과 연결시켜보고 싶은 유혹에 빠질지 모른다. 하지만 aviation이라는 단어는 ad + via + ation으로 구성된 것이 아니다. 어원을 따져보면 이보다 좀 더 시적인 단어임을 알 수 있다. aviation은 어근 avi '새, 날다'를 갖고 있다. 단어 분석은 유용하고 또 흥미로운 사실을 드러내지만 극도의 조심성을 가지고 형태와 문맥을 살피면서 진행해야한다. 혹시라도 의심이 들면 사전을 참조한다.

7.2 어근과 접사의 동음성[3]

잘못된 분석의 위험은 형태소의 경계를 정확한 자리에 배치하는 것 이외의 곳에서도 발견된다. 어근과 접사에서의 **동음성(homophony)**(비슷하게 발음되는 것)은 혼란을 야기하는 잠재 요소이다. 9장에서 동음성 현상을 논의할 것이다. 가령 caster[던지는 사람] – castor[매우 멋진], seen[see(보다)의 과거분사형] – scene[장면], sole[발바닥] – sole[유일한]에 대해 자세히 설명할 것이다. 어근이나 접사의 동음성으로 인한 정체성 오인은 분석 가능한 단어의 의미를 잘 알고 있다면 쉽게 피할 수 있다. 어느 누구도 pediatrician[소아과의사]을 사람의 발을 관리하는 사람과 관련짓거나, biped[두발 동물]를 두 명의 어린이들과 관련짓지 않을 것이다. 우리는 genuflection[무릎 꿇기]은 유기체의 유전적 특징을 변형시킨다는 뜻이 아님을 알고 있고, gene therapy[유전자치료]가 무릎 부상을 당했을 때 받는 치료를 뜻하는 것이 아님을 알고 있다.

그렇다면 만약에 영어의 특징을 잘 알고 있는 어떤 날카로운 관찰자가 우리에게 질문하기를 **in**valuable은 아주 귀한 것을 뜻하지만 왜 **in**visible은 볼 수가 없는 것을 뜻하는 것이냐고 묻는다면 우리는 대부분 얼떨떨할 수밖에 없다. **sed**itious[선동적인]한 사람은 정말 **sed**entary[주로 앉아서 하는]할까?(실제로는 떠나간 사람이다) 만약 누군가 맹목적으로 아내를 사랑하거나 아내에게 순종적이라면 라틴어로는 uxor라고 하고 영어로는 uxorious[아내를 과도하게 사랑하는]라고 표현한다. 그러면 nefarious[비도덕적인]는 nephew[조카](고대영어 nefa)에게 맹목적으로 헌신한다는 뜻인가?

말장난인 펀(pun)이 만들어 낸 결과물은 똑같거나 비슷하게 발음되는 단어들을 의도적으로 잘못 연결하는 것을 목표로 삼는다. 동음성에서 야기되는 모호함을 재미있게 이용하는 것은 즐겁고 영리한 것일 수 있다. 일일 연재만화 'BC'에 나오는 등장인물은 deliberate라는 동사의 뜻을 찾기 위해 『와일리 사전(Wiley's Dictionary)』를 찾아본 후 '가석방된 사람을 다시 감옥에 던져 넣는다'라는 뜻을 만들어낸다. 여기서는 '자유로운'이라는 뜻의 어근 liber와 '무게를 재다, 저울'이라는 뜻의 어근 liber의 동음성을 이용한 것이다. 한편 건강한 생활 방식(lifestyles)에서도 낯익으면서 오래된 농담을 사용해왔는데 이 또한 펀에 해당한다. 'Is life worth living? It depends on the liver.'(인생은 살 가치가 있나요? 그건 바로 간(liver)에 달려있습니다)[4] 이 문장을 들으면 여전히 미소를 띠게 된다. 존슨박사도 아주 유명한 펀을 만들어냈다. 누군가 남자와 여자의 차이를 묻자 그는 이렇게 답했다. 'I can't conceive, madam, can you?'(전 생각나지 않는데요(혹은 아이를 만들 수 없는데요), 부인, 부인은 할 수 있나요?)[5]

진지하게 말하면, 특히 고전어휘인 경우에 자신 있게 분석하거나 펀을 만들기 전에 우리는 반드시 가장 빈번하게 만날 수 있는 동음의 형태소들에 방심하지 않아야 한다. 이 장의 나머지 부분에서는 어근과 접사의 동음성에 대해 더 많이 알리고, 여러분이 의도하지 않은 펀을 만들지 않고 사회적으로 당혹스러운 실수를 하지 않도록 돕기 위한 내용이 설명된다.

7.2.1 어근의 동음성[13)]

cap '가지고 가다, 함유하다' **cap**sule[캡슐] vs. cap '머리' **cap**itulate[굴복하다]
cit '움직이게 하다' in**cite**[선동하다] vs. cit '시민의' **cit**y[도시], **cit**izen[시민]
col '필터/여과장치' per**col**ate[스며들다] vs. col '살다, 커지다' bu**col**ic[전원의]

13) 어떤 동음어 쌍들은 처음에는 같은 어근의 의미와 형태적인 이형으로 출발했고 그래서 이들은 칼버트 왓킨스(Calvert Watkins)이 편집한 『아메리칸 헤리티지 인도유럽어의 어근들(The American Heritage Dictionary of Indo-European Roots)』(Boston: Houghton Mufflin Co. 1985)에 동일한 표제어 아래 실려 있다. 이 경우에도 의미의 차이는(IE *ar '함께 어울리다'는 artistic[예술적인]과 arthritis[관절염] 두 가지 단어를 만들어낸다) 아주 커서 '어원의 함정'이라는 지시어 아래에서도 별도로 다룰 필요가 있음을 입증한다.

cur '돌봄' **curator** 큐레이터 vs. cur '달리다' **recur** 되돌아가다

dec '열(십)' **dec**ade 십년 vs. dec '맞는' **dec**orum 점잖음

fer '야생의' **fer**al (동물이)돌아다니며 사는 vs. fer '가져오다, 낳다' **fer**tile 비옥한

fil '후손' **fil**ial 자식의 vs. fil '실/가닥' **fil**ament (전구안의)필라멘트

gen '기원' **gen**esis 기원/창세기 vs. gen '무릎' **gen**uflection 무릎꿇기

ger(on) '늙은, 오래된' **ger**iatric 노인병학 vs. ger '가져가다' belli**ger**ent 적대적인

gn '기원' co**gn**ate 동족어 vs. gn '알다' co**gn**ition 인식/인지

gon '기원' **gon**ad 생식선 vs. gon '무릎, 각' ortho**gon**al 직각의

her '물려받다' in**her**it 물려받다 vs. her '찌르다, 유지하다' in**her**ent 내재하는

homo '인간' **homo**cide 살인 vs. homo '동일한' **homo**nym 동음이의어

hum '땅' **hum**us 부엽토 vs. hum '촉촉한' **hum**id 습한

lab '움켜잡다' syl**lab**le 음절 vs. lab '입술' **lab**ial 순음의

lat '가져가다' col**lat**e 수집/분석하다 vs. lat '측면의' col**lat**eral 담보물

leg '선택하다' e**leg**ant 우아한 vs. leg '법률' **leg**al 법률과 관련된

liber '자유로운' **liber**ty 자유 vs. liber '무게를 재다' equi**libr**ium 평형/균형상태

lign '나무' **lign**eous 나무같이 생긴 vs. lign '선' a**lign** 나란히 만들다

med '중간에' **med**iate 조정하다 vs. med '참석하다' **med**icate 약을 투여하다

mel '노래' **mel**ody 선율 vs. mel '어두운' **mel**anoma 흑색종 vs. mel '꿀' **mel**lifluous 감미로운

men '달' **men**struate 월경/생리 vs. men '생각하다' **men**tal 정신의 vs. men '이끌다' a**men**able 말을 잘 듣는

mon '생각하다' pre**mon**ition 예감 vs. mon(o) '하나' **mon**arch 군주

mor '관습' **mor**ality 도덕(성) vs. mor '어리석은' **mor**on 바보 vs. mor(t) '죽다' **mor**ibund 죽어가는

nat '헤엄치다' **nat**ant 물에 뜨는 vs. nat '태어난' **nat**ive 태어난 곳의

nom '법(률)' astro**nom**y 천문학 vs. nom '이름' ig**nom**iny 불명예

od '여행' **od**ometer 주행기록계 vs. od '노래' pros**od**y 운율

or '말하다' **or**acle 신탁을 받는 곳 vs. or '나타나다' **or**iginal 원래의

ot '귀' **ot**ology 이과학 vs. ot '쉬움' **ot**iose 쓸데없는

pal '감추다' **pal**liate 증상만 완화시키다 vs. pal '창백한' **pal**lor 창백함

par '보여주다' ap**par**ition 유령 vs. par '생산하다' **par**ent 부모 vs. par '조직' pre**par**ation 준비

ped '아이' **ped**iatrician 소아과의사 vs. ped '발' bi**ped** 두발동물

pen '꼬리' **pen**is 음경 vs. pen '벌을 주다' **pen**alty 처벌 vs. pen '거의' **pen**insula 반도

pha(n) '보여주다' epi**phan**y (예수)공현 vs. pha '말하다' a**pha**sia 실어증

pol '기둥' **pol**ar 북극/남극의 vs. pol '도시' **pol**ice 경찰

prec '기도하다' de**prec**ate 반대/비난하다 vs. prec '가치' de**prec**iate 가치가 떨어지다

rad '긁다' ab**rad**e 마멸시키다 vs. rad '뿌리' **rad**ical 근본적인 vs. rad(ius) '광선' **rad**ial 방사상의

sal '뛰어오르다' **sal**ient 가장 중요한 vs. sal '소금' **sal**ine 소금이 든

sen '나이가 많은, 오래된' **sen**ile 망령난 vs. sen '느끼다' **sen**sual 감각적인

ser '배열하다' **ser**ial 연속극 vs. ser '용액/액체' **ser**um 혈청

serv '~를 위해 일하다' **serv**itude 노예상태 vs. serv '지키다' con**serv**e 아끼다

sol '태양' **sol**arium[일광욕실] vs. sol '혼자의' **sol**itude[고독] vs. sol(hol) '전체의' con**soli**date[강화하다]
spir '호흡하다' res**pir**ation[호흡] vs. spir '감다' **spir**al[나선모양의]
ten '늘이다' ex**tend**[더 넓게 만들다] vs. ten '유지하다' **ten**ure[재임기간]
ter '놀라게 하다' de**ter**rent[제지하는 것] vs. ter '땅' **ter**restrial[육생/지생의]
via '길/방법' tri**via**l[사소한] vs. via '살다' **via**ble[실행가능한]
vir '남성의' **vir**ility[(남성의) 정력] vs. vir '독' **vir**ulent[악성의], **vir**us[바이러스]

주어진 목록이 완전하지는 않지만 그래도 시작은 좋다. 이 목록은 예컨대 vir '남자'와 vir '독약'처럼 형태가 변하지 않는 경우의 동음성만을 제시하는 다른 여타의 알파벳 순서로 되어있는 어근 목록과는 다르다. 여기에 모아놓은 많은 쌍 가운데에는 가능한 여럿의 이형태 중 단 하나만이 동음성에 포함된다. 예를 들어 cit '움직이게 하다'는 **kin**etic[운동의], **cin**ematography[영화예술]에서처럼 두 개의 이형태 kin/cin을 가지고 있는 반면, cit '시민의'는 civil[시민의]처럼 **civ**라는 하나의 이형태만을 가진다. 마찬가지로 이형태 men과 mon '생각하다'는 '달'을 뜻하는 men, '이끌다'를 뜻하는 men 그리고 '하나의'라는 뜻의 mon(o)과 동음성을 보이지만, 같은 어근의 이형태 mn은 동음어가 없다.

두 개나 그 이상의 동일한 형태가 서로 다른 의미를 가질 수 있다는 가능성을 잘 인식하고 있다면 보다 많은 정보를 갖춘 어원적 추측을 할 수 있게 된다. 앞 장에서 제시되었던 이형태에 대한 정보는 한 쌍의 동음어 단어를 구분하는데 유용하다. 어근 ped '발'은 o-교체형인 pod를 이형태로 가진다. 따라서 **ped**al[페달], **ped**estrian[보행자], **pod**ium[연단]은 확실하게 관련되어 있다. 반면에 동음어 ped '아이'는 이형태가 없으나, paed-로 철자화 될 수 있다.

그러나 이러한 구분이 모호할 수 있다. pedology[소아학/토양학]는 'under**foot**[발 아래]에 있는 것을 연구하는 학문'과 '토양 연구'이지만 '아동 연구'이기도 하다. 아주 놀랍게도 **ped**igree[족보/혈통]는 어원적으로 '후손'과는 관련이 **없고** 단지 '학의 다리'라는 뜻의 고대프랑스어 pie de grue로부터 기원하여 앵글로 노르만어 형태인 pe de grue를 거쳐 만들어졌다. pe de grue는 학의 발바닥이 남긴, 가지로 나뉜 / | \ 자국과 관련되어 혈통적 분기를 의미했다. 형용사 deciduous[매년 잎이 떨어지는]는 정확하게 de '아래로' + cad '떨어지다' + ous로 분석되며 어근의 모음에서 여러 번의 약화현상이 일어났다. 그러나 de '아래로' + cit '자르다' + ous도 똑같이 이해될 만한 분석으로 여겨지며 또한 의미적으로도 상당히 받아들일 만하다.

동음어에 관해 아는 것은 단지 첫 단계일 뿐이다. 동음어들이 야기하는 모호성을 배제할 수 있는 가장 확실하고 신뢰할 만한 방법은 사전을 통해 파생과정을 확인해보는 것뿐이다.

7.3 접사의 동음성

접사의 완전한 동음성은 어근의 동음성보다 너 드물다. 그럼에도 동음어 접사들은 존재하며 하나의 동일한 접사가 가지는 다른 의미를 아는 것은 잘못된 분석을 피하게 해준다. 예를 들어 접두사 con-의 가장 흔한 의미는 '결합하여, 함께'이지만, '모두 다 함께, 완벽하게'라는 의미도 가진다. 두 번째 의미에서는 접사는 어근의 의미를 강화할 뿐이다. 따라서 **con** + rupt '터지다, 부적절하게 되다'는 corrupt[부패한]가 되어 **아주** 부적절하다는 것을 의미하며 '함께 함, 단란함'과는 관련이 없게 된다. 이와 비슷하게 **com**fort[안락]는 역사적으로 거슬러 올라가면 좀 더 많은 불굴의 용기(**fort**itude), 더 많은 힘을 가진다는 의미였다. 이 단어는 con-의 '함께 함'에서 파생된 것이 아니지만 우리가 인간의 심리를 이해한다면 이 두 가지 의미는 어떤 면에서는 서로 관련이 있을 수도 있다.

complaint[불평]는 **아주** 애처로운(**plaint**ive) 분위기에 있는 사람에서 비롯하지만 complainer[불평하는 사람]와 청중의 '함께 함'이 요구되지 않는다. 접두사 dis-는 **dis**tend[팽창하다], **dis**seminate[퍼뜨리다], **dis**allow[받아들이지 않다], **dis**repute[오명]에서 '떨어져서, 역으로, 부족한'을 의미한다. 그러나 **dis**annul[취소하다], **dis**gruntle[기분 상하게 하다], **dis**turb[방해하다]에서 접두사의 의미는 단순히 '좀 더 많은'이라는 뜻, 다시 말해서 강조어(intensifier)일 뿐이다. 접두사 in-, for-, pe- 또한 '철저하게, 과도하게, 아주'를 뜻하는 강조어로 사용될 수 있다. **in**candescent[백열성의/눈부시게 밝은], **in**flammable[가연성의]은 **아주** candescent[백열성의]하고 **아주** flammable[가연성의]한 사물들을 지칭한다. 마찬가지로 **in**scribe[쓰다], **in**volve[포함하다]는 깊이와 철두철미함이라는 뜻을 전달한다. 접두사의 동음성을 보여주는 가장 **con**-spicuous[눈에 잘 띄는]한 예는 자신이 갖고 있는 다른 의미에 강조의 의미를 더한 접두사라고 하겠다.

7.3.1 음성규칙과 동음성

어근의 동음성과 마찬가지로 접사의 동음성은 앞 장에서 설명된 음성적인 변화로 인한 것일 수 있다. 아래 예에서 N-탈락, 접두사 동화, 모음탈락 그리고 동철성(homography)이 없는 동음성의 경우를 볼 수 있다. 다음 세트에서 화살표 오른쪽의 접사들은 동음어이다.

an- '~이 아닌' → **a-** (**a**gnostic[불가지론자], **a**moral[도덕관념이 없는])
ad- '~로, ~를 향하여' → **a-** (**a**scribe[~을 탓하다], **a**venue[거리], **a**venge[복수하다], **a**ver[주장하다])
on (OE) → **a-** (**a**fire[불에 타서], **a**float[(물에)뜬])

an- '~이 아닌' → **an-** (**an**archy[무정부상태], **an**omaly[변칙])
ad- '~로, ~를 향하여' → **an-** (**an**nihilate[전멸시키다], **an**notate[주석을 달다])

ad- '~로, ~를 향하여' → **ap-** (**ap**posite[아주 적절한], **ap**pease[달래다], **ap**pend[덧붙이다])
apo- '~로부터, ~에서 나와' → **ap**(o)- (**ap**ogee[정점], **ap**ology[사과], **ap**oplexy[뇌졸중])

bi- '둘, 두 번' → **bi-** (**bi**cycle[자전거], **bi**ennial[2년에 한번씩], **bi**weekly[격주로])
by- '가까이에' → **by-** (**by**stander[구경꾼], **by**pass[우회도로], **by**law[(단체의)규칙])

dia- '~를 통해서' → **di-** (**di**optric[굴절광학에 관한], **di**orama[디오라마(박물관의 입체모형)])
dis- '~와 떨어져서, 뿔뿔이' → **di-** (**di**ffer[다르다], **di**rect[직접적인], **di**vide[갈라지다])
di- '~로부터 멀어져서' → **di-** (de-의 이형태) **di**lapidate[(건물 등을)헐다], **di**minish[줄어들다])
di- '둘' → **di-** (**di**lemma[딜레마/진퇴양난], **di**syllabic[이음절의])

dis- '빼앗다, 뒤바꾸다' → **dis-** (**dis**robe[옷을 벗기다], **dis**regard[무시하다], **dis**establish[국교를 폐지하다])
dys- '나쁘게' → **dys-** (**dys**lexia[난독증], **dys**pepsia[소화불량])

-oid '형태, ~와 같이' → **-oid** (anthrop**oid**[사람 비슷한], human**oid**[인간과 비슷한 기계/존재], ov**oid**[난형의])
-id '명사' → -(o)**id** (fibr**oid**[유섬유종], polar**oid**[폴라로이드 카메라], cellul**oid**[셀룰로이드(영화필름에 쓰였음)])[14]

par- '철저하게' → **par-** (**par**don[용서를 구하다], **par**boil[살짝 데치다])
para- '~따라서, 넘어서' → **par-** (**par**enthesis[삽입어구/괄호], **par**ody[패러디(풍자적으로 모방한 글)])

어떤 접사들의 형태를 보면 비슷하기는 하지만 완전히 똑같지 않기 때문에 분석하기가 어려울 수도 있다.

-(i)a '-um의 복수형' → medi**a**[대중매체], gangli**a**[신경절의 복수형], regal**ia**[왕권의 상징물들]
-ia '조건' → anem**ia**[빈혈증], insomn**ia**[불면증], phob**ia**[공포증][15]
hyper '~를 넘어서, ~위에' → **hyper**critical[혹평하는], **hyper**tonic[긴장 과도의]
hypo '~의 아래' → **hypo**critical[위선적인], **hypo**tonic[저 긴장의]
infra- '~의 아래' → **infra**red[적외선의], **infra**sonic[초저주파의], **infra**structure[기반시설]
inter- '~ 사이에' → **inter**cede[탄원하다], **inter**lude[중간/막간], **inter**national[국제적인]
intra- '~의 안에' → **intra**cranial[두개골 내의], **intra**venous[정맥으로 가는], **intra**uterine[자궁 내의]
per- '~을 통해서' → **per**ception[지각], **per**secute[박해하다], **per**chance[아마도], **per**fume[향수]
peri- '주변에/사방에' → **peri**od[기간], **peri**phery[주변], **peri**scope[잠망경]

7.3.2 접미사의 동음성

접미사는 한 단어의 어휘적 의미와 문법적 의미 모두를 바꿀 수 있다. 예를 들면, 접미사 -ory는 두 가지 서로 다른 의미가 있다. 하나는 auditorium[강당]에서처럼 라틴어

14) polaroid와 celluloid는 최근 유추에 의해서 만들어진 것으로 아마도 orchid와 같은 단어에 있는 -id 형태나 humanoid에 있는 접미사 -oid에 기반을 둔 것으로 보인다.
15) 접미사 -ia는 식물이나 동물학에서의 분류 그리고 국가 이름으로 사용된다. wisteria[등나무], amphibia[양서류], Rhodesia[로디지아(국가 이름)] 등이 있다. 접미사 -a 자체는 여성성을 표현하기 위해 차용어에서 사용된다. alumna[여자졸업생], Chicana[치카나(멕시코계 미국인 치카노의 여성형)].

-orium에서 온 것으로 '어떤 장소'를 의미하고 명사형을 만들며 그 예로는 conservatory[온실], repository[저장고]가 있다. 두 번째는 형용사형을 만들며 '~과 연결되어있는, ~를 위해 봉사하는'이라는 의미를 가진 접미사로 illusory[환상에 불과한], laudatory[칭찬하는], mandatory[의무적인]와 같은 단어에 나타난다. 이러한 내용을 알고 있다면 repository와 dormitory를 '비활동적인'이나 '자고 있는'으로, amatory[성적인]과 satisfactory[만족하는]는 사랑이나 만족을 찾는 장소들이라는 주석을 달지 않을 것이다.

접미사 -ose는 명사를 형용사로 만들며 '가득 찬'을 의미한다. 따라서 jocose[익살스러운], verbose[장황한]가 나오게 된다. 그러나 화학분야의 전문용어 가운데 접미사 -ose는 glucose[포도당]라는 단어의 프랑스어식 발음에서 나온 19세기의 유사접미사(다음에 나오는 8절을 참조할 것)로 출현했고 fructose[과당], dextrose[포도당], cellulose[섬유소]와 같은 탄수화물의 특별 그룹에 붙여졌다. 화학적인 용어에서 -ose는 명사를 만든다.

영어에서는 하나의 품사에서 다른 품사로 전환이 접미사의 동음성을 만들어 낼 수 있다. divid**end**[배당금]와 rever**end**[목사]와 같은 명사에서 -end는 원래 형용사화 접미사로 시작했었다. 유사한 전환이 접미사 **-ant**와 **-ent**에서 일어났는데 그 예로 형용사 eleg**ant**[우아한]와 명사 account**ant**[회계사]가 있다. -ant와 -ent의 이중적인 성격은 [같은 형태이면서 동시에 두 가지 품사가 되는] 형용사－명사 쌍에서 볼 수 있는데 그 예로 conson**ant**[자음/자음의], irrit**ant**[자극물/짜증스러운], migr**ant**[이주/이동하는], vagr**ant**[부랑자/방랑하는], convalesc**ent**[요양/요양하는], cresc**ent**[초승달/초승달 모양의], pati**ent**[환자/참을성 있는]가 있다. 이들 접미사의 동음성은 고전어 어원을 갖고 있는 단어들이 영어에 들어와 채택되는 과정을 겪으면서 비롯되었다. 이 이중성은 많은 단어에서는 일어나지 않았다. 영어에서 하나의 형태지만 두 개의 단어인 astring**ent**[수축/수축시키는], depend**ent**[부양자/의존적인], resid**ent**[거주자/거주하는]가 있긴 하지만 반면에 cli**ent**[고객], ingredi**ent**[재료], presid**ent**[회장], reg**ent**[섭정]는 명사로만 존재하고 evid**ent**[분명한], benevol**ent**[자비로운], urg**ent**[긴급한]는 형용사로만 존재한다. 서로 다른 문법적 부류, 즉 다른 품사에 속한 단어를 만들어내기 위해 일부 다른 접미사들이 사용되곤 했다.

-al (형용사) → medicin**al**[약효가 있는], semin**al**[영향력이 큰], torrenti**al**[앞이 안보일 정도로 큰 비가 내리는]
-al (명사) → deni**al**[부인/부정], refus**al**[거절], repris**al**[보복]

-ate (형용사) → delic**ate**[연약한], desol**ate**[황량한], Latin**ate**[라틴어에서 온], orn**ate**[화려하게 장식된]
-ate (동사) → design**ate**[지정/지적하다], elong**ate**[길어지다], intimid**ate**[겁주다/위협하다], neg**ate**[무효화하다]
-ate (명사) → cogn**ate**[동족어], duplic**ate**[복사], predic**ate**[(문장에서의)술부], prim**ate**[영장류(동물)]

-esque (형용사) → gigant**esque**[거인의], pictur**esque**[그림 같은(특히 고풍스러운)], statu**esque**[조각상 같은]
-esque (명사) → burl**esque**[풍자시/극], humor**esque**[해학곡]

-ic (형용사) → kinet**ic**[운동의], patriot**ic**[애국적인], pediatr**ic**[소아과(학)의], Socrat**ic**[소크라테스(철학)의]
-ic (명사) → col**ic**[배앓이], heret**ic**[이단자], metr**ic**[미터법], rhetor**ic**[미사여구], ton**ic**[토닉(탄산음료)]

-ite (형용사) → **apposite**[아주 적절한], **favorite**[마음에 드는], **contrite**[깊이 뉘우치는], **Clintonite**[클린턴 추종자]
-ite (명사) → **parasite**[기생동물], **retinite**[수지석], **granite**[화강암]
-ite (동사) → **expedite**[신속히 처리하다], **ignite**[불이 붙다], **unite**[연합하다]

-ive (형용사) → **derisive**[조롱하는], **expensive**[비싼], **oppressive**[억압하는]
-ive (명사) → **executive**[경영간부], **locomotive**[기관차], **missive**[(특히 길거나 공식적인)편지]

-oid (형용사) → **paranoid**[피해망상적인], **fibroid**[유섬유종의], **tabloid**[타블로이드판의(신문의 절반 크기)]
-oid (명사) → **alkaloid**[알칼로이드], **celluloid**[셀룰로이드], **steroid**[스테로이드], **fibroid**[유섬유종]

-ute (형용사) → **absolute**[완전한], **destitute**[극빈한], **minute**[아주 작은]
-ute (명사) → **attribute**[속성], **institute**[제도.기관], **statute**[법규], **substitute**[대신하는 사람/것]
-ute (동사) → **attribute**[기인하다], **institute**[(제도 등을)도입하다], **distribute**[분배하다], **substitute**[대신하다]

원래의 접사 동음성은 coordin**ate**[조정하다], deleg**ate**[대표하다], duplic**ate**[복사하다], postul**ate**[상정하다][6]에서처럼 명사, 동사, 형용사에서 발음의 변화에 따라 모호해질 수도 있다. 또한 pre**sent**[발표하다], attri**bute**[기인하다], min**ute**[분][7]에서처럼 강세의 위치가 문법 부류에 대한 표지로 사용될 수 있다. 접사의 동음성이 존재하는 경우에는 일반적으로 단어의 문법적 특성을 확실하게 만들 정도로 문맥이 충분히 주어진다.

7.3.3 **혼합 동음성: 접사와 어근**

어떤 접사들과 어근들은 원래 만들어졌을 때부터 혹은 우연히 파생과정의 결과로 같은 형태를 가질 수 있게 된다. 이 경우 같은 발음을 갖거나 같은 철자를 갖게 되지만 단어 안에서 허락되는 위치는 다를 수도 있다. '저것, 특정한'이라는 뜻의 id와, 접미사와 명사를 만드는 접미사 -id의 경우가 있다. poli '도시'와 poly '많은'처럼 혼합 동음어는 철자는 다르지만 동일한 발음을 가질 수 있다. 어근-접사의 동음성을 만들어 낼지도 모르는 모든 이형을 다 나열할 수 없다. 다음의 예는 잠재적으로 잘못 분석할 수도 있음을 독자들에게 경고하기 위한 의도로 제공되었을 뿐이다.

id '저것, 같은' → **id**entity[신원], **id**em[(방금 언급한 것과) 같은 책에서], ib**id**em[같은 장소(책)에서]
id(io) Gk. '개인의, 사적인' → **id**iom[관용구], **id**iot[바보], **id**iosyncrasy[특질]
-id '형용사, 명사' → cand**id**[솔직(한)], flu**id**[용액(의)], liqu**id**[액체(의)], orch**id**[난초(의)]

it '가다' → **it**inerary[여행일정표], ex**it**[출구], in**it**ial[처음의], trans**it**[수송]
-it '형용사, 명사, 동사' → pos**it**[사실로 상정(하는/하다)], Jesu**it**[예수회(의)], aud**it**[회계감사(의/하다)], herm**it**[은둔자/은둔의/은둔하다], -ite도 있음.

ot '귀' → **ot**itis귀앓이, **ot**ology이과학, **ot**algia귀통증/귀앓이
-ot(e) '명사, 탄생' → idi**ot**바보, patri**ot**애국자, Cypri**ot**카프로스 섬

par '출산하다' → **par**ent부모, post**par**tum산후의, multi**par**ous출산경험이 있는
par(a)- '~를 따라서, ~너머로' → **par**affin등유, **par**ody패러디
par- '완전하게' → **par**boil살짝 익히다, **par**don용서를 구하다

poli '도시' → metro**polis**대도시, Minnea**polis**미니애폴리스, cosmo**polit**an세계적인/국제적인
poly- '많은' → **poly**clinic종합병원, **poly**gamy일부다처제, **poly**morphous다양한 형태를 갖는

re '것, 사건' → **re**public공화국, **re**alism현실주의, **re**ify구체화하다, **re**bus그림, 글자가 조합된 수수께끼
re- '뒤로, 다시' → **re**plica복제품, **re**pose휴식, **re**produce복사/복제하다

sed '앉다' → **sed**entary주로 앉아서 하는, **sed**iment침전물
sed- '~없이, 떨어져' → **sed**itious치안방해의, **sed**ulous공을 들이는

8. 유사접미사

버거들(burgers)과 기타. 잘못된 분석은 화자들이 얼마나 교육을 잘 받았는지 여부와 상관없이 어떤 언어에서든 어떤 시간에나 일어날 수 있다. 잘못된 분석으로 인한 한 가지 흥미로운 결과는 단어를 구성하는 요소들의 목록을 풍부하게 만든다는 점이다. 버거(burger)의 역사는 시조어(eponym)의 단어 구성을 잘못 해석하면서 만들어진 유명한 예이다. 우리가 버거로 알고 있는 간 고기 패티를 넣어 만든 샌드위치는 원래는 독일에 있는 함부르크 도시 이름을 따서 Hamburger steak햄버거 스테이크라 불리었다. 그런데 영어 화자들에게는 형용사 Hamburger햄버거는 분석될 수 없는 것처럼 보였을지 모른다. 하지만 첫 번째 음절은 우리의 신뢰를 배반하여 ham햄이란 단어를 떠올리게 했음에 틀림없었다. Hamburger에서 ham을 제거하자 -burger 부분은 또 다시 쓸 수 있는 독립된 단위처럼 보였다. 사실 실제로 burger는 '샌드위치'를 뜻하는 어근으로 발전되었고 지금은 형용사와 음식재료에 대한 정보를 알려주는 다른 어근들과 자유롭게 결합하게 되었다. 그리하여 우리는 double-이중 혹은 triple-burger삼중버거, beefburger소고기버거, cheeseburger치즈버거, chickenburger닭고기버거, porkburger돼지고기버거, steakburger스테이크버거, fishburger생선버거, jumboburger대형버거, oysterburger굴버거, veggieburger채소버거와 같은 버거들을 가지게 되었다.

-buster를 갖고 있는 단어들의 역사도 비슷하다. 이는 원래 복합어의 두 번째 의존요소로 출발하여 20세기에 들어서면서 아주 생산적인 접사가 되었다. 예: blockbuster블록버스터(크게 성공한 영화), broncobuster야생마를 길들이는 카우보이, crime buster범죄 해결사, doorbuster선착순 할인. OED에 따르면 30개가 넘는 단어들이 -buster로 끝난다. -buster와 비슷한 경우로 -cast와

-caster가 결합된 단어들이 있다. 예: telecast[텔레비전방송], simulcast[동시방송], sportscast(er)[스포츠방송(인)]. 조금 덜 분명한 경우로 차용어에 대한 잘못된 분석으로 만들어진 형태소로서 기원어에는 존재하지 않았던 -cade, -(a)thon과 기원어와는 다른 형태를 갖게 된 -(a)holic이 있다.

-cade → aquacade[수상(水上)쇼], cavalcade[행사용 말 행렬], motorcade[자동차 행렬]
-(a)thon[8] → walkathon, telethon, jogathon, strollathon, bikeathon
-(a)holic → chocoholic[초콜릿중독자], workaholic[일중독자], sexaholic[섹스중독자], shopaholic[쇼핑중독자]

차용한 복합어가 잘못 분석되면 구성요소 중 하나는 영어에서 별도의 생산적인 어근으로 새로운 출발을 할 수 있다. 1940년대 후반에 있었던 잘못된 분석으로 인해 -copter가 만들어졌다. helicopter[헬리콥터]의 첫 번째 요소인 heli-를 비행하는 물체를 공중에 떠있게 만드는 나선형 물체인 helix가 아닌 태양의 의미를 가진 그리스어 helios(helium[헬륨]과 heliotropic[굴광성의] 등의 단어들과 비교해볼 것)로 잘못 연관 지으면서 만들어졌다. 접사 doxy는 orthodoxy[정통교리/정설]와 heterodoxy[이단교리/이설]와 같은 차용어에 기초하여 순전히 영어가 만들어낸 것이다. 아직도 이 단어에 대한 익살스러운 울림이 남아 있는데 이는 아마도 애덤스(J. Q. Adams)의 유명한 1778년의 재담인, 'Orthodoxy is my doxy, and heterodoxy is your doxy'(정설은 나의 교리(doxy)이고 이설은 당신의 교리(doxy)이다)라고 말한 데서 비롯되어 영구화되었을 것이다. LA 타임스지는 기사의 제목에 flexidox[융통성있는 교리]라는 단어가 포함되어있는 종교와 관련된 진지한 기사를 게재하기도 했다. 영리하게 잘못 분석한 것은 기억하기 쉽고, 즐겁고, 유용하다. prequel[전편]은 sequel[속편]의 반대이며 prebuttal[예상된 비난에 대한 반증]은 rebuttal[반증]의 반대이다.

9. 의미변이

하나의 동일한 어근이 서로 다른 의미(즉 poly-semy[다의성])를 갖게 되면, 때때로 cap '가져가다'와 cap '머리'처럼 동음성을 보이는 어근의 분리가 이루어진다. 하지만 이보다 더 흔한 경우는 관련된 다양한 의미들이 같은 형태 안에 그대로 계속 존재하는 경우이다. 고전어 어근들을 진지하게 연구한다는 것은 이들이 가지고 있는 의미들의 가능한 범위를 살펴본다는 것을 의미하기도 한다.

어근 arch(aeo) '가장 중요한, 시작하다, 통치하다'는 다의성을 보여주는 좋은 예이다. 이 어근의 파생어로 archaeology[고고학], archbishop[대주교], archetype[원형], matriarch[여자가장], archipelago[군도], architect[건축가] 등이 있다. 표면적으로는 상당히 다른 단어들처럼 보인다. 그러나 arch(aeo)의 의미 범위를 알게 되면 이들 사이에 있는 공통된 의미 뷰모를 발견할 수 있다. '시작'과

‘가장 중요한’이란 의미로부터 ‘통치’로의 전이는 논리적이며, 의미의 연관성도 투명하다. 옳은 의미를 옳은 단어와 연결시키는 것은 의미의 범위를 아는 것만큼이나 중요하다. archaeology는 ‘통치제도의 연구’가 아니고 matriarchy는 ‘모성의 시작’이 아니며 archetype은 ‘지배하려고 하는 유형’이 아니다. 이렇게 해석하면 정보를 잘 알고 있는 농담을 만들 수는 있겠지만 단어의 전체적인 의미를 드러내지 못하면 그러한 분석은 쓸모없다.

단어 분석에 있어서 의미적인 변이와 관련있는 예는 넘쳐난다. 어근 cast는 ‘정화시키다’와 ‘강화하다’ 두 가지를 뜻하는데 이 두 가지 의미를 모르면 castrate[거세하다]와 castle[성]이 동족어라는 것을 인식하지 못하게 된다. 이형태 tag와 tang은 ‘만지다’(구체적 의미)와 ‘인식하다, 느끼다’(추상적 의미), 모두를 뜻한다. 이러한 의미 정보는 상당히 구체적인 용어인 con**tact**[접촉하다]와 **tact**[요령]를 다른 사람들의 감정에 대해 사회적인 적절성과 존중이라는 추상적인 인식과 본질적으로 연결할 수 있게 해 준다. 어근 lev ‘오르다’는 **lev**ee라는 동음어 단어들에 나타난다. 먼저 **lev**ee는 ‘제방’이라는 구체적인 의미를 가지지만 두 번째의 단어 의미인 ‘접수처, 집회’는 간접적으로 갖게 되었다. 이 의미는 잠에서 깨어난 후, 특히 낮잠(siesta)을 자고 일어난 후 방문객을 맞이하는 왕족들의 습관으로부터 비롯되었다. 샐러드에 들어가는 채소인 **rad**ish[무]로부터 수학적인 용어 **rad**ical[무리함수]로의 비약적인 변화가 있다. 왜 **reg**ular[규칙적인]와 **reg**al[제왕의]은 서로 다른 뜻을 갖는 것일까? **reg**ent[섭정]와 **reg**ion[지역]의 관계는 무엇일까? 의미의 함정을 아무리 논의한다 해도 이 모든 질문에 답할 수는 없다. 우리가 할 수 있는 일은 하나의 어근에 존재하는 여러 의미에 표시를 해 놓고 어원적으로 맞는 의미와 가지고 있는 좋은 사전이 올바른 분석을 해줄 것이라고 희망하는 것이다.

10. 다양한 파생어 – 다양한 의미

드디어 또 다른 함정－의미 초점의 전이－라는 주제에 관심을 가질 차례가 되었다. 의미 초점의 전이란 어근이 갖고 있었던 의미 내용이 파생어에서는 완전히 바뀌는 것을 말한다. 이러한 일은 radish와 radical의 경우에서처럼 하나의 어근이란 범위 안에서 일어날 수 있고, 아니면 접미사를 첨가하는 과정에서 일어날 수도 있다. 여기서는 같은 문법적인 의미를 갖는 두 개의 접미사가 같은 어근에 붙어 서로 다른 두 가지 단어를 만들어낼 가능성을 다룬다.

빈번하게 사용되는 두 접미사 -ic와 -al를 보도록 하자. 이 접미사들은 어떤 어근에는 두 번 첨가될 수도 있다. 따라서 diabolic[악마의] vs. diabolical[악마의], problematic[문제가 있는] vs. problematical[문제가 있는], rhythmic[율동적인] vs. rhythmical[율동적인]이라는 두 가지 형태의 단어들을 만들어낸다. 이 경우 동일한 문법적 기능을 가진 접미사들을 누적해서 첨가한다고 해서 이것이 단어의 의미나 사용에 영향을 미치지는 않는 것처럼 보인다. 다른 경우를 보면 -ic/-ical 이형들은 의미는 같지만 한 가지 형태가 다른 형태보다 더 많이 쓰인다. 예: academic[학업의], angelic[천사같은], ethnic[윤리적인], iconic[~의 상징이 되는], semantic[의미에 관한], symbolic[상징적인]. 반면에 radical[급진적인], conical[원뿔 모양의], critical[비판적인/결정적인], logical[논리적인], vertical[수직의]의 경우에는 -ical형만이 나타난다. -ic로 끝나는 형용사는 쉽게 명사로 전환되며 그 예로 academic[학업의/학교], cynic[냉소적인/냉소], logic[논리적인/논리], tropic[속성의/회귀선]과 같은 단어들이 있다. 반면에 -ical 형태는 형용사로 더 많이 사용되며 cynical[냉소적인], epical[서사시적인], logical[논리적인], tropical[열대의]과 같은 예가 있다. 마지막으로 -ic와 -ical 접미사 첨가가 형식적이고 의미적으로 구분되어 서로 다른 단어로 쓰이는 경우도 있다. comic[만화] vs. comical[우스운], economic[경제의] vs. economical[경제적인], historic[역사적으로 중요한] vs. historical[역사적인] 등이다. 다음은 서로 다른 의미를 갖고 있는 복수파생어들의 예이다.

-al (형용사/명사) vs. **-tion** (명사): → soci**al**[사회(의)] vs. associa**tion**[협회]
→ propos**al**[제안(의)] vs. proposi**tion**[(사업상의) 제안]

-al (형용사) vs. **-ous** (형용사): → factu**al**[사실에 기반을 둔] vs. fictiti**ous**[허구의] (vs. faci**le**[안이한])
→ offici**al**[공무상의] vs. offici**ous**[거들먹거리는]
→ sensu**al**[감각적인] vs. sensu**ous**[오감을 만족시키는]
(vs. sensi**tive**[예민한], sensi**ble**[분별있는], sens**ory**[감각의], sensation**al**[세상을 놀라게 하는])
→ virtu**al**[사실상의] vs. virtu**ous**[도덕적인]

-ic (형용사) vs. **-al** (형용사) → dialecti**c**[변증법의] vs. dialect**al**[방언의]
→ generi**c**[포괄적인] vs. gener**al**[일반/보편적인]
→ (geo)centri**c**[(지구)중심적인] vs. centr**al**[중심되는]
→ toni**c**[토닉(탄산음료)] vs. ton**al**[음색의]

-ity (명사) vs. **-ness** (명사): → commun**ity**[주민/지역사회] vs. common**ness**[공통]
→ enorm**ity**[엄청남/막대함] vs. enormous**ness**[막대함]
→ nice**ty**[세부사항] vs. nice**ness**[좋음]
→ gentil**ity**[고상함] vs. gentle**ness**[상냥함]

좀 더 예를 들어보면 animosity[적대감]－animation[활동/만화영화]－animism[애니미즘(물활론)], audience[청중]－audition[오디션], integrity[진실성]－integration[통합], variation[변화]－variance[변화]－variety[이형]가 있고, 이외에도 수많은 단어가 있다. 이 예들은 영어가 제한된 단어의 구성 요소를 바탕으로 만들어내는 가능한 경우들이 믿을 수 없을 만큼 얼마나 다채로운가를 보여준다.

11. 다양한 접사 – 동일한 의미

5장에서 설명했듯이 접사가 갖고 있는 의미들은 구체적이지 않다. 접사들은 의미 탈색이 일어나 그 의미가 희미해지기 때문이다. 하나의 형태소가 갖는 의미가 일반적일수록 다른 형태소의 의미와 중복될 가능성이 높아진다. 따라서 ab-, cata-, apo-, de-, ex- 등의 접사는 모두 '멀어지는'이라는 의미로 함께 사용된다. 서로 다른 고전어 기원을 가지고 있는 접사들도 (유사)동의어 의미를 가질 수 있는데 multi-[다수], pan-, poly-; mono-[하나], uni-; dys-[나쁜/잘못된] mal- mis-; syn-[함께], com-; meta-[초월한], trans-; bi-[둘], di-가 그러하다. 마지막으로, 그리스어에서 온 접사와 라틴어에서 온 접사로 구성된 동의어 쌍으로 hemi[절반의]–semi-(라틴어), demi- (중세라틴어와 프랑스어); hypo[아래의]–sub; 그리고 hyper[위의]–super가 있다.

---

1 일반적인 문법이나 발음에 있어서 교체(alternation)와의 구분을 위해 본 번역에서는 gradation이라는 용어를 교체가 모음에서 일어나기 때문에 '모음교체'로 번역한다.

2 사람의 이름인 Poly Glott은 경계선이 없을 경우 여러 언어를 사용하는 사람이라는 뜻의 polyglot이 되고 Eileen Forward의 발음 경계를 다르게 나누면 '나는 앞쪽으로 몸을 기울인다.'라는 뜻의 I lean forward가 된다. Sarah Bellum의 경우에도 경계선을 나누지 않고 발음하면 '소뇌'라는 뜻의 cerebellum이 된다.

3 동음성과 관련되어 저자는 homonym, homophone, homophony, homograph, polysemy 등의 여러 가지 용어를 사용하고 있다. 각각의 용어를 이 책에서 어떻게 사용하고 있는지에 대한 자세한 설명과 번역에 대해서는 9장의 역자 주 2를 참조할 것.

4 여기서 liver는 신체 장기인 간을 말하기도 하지만 인생을 살고 있는 사람이라는 뜻도 된다. 즉 살만한 가치가 있는 삶은 바로 그 삶을 살고 있는 인간에게도 달려있고 간의 건강에도 달려있다는 뜻이다.

5 conceive는 아이를 임신하다는 뜻도 있지만 생각하다는 뜻도 있으므로 이 문장은 생각나지 않거나 혹은 아이를 임신할 수 없다는 두 의미로 해석될 수 있다.

6 이 단어들은 모두 동사와 형용사 두 가지로 쓸 수 있는데 발음은 품사에 따라서 달라진다. 동사의 경우는 접미사 -ate의 발음이 [eɪt]로 발음되는 반면 형용사의 경우는 [-ət]로 발음된다.

7 이 단어들은 강세의 위치에 따라 발음도 달라지고 품사도 달라진다. present와 attribute의 경우는 앞 음절에 강세가 오면 명사가 되고 뒤 음절에 강세가 오면 동사가 된다. 반면 minute의 경우는 앞 음절에 강세가 오면 [mɪnɪt]로 발음되고 시간의 단위 '분'이라는 뜻이지만 뒤 음절에 강세가 오면 [maɪnjut]로 발음되고 '극히 작은'이라는 뜻의 형용사이다.

8 -(a)thon은 marathon에서 만들어진 유사접미사로 이 접미사가 붙으면 정해진 목표를 달성할 때까지 일정의 장시간 동안 계속되는 특정 행사(주로 자선 기금모금 행사)를 지칭하게 된다. 일반적으로 참여자는 이 접사 앞에 붙는 형태소가 의미하는 일이나 행동을 한다. 예를 들어 walkathon은 여러 사람이 걷기에 참여하여 특정 목표를 달성하는 행사를 지칭한다. 같은 맥락에서 telethon은 방송 참여를 통해, jogathon은 조깅 참여를 통해, strollathon[레트증후군환자 기금모금 행사]은 산책을 하면서, bikeathon은 자전거를 타며 행사 참여를 하게 된다.

9

의미관계와 의미변화

1. 도입과 용어

단어 의미와 일반적인 의미 분석은 공통의 중심부를 둘러싸고 있는 개별의미(sense)[1]의 변이의 관점에서 그리고 의미를 구분하는 유사성과 대조의 종류의 관점에서 설명할 수 있다.

1.1 개별의미 변이: 동음성, 동음이원성, 다의성

8장에서 쉽게 혼동할 수 있는 일부 어근과 어미에 대해 설명하였다. 이들을 **동음성(homophony, 같은 소리를 내는)**이라는 상위의 중립적 용어를 사용해서 다루었다. 아래 주어진 모든 쌍의 단어는 동음어(homophone)로 간주된다.

chair 앉다 vs. chair (of a department) (학과)장
corn 곡류, 씨 vs. corn (on the toe) (발가락의) 티눈
crane 학 vs. crane 기중기
ear 옥수수 알 vs. ear 귀
load 한 짐 vs. lode 광맥
meal 빻은 곡식 가루 vs. meal 식사
mettle 패기 vs. metal 철, 동
pupil 눈동자 vs. 학생
score 등급 vs. score 점수 vs. score 20개
sea 바다 vs. see 보다
seal 물범 vs. seal 도장

sole 넙치류 vs. sole 단지 vs. sole 신발 바닥 vs. soul 영혼
trip 여행 vs. trip 방해하다, 떨어뜨리다.
waist 허리 vs. waste 낭비하다

동음성이란 용어는 유용한데 여기에 예로 든 chair(to sit on)[앉을 의자]−chair(of a department)[학과장]와 corn(on the cob)[옥수수 알]−corn(on the toe)[발가락 티눈] 유형의 단어들을 묶어준다. 그러나 OED에서 이들 단어들을 찾아보면, chair는 하나의 항목 아래 두 의미가 발견되는 반면 corn은 두 개의 개별 항목으로 되어있는 것을 발견할 수 있다. 따라서 동음성은 역사적으로 구분되는 두 가지 유형의 의미존재인 **동음이원성(homonymy)**과 **다의성(polysemy)**을 모두 포함하는 용어로 사용된다.[2]

동음이원어(*homonymous*, '같은 이름을 가진')가 되기 위해서는 동일하게 발음되는 두 단어가 다른 의미와 다른 어원을 가지고 있어야 한다. 따라서 bear '가지고 가다'−bear '곰'−bare '벌거벗은', corn '옥수수'−corn '티눈', riddle '수수께끼'−riddle '구멍을 숭숭 뚫다', 그리고 rock '돌'−rock '흔들다'와 같은 단어들이 이 정의에 적합하다. 앞에서 설명했듯이 동음성은 더 넓은 범위의 용어이다. 정의에 따르면 모든 동음이원어는 동시에 동음어가 된다. 사전에서는 동음이원어들이 서로 다른 표제어로 제시된다. 따라서 fast n. (1)은 '종교적 이유로 금식하는 것'인 반면에 fast (2)는 '밧줄'을 의미하는 해상용어로 별도의 표제어이다. seal n. (1)은 '어류'이고 seal (2)는 '인장, 도장'이다. 일부 동음이원어는 또한 동철어(*homographs*), 즉 철자까지도 같을 수 있다. 예: ash[재/유골/물푸레나무], corn, pupil, sole, seal.

다의성은 여러 개의 서로 다른 의미를 가진 하나의 단어를 지칭한다. 하나의 의미와 다른 여러 의미와 구분할 때 가장 흔히 보이는 것은 대부분 오랜 기간에 걸쳐 단어의 의미가 구체적인 의미에서 추상적인 의미로 변화한 결과이다. 즉 언어가 비유적 의미로 더 많이 사용된 결과이다. 어떤 어근이건 간에 대부분의 어근을 살펴보면 아마도 여러 다른 의미를 가지고 있음을 발견하게 된다. 이는 다의성이란 단어가 전형적으로 의미하는 바이다. 처음에는 하나의 일관된 의미로 출발했을 단어들은 새로운 개별의미를 발전시켜 나가고 이 과정을 여러 번 반복하게 된다. 그러면서 개별의미들은 다르게 분화되고, 서로 서로의 관련성을 잃게 된다. 아마도 board[판자/회의], chair, crane, load[짐]−lode[광맥]와 같은 단어들의 경우일 것이다. 사전은 이 단어들을 철자에 따라 다르게 다루고 있다. OED의 경우 board, chair, crane은 하나의 표제어 아래에서 복수의 다른 의미를 가진 것으로 설명하고 있지만, load−lode와 flower[꽃]−flour[밀가루], metal[철]−mettle[패기]처럼 역사적으로 동일하다고 간주되는 쌍의 단어들은 따로 등재된다.[1)] 이들 쌍에서 각각의 단어는 개별단어이지만 거

---

1) OED의 동음이원어에 대한 정책은 다음과 같다. '똑같은 철자를 가지면서 같은 문법 범주에 속하는 표제어들은 다음에 따라오는 어깨숫자[각주번호에 사용되는 약간 작은 숫자로 대문자 머리선 위에

슬러 올라가면 하나의 단어이고, 어원학자들만이 이 단어들이 동일한 기원에서 비롯되었다는 것을 안다. 그러나 일반 독자라 할지라도 사전에 실린 이 단어들의 역사를 살펴보면 이들이 동일한 단어에서 출발했다는 것을 알 수 있다.

동음이원성과 다의성 사이의 차이는 다음과 같이 도식적으로 나타낼 수 있다.

다의성은 동음이원성과 역사적으로 다르다는 것을 다시 한 번 더 염두에 두도록 한다. 두 동음어 사이의 관계 유형에 있어서 철자는 그리 믿을 만한 단서가 아니다. 많은 다의어 역시 board, chair, crane처럼 동철어이다. 그러나 load－lode, flower－flour, metal－mettle과 같은 쌍의 경우 같은 역사적 기원에서 비롯하지만, 서로 다른 개별의미에 각각 다른 철자를 할당받게 되었다. 이들은 이제 사전에서 개별 표제어로 등장하지만, 사실은 같은 단어이면서 철자만 다른 이형에서 출발하였다. gentle[온화한]－genteel[고상한], petty[하찮은]－petite[작은], person[사람]－parson[교구 목사]에서처럼 한 단어가 갖는 서로 다른 개별의미가 철자와 발음 모두에서 다르게 나타나면, 이 단어들은 사전 편찬자들에 의해 완전히 별개의 표제어로 취급된다. 기원을 공유하고 있음에도 불구하고, 이 단어들은 서로 다른 음 변화의 길을 걸어왔으며 그리하여 더 이상 발음이 같지 않게 되었다.

동음이원성을 파악할 때 철자는 거짓 친구가 될 수 있다. 위에서 언급했던 것처럼 corn, pupil, ash, sole, seal은 동음이원어이면서 동시에 동철어지만, 동음이원어 쌍인 foul[더러운]－fowl[가금], pale[창백한]－pail[들통], soul[영혼]－sole[발바닥], there[거기]－their[그들의], two[둘]－to[~에게], waste[낭비하다]－ waist[허리]는 서로 다른 기원으로 인해 남겨진 흔적을 서로 다른 철자로 간직하고 있다.

1.2 의미의 다양성

원칙적으로는 동음이원성과 다의성을 구분하는 선은 명확하나, 실제로 하나의 단

놓이는 위첨자를 말함]('동형이의어 숫자')로 구분되며, 단어들이 오래된 순서로 나열 된다'(2판 서문).

어에서 서로 다른 개별의미를 구분하기 위한 기준은 문제가 될 수 있다. about[대략], beak[부리], devil[악마], eat[먹다], fine[좋은], go[가다], happy[행복한]와 같은 일상단어들에 대해 사전이 나열해 주고 있는 각각의 의미 개수를 확인해 보자. 다의어 하나가 갖는 두 의미가 어느 지점에 이르렀을 때 별개의 표제어가 될지 결정하는 것은 언제나 쉽지 않다. 15세기까지만 해도 영어에는 두 의미를 가진 하나의 단어 hull이 있었다. 오늘날에는 hull 'husk, shell'[(겉)껍질]과 hull 'the hollow portion of a ship'[배의 움푹들어간 부분]은 두 단어로 취급된다.

빵의 slice[조각]와 테니스의 slice[공을 깍듯이 쳐서 한쪽으로 휘어져 나가게 하는 타법]는 모두 '자르다'의 의미를 가진 프랑스어에서 차용된 동일한 동사로부터 파생된 명사이지만, 16세기 말 이후 테니스용어의 발전으로 인해 이 단어는 OED에서 개별 표제어의 자격을 얻게 되었다.

형용사 continent[자제심이 있는]와 명사 continent[대륙] 사이의 의미 분기점은 base[비열한], piano[피아노], volume[용량], sensation[느낌], sentence[문장], solution[해결]에서의 의미 분기점과 거의 동일하지만, 이 항목들을 사전에 어떻게 등재할 것인가에 대한 결정은 각각의 편집자가 판단할 문제이다. 『아메리칸 헤리티지 영어사전』(2000)은 base, continent, piano가 갖고 있는 다른 개별의미를 별도의 표제어로 등재하였으나, volume, sentence와 solution의 경우는 각각 하나의 표제어에 실었다. 『웹스터 3판 신 국제사전(Webster's Third New International Dictionary)』의 온라인 판과 비교해 보면, 이 사전에서 base와 piano는 두 개의 다른 표제어로, continent(명사)와 continent(형용사)는 하나의 표제어로 되어있음에 주목하자. 이러한 결정은 어떤 개별의미가 '중심적'이고 [사전 사용자들이] '가장 많이 찾는지'(xxv쪽)에 대한 편집자의 판단을 반영한다. 그러한 개별의미가 가장 먼저 기록된다. 우리는 모두 영어에서 chair, club[동호회/곤봉], honey[꿀/귀여운 사람]가 다중 의미를 가지고 있다는 것을 알고 있지만 이 단어들은 사전에서 여전히 하나의 표제어로 실려 있다.

1.3 유사성과 대조: 동의성, 반의성, 하위성

단어의 의미를 살펴보는 또 다른 방법은 어원, 발음, 철자와 관계없이 단어의 의미를 다른 단어들의 의미들과 관련지어 보는 것이다. 이러한 분류법에서는 단어들을 그룹으로 구분하는 주된 기준이 필요하고 이 기준은 공유하거나 대조되는 의미의 존재 혹은 부재이다. 여기서 논의할 의미관계는 **동의성**(*synonymy*), **반의성**(*antonymy*) 그리고 **하위성**(*hyponymy*)이다.

동의성(synonymy, syn '함께' + **onym** '이름' + **y)**은 두 개 이상의 단어들의 의미가 거의 동등함을 말한다. 예: quick[빠른], fast[빠른], rapid[빠른], speedy[빠른]와 search[조사하다], seek[찾다], frisk[몸수색하다], inspect[조사하다]. 영어에는 그 의미가 유사하거나 겹치는 경우가 흔하다. 『메리엄 웹스터 온라인 동의어 사전(Merriam-Webster Online Thesaurus)』에는 quick, fast, speedy 외에도 breakneck[위험할 정도로 빠른], breathless[숨찬], brisk[빠른], dizzy[너무 빨라 어지러운], fleet[쾌속의], fleet-footed[발빠른], flying[날으는], hasty[서두르는], lightning[번개같은], nippy[날쌘], rapid-fire[잇달아 쏘아대는], rattling[기운찬], snappy[짧고 분명한], swift[신속한], whirlwind[회오리 바람]를 동의어로 싣고 있다. 이 단어 세트에 관해 가질 수 있는 흥미로운 질문 중 하나는 이 단어들의 의미가 충분히 동등한가 하는 것이다. 어떤 이는 이메일에 대한 자신의 응답이 quick, swift, rapid, fast, speedy한 것으로 기술되면 행복해 할 수 있다. 하지만 메일을 받은 사람이 똑같은 응답 메일을 brisk, hasty, rattling 혹은 snappy하다고 기술한다면, 상황은 더 이상 행복하게 돌아가지 않게 된다.

절대적인 동의어 관계는 가능한 것인가? 모든 문맥에서 정확하게 동일한 의미를 가진 두 개의 단어를 찾는 것이 가능할 수 있겠지만 사실 지극히 드물다. 절대적 동의성을 보여주는 것으로 자주 인용되는 단어 쌍에 anyhow－anyway[어떻든], everybody－everyone[모든 사람]이 있다.[2)] 언어에서 두 단어 사이의 절대적 동의성의 회피는 하나의 형태는 하나의 의미를 가져야 한다는 좀 더 일반적인 원칙을 표명한 것으로 여겨질 수 있다. 이 원칙은 절대적 동의성과는 반대로 작용한다. 따라서 우리가 볼 수 있는 가장 빈도 높은 유형의 동의성은 **근접 동의성** 혹은 **부분 동의성**이며, 이는 앞에서 언급한 quick의 동의어들이나 다음과 같은 단어 세트에서 나타나는 유형의 동의성이다.

- [3]healthy[건강한], sound, wholesome, hale, robust, well, hardy[강인한], vigorous[활기찬]
- [4]chink, cleavage, cleft, crevice, fissure, rift, split
- expect[기대하다], anticipate[기대하다], hope[희망하다], await[기다리다]

하나의 형태에 하나의 의미라는 원칙과 일맥상통하는 '절대적 동의성 회피하기'라는 기준은 고유어와 차용어가 동일한 의미를 가지고 있을 때도 작용한다. 2장 2.2에서 지적하였듯이 borough[자치구(도시)]－city[도시], deem[여기다]－judge[판단하다], red[빨간]－rouge[붉은색, 립스틱], wonder[경탄, 기적]－miracle[기적], room[방]－chamber[(회의)실]와 같은 고유어－차용어 단어쌍들은 각각의 단어들이 가지고 있는 특화된 의미를 특징적으로 발전시킨다. 이는 같은 단어를 다시 차용하는 경우에도 전형적으로 일어난다. cattle[가축]－chattel[동산]－capital[자본], warden[교도소장]－guardian[후견인]과 같은 경우가 그러하다.

반의성(antonymy, anti '반대의' + **onym** '이름' + **y)**은 soft[부드러운] vs. hard[딱딱한], love[사랑하다] vs. hate[미워하다], early[이른] vs. late[늦은]처럼 반대되는 의미를 가진 단어들을 나타내기 위한 용어

---

2) 바스 아츠(Bas Aarts)와 에이프릴 맥마흔(April McMahon)이 편집한 『영어학 논문집(The Handbook of English Linguistics)』(Oxford: Blackwell Publishers, 2006)(558쪽)에 실린 케이트 키언즈(Kate Kearns)의 '어휘의미론'에서 인용함.

이다. antonym은 비전문용어인 opposite와 동의어 세트를 이루고 있는 유일한 전문용어이다. 의미적 반대말이란 좀 더 넓은 포괄적인 용어를 다시 하위유형으로 구분해 볼 수 있다. 즉 **상반적(contrary)**(hot[뜨거운]−cold[차가운]) 반의어, **보상적(complementary)**(alive[살아있는]−dead[죽은]) 반의어, **단계적(gradable)**(hot−cold, warm[따듯한]−freezing[얼어붙을 듯한], wet[젖은]−dry[마른], light[밝은]−dark[어두운], full[가득찬]−empty[텅빈]) 반의어, **비단계적(non-gradable)**(male[남성]−female[여성], married[기혼의]−single[미혼의], alive[살아있는]−dead[죽은]) 반의어가 있다.

하위성(hyponymy, hypo '아래' + **onym** '이름' + **y)**은 해당 단어의 의미가 다른 단어의 좀 더 일반적인 의미에 포함되는 단어들을 나타내는 용어이다. oak[오크(떡갈나무 일종)], beech[너도밤나무], polular[포퓰러]는 tree[나무]의 하위어들이다. spring[봄], summer[여름], fall[가을], winter[겨울]는 season[계절]의 부분집합이다. 하위성은 위계관계이므로 상위어 아래에 하위어들을 모아 쌓아놓을 수 있다. caravel[작은 범선], dinghy[작은 배], junk[중국형 범선], pirogue[통나무 배], skiff[작은 배], yawl[돛대가 2개인 범선]과 같은 단어들에서 우리가 기억할 수 있는 모든 것은 이들 모두가 일종의 항해용 배라는 것이다.

1.4 추가 -오님 용어

시조어(eponym, epi '위에' + **onym)**: sandwich[샌드위치], boycott[불매, 거부], watt[와트]처럼 고유명사를 보통명사로 사용하는 경우. 1장 3.6 참조하기.

이음동철어(heteronym, hetero '다른' + **onym)**: 동일한 철자를 갖고 있지만 발음과 의미는 다른 단어들. 예: bass '물고기' vs. bass '베이스(남성 목소리)', lead '금속' vs. lead '지휘하다', wind '말다' vs. wind '바람'.[5]

부분어(meronym, mero '부분' + **onym)**: '어떤 대상의 일부를 구성하는 사물을 지칭하는 단어'(OED)로 lead[연필 심]는 pencil[연필]의 일부이고, page[쪽]는 book[책]의 일부이며, seat[앉는 부분]는 chair[의자]의 일부이다. 이 개념은 하위성과 밀접한 관련이 있다.

환유어(metonym, meta '변한' + **onym)**: 공간이나 시간상으로 특별하게 연관된 의미를 가진 단어들. '나는 항상 **버킹엄 궁전**[즉 영국 왕실]의 관점을 지지한다'에서 버킹엄 궁전이 그 예이다.

오로님(oronyms)[3]: I scream[나는 비명을 지른다]−ice-cream[아이스크림], sly drool[교활한 허튼소리]−slide rule[계산자], fast ring[단단한 반지]−fa string[파음의 현]에서처럼 단어경계를 다르게 할 때 만들어지

---

3) 천천히 그리고 주의 깊게 발화하는 경우에는 오로님에서의 동음성은 완벽하지 않을 수 있다. 이 용어는 OED에 등재되어있지 않다. 위키피디아에 따르면, 가일스 브랜드레스(Gyles Brandreth)에 의해 만들어졌으며 그의 책인 『어휘의 기쁨(The Joy of Lex)』에 처음 언급되었고, BBC 프로그램인 '마침표를 신경 쓰지 마시오'(Never Mind the Full Stops)에서 사용되었다.

는 동음어들. 『언어본능(Language Instinct)』(1994)에서 스티븐 핑커(Steven Pinker)는 다음과 같이 말한다. "(우리가 말을 할 때) 하나의 단어가 어디서 시작하고 어디서 끝나는지를 알기는 어렵다. 끊김 없이 이어지는 말은 '오로님', 즉 다음에서 보는 것처럼 하나의 단어를 두 가지 서로 다른 방식으로 자를 수 있는 일련의 소리 연속에서 확실히 나타난다.[6]

The good can decay many ways. 선한 사람은 여러 방식으로 부패할 수 있다.
The good candy came anyways. 좋은 사탕이 어쨌든 왔다.

The stuffy nose can lead to problems. 막힌 코는 문제가 될 수 있다.
The stuff he knows can lead to problems. 그가 알고 있는 물건은 문제가 될 수 있다.

이러한 현상은 몬데그린 여사(Lady Mondegreen)의 이름을 따서 몬데그린(mondegreen)이라고도 불린다. 이 용어는 'The Bonny Earl of Murray'(아름다운 머레이의 백작)란 발라드 시에 있는 'laid him on the green'(초원에 그를 눕히고)이란 구문을 Lady Mondegreen으로 [잘못] 들은 것으로부터 비롯되었다."

유사동의어(plesionyms, pleis '밀접한, 거의, 가까운, 관련된' + **onym)**: 단어들이 공유하는 핵심적 특성에 있어서 정도의 차이를 보이는 유사동의어. '맞거나, 옳거나, 진실한 것으로부터 의도치 않게 벗어난 행동이나 생각'(AHD)을 의미하는 error, erratum[오자], inaccuracy[부정확], incorrectness[부정확, 틀림], lapse[실수, 과실], miscue[실책], misstep[실수], mistake[실수], slip[작은 실수], slip-up[실수], trip[잘못]이 그 예이다. 이 단어들은 확실하게 동일한 기본의미 주변에 모여 있긴 하지만 error의 의도성과 심각성이 연관된 부분이 서로 다르다.

마지막으로, cleave[쪼개다, 엉겨붙다], ravel[얽히게하다, 풀다], oversight[간과, 감독], sanction[제재, 허가]과 같은 적은 수의 단어들도 반대 의미를 가질 수 있다. fence-words[우유부단한 단어], Janus-words[야누스 단어], contranyms 혹은 antagonyms가 제안되고 있기는 하지만, 이 단어들을 하나로 지칭할 수 있게끔 일반적으로 받아들여진 용어는 없다.

2. 의미는 어떻게 변할까 ('의미변화')

. . . Words strain,
Crack and sometimes break, under the burden,
Under the tension, slip, slide, perish,

Decay with imprecision, will no stay in place,
Will not stay still. . .

T.S. Elliot, *The Four Quartets: Burnt Norton* (1936)

단어는 혹사당한다.
부담에 짓눌려, 금이 가고 때론 깨지고,
긴장 속에, 여기 미끄러지고, 저기 미끄러지고, 사라지며,
부정확함으로 인해 쇠퇴해지고, 제 자리에 머물러 있지 않고,
조용히 머물러 있지 않을 것이다. . .

티 에스 엘리어트, 「4개의 사중주: 번트 노튼」(1936)

학자들은 특정 단어들의 의미가 앞으로 어떻게 변화해 나갈지 그 방향을 예견하지 못하는 것 같다. 그럼에도 영어 역사상 일어났던 의미변화의 수많은 예를 살펴보면 어떤 종류의 변화가 발생할지에 대한 감각을 개발할 수 있다. 형태소가 원래 가졌던 의미에 대한 정보를 알고 있으면서 동시에 다양한 의미변화의 패턴들을 관찰함으로써 얻게 된 직감을 사용하면 낯선 형태소를 가진 낯선 단어들의 의미를 추측할 수 있을 것이다. 우선 변화의 기제, 즉 의미변화를 가져온 우리 사회적 요인과 우리 생각 속의 요인들에 초점을 맞출 것이다. 그런 후에 의미변화의 결과, 즉 장기적인 관점에서 살펴보았을 때 이러한 변화들이 어휘에 미친 영향들을 분류해 볼 것이다.

2.1 언어 외적 요인

2.1.1 기술과 최근 유행과의 관련성

새로운 물질과 사회 조건의 발달은 단어나 단어의 일부 개별의미를 특정한 역사 문맥 밖에서 불필요하게 만든다. 여기 호기심을 끄는 몇 개의 예가 있다.

caboose '19세기 초 배의 회랑에서 사용되었던 주철로 만든 요리 오븐'
catasta '매매용 노예들이 진열된 곳'
caxon '오래되어 낡은 가발의 종류'
curtal '일종의 바순으로 이제는 사라진 악기'
fletcher '화살을 만들거나 취급하는 사람'
guinea '21실링에 해당되는 영국 화폐'
merlon '성벽에서 총을 놓는 부분들 사이의 벽'
replevin '가축 보상'
wimple '중세시기에 사용되던 머리쓰개'

단어가 지시하는 대상의 형태적 소실은 단어와 의미 사이에 불안정성을 초래하는 요인 중 하나일 뿐이다. 새로운 기술이 우리가 일상생활을 수행하는 방법을 변화시키면 일상생활을 지시하는 단어들 또한 변하게 된다. compute란 단어와 이 단어의 파생어인 computer, computation을 살펴보자. compute는 '세다, 계산하다(count, reckon, calculate)'를 의미했었다. 사실 count란 단어는 프랑스어를 통해 영어에 들어온 라틴어 동사 computare '세다'의 직계 후손이다. OED에 주어진 computer의 첫 번째 정의는 '계산을 하는 **사람**, 계산기, 계산자, 특히 관측소에서 측량할 때 계산을 하도록 채용된 사람'으로 1646년에 나온 문헌 인용에 제시되어 있다.

그러나 컴퓨터는 이제 더 이상 '사람'도 '계산하는 도구'도 아니다. 이 단어는 과학의 새 영역인 computer science[전산학]에 이름으로 부여되었다. 우리는 computer addiction[컴퓨터 중독], computer-aided design[컴퓨터 이용 설계], computer ethics[컴퓨터 사용윤리], computer literacy[컴퓨터를 사용할 수 있는 능력을 갖춘 것](혼성어로 computeracy), computer viruses[컴퓨터 바이러스(악성 프로그램)], 심지어는 computerese[컴퓨터 용어], computerholic[컴퓨터 중독자], compusex[온라인상의 대화를 통해 갖는 성적 흥분 및 행동]에 대해 이야기 한다. 컴퓨터는 텍스트, 그래픽, 이미지, 상징, 음악을 다루고 컴퓨터 언어에서의 'counting'의 원래 의미는 완전히 새로운 'computing'과 관련된 의미로 대체 되었다.

컴퓨터가 흔해짐에 따라, 수많은 단어의 의미가 변했다. 이들은 computing의 여러 측면을 나타내는데 편리하게 사용될 수 있었기 때문이다. 예컨대 여러분은 commands(명령어)를 customize(기능키로 설정하다)할 수 있다. 여기서 customize는 특화된 기능키를 설정하는 것을 의미한다. custom이란 단어가 컴퓨터 영역 밖에서 가지고 있는 의미범위에 대해 생각해 보자. '사회의 특징적인 행위'로서의 custom[관습], '공항에서 세관(customs)을 통과할 때 관세를 걷는' custom[세관], '가게에서 쇼핑하는 사람'인 customer[고객]가 있다. customizing your commands에서 command는 원래 '지위가 높은 사람이 지위가 낮은 사람에게 하는 명령'을 의미했었지만 지금은 '어떤 키를 누르거나 아이콘에 마우스를 클릭해서 프로그램에 신호를 주다'라는 특화된 의미를 가진다.

command를 정의내리면서 방금 두 가지 새로운 의미의 단어들인 마우스(mouse)와 아이콘(icon)을 소개했다. 컴퓨터 시대가 되기 이전 아이콘은 가장 흔하게는 그리스 정교회의 신성한 성자들을 그린 그림을 지칭했다. 오늘날 우리가 사용하고 있는 마우스는 입력장치로서 마우스는 기계식이거나 광학식일 수 있고, 해당 포트에 연결되거나 무선일 수도 있으며, 마우스 엘보우(mouse elbow)[마우스의 반복 사용으로 인해 야기되는 손목 주변 통증]를 야기할 수 있다.

컴퓨터 혁명은 평범했던 단어들에게 새로운 의미를 만들어 주었다. 스크린(screen)에서 두 개의 윈도우(window)를 열 수 있고, 메뉴(menu)에서 컴퓨터 작동 운영을 선택할 수 있으며, 툴 메뉴(tools menu)에서 하이픈 연결[7] 도구(tool)를 사용할 수 있으며, 하이퍼링크(hyperlink)를 선택할 수 있고, 한 자료에서 선택한 것을 다른 자료에 가져다 붙일 수(paste) 있으며, 클립으로 붙일 수 없고 판도 아닌 것을 클립보드(clipboard)라고 부르는 것도 볼 수 있다. 여러분은 프로그램에서 버그(bug[프로그램상의 오류])를 발견하고, 넷(net[인터넷])을 서핑(surf)하는데, 이밖에도 수없이 많은 단어가 있다. 예: anchor[앵커, 링크를 걸다](1998), application[응용프로그램], back-up[백업], Bluetooth[블루투스](1998), bookmark[즐겨찾기], browse[인터넷을 돌아다니다], bullets[블릿], cache[캐시메모리], clip(art)[클립아트], close[파일닫기], crash[시스템 충돌], cookie[쿠키], dashboard[대시보드], drag[드래그], flaming[플레이밍], Firewire[파이어와이어], floppy[플로피], formatting palette[서식판], function keys[기능키], gateway[게이트웨이], hyperlink[하이퍼링크], icon[아이콘], keyboard[자판], load[로드], lurk[러크], mainframe[대형컴퓨터], mailbox[우편함], memory[기억용량], migrate[마이그레이트], mount[마운트, 장착], navigate[인터넷을 돌아다니다], net[인터넷], nibble[니블], offline[오프라인], online[온라인], open[파일열기], passward[비밀번호], Powerpoint[파워포인트], surf[인터넷을 돌아다니다], toggle[토글], virus[바이러스], widget[위젯], worm[웜컴퓨터바이러스].[8]

컴퓨터와 관련된 예는 수없이 많고 놀랍기도 하지만 이 단어들이 보여주는 과정은 새로운 것도 고립된 것도 아니다. shuttle이란 단어의 원래 의미는 '직조에 사용되는 장치'이지만, 오늘날에는 앞뒤로 움직이는 것이라는 이후의 확장된 비유적인 의미로 더 자주 사용되고 있다. 예: a shuttle bus[근거리 왕복버스], a shuttle flight[왕복항공기], shuttle service[왕복운행], shuttlecraft[왕복우주선], space shuttle[왕복우주선], 정치학에서의 shuttle diplomacy[셔틀외교(3국을 활용하는 외교방식)].

덜 극적인 예로 station wagon은 19세기에는 '말이 끄는 덮개가 있는 운송도구'였으나 지금은 자동차의 종류를 말한다. 좀 더 이전시대로 가서 shepherd의 글자 그대로의 의미와 'The Lord is my shepherd, I shall not want'(주님은 나의 목자, 나는 원하지 않으리)와 같은 문장에서 갖는 의미 사이에서 볼 수 있는 차이를 주목해 보자. 기독교에서 사용하는 명칭 중 paster는 지도자 혹은 성직자(목사)를 나타내는 단어이다. 이 단어의 원래 의미는 shepherd[양치기]이며 물론 pasture[초원]와 동족어 관계에 있다.

또 다른 예가 hierarchy라는 단어의 역사에서 등장한다. 오늘날 이 단어는 '지위 체계'를 의미하지만 원래는 천사들을 세 등급으로 나누어 각각의 등급을 지칭하는 용어에서 출발하였다. 그 후 '신성한 규율'이란 의미로 발전되었고 더 나아가 분기된 권위 구조 속에서 위부터 아래로 정렬했을 때의 pope[교황], cardinal[추기경], archbishop[대주교], bishop[주교], priest[사제]로 이어지는 순서를 기술하기 위해 가톨릭교회에서 사용하였다. 이 단어는 자연스러운 권위 분포 모델을 제공하였기 때문에, 우월한 조직 모델로서 군대, 정부 조직으로 퍼졌고, 이후에는 좀 더 추상적인 방식으로 자연과학으로까지 퍼져 나갔다.

disaster '나쁜, 비우호적인 별이나 행성'은 사람들의 미래가 별의 모양에 의해 예견되어 있다는 점성술을 지칭한다. 이러한 예견에 대한 믿음은 오래전에 산산이 부서졌으나 단어는 변화된 사회에서도 그 의미를 유지하고 있다.

doctor는 '교사'를 의미했었고, 이 단어는 교수들을 지칭하는 예비타이틀로 살아남는다. 오늘날 doctor의 기본적인 의학적 의미는 의사들의 특징이었던 고등교육과 연관되면서 서서히 그 의미를 얻게 되었다.

2.1.2 변화하는 문화와의 관련성

우리의 세계가 변화함에 따라 그러한 세계를 지시하는 단어들의 의미도 변화한다. 컴퓨터의 매개변수인 default setting^초기설정^을 생각해 보자. default는 '채무 불이행'을 의미한다. 지금도 이 단어는 여전히 은행의 채무 불이행 혹은 개인이 재정적 의무를 이행하는 데 실패하는 것(to default on a loan^대출에 대한 의무(채무)를 불이행하다^)을 지칭한다. 최근에 사용되고 있는 컴퓨터 관련 의미는 '특별한 설정이 선택되지 않았을 때 프로그램이 되돌아가는 기본적인 설정'이며, 이 의미는 비교적 최근인 1973년『아메리칸 헤리티지 사전』의 1판이 출간된 시기에도 등장하지 않았다. 그 후 컴퓨터가 널리 사용되면서 후속적으로 일어나는 일들을 이해하게 되었고 알고 보니 이 단어가 갖고 있는 두 가지 주된 의미 중에서 컴퓨터 관련 의미가 무엇인지를 아주 최근에 들어서야 확고히 알게 되었다. 따라서 이 경우에는 단어의 문화적 관련성이 변했다라고 말할 수 있다.

단어의 사회적 중요성이 날카롭게 인지되는 영역 중 하나는 그룹을 이루는 사람들에 대한 호칭이다. 우리의 태도 변화는 종종 그룹의 명칭을 사회적으로 용납할 수 없는 것으로 만든다. 예: bohunk, Canuck, chink, coolie, frog, girlie, Jap, kraut, Paki, pansy, Polack.[9] 이 단어들은 너무 공격적이어서 처음에는 '수동적 어휘'로 강등되었다가 다음 세대의 화자들에 의해서 잊혀질 수 있다. 어떤 경우에는 오히려 유행하거나 사회적으로 유의미하게 되는 단어들도 있다. 예: cool^멋진^, e-(lectronic)^전자통신, 인터넷과 관련된^, nine-eleven^911사건^, ecology^생태학^, ethnicity^민족성^, hybrid^혼종^, informercial^해설식 광고^, outsource^외부위탁^, sustainability^환경파괴가 없는 지속가능성^.[10]

문화적 관련성의 변화는 불가피하다. 모든 시기마다 모든 언어는 화자들의 필요, 인식, 관심, 태도를 반영한다. 화자와 화자가 처해있는 사회적 환경이 변화함에 따라 사용하는 단어들도 변화하는데, 이 변화는 형태와 의미 모두에서 일어난다. 영어는 변화하는 문화적 관련성을 보여주는 재미있는 예로 가득하지만 우리는 대부분을 알아차리지 못한 채 스쳐지나간다. duplex^복층아파트^에 산다고 해도 둘로 접혀진 어떤 것의 이미지를 떠올리지 못한다. trivia^(퀴즈에서 테스트되는)일반 상식^는 말 그대로는 '세 방법' 혹은 '세 갈래 길'을 의미하지만, 이 어원적 의미는 현재 의미와 너무 동떨어져 있다. trivia는 중세시대의 문법, 수사학, 논리학으로 구성된 일곱 개의 교양 학문 가운데 하나의 하위 분야로, 궁극적으로 재미없거나 중요하지 않은 'trifling'하찮은한 것으로 여겨졌다는 것을 우리는 누군가에게 들어야만 그 뜻을 알게 된다.

women's suffrage여성 참정권와 같은 구에서 suffrage참정권란 단어를 breaking깨지기과 관계된 것으로 생각하지 않는다. 하지만 이 단어는 문자 그대로는 '어떤 것 아래서 깨진'이라는 의미이고, 고대그리스에서 투표를 위해 깨진 타일을 사용하는 것을 지칭했다.

중립적인 기하학 용어이었던 axis축란 단어는 2차 세계대전 동안인 1936년에 독일과 이탈리아 동맹국을, 이후에는 여기에 일본과 다른 나라를 포함하는 동맹국을 지칭하는데 사용되었다.[11] 이후의 역사가 이 단어를 망쳐놓았고 이제는 Allies2차 세계대전 참전 연합군의 적을 지칭하는 부정적인 단어가 되었다. 반면에 Allies은 반파시스트의 관점에서 '좋은 사람들'이었다. 한편 ally란 단어는 '동료, 친척'을 의미하는 중립적 단어이고 '묶여진 어떤 것'을 의미하는 alloy와 연관되어 있다.

좀 더 최근 들어서 affirmative action적극행동[미국의 여성, 소수집단/인종 우대 정책]이란 구문에 있는 형용사 affirmative는 문맥이나 화자와 청자의 정치적 견해에 따라 긍정적 혹은 부정적 의미로 해석되어 왔다.

물론 이러한 모든 변화는 예견할 수 없다. 변화는 변화하는 기술, 변화하는 관습, 심지어 모든 종류의 역사적 사건들에 달려있다.

2.1.3 다른 종류의 연관

elegant는 √leg , 즉 '현명하게 뽑는 사람'에 바탕을 둔 '선발된 사람'을 의미한다. 예를 들어 elegant person은 옷이나 액세서리를 현명하게 선택하기 때문에 우아하게 보인다. 질 좋은 상품은 비싸다는 연관(association) 작용으로 인해 이 단어는 '로데오 거리의 우아함'과 같은 구절에서처럼 '독점, 배타성'을 의미하게 된다.

단어들의 논리 관계는 무엇인가? 논리(logic)는 논증 학문과 관련 있다. 논증은 언어(√log는 원래 '단어'를 의미한다)와 연관되어있기 때문에, 이 연관성은 원래 의미보다 더 중요하게 되고 결국 논리는 특별히 단어들과 많이 관련된 것으로 여겨지지 않게 된다.

adore경배하다를 살펴보자. 이 단어는 문자 그대로 '~에게 말을 하다'이다. 역사상 어느 시점에 말하기는 기도의 말, 즉 '신에게 말을 하다'가 되었다. 결국 연관성이 더 진행되면서 애원하듯이 하늘을 향해 보는 행동이 이제는 adoration경배하는 것으로 기술되고 있다. 워즈워드(Wordsworth)는 놀라울 정도로 아름다운 저녁을 노래한 소네트에서 감탄할 만한 표현을 했는데 'It is a beauteous evening, calm, free, The holy time is quiet as a Nun, Breathless with adoration'(아름답고 조용하고 자유로운 저녁이다, 성스러운 시간은 경배로 숨조차 쉴 수 없는 수녀처럼 고요하다)라고 쓰고 있다. 요점은 '말하다'를 의미했던 어근이 [말이 없는] 조용한 경배를 지칭하게 되었는데 이 변화는 기도와 연관되면서 이루어졌다.

scripture는 '쓰기, 글'을 의미했었지만, 종교적 글, 특히 성경(Bible 자체는 'book'을 의미했다)에서의 글과 연관되면서 이 단어는 '종교적인 글'을 의미하게 되었고 아무 종교적인 글이 아니라 기독교 전통에서 성경에서 발견되는 글만을 의미하게 되었다. 한편 아주 다른 연관 작용에 의해 동사 prescribe[규정하다, 처방하다]와 연관된 prescription[처방]은 이제는 의사들이 사람들에게 써서 주는 약 처방전으로 거의 완전하게 제한된다. 약과 연관시킴으로써 이 단어 안에서 발견되는 특별한 의미변화가 이루어지게 되었다.

amble[느릿느릿 걷다]과 ambulance[앰뷸런스]와의 관계는 전쟁이란 우연 때문이다. ambulance는 부상자들을 돌보기 위해 전쟁터에 둘 수 있는 병원이라는 뜻으로 hospital ambulant 'movable hospital'[움직이는 병원]이란 좀 긴 구절에서 비롯한 것이다. 이 구절에서 두 번째 부분만 남겨두고 줄였을 뿐이었다.

환유(metonymy, 1.4 보기)는 특별한 유형과의 연관, 보통은 시간과 공간에서 우연히 연관되는 것을 말한다. 원래의 지시 대상과 전이된 지시 대상은 같은 공간에 있음으로써 연관된다. 미국 영화 산업을 지칭하는 Hollywood나 현직 미국 대통령과 그 보좌진을 지칭하는 The White House(The White House는 특정한 임기 동안 재직하는 대통령을 언급할 수 있기 때문에 시간과 공간 모두 연관되어 있다)를 말할 때 그러하다. pigskin '풋볼'은 대상을 통한 연관의 예이고, burn some rubber[타이어 고무가 탈 정도로 빨리 달리다]란 표현에서의 rubber도 마찬가지다.

환유는 부분과 전체의 관계처럼 다른 연관 관계에서 비롯된 의미변화까지도 포함하는 것으로 확장될 수 있다. 예: drink the whole bottle[한 병 다 마시다], give me a hand[나를 돕다], live by the sword[칼로 흥하다][12]. 영어의 고전어 어휘 중에 exposition[전시회]이 있는데 이 단어는 '어떤 것을 두다'를 의미했었지만 지금은 새 차, 새 컴퓨터 기술 혹은 무엇이든 새 것을 전시하는 행사를 뜻한다. 또 다른 고전어 예는 commissary[군대매점, 병참장교]인데 미국에서 이 단어는 군대에서 음식이나 다른 보급품을 나누어 주는 장소를 의미한다. 영국에서는 지금도 사용되는 이 단어의 의미이자 역사적으로는 이전에 가졌던 단 하나의 의미는 보급물품 창고를 책임지는 의무를 부여 받은 군대나 경찰 장교였다. 사람(원래 이 단어가 지칭했던 대상)과 그들이 일하는 장소가 연관되어 있다.

2.2 언어 내적 요인: 유추

환유의 개념에 포함되는 연관 작용은 좀 더 일반적인 요인인 유추(analogy) 때문이다. 유추는 구체적인 사물이나 과정과 추상적인 개념이나 과정 사이에서 존재하는 유사성을 인식하는 것과 관련 있다. 유추에 의해 한 단어의 기본 의미는 하나의 의미에서 다른 의미로 전이하거나 확장하는 방식으로 다른 의미와 관련을 맺는다. 이러한 암시적 비교는 은유적 확장으로도 알려져 있으며, 그 결과 만들어진 새 단어는 **은유(metaphor**, meta 'beside, after'[옆, 뒤] + phor 'carry'[나르다])가 된다. 예컨대 어떤 사람이 학과의 head[책임자]이면 **문자 그대로(literal)**의 의미인 머리와 신체와의 관계가 **확장(extended)**되었거나 혹은 **비유적 (figurative)** 의미로 사용되고 있는 중이며, 이 의미들 사이에 유추적 관계가 설정된다. 즉 머리 대 신체 관계가 머리(제일 높은 사람, 책임자) 대 학과의 관계가 된다. 이는 다음처럼 등식의 관계로 나타낼 수 있다.

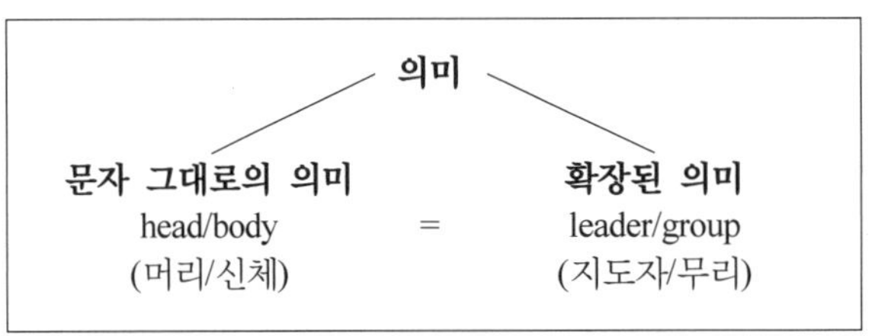

따라서 'The population is mushrooming all over the world'(인구가 전 세계적으로 우후죽순처럼 증가하고 있다)라고 말한다면, 우리는 인구의 급속한 증가가 감당할 수 없을 정도라는 내용을 버섯의 번식력과 비교하고 있다. 'The New Hampshire primary will be the acid test of this candidacy'(뉴햄프셔 예비선거는 입후보자에 대한 진정한 시금석이/척도가 될 것이다)라고 말한다면, 정치가의 유세 능력을 은유적으로 표현하여, 질산을 사용해서 진짜 금인지 여부를 확인하는 잘 알려진 테스트를 뉴햄프셔에서 행해지는 후보자에 대한 자세한 검증과 비교하고 있다. 'The strong arm of the law'[법의 강한 힘]이라고 말하면, 우리는 개인의 강한 팔과 법 집행이라는 추상적 개념을 비교하고 있다. 'traffic bottleneck'[교통 병목현상]이라고 말하면, 교통 흐름이 좁아지는 것을 내용물의 흐름이 느려지는 병의 입구(병목)(병에서 케첩이 나오도록 하는 방법을 생각해 보라!)와 비교하고 있다.

실질적으로 인식되는 유사성이라면 그 어떤 것도 유추변화를 일으킬 수 있고 새로운 의미의 기원이 될 수 있다. 따라서 '떨어지다'를 의미하는 √cad와 recidivism[상습적 범행] 사이에는 범죄로 되돌아가는 것과 뒤로 넘어지는 것 사이에 유추가 존재한다. 범죄로 되돌아가는 것은 뒤로 넘어지는 것과 같다. 모든 유추는 이와 비슷한 방식으로 찾아볼 수 있다. 즉 어떤 추상적 관계가 우리로 하여금 구체적 관계를 떠올리게 한다. 구체적 관계는 장소(above[위에], below[아래에], behind[뒤에], in front of[앞에], beside[옆에])일 수도 있고, 시간(before[전에], after[후에])일 수도 있고 혹은 경험적 유사성의 문제(smell[냄새맡다] – hear[듣다] – feel[느끼다] – touch[만지다] – taste[맛보다])일 수도 있다.

유추는 꽤 동떨어져 있을 수 있고 심지어는 가능성이 희박할 수도 있다. 하지만 하나의 유추가 사람들의 상상력을 사로잡게 되면 이 유추는 쉽게 언어에 고정된다. 앞에서 예를 든 유형의 유추에 근거하고 있는 어원을 보여주는 예가 있다. 비록 따분할 정도로 명백한 일이긴 하지만 그래도 이 예들을 통해 비교의 근거를 정립해보고자 한다.

companion: con '함께' + Lat. panis '빵'
→ '동반자, 동무, 동료' (근거: 빵을 함께 나누는, 즉 함께 먹는)
construct '함께 쌓인' (집을 짓는 돌처럼)
→ 문장을 구성하다 (돌처럼 단어를 쌓다)
culminate '언덕 꼭대기에 도달하다'
→ '마치 등산하는 것처럼 애쓴 후에 결정적인 지점에 도달하다'
dependent '어떤 것에 매달린'
→ '다른 사람의 돈이나 힘으로 도움을 받는'
educate '선도하다, 키우다'
→ '유능하게 하다, 사회적, 문화적 고위 지위에 오르게 하다'
illustrate '순수하게 하다. (실제로 존재하는)빛을 비추다, 광선을 쏘다'
→ '명확하게 하다, 시각적으로 혹은 추론을 통해 보여주다'
offend '때리다'
→ '나쁜 감정을 만들어내다'
precipitate '앞으로 고꾸라지면서 머리를 앞으로 하다'
→ '신중하지 않은 태도로 행동하다'
progress '앞으로 나아가다'
→ '개선하다, 더 나은 존재를 향해 움직이다'
provoke '야기하다, 소환하다'
→ '화가 나서 욕구를 유발하다, 짜증나게 하다'

유추의 역할은 과대평가 될 수 없다. 우리의 마음은 추상적 개념을 나타내는 구체적 방법들을 찾고 있으며 이 구체적인 의미가 우리가 의도하는 추상적 관계를 밝혀주게 된다고 말하는 것이 공정하다. 유추는 언어를 의미적으로 풍요하게 만들기 위해 가장 빈번히 일어나는, 그러면서 가장 중요한 출처가 된다.

2.3 언어 내적 요인: 의미의 토착화

오늘날 영어 어휘의 가장 놀라운 특징 가운데 하나는 어원의 다양성이다. 이 책의 첫 부분에 있는 차용어에 관한 조사에 따르면 영어에서 가장 빈도가 높은 10,000개이 단어 가운데 약 3분의 2가 비앵글로 색슨계이다. 모음약화와 모음추이의 적용(5장 참조), 치음폐쇄음의 약화를 동반하는 구개음화(6장 참조)와 같은 새 차용어를 [영어 음운체계에 맞게] 음운적으로 수정하는 것과 더불어 차용은 자주 의미변화를 겪는다. 차용어의 가장 확실한 의미변화 유발자는 비슷한 의미를 가지고 있는 기존의 영어 단어 혹은 단어들이다. 동의성 피하기 원칙(본 장의 1.3 참조)에 따라 차용어는 원래 개별의미 가운데 일부를 상실하거나 영어 안에서 새로운 개별의미를 발달시킨다. 두 단어 모두 내부 구성성분이 각각 'not'[없는] + 'belief'[믿음] + adj[형용사](형용사형)이라는 같은 대응관계에 있다 할지라도, infidel[신앙심이 없는]은 unfaithful[불륜의]과 똑같은 의미가 아니다. 차용은 단어의 원래 의미와 문법에 관한 지식이 없이도 혹은 그와 상관없이 이루어진다. 기증어에서의 의미가 영어에서의 의미와 동일하지만, 영어에 '토착화'된 이후 새로운 연관성에 의해 의미가 변화된 차용어의 예는 다음과 같다.

babushka(Russ.) '할머니'	babushka(PDE) '머리에 쓰는 것' (여자용 머리쓰개)
bonus(Lat.) '좋은'	bonus(PDE) '추가 임금'
credo(Lat.) '나는 믿다'	credo(PDE) '일단의 믿음'
diet(a)(Gk.) '생활 방식'	diet(PDE) '음식 섭생법'
ego(Lat.) '나'	ego(PDE) '자신, 자존(감)'
macho(Sp.) '남자'	macho(PDE) '공격적으로 남성적인'
rouge(Fr.) '붉은'	rouge(PDE) '화장도구'

3. 의미변화의 결과

이제 의미변화의 메커니즘에서 의미변화의 결과로 넘어 갈 것이다. 전통적으로 의미변화의 결과는 두 자질인 (1) 범위와 (2) 지위에 따라 기술되고 분류된다. 문화와 기술과의 관계와 같은 다른 전통적인 분류는 변화 원인의 일부이기 때문에 앞에서 이미 다루었다.

3.1 범위의 변화

단어의 의미가 아우르는 범위는 얼마나 넓을까? 즉 얼마나 많이 포함하고 있을까? 이 특성을 보여주는 익숙한 예가 있다. 우리에게 익숙한 표현인 'meat and drink'[먹을것과 마실것]에서처럼 meat는 '모든 종류의 딱딱한 음식'을 의미했었다가 이제는 특정 종류의 음식인 동물의 살 만을 의미한다. 단어의 범위가 **축소되었다(narrowed)**.

물론 단어의 의미 범위는 반대 방향으로 변화할 수 있다. escape[피하다]는 원래 '옷을 벗다, 도망가다가 망토를 잃어버리다'(ex 'out of'[밖으로] + 중세라틴어 cappa 'cloak, cape'[망토])를 의미했다. 오늘날 우리는 [더 이상 망토를 입지 않지만] 만약 망토를 입고 있다면 도망가면서도 망토는 그대로 입고 있을 수 있다. 게다가 우리는 집에서 의자에 앉아 영화를 보며 일상의 근심에서 벗어날 수(escape) 있다. 이 단어의 범위는 **확대되었다(widened)**.[13]

또 다른 유형의 범위 변화는 **의미탈색(semantic bleaching)**이다. 단어가 너무 많이 사용되다보니 원래 의미가 점차 떨어져 나가 일반화가 되는 과정이다. very[매우](원래는 '진실된'), awful[끔찍한]('경이(awe)로 가득 찬'), terrible[끔찍한]('공포(terror)를 야기 시킬 수 있는')과 같은 단어에서 볼 수 있다. 탈색의 궁극적인 예는 thing[것], do[하다], nice[좋은], okay[괜찮아]이고, 물론 단어의 의미가 더 많이 탈색될수록 하위성(hyponymy)의 등급에서 왼쪽으로 더 많이 움직인다. thing은 일종의 의회인 타운 홀 미팅을 지칭했었고, 이후로 affair[일]와 act[행동], 모든 종류의 비즈니스를 지칭했다. 이 단어의 탈색은 너무 완전해서 사람들은 thingum(a)bob, thingummy, thingamajig을 만들어 냈으며[14] 이는 thing의 '잃어버린 색' 일부를 되돌리고 싶은 욕구에서 그랬을 가능성도 있다.

nice(궁극적으로 거슬러 올라가면 Lat. ne 'not'[부정접두사] + sci 'know'[알다] + nescius 'ignorant'[무지한]에서 왔다)는 '바보의, 어리석은'의 의미로만 13세기까지 영어에서 사용되었다가, 15세기에는 '수줍은, 부끄러운'의 의미로 발전되었다. 16세기가 되면서 '우아한, 까다로운, 정확한'(파생어 niceties처럼)으로, 18세기에는 '즐거운'으로, 오늘날에는 아주 느슨한 긍정의 형용사로 바뀌었다.

그리고 okay[괜찮아]에 대한 논쟁은 여전히 진행 중이지만, 앤드류 잭슨(Andre Jackson)대통령이 제일 먼저 사용한 'Oll Korrect'[모두 맞다]의 애크로님으로 일종의 농담에서 시작했던 것 같다. 이 단어는 마틴 반 뷰렌(Martin van Buren)의 별명인 'Old Kinderhook'(킨더훅의 노인)의 약어로도 널리 퍼져 있었다. 반 뷰렌은 잭슨대통령에 이어 다음 대통령이 되었고 그의 후원자들은 대통령 선거 유세에 필요한 돈을 모금하기 위해 'OK club'을 만들었었다. 아주 일반적이고 긍정적인 이 단어는 확실히 필요했고 실제 전 세계의 모든 언어에 차용되었는데, 차용한 언어의 화자들은 상당히 많은 국제적 접촉을 해 왔다.

의미탈색은 내용어가 문법적 기능어로 변하는 문법화로 알려진 과정의 필수적인 부분이다. do는 '두다, 놓다, 야기하다'를 의미했다. 'I did him (to) cry'는 '나는 그를 울게 했다'를 의미했다. 그러다 점차 do는 모든 동사를 대신하기 시작했다. 오늘날 조동사로 사용되는 do는 명확한 어휘적 의미는 없다. 이 단어는 문법화 되었고 굴절형과 동일한 기능을 한다. 이와 유사한 예로 'I am *going* to submit the application'(나는 지원서를 제출할 거야)에서 go 동사는 walk[걷기], amble[느릿느릿 걷기], shuffle[발을 끌며 걷기], stride[성큼성큼 걷기]와 더 이상 연관되지 않는다. 이 단어가 약화된 형태(gonna)는 영어에서 새로운 존재이다. ‘I’m going to a movie tonight’(나는 오늘밤 영화 보러 갈거야)은 괜찮지만, ‘I’m gonna a movie tonight’라고는 말할 수 없다.

3.1.1 구체성의 상실

구체성(specificity)의 상실은 의미 범위 변화의 또 다른 결과이다. 이 과정은 **과잉 일반화(over-generalization)**와 거의 동일하게 불릴 수 있으나, 구체성의 상실은 인간이 공통적으로 가지고 있는 성향을 반영한다는 장점을 어느 정도 가진다. 우리 모두는 일반화하는 경향이 있고, 구체화에 실패하는 경향이 있다. 제대로 된 산문 쓰기를 배울 때 우리가 배우는 기술 가운데 하나는 어떻게 더 구체적이고, 어떻게 자세한 내용과 예를 제시하고, 어떻게 우리가 마음에 가진 의미를 나타낼 적합한 단어를 찾아내는가이다. 그럼에도 우리는 대부분 일상생활에서 말을 하고 글을 쓸 때 단어에 대한 특별한 재능이 없기 때문에 좀 더 일반적인 의미를 선택한다. 이러한 경향은 역사적으로도 나타나, 단어의 의미는 좀 더 확장되면서 좀 더 일반적인 의미를 가지게 된다.

docile[유순한]이란 단어는 doctor[의사]와 같은 어근에서 왔으며 원래는 ‘가르칠 수 있는’을 의미했다. 이후 ‘저항하지 않는, 휘기 쉬운’이란 개별의미를 발전시켜왔는데 이는 ‘가르칠 수 있는’이란 개념을 과잉일반화한 것이다. 가이 폭스(Guy Fawkes)의 악명 높은 이름은 11월 5일 사건[15]을 일으킨 범인의 인형이 확산되면서 그 구체성을 상실했다. 그 후 guys는 이상한 모습을 한 남자들을 지칭하는 데 사용되기 시작했고, 모든 남자를 지칭하는 것으로 확대되었으며, 이제는 (특히 복수형은) 여성그룹을 포함한 모든 그룹의 사람으로 일반화 되었다. 이제 과잉일반화의 개념을 좀 더 심도 있게 살펴보자.

한 언어의 모든 단어는 **하위어 집합(hyponymic set)**(앞의 1.3 참조)에서 배열될 수 있다. 하위어 관계가 역사적 의미 발달에 있어 과잉일반화란 개념의 이해에 어떻게 도움이 될까? 하위어 관계는 두 단어 사이에 존재하는 관계로서 한 단어가 지시하는 대상을 바꾸지 않은 채 나머지 단어를 대신할 수 있는 경우이며, 그 반대의 경우는 불가능하다. 따라서 scarlet[진홍색]은 red[빨간색] 보다 더 구체적이다. ‘Her face was scarlet’이라고 말할 수 있다면, ‘Her face was red’라고 항상 말할 수 있다. 개념을 명확하게 도와주는 하위어 도형이 있다(‘~의 부분집합이다 혹은 부분집합으로 포함한다’를 의미하는 부호 [⊃]는 오른쪽 단어가 왼쪽 단어의 하위어란 것을 의미하며, 가장 왼쪽에 있는 단어는 가장 일반적인 단어가 된다. 같은 수준에 있는 두 단어는 서로에게 하위어가 아니며 쉼표로 구분된다).

go[가다] ⊃ walk[걷다] ⊃ amble[느릿느릿 걷다], shuffle[발을 끌며 걷다], stride[성큼성큼 걷다], . . .

이 도형이 말하는 바는 'go가 이들 단어 가운데 가장 일반적이고 가장 덜 구체적인 단어이다. walk는 일종의 가는 것(go)이지만 가는 것 모두가 걷는 것은 아니다. 왜냐하면 amble, shuffle, stride도 걷는 것의 한 유형이지만 그 반대는 아니기 때문'이라는 것이다. 이 예에서 여러 개의 똑같이 적절한 하위어가 있고 이 가운데에는 그 어떤 것도 다른 것의 하위어(예로 shuffle은 amble의 하위어가 아니다)가 아닐 때, 우리는 이를 **공동 하위어(co-hyponyms)**라고 부른다. 이제 언어가 하위어 관계 상실의 경향을 보이고 좀 더 일반적인 범주, 즉 하위어 도형의 맨 위에 있는 것을 선호하게 되면, 구체성을 잃는다는 것이 무엇을 의미하는지 좀 더 명확하게 알 수 있다.

어디서 예들을 찾을 수 있을까? 답은 시소러스(thesaurus)가 무엇에 관한 것인지에 있다. 시소러스는 적은 수의 가장 일반적인 범주들, 즉 사람들이 하나의 개념을 공식화할 때 마음에 떠올릴 가능성이 있는 것들 아래에 나머지 어휘를 나열한 것이다. 프랑스 사람인 피터 마크 로제(Peter Mark Roget)는 19세기 중엽(1852년)에 최초의 유용한 시소러스를 편찬하였다. 그는 가장 일반적인 용어를 '핵심어(keyword)'라 불렀고, 딱 1,000개의 핵심어 범주에 영어의 어휘를 압축해 넣고자 했다. 이 핵심 범주를 다시 적은 수의 논리적 범주로 나누었는데, 이 논리적 범주에는 추상적 관계, 공간, 사물, 지적능력, 자유의지, 감정이 있다. 오늘날 거의 모든 컴퓨터 워드 프로세스 프로그램에는 사전과 시소러스가 포함되어 있다. 시소러스는 동의어 사전과 거의 똑같다. 둘 다 핵심어로 나열되어 있으며, 편집자는 우리가 하나의 생각에 대한 일반적 범주를 떠올리고, 거기로부터 각자가 찾고 있는 특별한 의미를 가진 점점 더 구체적인 단어들로 따라가기를 희망한다. 여기 『메리엄 웹스터의 신 동의어 사전(Merriam-Webster's New Dictionary of Synonyms)』에 나와 있는 전형적인 하위어 연쇄 중 일부가 있다.

expert[전문가] ⊃ adept[능숙한] ⊃ artist[예술가] ⊃ virtuoso[거장] —오른쪽의 항목은 필수적으로 왼쪽 항목의 의미를 함축하나 반대 방향으로는 불가능하다는 점에 주목하자. 당신은 expert가 되지 않고는 virtuoso가 될 수 없으나, 반대의 경우는 결코 참이 될 수 없다.

honor[명예] ⊃ glory[영광] ⊃ renown[유명한] ⊃ fame[명성] ⊃ celebrity[유명인사]

likeness[닮음] ⊃ similarity[비슷함], resemblance[닮음], similitude[유사성(격식어)] ⊃ analogy[유추]

limp[축 처진] ⊃ floppy[늘어진] ⊃ flaccid[축 늘어진], flabby[축 늘어진] ⊃ flimsy[엉성한]

lure[유혹하다] ⊃ entice[유혹하다], inveigle[감언이설로 구슬리다] ⊃ decoy[유인하다], tempt[유혹하다] ⊃ seduce[유혹하다]

mistake(v.)[혼동하다] ⊃ confuse[혼란시키다] ⊃ confound[당혹하게 하다]

parsimonious[인색한] ⊃ miserly[구두쇠인] ⊃ penurious[극빈한] ⊃ niggardly[인색한] ⊃ penny-pinching[한 푼에 벌벌 떠는]

partiality[편애] ⊃ prepossession[선입관] ⊃ prejudice[편견] ⊃ bias[편견, 편향]

enthusiasm[열정] ⊃ fervor[열정], ardor[열심] ⊃ passion[격정, 열정] ⊃ zeal[열의]

small[작은] ⊃ petty[하찮은] ⊃ puny[작고 연약한] ⊃ trivial[사소한] ⊃ trifling[적은(격식어)], paltry[보잘 것 없는] ⊃ measly[쥐꼬리 만한] ⊃ picayune[무가치한(피카윤: 5센트 주화)]

우리는 이제 '구체성의 상실'을 좀 정확하게 정의할 수 있다. 하위어 등급의 오른쪽에 있는 단어들이 의미상으로 왼쪽에 있는 단어로 더 많이 접근하면 할수록, 단어들은 점점 더 일반적인 의미를 가지게 되고 점점 더 구체성을 상실하게 된다.

3.1.2 **의미의 축소화/특수화**[16]

의미의 축소화(narrowing)는 하위어 척도에서 의미변화를 오른쪽으로 이동시킬 것을 요구한다는 점에서 부자연스러운 변화이다. 우리는 이미 자연스러운 변화는 왼쪽으로, 좀 더 일반적인 것으로, 덜 특수한 것으로의 이동이라는 것을 보았다. 그러나 아주 자주 축소화가 발생하는 경우도 있는데, 이는 특수화(specialized)되지 않은 의미를 가진 보통 단어들이 특정 분야의 문맥에서 상당히 특수화된 의미가 주어지는 과학용어로 차용되었을 때 그러하다. 인간 경험의 한 분야에서 다른 분야로의 전이는 대부분 좀 더 구체적인 것에서 좀 더 추상적인 것으로의 비유적 이동을 동반한다. 기술로 인해 보통 단어들이 특수화된 의미를 갖게 된 최근의 예들을 보았었다. 컴퓨터와 관련하여 우리가 사용하고 있는 유추적이고 특별한 개별의미를 가진 bootstrap[부트스트랩], clipboard, desktop, icon, software, style, toggle, tools, vaccine, virus, window와 같은 용어들을 떠올려 보면 알 수 있다.[17] 텔레비전의 앵커(anchor)는 기본적으로 '뉴스 캐스터'이고, 선박 관련 물건[닻]은 이차적일 뿐이다. 언어학에서 통사나 운율 tree[나무]는 nodes[마디]와 branches[가지]를 가질 수 있다. 이들 단어들의 유추적 전이 또한 의미의 축소화가 동반된다. 달의 crescent[초승달]는 매우 구체적인 모양을 가지고 있으나, 그 단어가 파생된 형용사인 √cre(s) 'grow'[자라다] + ent는 단지 '줄어드는, 증가하는'을 의미한다. 다음 단어들은 의미의 축소화를 투명하게 보여주는 예이다.

acquiesce '조용하다' (일반적)
→ '더 이상의 언급 없이 동의하다' (축소, 특수화)
actor '어떤 것을 하는 사람' (일반적)
→ '연극 공연에서 하나의 역할을 하는 사람' (특수화)
ammunition '모든 종류의 군사 보급품' (일반적)
→ '총알, 로켓, 화약(폭발하는 군사 보급품)'
biblical '책과 관련된'
→ '특별한 책과 관련된'

hound '개'

→ '사냥개의 일종'

liquor '물을 포함한 마실 것'

→ '포도주를 제외한 알콜 음료'

science '모든 종류의 지식'

→ '통제된 실험을 통해 얻어진 지식'

3.2 지위의 변화: 의미의 양화와 악화

단어가 지시하는 대상이 사회적 지위나 의미 내용에 있어 가치가 올라가거나 내려간 적이 있을까? 지위가 상승된 경우를 **의미양화(amelioration)**(Lat. melior '더 좋은'에서 왔음)라 부른다. 지위가 상승된 단어 중 고전적인 예는 knight인데 이 단어는 아주 단순히 '소년, 남자 하인'을 의미했었다. 일부 어근과 단어들은 다른 단어들보다 좀 더 '출세한 단어들'이 있다. 이러한 단어들은 중립적이거나 심지어는 부정적이었던 원래 의미에서 개선된 '사회적' 지위를 얻었다. 이러한 유형의 상승되는 의미변화를 보여주는 예는 반대 변화의 예만큼은 흔하지 않다. 왜냐하면 어떤 이유에서든 단어는 이 세상에서 지위가 상승되기 보다는 그 지위와 존경을 잃을 가능성이 영어에서는 더 크기 때문이다. 사회적으로 용인되지 않거나 혹은 거의 용인되지 않는 단어 중에는 poor[가난한], cripple[불구자], idiot[바보], stewardess[여자승무원]가 있는데, 영어는 이들 단어를 underprivileged, disabled, mentally challenged, flight attendant로 바꾸어 놓았다.[18] **의미양화**의 예들도 물론 존재하는데, hopping[활발한], designer[고급의], cool[근사한], awesome[기막히게 좋은]과 같은 형용사들이 갖는 최근 의미가 이를 입증한다. 다음에 나열한 단어들은 양화의 예이다.

dexterity '오른손'(잡이)

→ '기술'

knight '마구간 지기'

→ '기사'

→ '영국의 낮은 급의 귀족'

mellifluous(mel '꿀' + flu '흐르다') '꿀처럼 흐르는'

→ '특히 목소리와 음조가 부드럽고 듣기 좋은'

meticulous '두려워하는, 소심한'

→ '행동에 있어 매우 주의 깊고 정확한'

pastor '양을 돌보는 사람'

→ '사람들의 종교적인 필요를 돌보는 사람'

pedagogue '아이들을 학교에 데려다주는 노예'
→ '교사'
sensitive '감각을 사용할 수 있는'
→ '인지하는, 민감하게 관찰하는, 반응을 보이는'

의미양화의 주된 추진력은 새로운 의미가 사회적 특권과 관련되는 것이다. 의미양화의 최근 흥미로운 예들은 우리의 행성, 즉 지구의 생태적인 균형을 유지할 필요성에 대한 인식의 증가와 관련이 있다. sustainable이란 단어는 17세기 초 영어에 차용되었고 원래는 '견뎌낼 수 있는, 참아낼 수 있는'이란 의미를 가졌으나, 2001년 OED 표제어에는 '환경오염에 이르지 않는, 특히 자연자원의 장기간 고갈을 피하는 인간의 경제 활동과 문화 형태와 관련 있거나 이를 지칭하는'이란 의미를 더했다.

의미악화(pejoration/degeneration). 아마도 더 빈번하게 일어나는, 반대 방향으로의 의미 발달은 **의미악화(pejoration)**(Lat. pejor '더 악화된')라 불린다. hussy[제멋대로인]는 '주부'를 의미했다. 고대그리스어의 demagogue[선동정치가]는 '민족의 지도자'를 의미했으며 이때는 오늘날 이 단어가 가지는 부정적인 함축적 의미(히틀러와 무솔리니는 demagogue이었다)가 전혀 없었다. 라틴어 형용사 praeposterus는 '앞－뒤' 관계 가운데 하나로서 전형적으로 '말 앞에 수레가 오는'의 상황을 묘사한다. 이러한 상황은 바람직하지 않으며 이처럼 앞뒤가 뒤바뀐 것은 비논리적이고 이성에 반한다. 영어 단어 preposterous[터무니 없는]는 이제 나쁜 의미를 강하게 가지며 훨씬 더 확대된 부정적 맥락에서 사용될 수 있다.

어떤 개별의미에서의 지위 변화는 범위 변화도 가져온다. 양화(더 좋아지는 것)와 악화(더 나빠지는 것) 모두에서 변화하는 범위는 **사회적** 범위이다. 우리가 지위에 초점을 맞추면, 이 단어들이 지시하는 대상의 사회 등급이 올라가는지 내려가는지를 묻는다. 다음 예에서는 앞에는 처음에 가졌던 좀 더 높은 범위이었거나 중립적인 의미를, 다음에는 해당 단어가 악화의 과정에서 얻게 된 낮은 등급의 의미를 제시하고 있다.

aggravate '무게를 더하다'
→ '화나게 하다'
animosity '높은 정신, 용기'
→ '강한 혐오'
artificial '기술적으로 만들어진'
→ '가짜의, 인위적인'
brutal '동물, 인간이 아닌'
→ '지나치게 잔인한, 무자비한'
censure '판단, 평가'
→ '비난, 심한 비판'

chaos '깊은 틈, 걸프(만)'
→ '완전한 무질서'
obsequious '~을 따라가는'
→ '굽신거리는'
officious '자신의 의무를 수행하는데 있어 열심히 하는'
→ '자신의 의무를 수행하는데 있어 지나치게 시기하고 공격적인'
pretend '앞으로 뻗다, 단언하다'
→ '~인 체하다'

3.3 혼합된 예

우리는 앞에서 변화를 가져오는 요인과 변화의 결과에 따라 의미변화의 다양한 유형들을 분류했으나 실제로는 개별적인 의미변화에서 대부분의 경우는 이러한 유형을 두 개 이상을 동시에 가진다. vixen이란 단어는 명확하게는 비유적인 용법의 예이다(유추적 확장이 일어남. 이 단어는 '암컷의 여우'만을 의미했었지만 이제는 암, 수컷 모두를 의미하며, 'foxy female[매력있는 여자]'이라고 표현할 수도 있다). 하지만 이 단어는 의미의 일반화도 겪었다(즉 단어의 범위가 여우뿐만 아니라 인간도 포함하도록 확대되었다). 게다가 지위의 변화, 즉 의미악화(단어와 연관된 의미가 부정적으로 되었다)도 겪었다. offend[불쾌하게하다]란 단어는 의미확대, 유추적 확장, 의미악화의 예이다. 1970년대 말 이후 심리학자들은 bonding[유대(감 형성)]이란 단어를 원래의 문맥에서 확장된 아주 특수화(범위 변화)된 방식으로 그리고 사회적 가치에 있어 긍정적(지위 변화)인 의미로 사용해왔다. 두 동족어 단어인 bond[유대, 굴레]와 bondage[속박] 사이의 문화적 연관성을 파악할 수 있다면 이는 특별히 명확해진다. nepotism[족벌주의]은 역사적으로 nephew[조카]와 관련이 있긴 하지만 더 이상 하나의 특정 가족 구성원에 제한되지 않은 편애이다. 범위가 확대되면서 동시에 그 지위가 내려갔다. 이제 이 단어는 직장에서 자신의 친척이나 친구들에게만 이득을 주는 편애를 실행하는 것을 의미한다. 단순한 일상생활 속 구절인 goodbye는 God be with you[신이 당신과 함께 하길]의 줄임말이다. 여기서는 의미탈색과 문화적 지시에 있어서 전이(더 이상 신을 지칭하지 않는다)라는 변화가 함께 일어났다.

4. 의미를 추측하는 작업

구성요소 분석하기(parsing). 익숙하지 않은 단어의 의미가 무엇일까를 알아내는 첫 단계는 단어를 구성요소로 분석하는 것이다. 일단 올바른 구성요소 분석된 후에 하는 다음 질문은 의미를 어떻게 알아낼 수 있느냐이다. 첫째, 우리는 형태소마다 **주석을 달고 (gloss),** 표면형을 의미성분 요소로 나누며, 형태소의 기본형을 보여주고 난 후 의미를 보여준다. 이런 단계에서 결과는 위험스럽게도 뜻 모를 말을 하는 것처럼 보일 수 있다. 다음 예에서 구성요소는 하이픈으로 구분되어 표시되고, 형태소 각각의 의미는 인용부호에 넣어 오른쪽에 제시한다.

homeo-stas-is < homeo-stat-is '똑같은' – '그대로 있다' – '추상명사(AN)'

이를 이해하려면 어느 구성요소가 좀 더 많은 의미를 가지고 있는지 알아보기 위해 양방향(일반적으로는 오른쪽에서 왼쪽으로 더 잘 작동한다)으로 주석 읽기를 시도해야 한다. 오른쪽에서 왼쪽으로 읽어보면 '그대로 있어 똑같은 상태'와 같은 것을 만든다. 그래서 이 단어에 대한 완전한 분석은 다음과 같다.

homeo-stas-is[(생체)항상성] < homeo-stat-is = '똑같은' – '그대로 있다' – 'AN'
'그대로 있어 똑같은 상태'

똑같은 방향으로 잘 작용하는 또 다른 예가 있다.

necrophobia[시체공포증] < necro-phob-ia = '시체' – '공포' – '상태, 조건'
'시체에 공포를 느끼는 상태'[19]

한편 hieroglyphic[상형문자의, 해독하기 어려운]이란 단어를 좀 더 쉽게 읽는 방법은 왼쪽에서 오른쪽으로 읽은 '신성한' + '조각(하기)' + 형용사, 즉 '신성한 조각물의 특성을 가진'이다. 이 경우에도 역시 연쇄 중 마지막 형태소가 동사, 명사, 형용사 혹은 부사를 다루고 있는지 여부를 결정해 준다. '신성한 조각물의 특성을 가진'이란 주석은 아주 도움이 되는 것은 아니다. 문제는 그 특성이 무엇일까를 이해하는 것이다. hieroglyphic이 정말 무엇을 의미하는지를 이해하기 위해서는 조각물이 고대의 것이라는 것과 돌에 새겨진 글자 같은 것이라는 것을 그리고 그 글자들은 읽기 어렵거나 적어도 해독하려면 많은 노고가 필요하다는 것을 추론해 내야 한다. 이 방법으로만 이 단어는 이집트 신전에 쓰여 진 신성한 글을 지칭할 뿐만 아니라 더 나아가 단지 '읽기 어려운'이란 것을 의미할 수 있다는 것을 발견할 수 있다.

supererogation[적선, 공덕]이라는 단어를 살펴보자.

super-ex-rog-ate-ion = '위에' – '~부터, ~넘어서' – '요구하다, 지불' – 'V' – 'AN' super를 빼놓으면 '~을 너머 지불하는' 혹은 '요구되었던 것보다 더 많이 지불된 것'(이 경우 어떤 것이 맞는지 알 길이 없다. 첫 번째는 능동의, 두 번째는 수동의 의미이나 둘 다 가능하기 때문이다)이라는 의미를 얻는다. 첫 번째 추측에 'super'를 더하면 의미는 '요구한 것을 넘어선 어떤 것'으로 충분히 합리적이다. 따라서 당신이 누군가를 위해 해 준 진정으로 훌륭한 혜택, 어느 누구도 요구하지 않은 그 어떤 것을 의미할 수 있다. 대략 '요구된 것을 넘어, 그 이상의 어떤 것'을 의미한다. 이는 한층 더 노력하는 사람들의 행위를 지칭하지만 한편으로는 '쓸데없는, 불필요한'을 의미할 수 있다.

자 이제 apheliotropism배광성이란 단어를 살펴보자.

ap-heli-o-trop-ism < apo- ='멀리 떨어져' – '태양' – '돌리다' – '상태, 조건, 과정'

이 단어를 잘 해석하기 위해서는 '멀리 떨어져', '태양', '돌리다' 사이의 합리적인 관계를 제공해야 한다. -ism(상태, 조건, 과정)은 쉬운 부분이다. 오른쪽 끝에서부터 시작하면 우선 '도는 상태'를, 다음에 왼쪽에서 오른쪽으로 읽어보면 '태양으로부터 멀리 떨어진'[20]을 얻게 된다. 이 의미가 인식되면 곧바로 단어에 대한 완전한 해석이 명확해지는데 '태양으로부터 떨어져 돌고 있는 상태나 조건'이 된다.

바르게 추론할 수 있는 능력은 수백 개의 예를 보고, 추측해 보고, 잘못되는 것을 두려워하지 않은 이후에만 진정으로 얻을 수 있다. 먼저 추측하고 그런 후에 사전을 확인해 보아라. 그럼 얼마 지나지 않아 그런 재주를 얻을 수 있을 것이다.

---

1 본 역서에서는 한 단어의 총체적인 의미로서의 meaning과 전체의미를 구성하는 각각의 개별의미로서의 sense를 구분하기 위해 전자는 '의미'로 후자는 '개별의미'로 번역하였다. 문맥이 부자연스럽지 않은 한 가능한 한 이러한 구분을 일관적으로 유지하여 번역하였다.

2 저자의 제시된 설명에 따르면 homophone, homonym, homograph, heteronym은 다음과 특징을 가진다. homophone은 발음이 동일하되 뜻이 다른 단어로 이때 철자는 같을 수(동철, 즉, homograph일 수)도 있고 다를 수(이철)도 있다. homophone은 homonym과 polyseme(다의어)을 포함하는 상위의 개념이다. homonym은 발음, 철자, 의미에 있어 homophone과 구별이 되지 않는다. 반면 다의어는 발음과 철자가 동일하며 의미가 다른 단어를 지칭한다. homonym과 다의어의 차이는 전자의 단어들은 역사적으로 서로 다른 어원에서 비롯하며, 후자의 단어들은 역사적으로 동일한 어원에서 발달된 형태이다. heteronym은 동일한 철자를 가지고 있으나 발음과 의미가 다른 단어들을 지칭한다. 이상의 내용을 바탕으로 본 역서에서는 homophone은 '동음어'로, homonym은 '동음이원어'(어원이 다르다는 의미로), homograph는 '동음동철어', heteornym은 '이음동철어로 번역한다. 저자의 설명과 정의를 바탕으로 관련 용어들을 발음, 철자, 어원, 의미에 따라 구분하여 표를 만들면 다음과 같다.

용어	발음	철자	어원	의미	
homophone, 동음어	O	O, X	O, X	X	동음, 동철/이철, 이의
homonym, 동음이원어	O	O, X	X	X	동음, 동철/이철, 이의
polyseme, 다의어	O	O	O	X	동음, 동철, 이의
homograph, 동음동철어	?	O	?	X	?? 동철, 이의
heteronym, 이음동철어	X	O	?	X	이음, 동철, 이의

(O = 동일, X = 동일하지 않음, ? = 언급되지 않음)

하지만 저자가 제시하는 homophone, homonym, homograph의 정의는 다른 영어학 관련 저서에서 사용되는 정의와 일치하지는 않는다. 비교를 위해 일부 저서에서 사용되는 homophone, homonym, homograph의 정의를 발음, 철자, 의미에 따라 구분하여 다시 표를 만들면 다음과 같다.

용어	발음	철자	의미	
homophone	O	X	X	동음, 이철, 이의어
homonym	O	O	X	동음, 동철, 이의어
polyseme	O	O	X	다의어
homograph	X	O	X	이음, 동철, 이의어

(표 내용의 출처: 『현대 영어학(Contemporary English Limguistics)』(2014), 『모든 사람을 위한 언어학(Linguistics for Everyone)』(2013), 『영어의 구조(The Structure of English Language)』(2000))

3 처음 나오는 단어에만 의미를 넣고, '건강한, 건전한'의 의미를 가진 단어에는 의미를 따로 넣지 않았다.

4 주어진 단어들은 공통적으로 '갈라진 틈', '분열', '균열'의 의미를 가진다.

5 주어진 단어들의 발음의 차이는 다음과 같다. bass [bæs] '농어' vs. bass [beɪs] '베이스(남성 목소리)', lead [lɛd] '금속' vs. lead [li:d] '지휘하다', wind [waɪnd] '말다' vs. wind [wɪnd] '바람'.

6 예문에서 밑줄은 역자에 의한 것임. 밑줄 부분이 오로님을 만들어 낸다.

7 하이픈연결(hyphenation)은 원문프로세서의 영문문서 체재를 정리하는 기능 가운데 하나로서 하나의 단어가 두 행으로 이어질 경우 하이픈을 사용해서 분할하는 것을 지칭한다.

8 • 앵커: 웹페이지, 문자 그림을 클릭하여 다른 문서로 이동하는 것. • 백업: 중요 데이터를 다른 장소에 보관하는 것. • 블루투스: 무선 연결. • 불릿: 주의를 끌기 위해 텍스트 앞에 붙이는 그래픽 글자. • 캐시: 캐시 메모리로 데이터 접근을 빠르게 할 수 있도록 데이터를 저장해 두는 임시 장소, 로컬 메모리. • 클립아트: 컴퓨터 문서를 만들 때 편리하게 사용할 수 있도록 미리 만들어 저장해 놓은 여러 가지 그림. • 충돌(crash): 시스템 이상으로 작동하지 않는 것. • 쿠키: 홈페이지 접속 시 생성되는 정보를 담은 임시 파일. • 대시보드: 웹에서 한 화면에서 다양한 정보를 중앙에서 집중적으로 관리하고 찾을 수 있도록 하는 사용자 인터페이스 기능. • 드래그: 마우스 버튼을 누른 채 마우스의 위치를 이동하는 것. • 플래이밍: 인터넷에서의 인신공격, 비방. • 파이어와이어: 고속 직렬 인터페이스. • 플로피: 플로피 디스켓. 컴퓨터 보조 기억 장치 가운데 하나임. • 서식판: 글자 종류, 크기 등등의 서식을 모아 놓은 것. • 게이트웨이: 컴퓨터와 공중 통신망 등을 접속하는 장치. • 하이퍼링크: 컴퓨터에서 특정 문자나 그림에 다른 문서를 연결해 놓은 것. • 아이콘: 컴퓨터 화면에 주어져 컴퓨터에서 사용되는 각종 기능이나 메시지를 표시한 그림 문자. • 로드: 데이터를 메모리에 전송하기. 러크: 인터넷 채팅방에서 채팅에 참여하지 않고 대화 내용을 읽기만 하는 것. • 마이그레이트: 컴퓨터 시스템을 바꾸다. • 마운트: 장착, 컴퓨터 예비 부품을 넣는 것. • 니블: 비트 4개, • 파워포인트: MS사가 개발한 프레젠테이션용 소프트웨어. • 토글: 똑딱, 주어진 시간에 두 가지 안정 상태 중 한 상태를 유지하는 회로나 장치. • 위젯: 윈도 시스템 상 사용자 인터페이스를 제공하는 구성요소.

9 주어진 단어는 모두 모욕적인 의미를 가진 단어로 금기어이다. 각 단어의 의미는 다음과 같다. • bohunk: 중, 동부유럽 출신의 미숙한 이민 노동자 혹은 얼간이. • Canuck: 캐나다인(미국에서

모욕적으로 사용됨). • chink: 중국인 노동자. • coolie: 막노동꾼, 중국과 인도에서 19-20세기 초 미국으로 건너온 노동자들을 비하하여 부르는 용어. 힌두어 quli에서 유래했다. • frog: 프랑스인. • girlie: 여자 나체사진에 자주 나오는 여자. • Jap: Japanese의 절단어로 일본사람을 비하하는 말. • kraut: 독일인. • Paki: 파키스탄인. • pansy: 남자 동성애자. • Polack: 폴란드인.

10 911은 2011년 9월11일 뉴욕 맨해튼의 국제무역센터 쌍둥이 빌딩에 발생한 테러를 의미한다. informercial은 information과 commercial의 복합절단어이다.

11 이들은 추축국이라 불린다. 반면 이들에 대항한 국가들은 연합국이라 불린다.

12 Live by the sword, die by the sword. '칼로 흥한 자 칼로 망한다' (아가멤논 1558행, 아가멤논의 부인이자 미케네 왕비인 클리타임네스트라가 한 말). 여기서 sword는 무력을 의미한다.

13 extension(예: 유추적 확장 analogical extension)과의 구분을 위해 widening은 확대로 번역한다.

14 세 단어 모두 같은 의미로 대략 '아무개 씨, 뭐라던가 하는 것(사람)'을 의미한다.

15 가이 폭스(Guy Fawkes)는 1605년 11월5일 로마가톨릭 교도들에 대한 영국 국왕의 박해에 저항하여 폭죽을 가장한 화약폭발사고를 일으키려 했던 영국인이었다. 이 사건이 사전에 발각되면서 폭스를 비롯한 가담자 모두 처형되었고 이후 11월5일에는 불꽃 축제를 하는 전통이 생겼다.

16 의미의 축소화(narrowing)와 특수화(specialization)는 같은 과정을 지칭한다.

17 부트스트랩은 예비명령에 의해 프로그램을 로드하는 방법. 나머지 컴퓨터 용어 설명은 위의 미주 8을 참고하기.

18 나중에 주어진 단어들은 완곡어법 표현이다.

19 이 경우 한국어와 영어의 단어 순서가 달라서 오해가 생길 수 있다. 영어로는 오른쪽에서 왼쪽으로 진행하면서 condition of fear of corpses가 되지만 한국어로 번역하면 시체에 대한 공포증을 느끼는 상태가 되어 왼쪽에서 오른쪽으로 진행되는 것처럼 보일 수 있다.

20 여기서도 역시 한국어와 영어의 단어 순서가 다름을 알 수 있다. 영어로는 away from the sun이지만 한국어로 번역하면 '태양으로부터 멀리 떨어진'이 된다.

10

영어 고전어의 발음

1. 동화되지 않은 고전어

영어에는 두 종류의 고전어와 고전 어구가 있다.

(1) 영어에 동화되어 단순히 영어 단어가 된 단어들. 모든 초기 차용어, 르네상스 동안 혹은 그 이전에 차용된 대부분의 단어, 라틴어나 그리스어 어기(base)로부터 최근에 만들어진 과학관련 단어 대부분이 여기에 해당한다. 이들은 영어의 음운규칙을 따르며, 의미적 토착화를 자주 보여 준다(9장 2.3 참조). 예: abbot[수도원장], circus[서커스], comet[위성], cumulus[적운], delta[그리스알파벳 4번째 글자, 델타Δ], demon[악령], locus[장소], psyche[심령], tunic[튜닉(허리 아래까지 내려오는 일자형 블라우스)], system[체계].

(2) 곧바로 알 수 있을 정도로 최근의 차용어 혹은 법률용어나 과학용어로 화석화된 단어나 구인 고전어들. 이들은 흔히 이탤릭으로 인쇄된다. 예: *casus belli* '전쟁 이유'(라틴어 casus '경우' + belli, bellum '전쟁'의 소유격), *panta rhei* '모든 것은 유동적이다', *sensu stricto* '엄격한 의미에서', *viva voce* '살아있는 목소리, 말로'. 최근 신판의 OED 이전 판에서는 '비토착화된' 혹은 '외국어' 표제어를 나타내기 위해 평행부호 ‖를 사용한다.

이 책의 대부분에서는 전자의 단어, 즉 고전어 어원을 가지고 있지만 이제는 영어에 완전히 동화된 단어를 다루어 왔고, 이 장도 예외는 아닐 것이다. 그러나 본 주제로 들어가기 전에, **두 번째 그룹**을 다루어 동화되지 않은 고전어 단어들과 구들이 영어에서 어떻게 발음되는지 간단히 언급해 보는 것이 도움이 될 수 있다. 이와 관련된 이슈는 사람들이 어느 정도로 '진짜' 라틴어 발음을 재현하거나 흉내 내려 할까하는 것이다. 현대에 발견되는 라틴어 발음에는 다섯 개의 전통적인 체계가 있다. (1) 고전키케로어(Ciceronian)[1)] 체계, (2) 이탈리아어식 체계, (3) 대륙식 체계, (4) 영국식 체계, (5) 미국식 체계가 그것이다.

영국식 체계는 일부 미국 사전을 포함해서 사전에서 가장 흔하게 기록되고 있으나 사실 미국영어에서 가장 흔하게 사용되고 있는 체계는 아니다. 하지만 이 체계는 영국에서 강력하게 선호되고 있다. 영국식 체계의 핵심은 자음뿐만 아니라 모음을 마치 비슷한 영어 단어 안에 있는 것처럼 발음하는 것이다. 따라서 미국에서는 거의 보편적으로 'I'm sorry'와 운율을 이루도록 발음되는 a priori[선험적인] 조차 영국에서는 'say pry[엿보는] oh rye[호밀]'와 운율을 이루도록 발음한다.[1] 이후에 언급할 예정이지만, 영국식 체계나 미국식 체계 모두 완전한 일관성을 유지하지는 않는다. 동화되지 않은 단어와 구에 대해 미국에서 가장 많이 받아들여지는 접근 방식은 아주 쉬운 규칙을 따르는 것이다. 즉 자음은 영어식으로, 모음은 대륙식으로[2)] 따르는 것이다. 그리고 여기서 이 책을 더 읽어나가기 전에, 5장에서 설명되었던 음성학과 특수부호를 다시 복습하는 것이 좋을 것이다.

1.1 동화되지 않은 고전어의 자음 발음

영어에서는 어떤 고전어 단어들이라도 그 단어들의 자음은 영어 철자법에 나타난 글자와 연관된 기본 음가에 따라 발음되어야 한다고 이제는 일반적으로 받아들이고 있다. 물론 대부분의 경우에 라틴어와 영어의 자음 글자는 그 음가가 똑같다. 다시 말해 라틴어의 자음 글자는 영어 철자법에서 가장 흔하게 발음되는 방식으로 발음한다. prima facie[처음에]와 같은 구를 살펴보자. 고대 로마에서 이 구는 [pri ma 'fa **ki** e]와 비슷하게 발음되었을 것이다. 그러나 현대영어에서는 일반적으로 [prai ma 'fe **ši** i]로 발음된다. 비슷한 예들은 다음과 같다. ex officio[직권에 의한]는 고대 로마에서 [ɛks o 'fi **ki** o]와 비슷하게 발음되었을 것이나, 이제는 [ɛks o 'fi **š** i o]로 발음된다. ceteris paribus[다른 사정이 변함이 없으면]는 ['**ke** te ris 'pa ri bus]이었을 것이나, 이제는 ['**se** te ris 'pa ri bus]이다. sui generis[독특한]는 [su i '**ge** ne ris]이었을 것이나, 이제는 [swi '**ǰe** nə rəs]로 발음된다. <v>로 철자화된 자음은 고전라틴어

---

1) 로마 철학자이자 정치가인 키케로(Cicero)(106-43 BC)의 이름에서 왔다.

2) 이 절에서 필자는 켈리(H.A. Kelly)의 두 논문을 면밀히 따르고 있다. 이 두 논문의 제목과 출판 장소('라틴어 영어로 발음하기', 『고전의 세계(Classical World 80)』 (1986-87)(33-37쪽))와 '법률가의 라틴어: 보통사람처럼 말하는가?', 『법률교육 저널(Journal of Legal Education 38)』(1988)(195-207쪽))로 인해 일반 독자들에게 만만치 않아 보일지도 모르나, 사실은 이해하기 쉬워 강력하게 추천하는 논문이다.

에서 [w]로 발음되었다. 오늘날에는 고전 학자들만이 이 사실을 알고 있다. 이 자음 역시 영어화된 발음을 따르는 것이 최선이므로 [**w**o len ti]로 발음되었던 volenti '동의하는 사람에게'와 같은 표현은 이제 [vo 'len ti]로 발음된다. 여러분이 친구들에게 포도주가 혀를 느슨하게 할 거야라고 경고하고 싶다면, in vino veritas[술에 진실이 있다. 취하면 본성이 나타난다.]를 [in '**v**i no '**v**e ri tas]로 발음함으로서 <v>는 [w]로 발음하지 않게 된다.

다음 표에 고전어와 영어화된 자음 발음 사이에서 볼 수 있는 주된 차이점이 요약되어 있다.

글자	고전어 발음	영어화된 발음	예
c	항상 [k]	i, e 앞에서 [s]	pace[~에게 죄송하지만], et cetera[기타 등등], Cicero[키케로]
g	항상 [g]	i, e 앞에서 [j]	ab origine[최초부터], cum privilegio[특권을 가지고], gemini[쌍둥이자리]
t	항상 [t]	i, e 앞에서 [š]	ab initio[처음부터], in absentia[부재중에], ratio[비율]
v	[w]	[v]	verbatim[말 그대로], vox populi[대중의 소리], (modus) vivendi[삶의 방식]

1.2 동화되지 않은 고전어의 모음 발음

동화되지 않은 단어나 구의 자음은 마치 낯선 단어인 것처럼 다루어 질 수 있지만, 모음은 두 개의 아주 다른 체계에 맞게 발음될 수 있다.

(1) 해당 단어의 위치에서 정상적으로는 영어식으로 발음되며 영국에서 가장 선호되는 체계임.
(2) 대략적으로 스페인어, 독일어, 프랑스어 등의 다른 유럽어에서 정상적으로 발음되는 체계로 미국에서 사용됨.

비록 어떤 경우에도 유럽-미국식 전통이 고전 시대의 발음에 훨씬 가깝다는 결과를 보이기는 하지만, 모음은 고전 시대 방식으로 발음되지 않는다.

유럽식 음가. 다음에 주어진 유럽식 음가를 단순히 따르면 고전어의 모음 발음에 있어 일관성을 유지하는 것은 참으로 가장 쉽다. 꺾쇠괄호 < >에는 단어를 철자로 표시할 때 사용하는 글자가 들어가고, 사각괄호에는 강세음절에서 해당 글자의 모음 발음이 들어간다.

<a>/<au> father[아버지], nausea[메스꺼움]에서처럼 영어 발음 가이드에서 [ɑ]로 발음됨: m**a**gna[커다란], p**a**ribus[동일한].[3]

---

3) 미국영어 화자 중 약 절반, 대략적으로 말해, 동쪽의 뉴잉글랜드, 서쪽의 펜실베니아 지역의 화자의

<e> fiancé[약혼자]의 [e]로 발음됨: ceteris paribus[다른 사정이 변함이 없으면], ad quem[거기로]

<i>/<y> machine[기계]의 [i]로 발음됨: Cicero, vino[포도주]

<o> hope[희망]의 [o]로 발음됨: locus[위치], opus[작품]

<u> boot[신발] 혹은 cute[귀여운]의 [ʊ] 혹은 [yu][4)]로 발음됨: summa[전집], urbi(et orbi)[로마 안팎의 신도에게(교황의 교서를 발표할 때 쓰는 말)], tempus fugit[세월은 유수와 같다.]

<oe> 길면 [i]로, 짧으면 [ɛ] 혹은 [ɪ]로 발음됨: Oedipus, poena[처벌]

<au> bout[한바탕], noun[명사]의 [au]로 발음됨: causa[이유], gaudeamus[야단법석], cum laude[우등으로]

철자 <a>는 일반적으로 [ɑ] 발음이 선호되지만 영어화된 라틴어 발음에서는 일관성 있게 다루어지지 않는다. 강세음절에서 철자 <a>가 선택 가능한 발음은 다음과 같다.

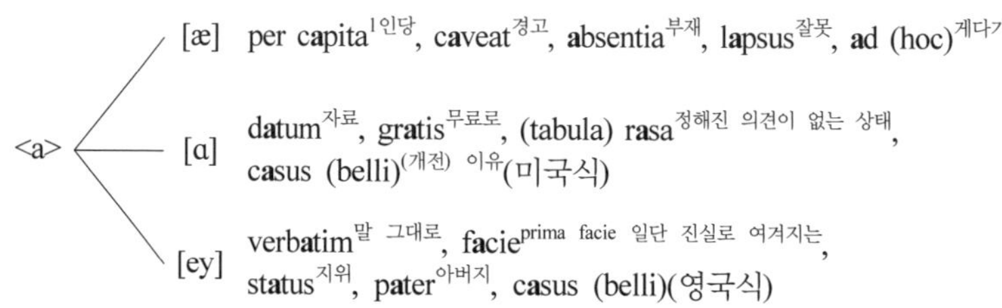

<a> 글자는 영어에서 세 개의 주된 음가인 cash[돈]의 모음인 [æ], father의 모음인 [ɑ], hate[미워하다]의 모음인 [ey]를 가진다. 이 가운데 첫 번째는 <a> 철자를 가진 라틴어의 어떤 소리와도 일치하지 않는다. 비록 이 소리가 실제로 caveat, magnum (opus), lapsus, status 등등의 단어에서 들리는 소리이며 고전어의 [ɑ]가 영어에서는 [æ]로 저절로 자연스럽게 바뀌는 동화음이라 할지라도, 기술적 관점에서 말해 동화되지 않은 단어들을 발음할 때 사용해서는 안 된다.

마지막 소리인 [ey]는 (prima) facie, status, pater에서 흔히 발견되는 '이름 모음' 음가(어디에 나타나든 간에 이 소리에 장모음추이(5장 6.2 참조)가 일어난다는 것을 알 것이다)인데, 이는 <a>가 '이름 모음'을 선호하는 위치 중 하나인 자음 앞에 오기 때문이다. 이 발음은 영국에서 선호되는 '긴' <a>의 발음이다. 이와 똑같은 선택을 해야 하는 몇몇 경우를

미주리 강의 서쪽에 사는 사람은 father와 nausea 모두 이 모음을 가지고 있다. 동쪽지역과 남쪽에서는 이 두 단어가 서로 약간 다른 두 개의 모음으로 발음되지만 어디서 어떤 모음을 발음하는지에 대한 일관성은 거의 없다.

4) 두 발음은 똑같지 않다. 비록 후자가 대륙 버전이라기보다는 영어 버전이라 할지라도, 둘 모두 널리 사용된다. 예: humanum est errare '실수하는 것은 인간이다'의 발음은 대륙 버전에서는 [hu-]이지만 영어 버전에서는 [hyu]이었을 것이다.

제외하고, <a> 글자는 주로 적절한 상황에서나 혹은 자신들이 사용하는 단어나 구에서 제대로 된 고전적 느낌을 좀 더 많이 보전하고자 하는 사람들에 의해 앞에서 제시된 [ɑ]로 발음된다. 따라서 tabula rasa '긁어서 새긴 명판', pater familias '아버지 쪽 가족, 부계', alma mater '양육하는 어머니'는 각각 ['tɑbyulə 'rɑs/zə](영국식 ['tæbyulə]), ['pɑtər fə 'miliəs], ['ɑlmə 'mɑ tər]로 발음된다.

화석화된(fossilized) 발음. 과거로부터 물려받은 상당히 다양한 발음이 없다면, 여기서 발음의 추천은 더 간단했을 것이라는 점을 다시 한 번 강조해야 한다. 많은 라틴어 단어와 구(비록 영어에 충분히 동화되지 않았지만)의 발음은 영국에서 일반적으로 받아들여진 음운론적 토착화 패턴을 따르고, 잘 자리 잡아 널리 퍼져있다는 사실을 고려해야만 한다. 예를 들어 영어의 규칙만을 따른다면 pr**i**ma facie의 발음으로 ['primə 'feyši]를 추천해야 할 것이다. 이 구는 영국식 발음 ['praymə . . .]로도 잘 알려져 있는데 미국영어에서도 완전히 받아들여지는 발음이라고 생각한다.

학생들이 떠들고 마실 때 부르는 유명한 노래의 시작 부분인 Gaudeamus(igitur, juvenes, dum sumus) 'Then let us be merry when we are young'(자 우리가 젊을 때 즐기자)의 대륙식 발음은 ['gɑude 'ɑmʊs]일 것이나, 영국에서의 발음은 'gaudy Amos'와 동일한 ['gɔ:di 'eyməs]이다.

비교적 잘 정의된 패턴에서조차 흔들림이 있을 수 있다. 그런 경우의 예로 차용어 어말의 <-i> 발음이 있다. alumn**i**, a prior**i**, loc**i**와 같은 단어에서는 [-ay]로 가장 많이 발음되는 것처럼 보인다. 복수형이 <-i>로 끝나는 대부분의 차용된 라틴어 명사는 그 모델을 따라 gemin**i**, mag**i**, nucle**i**에서 [-ay]로 발음되나, advocatus diabol**i** '악마의 옹호자', anno Domin**i** '그리스도의 해(서기)', memento mor**i** '너희가 죽는다는 것을 기억하라', modus vivend**i** '삶의 방식', vox popul**i** '대중의 소리', casus bell**i** '개전 이유'에서는 [-ay]와 [-i] 모두가 자유롭게 사용되고 있고, lapis lazul**i**[청금석]에서는 빈도가 더 높은 발음이 [-i]이다.

이와 같은 특별한 패턴에 대한 논의는 라틴어 차용어에만 엄격하게 제한된다. 따라서 alumnus '남학생'의 복수형은 alumn**i**로 [-ay]로 발음되나, 라틴어 차용어가 아닌 단어들은 모두 [-i]로만 발음된다. 예: 이탈리아어 차용어 salam**i**, tutti frutt**i**, 웨일스어 차용어 corg**i**, 산스크리트어 차용어 yog**i**, 스페인어를 거쳐서 온 카리브어 차용어 colibr**i**[벌새], 이디시어 차용어 pastram**i**, 일본어 차용어 hara-kir**i**, kabuk**i**, tsunam**i**. 요약하면 앵글로 색슨 단어가 아닌 경우 어말의 글자 <-i>는 다음 중 하나로 발음된다.

라틴어 차용어

[-ay]: alumn**i**[동창], a prior**i**[선험적인], gemin**i**[쌍둥이자리], mag**i**[3인의 동방박사], nucle**i**[핵]

[-i] 또는 [ay]: ant**i**[반대의], anno Domin**i**[서기], memento mor**i**[너희가 죽는다는 것을 기억하라], modus vivend**i**[삶의 방식], vox popul**i**[대중의 소리], stimul**i**[자극], a fortior**i**[더 한층 강력한 이유], casus bell**i**[개전 이유]

다른 언어 차용어 – 항상 [i]
이탈리아어: salami[살라미], tempi[템포의 복수형], spaghetti[스파게티], tutti frutti[과일 아이스크림]
일본어: hara-kiri[할복], kabuki[가부키(일본 전통 가무극)], tsunami[쓰나미(지진에 의한 해일)]
아랍어: mufiti[회교법 전문가]
산스크리트어: yogi[요가 수행자]
스위스 독일어: muesli[뮤즐리(곡식, 견과류, 말린 과일등을 섞은 것)]
터키어: effendi[선생님]
웨일스어: corgi[코기 개(몸이 길고 다리가 짧은 웨일즈 개)]
이디시어: pastrami[파스트라미(양념한 소고기를 훈제하여 차게 식힌 것)]

2. 외래어 단어에서의 자음 철자와 발음에 대한 추가사항

'완전히 동화된'이라는 표현은 정의상 이 범주에 속한 단어들은 영어 단어들과 똑같이 대접받을 자격이 있음을 의미한다. 그러나 고전어에 한정되어, 좀 더 확장하면 영어의 외래어 어휘에 한정된 발음의 특성이 있다. 이 절에서는 글자와 이중글자(digraph)[2] 가운데 <x>, <ch>, <g>, 어두의 <ng->의 발음을 다룰 것이다. 처음 세 글자는 영어 고유어에도 사용되는 반면, <ng->는 전적으로 차용어에만 사용된다.

고전어에서 <x> 철자로 쓰이는 자음의 발음은 해당 단어의 기원이 그리스어인지 라틴어인지에 따라 다르다.

	라틴어	그리스어
<x>	[ks/gz]	[z]
	expel[쫓아내다], vortex[소용돌이], examine[조사하다], anxiety[걱정]	xylophone[실로폰], Xanadu[이상향]

로마인들이 ix라 부르는 **글자 <x>**는 그리스 알파벳에서 차용되었다.[3] 라틴어 어원의 단어에서 <x>는 cortex[피질], dexterous[능숙한], expert[전문가], sextet[6중주]에서처럼 정상적으로는 [ks]로 발음된다. 어떤 경우에는 연속적으로 오는 [k] + [s] 조차도 <x>로 재구성될 수 있다. flec '구부리다' + s (< t) + ible은 fle**x**ible[잘 구부려지는]이 되고, para + dog '가르치다' + s는 parado**x**[역설적인 것]가 된다. 이 경우에는 발음의 변화가 없다는 것에 주목하자. 유일한 변화는 철자에서만 일어나는데, 이는 대서양 양쪽[미국과 영국] 모두에서 충분히 동의되지 않은 변화이다.

역사적으로 [k] + [s]의 음성적 연쇄를 나타낼 때 용인되는 영국식 철자는 <-x->인 반면, 미국에서 가장 널리 사용되는 철자는 <-ct->이다. 예: connexion[관련성], inflexion[굴절] vs.

connection, inflection. 양쪽에서 모두 받아들여지는 단어는 complexion[안색]과 crucifixion[십자가에 메달아 죽이기] 뿐이다. 이디시어 단어 laks '연어'와 독일어 Lachs[연어]는 이제 lox로 재철자화 되었다. 미국인들은 thanx, (White) Sox 그리고 영리하게 우리의 이목을 끄는 truxtop과 같은 철자에 익숙하다.[4] 이미 7장 1.2에서 논의되었듯이 다른 대체형으로 [ks] 자음군이 모음으로 시작되는 강세음절 앞에 올 때 유성음화된 [gz]가 있다. 예: examine[조사하다], exact[정확한], exasperate[과장하다], luxurious[화려한], anxiety[걱정].

<x>의 [z] 발음은 OED에 따르면 '(gz)의 약화'로 인한 것이다. 영어에서 어두 <x->가 가장 흔하게 갖고 있는 발음이다. 어두 <x->를 가진 대부분의 단어는 사실 그리스어 후손이다. 물론 철자 단독으로는 단어의 어원에 관한 신뢰할만한 가이드가 될 수 없다. xi라는 그리스어 철자의 이름에서 이미 알 수 있듯이, 그 기원을 알고 있는 단어에서조차 OED는 [s-], [z-], [ks-], [gz] 이 네 개의 발음을 기록하고 있다. 현대영어에서는 [z-]로만 흔히 발음된다할 지라도 그렇게 한다. 그럼에도 단어에서 어두 <x>가 대문자로 쓰이지 않았을 때와 X-rated[엑스등급을 받은, 성인용의], x-ray[엑스레이]처럼 하이픈이 사용되지 않았을 때에는 이 단어는 그리스어이고 첫 자음은 [z]라고 가정하는 것이 꽤 안전하다.[5)]

비고전어에서의 알파벳 발음표기 가운데 <x>는 [s]이거나 [š]일 수 있다. 예를 들면 xu[su] '베트남 돈 단위'와 지명인 Xian[šian], Xin-xiang[šin šiaŋg]이 있다. 남아프리카 이스턴 케이프의 언어이자 민족을 의미하는 Xosa와 그 대체형이기도 한 Xhosa에서의 발음표기는 예외인데 이 단어에서는 <x>가 [kh]와 유사한 소리를 나타낸다. 이러한 부가적인 음가로 인해 영어에서 <x> 글자가 갖는 발음에 관해 복잡한 그림이 그려진다.

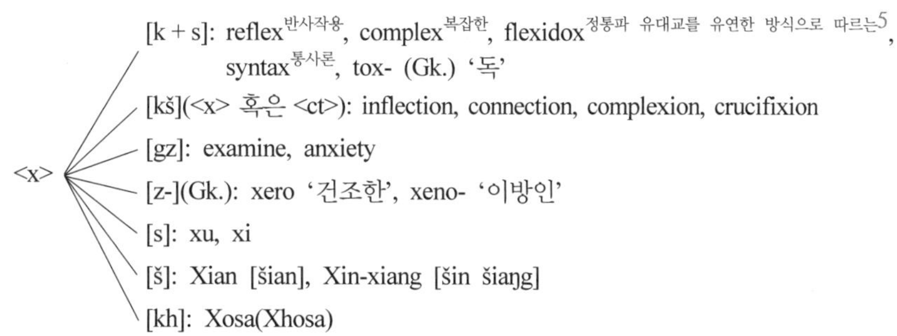

잠재적으로 혼란을 줄 수 있는 또 다른 철자상의 어려움은 이중글자 <ch>의 사용에서

---

5) 이 관례는 잘 정착되었다. TV 프로그램 중 '전사 공주(Warrior Princess)'인 제나(Xena)에 관한 LA 타임즈 지의 기사 제목은 영리하게도 'Princess of the Xeitgeist'이었다. Xeitgeist는 '시대의 정신'이란 의미를 가지고 있으며 [tsait gaist]로 발음되는 [z-]로 시작되는 독일어 차용어인 Zeitgeist와 펀(pun)[동음이의어나 다의어를 이용한 말장난]을 이루고 있다.

찾아볼 수 있다. <ch> 연쇄는 고유의 로마식 철자가 아니고 외부에서 들여온 것이다. 이는 그리스어의 기식음, 즉 파찰음 [x]을 나타내기 위해 도입되었다. 라틴어에서 파생된 단어에서 이 철자의 음가는 우리가 기대하는 소리, 즉 영어의 고유어 단어들과 channel[채널], chart[표], chapel[예배실], chisel[끌]과 같은 단어에서 <ch>의 소리이다. 어원적으로 라틴어와 관련된 단어임에도 불구하고 라틴어로부터 직접 차용되지 않고 프랑스어를 통해 영어에 차용되었다면 이 <ch> 철자는 [š]로 발음될 수 있다. 예: chammy < chamois[샤모아(유럽, 아시아 산간지역의 영양류)], chute[낙하산], cliché[상투적 문구], douche[관주욕], machine[기계], moustache[수염]. 후자의 그룹, 즉 어원적으로 라틴어와 관련되어 있으나 프랑스어를 통해 영어로 들어온 단어들에서 [č] 대신에 [š]로 발음하는 경향은 avalan**che**[(산, 눈)사태]와 ni**che**[틈새]에서도 볼 수 있다. [č]라는 새로운 발음은 철자의 영향 때문이라는 것이 명백하다.

그런데 <ch>를 발음하는 제3의 방법이 그리스어에서 파생된 단어에서 발견되는데 다음의 예에서 일관되게 볼 수 있는 [k] 발음이다.

ar**ch**angel[대천사]	A**ch**illes[아킬레스]	**ch**i[그리스알파벳의 22번째 글자, 카이χ]	stoma**ch**[배]
chaos[혼돈]	**ch**ronology[연대기]	**ch**aracter[성격]	e**ch**o[메아리]
chimera[키메라]	te**ch**nology[기술]	**ch**arisma[사람을 휘어잡는 매력]	ma**ch**ina[기계, 장치]

[k] 발음을 가지고 있지만 우리에게 좀 더 익숙한 어근들로는 choros '춤', chem '합금', chir '손', chlor '초록', chrom '색깔', mechan '도구, 장치', tachy '속도', machy '전투' 등이 있다. 요약하면 <ch>는 다음과 같은 발음을 가질 수 있다.

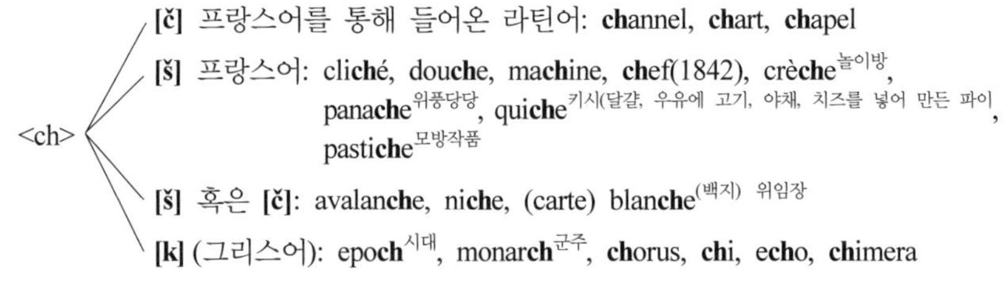

<g> 글자 다음에 전설모음 i, y, e가 오면 보통은 gem[보석], gin[진], gym[체육관]의 첫 자음인 [j]로 발음된다. 이는 일반적으로 라틴어와 그리스어 모두에 해당된다(고유어 어휘에는 이 규칙의 예외가 존재한다는 것에 주의하자. 예: gear[기어], geek[괴짜], geezer[남자], geld[거세하다], get[얻다], gill[아가미], gimmick[술책], giggle[킥킥대다]).

그리스어 어근인 gyn '여성'은 흥미로운 역사를 가지고 있다. 일부 파생어에서 규칙과는 상충되는 자음이 나타난다. 그래서 어두 자음이 [g-]로 발음되는 gynecology[산부인과],

gynecocracy[여인정치], gynecoid[여성다운], gynogenesis[수핵단위 생식]와 같은 단어가 생기게 되었다. 이 발음은 아마도 인위적으로 도입되었던 것이었지만 이제는 전문가 공동체에 의해 계속 유지되고 있다. 『아메리칸 헤리티지 사전』에서는 [g]와 [ǰ] 발음 모두 허용되고 있다는 것에 주목하자. 단어 안에서의 -gyn-는 항상 [ǰ]이다. 예: androgynous[양성의 특징을 가진], heterogynous[두 종류의 암컷을 가진], protogynous[암술 선숙]. 요약하면 다음과 같다.

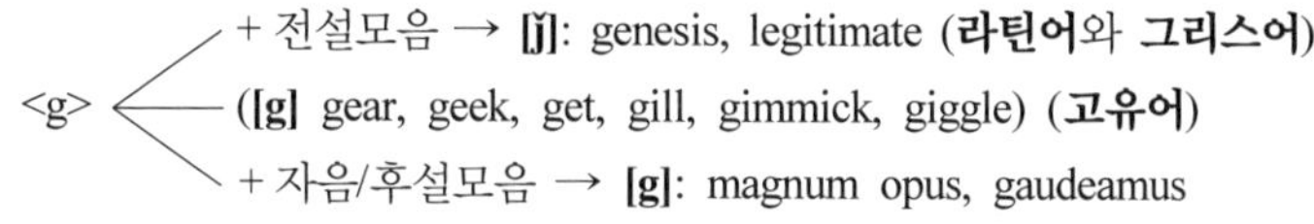

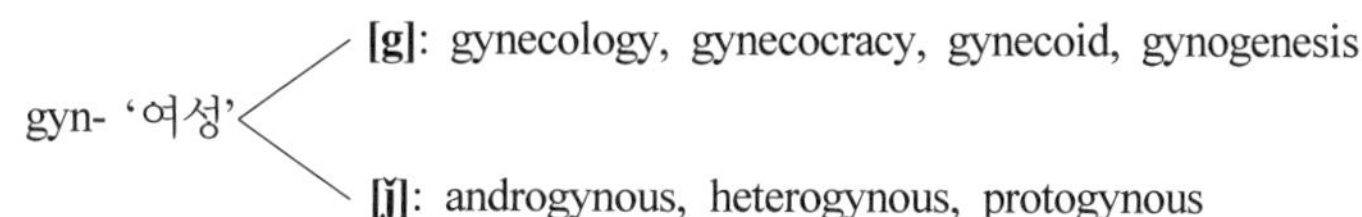

영어에서 어두 자음군 [n] + [g]은 음소배열 면에서 제한된다. 라틴어나 그 후손어에서도 [ng-]를 가진 단어들은 없다. 그러나 OED에는 20개가 넘는 <ng-> 단어가 실려 있는데 이들 모두 마지막 2세기 동안 처음 기록된 것이다. 예: ngaio '상록의 관목', ngaka '의사', ngapi '버마산 납작하게 누른 생선', Ngbandi[콩고민주공화국 북부에서 사용되는 반투어], ngiru-ngiru[뉴질랜드산 동작이 빠른 새] 등이 있다. 이 단어들에 있는 어두 자음군을 분석한 결과 세 개의 서로 다른 발음이 만들어 졌다.

<ng>
- [n-] ngaio '관목', ngawha '온천' (마오리어)
- [ŋə-] ngapi '버마산 누른 생선' (동화되지 않음)
- [əŋ-] ngwee '잠비아의 통화 단위', ngege '생선'

마오리어 차용어에서는 영국영어와 미국영어 모두 [n-]으로 단순화된 발음을 선호한다. 때때로 사전에는 ngapi [ŋə 'pi:], NZ ngaio [ŋaio], ngawha [ŋafa]처럼 동화되지 않은 발음이 기록되기도 한다. 지금까지 가장 흔하게 사용되는 전략은 마지막 줄에 제시된 것처럼 자음군의 왼쪽에 슈와 [ə]를 넣어 새로운 비강세음절을 생성하여 발음하는 것이다. 그래서 이 자음군은 말음(coda)에 나타나는, 따라서 영어 고유어의 음절 말음인 [ŋ]의 발음패턴을 따르게 된다. 슈와 첨가의 전략은 어두 <mb-> 자음군에서도 비슷하게 관찰될 수 있다. mbongo '정치적 앞잡이'(줄루어와 쇼나어에서 차용)는 [əm-]으로 발음되고, mbari '확대가족 단위'(스와힐리어에서 차용) 또한 [əm-]으로 발음된다.

이처럼 지엽적으로 나타나는 복잡성은 어휘를 끊임없이 확장시키는 언어에서는 예견 가능하다. 이러한 불일치를 제쳐두고 막대한 양의 영어 차용어를 보면, 우리는 차용어 어휘의 자음과 모음은 대응하는 영어 음가에 충분히 동화되는 방향으로 잘 나아가고 있다고 말할 수 있다. 한때 차용어였던 단어들도 이제 영어가 되면서 자음과 모음 모두 표준영어 방식으로 다루어져야 한다.

3. 주강세 찾기[6]

고전어에 기원을 둔 단어들에는 놀라운 측면이 하나 있다. 어떤 음절이 주강세를 갖는지에 대한 것이다. 주강세의 위치는 항상 명확하지 않은데, 철자에 나타나지 않는 정보인 라틴어에서 어떤 모음이 긴지 짧은지의 여부에 의존하기 때문이다. 이 질문의 중요성은 앞으로 계속 커질 것이다. 그러나 본 장에서는 일반적인 강세부여 규칙은 다루지 않도록 한다. 어휘고 전부를 다루기 위한 강세규칙은 수도 없이 많고 복잡하며 공식마다 예외도 많다. 앵글로 색슨 시대 이후 영어에 계속 존재해왔던 단어 강세의 기존 위치는 심각한 문제를 야기하지 않으며, 이 상황을 기술하기 위해 '규칙'도 거의 필요하지 않다. 강세가 오는 곳은 어근의 첫 음절이다. 예: blóssom꽃피다, bódy신체, hóly신성한, néver결코~않다, súmmer여름, unpáck짐을 풀다. 이들은 대부분 1음절이나 2음절 단어이다. 그러나 일단 여러 음절로 구성된 어휘들을 살펴보았을 때, 라틴어와 그리스어에서 차용되었거나 외래어 접미사를 붙여 만들어진 단어들을 분석하기 위한 규칙들은 상당히 복잡할 수 있다. 그러한 규칙을 알면 비록 단어의 자세한 의미나 성분분석을 어떻게 하는지는 몰라도 대체로 긴 고전어를 정확하게 발음할 수 있게 된다.

첫째, '강세'는 무엇을 의미할까? 음절이 강세를 받으면 적어도 한쪽 혹은 일반적으로는 양쪽에 있는 음절보다도 돋들리는(prominent)[더 크고, 긴 소리로 발음된다] 소리를 가진다. 단어에서 가장 돋들리는 음절은 **주강세(main stress)**를 가진다고 말한다. 주강세가 어디에 있는지 알 수 있다면 나머지 강세들은 자동적으로 부여된다. 어떤 사람들은 단어가 가진 강세음절을 파악하는데 어려움을 느낀다. 단어에 어떤 음절이 가장 돋들리는지를 알아내는 훈련을 하는 방법 중 하나는 단어를 큰 소리로 강조하는 방식으로 발음해

---

6) 단어와 접사에 오는 강세를 이해하기 쉽게 기술한 것을 보려면 에릭 퍼지(Eric Fudge)의 『영어 단어 강세(English Word Stress)』(London: Allen and Unwin, 1984)를 참조할 것. 영어 단어 강세를 지배하는 언어학적 원리를 이해하기 쉽게 쓴 개론은 하인즈 기거릭(Heinz Giegerich)의 『영어 음운론: 입문(English Phonology: Introduction)』(Cambridge University Press, 1992)의 7장 '단어 강세'에서 발견할 수 있다.

보는 것이다. 많은 청중 앞에서 격렬히 연설하고 있는 사람을 상상해 보자. ‘I say de-MOcracy. . . we want edu-CAtion . . . let’s give every child the oppor-TUnity. . .’(나는 민주주의를 말한다. . . 우리는 교육을 원한다. . . 모든 어린이에게 기회를 주자). 시끄러운 방에서 단어를 소리쳐 말해보면 곧 강세를 파악하는 요령을 터득할 것이다.

특별한 효과를 얻기 위해 특정 음절이나 단어를 이탤릭으로 표시할 것을 고집하는 저자가 간혹 있긴 하지만, 정상적인 인쇄물에서는 강세가 철자상으로 표시되지 않는다. 사전이나 이 책처럼 언어학적 설명을 할 때는 대문자를 사용해서 주강세 음절의 돋들리는 부분을 표시하는 방법이 흔히 쓰인다. 따라서 capitaliZAtion[자본화], PROminence[명성], unaccountaBIlity[설명할 수 없음], dicTAtorship[독재국가], senSAtional[선풍적인], aristoCRAtic[귀족적인], arisTOcracy[귀족(계급)], TElegraph[전보], teLEgraphy[전신]와 같이 표시되기도 한다. 사전과 교재에서 다양한 표기체계를 발견할 수 있는데 강세 구별부호를 사용하여 악센트를 강세음절 앞에, 위에 혹은 뒤에 넣는다. 대부분은 책의 앞부분에서 강세부호를 설명하게 된다. 이 책에서 추천하고 있는 일부 사전의 예를 들어보면 poster[포스터]란 단어에 표시된 강세는 다음과 같다.

『옥스퍼드 영어사전』: 'poʊstər
『메리엄 웹스터 온라인 사전』: 'pōs-tər
『아메리칸 헤리티지 사전』: pō'stər

가장 돋들리는 음절을 표시하기 위해 대문자를 사용하는 방식이 강세를 가장 즉각적으로 파악하도록 해 주므로 이 책에서는 대문자를 사용하도록 한다.

강세는 항상 특정 음절과 연관되어 있다. 4장 1.2에서 언급되었듯이 음절은 한 단어가 나뉠 수 있는 그리고 독립적으로 발음할 수 있는 가장 작은 단위라는 것을 기억할 것이다. 한 단어에서 음절 위치와 음절의 내부 구성 모두 강세 위치를 결정하는데 있어 중요하기 때문에, 여기서 음절구분 원칙을 살펴보고 강세를 받을 수 있는 음절의 특징을 정의내릴 필요가 있다.

3.1 음절구조, 음절구분, 음절무게

일련의 소리가 모두 음절을 구성하는 것은 아니다. skd는 음절이 아니지만 a, I, skid는 음절이다. 음절 여부를 확인하는 가장 단순한 방법은 단어에 있는 모든 모음에 음절을 할당하는 것이다. 모음 그리고 때때로 공명음 [r, l, m, n]은 하나의 음절을 구성하는 필수성분이다. 음절구조상 이 부분은 **음절 정점(syllable peak)**으로 알려져 있다. 음절 정점은 음절에서 가장 공명도가 높은 소리가 오는 곳이다. 음절은 정점을 가져야만 한다. 더불어 음절 정점의 왼쪽에는 자음이나 자음군인 **두음(onset)**이 올 수 있고, 정점 오른쪽에는 자음으로 채워지는 위치인 **말음(coda)**이 올 수 있다. 따라서 음절 I는 정점만이 이중모음 [ay]에 의해 채워져 있는 반면, skid 에서는 [sk]가 두음이고, [ɪ]는 정점, [d]는 말음이 된다.

음절 구성과 관련된 기본 정보 중 또 다른 중요한 부분은 음절구분과 관련된다. 음절을 구분하는 일부 원칙들은 언어 보편적이다. 한 단어에서 연이어 오는 두 개의 모음은 독립적인 인접 음절을 형성한다. 즉 연속된 VV는 -V-V-로 음절화된다.

VV → V – V: Se-**a**-tle[시애틀], ide-**a**[생각], Le-**o**[레오], Mi-**a**-mi[마이애미], bi-**o**-logy[생물학], **I-o**-ni-**an**[이오니아의]

다음을 주목하자. '연이어 오는 두 개의 모음'의 정의는 Mi-**a**-mi, bi-**o**-logy처럼 이중모음 + 단순모음의 구성과, **I-o**-ni-an처럼 연속된 두 개의 이중모음을 포함한다. 흔하지 않은 경우이긴 하지만 네 개의 음절로 구성된 경우도 있는데 차용어 ooaa '존재하지 않는 쿠아이안 새'는 [ow-ow-ɑ-ɑ]로 발음된다.

두 모음 사이에 있는 하나의 자음은 두 번째 음절의 두음이 된다.

VCV → V – CV: fa-**v**or[호의], po-**t**ent[강한], ra-**th**er[상당히], psy-**ch**ic[심령의], ci-**v**i-li-an[민간인]

이러한 접근 방식의 음절화는 단어 중간에 있는 자음의 특징에서 나타나는 복잡함, 자음을 둘러싼 양쪽 모음의 특징 그리고 강세 부여 후 음절 경계 인지에 미치는 영향을 무시한다. 요컨대 하나의 자음을 나타내는 글자나 글자들을 나타내기 위해서 부호 <C>를 사용한다.

두 모음 사이의 연속한 두 자음은 대체로 나뉘어져서 첫 자음은 왼쪽 음절의 말음이 되고 두 번째 자음은 오른쪽 음절의 두음이 된다.

VCCV → VC – VC: fi**c**-**t**ion[소설], su**b**-**m**erge[잠수하다], pra**g**-**m**a-tic[실용적인], co**m**-**p**u**l**-**s**ion[강요], fe**r**-**t**ile[비옥한]

VCCV → VC – CV의 음절화는 두 모음 사이에 있는 두 개의 자음에 대한 유일한 분석이 아니다. 어휘고에서 자음군의 구성과 분포는 매우 중요하다. fi**ct**ion의 자음군 [kš], su**bm**erge의 [bm], pra**gm**atic의 [gm] 등은 영어의 어떤 단어에서도 어두에 나타나지 않는다. 따라서 두 음절 사이에 있는 이 자음군은 둘로 나누는 것이 필수적이다.

다른 자음군 중 어두에 흔히 올 수 있는 것들은 나뉘지 않을 수 있다. 연속된 폐쇄음 [p, t, k] + 유음 [l, r]은 어두에서 흔하다. 예: **pr**om[무도회], **tr**ee[나무], **cl**asp[꽉 쥐다]. 이들 자음 연속이 두 모음 사이에 오면, 서로 결속되어 공동으로 오른쪽 음절의 두음의 역할을 한다. 예:

re-**prie**ve[취소하다], pa-**tris**tic[교부의], re-**cline**[비스듬이 기대다]. 흥미롭게도 영어에서는 결속되어 행동하는 sp, st, sk 자음군들이라도 라틴어에서는 음절이 나뉘게 된다. 예: mo-**des**-tus '중도의', o-le-**as**-ter '올리브 나무', re-si-**pis**-co '의식이 돌아오다'.

세 개의 자음 연속은 자음의 결속 정도에 따라 서로 다르게 음절화된다.

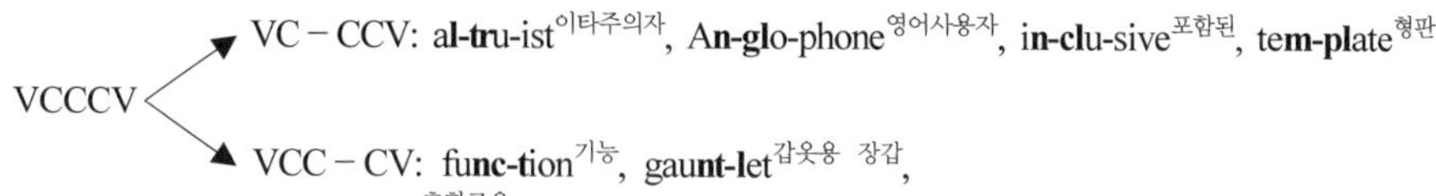

이러한 음절구분과 관련 있는 기능적 측면은 왼쪽의 음절이 항상 말음을 갖게 만든다는 것이다. 비슷한 방식으로, **instruct**[지시하다], **excrescent**[잉여의], **obstruction**[방해]에서처럼 네 개의 자음 연속에서는 왼쪽의 음절은 항상 말음을 가지고 오른쪽의 음절은 두음을 갖는다.

일단 익숙하지 않은 단어를 음절로 나눈 후, 이 음절에 대해 알아내야할 또 다른 중요한 요소인 음절의 **무게(weight)**가 있다. 음절은 **무겁거나(heavy)** 혹은 **가볍거나(light)** 한다. **무거운** 음절[이하 중음절]은 장모음으로 구성되어 있거나 혹은 모음+같은 음절에 속한 모음을 뒤따르는 적어도 하나의 자음으로 구성된다. 두음에 있는 자음, 즉 모음 앞에 오는 자음들은 무게를 결정하는데 계산되지 않는다. **가벼운 음절**[이하 경음절]은 정점에 하나의 단모음으로만 구성되고 말음을 가지지 않는다. 말음이 없는 음절은 개음절(open syllable)로도 알려져 있기 때문에 모든 경음절은 개음절이기도 하다.[6]

라틴어와 관련된 어휘의 강세를 정하는데 있어 그 무게가 중요한 음절은 끝에서 두 번째 음절인 피널트(penult)이다. 피널트는 마지막 음절의 옆에 있는 음절이다(pen '거의' + ult '마지막'). re**cruit**-ment[신규모집], confron**ta**-tion[대치], de**ter**-gent[세재], ex**tre**-mely[극도로], es**ca**-pist[현실도피주의자], a**bys**-mal[최악의]에서 피널트는 중음절이다. a-**ve**-rage[평균], bun-**ga**-low[방가로], re-**gi**-ment[(군대의)연대], ul**ti**-mate[궁극적인], re-so-**lute**[단호한]에서 피널트는 경음절인데, 이는 피널트의 모음 뒤에 오는 자음이 피널트가 아닌 마지막 음절에 속하기 때문이다.

3.2 마지막 음절의 역할

강세중립성(Stress neutrality). 강세 위치의 결정은 단어 오른쪽 끝에 위치한 마지막 두 음절에 관한 정보에 달려있다. 하지만 모든 음절이 강세음절의 위치에 영향을 주는 것은 아니다. 굴절접미사는 독립된 음절이든 아니든 간에 상관없이 강세부여 규칙에 영향을 주지 않는다. 마지막 음절에 오는 일부 접미사 역시 **강세중립(stress-neutral)**적이다[강세를 변화시키지 않는다]. 이 경우 강세가 이미 부여된 어간에 접미사가 붙어도 강세는 변하지 않는다. 이들 접미사 대부분은 영어에서 가장 초기 시대의 것들이다. 하지만 다음에 제시되는 것처럼 이들 접미사는 우리에게 익숙한 고전어 어근과 자유롭게 결합한다. 이 세트에 속한 역사적으로 비고유어 접미사도 있다. 예: -ist, -ize. 다음 접미사들은 강세중립적이다.

-dom	MARtyr[순교자] – MARtyr-dom[순교]
-en	forGIVE[용서하다] – forGI-ven[용서된]
-er	inTERpret[해석하다] – inTERpre-ter[해석자]
-ess	PROphet[예언자] – PROphe-tess[여성 예언자]
-ful	reGRET[후회] – reGRET-ful[후회하는]
-hood	GRANDfather[할아버지] – GRANDfather-hood[할아버지 상황]
-ish	FEver[열기] – FEver-rish[열이 나는]
-ist	perFECtion[완벽] – perFECtio-nist[완벽주의자]
-ize	CApital[대문자] – CApita-lize[대문자로 하다]
-less	comPASSion[연민] – comPASSion-less[연민이 없는]
-ly	MAtron[양호교사] – MAtron-ly[아줌마 같은]
-man	FOrestry[숲] – FOrestry-man[숲 관리인]
-ness	inVINcible[천하무적의] – inVINcible-ness[불패]
-some	adVENture[모험] – adVENture-some[모험심이 강한]
-ward(s)	HEAven[천국] – HEAven-ward(s)[천국을 향해]
-wise	WEAther[날씨] – WEAther-wise[일기를 잘 맞추는]

차용접미사인 -ist와 -ize는 정상적으로는 강세중립적이지만, 이들이 붙는 형태가 독립적으로 존재하는 경우에만 중립적이다. 예: perFECtion – perFECtionist, ACtive[활동적인] – ACtivist[활동가], CApital – CApitalize, Union[조합] – Unionize[연합하다]. 독립적으로 존재할 수 없는 형태에 붙으면 reCIDivist[상습범], anTAgonize[적대감을 불러 일으키다]에서처럼 끝에서 세 번째 음절에 강세가 오거나, BAPtist[침례교도]처럼 세 번째 음절이 없을 때는 접미사 앞 음절에 강세가 온다.

고전어 어휘 가운데 앞에 열거한 목록에 없는 강세중립 접미사 중 가장 흔한 접미사는 Animate[활발한] – Animacy[활동성], TEnant[임차인] – TEnancy[임차(기간)]에 있는 명사를 만드는 -y이다. 이 접미사를 가진 예를 따로 작성하도록 하겠다. 앞에서 주어진 대부분의 강세중립 접미사와 달리 -y는 단어의 강세가 아니라 단어의 음성적 형태에 영향을 줄 수 있다. [k]를 [s]로 바꾸고, 6장에서 기술된 것처럼 T-연음화를 일으킨다. 또 morphology[형태론], musicology[음악학]에서처럼 어근 log '말하다, 쓰다'에 y가 붙은 파생접사형인 -(o)logy와, demagog[선동정치가] – demagogy[민중 선동], pedagog[교육자] – pedagogy[교육학]에서처럼 -agog로 끝나는 어간의 [g]를 [j]로 바꾼다. 또한

-y는 세 개 이상 음절을 가진 단어에 자주 붙기 때문에 이 방법으로 만들어진 명사는 예외적으로 주강세 위치가 오른쪽 끝에서 네 번째 음절일 수 있다. 강세중립 접미사를 가진 예를 제외하고, 단어의 오른쪽 끝에서부터 세 번째 음절보다 더 먼 곳에 강세가 있는 경우는 아주 드물다.

Accuracy[정확]	efFEminacy[나약]	INtricacy[복잡함]
CElibacy[독신주의]	imMEdiacy[즉각적임]	leGItimacy[적법]
deGEneracy[퇴보]	inDElicacy[상스러움]	LIteracy[글을 읽고 쓸 수 있음(문해력)]

다른 종류의 접미사는 **강세요구(stress-demanding)**적이다. 어간에 이 접미사가 붙으면, 항상 어간으로부터 강세를 뺏어다가 자신에게 놓을 것을 요구한다. 이런 접미사의 표준적인 예의 일부가 다음에 있다.

-aire	doctriNAIRE[교조적인]	-ese	CantoNESE[광둥어]
-ee	absenTEE[결석자]	-esque	araBESQUE[아라베스크 무늬]
-eer	auctionNEER[경매인]	-ette	drum majoRETTE[여성 고적대장]
-elle	villaNELLE[전원시]	-oon	balLOON[풍선]
-esce	acquiESCE[묵인하다]		

어말강세(final stress)에 관한 좀 더 많은 사실. 단어의 일부 어미는 생산적 접미사일 수 있지만 그렇지 않을 수도 있는데, 주강세를 요구한다는 점에서는 같은 방식으로 행동한다. 다음의 단어들을 보면 강세요구적 요소를 알아차릴 수 있을 것이다.

cruSADE[십자군운동]	kagaROO[캉가루]
promeNADE[산책로]	shamPOO[샴푸]
canTEEN[구내식당]	techNIQUE[테크닉]
velveTEEN[면벨벳]	uNIQUE[독특한]

강세요구 접미사처럼 상당수의 단어들은 어말음절에 주강세를 가진다. 대체로 이러한 단어들은 기존에 어말강세를 가지고 있는 언어에서 차용되었기 때문이다. 이러한 단어들은 단순히 일반적인 강세부여 규칙의 예외로 여겨지며 다음과 같은 예가 있다.

aBYSS[심연]	guiTAR[기타]
baROQUE[바로크]	hoTEL[호텔]

baZAAR[사정]
caNAL[운하]
craVAT[크라바트(남성용 스카프)]
cuLOTTES[치마바지]
doMAIN[영역]
gaLORE[풍성한]

inTRIGUE[일을 꾸미다]
masSEUSE[여자 마사지사]
miNUTE[세밀한]
personNEL[직원]
raVINE[협곡]
terRAIN[지형]

3.3 주강세 위치를 결정하는 단계

주강세 위치를 결정하기 위해 다음의 단계를 따른다.

1단계: 굴절어미와 강세에 영향을 주지 않는 접미사를 제거한다.

앞에서 언급하였듯이 영어의 모든 굴절어미는 강세중립적이다. 이들은 단어에서 강세 위치에 결코 영향을 주지 않는다. 이들 접미사를 '제거'한다는 것은 '강세 위치를 계산할 때 보이지 않는 요소로 취급'한다는 의미이다.

absenteehood[부재자 상태](-hood) – absentee[부재자]와 같은 강세 위치
contortionist[곡예사](-ist) – contortion[뒤틀림]과 같은 강세 위치
defenselessness[무방비(상태)](-ness) – defenseless[방어할 수 없는](-less) – defense[방어]와 같은 강세 위치
demagoguishly[선동주의자 같게](-ly) – demagoguish[선동주의자 같은](-ish) – demagogue[선동주의자]와 같은 강세 위치

2단계: 단어가 2음절로 되어있으면 첫 번째 음절에 강세를 둔다.

두 번째 단계는 ANxious[걱정하는], COMmon[공동의], Exit[출구], VERdict[평결]와 같은 단어에서는 첫 번째 음절에 강세를 부여한다. 이 일반적 패턴은 고대영어로 거슬러 올라간다. 고대영어에서는 접두사가 붙지 않은 단어는 항상 어근의 첫 번째 음절에 강세가 왔다. 이는 아주 많이 퍼져있고 잘 변화하지 않는 강세패턴이다. 이 규칙은 흔히 **게르만어 강세규칙**(*Germanic Stress Rule*)이라 칭해진다. 이 규칙은 그리스어나 라틴어에서 차용된 2음절어에도 기본적으로 적용된다. 예: delta[델타], drama[희곡], datum[자료], duo[2인조].

이 규칙은 지나치게 일반화되어서는 안 된다. 동사의 경우, 이 규칙은 마지막 음절이 -V̆C 유형, 즉 단모음과 뒤따라오는 자음 하나로 구성된 음절을 가진 동사에만 적용

된다. 예: GALlop[질주하다], PAMper[애지중지하다], FURnish[비치하다]. 이 규칙은 마지막 음절에 장모음이 있거나 -VCC로 끝나는 동사에는 적용되지 않는다. 예: aMEND[개정하다], reMARK[언급하다], supPLY[공급하다], surPRISE[놀라게 하다]. 동사를 재껴 두더라도 위에 나열한 단어들과 같은 예외를 발견할 수 있는데 craVAT[크라바트], guiTAR[기타], hoTEL[호텔] 등의 단어로 대표되는 유형이다. 이들 모두 외래어 '느낌이 나는' 단어들인데 그 이유는 영어 고유어의 명사 강세패턴과 어긋나기 때문이다. 고유어이지만 아주 체계적인 예외 세트도 있다. 한 쌍의 단어이면서 하나는 **동사**이고 나머지 하나는 **명사**인 경우로, 명사만이 두 번째 단계를 따른다.

동사	명사
esCORT[호위하다]	EScort[호의대]
ferMENT[발효시키다]	FERment[효모]
fragMENT[산산히 부수다]	FRAGment[조각]
perVERT[왜곡하다]	PERvert[성도착자]
preSENT[제공하다]	PREsent[선물]
reBEL[반란을 일으키다]	REbel[반역자]
segMENT[조각내다]	SEGment[분절(음)]
surVEY[조사하다]	SURvey[조사]
torMENT[괴롭히다]	TORment[고통]

어떤 경우는 형용사와 같이 짝 지어지는데, 여기서 형용사는 동사와 같은 구조를 가지지만 강세의 위치는 다르다. 이에 대응하는 명사가 있다면, 형용사와 명사는 함께 짝을 이루는 반면 동사는 마지막 음절에 강세가 온다.

동사	명사	형용사
abSTRACT[추출하다]	ABstract[초록]	ABstract[추상적인]
freQUENT[자주가다]	–	FREquent[빈번한]
preSENT[제공하다]	PREsent[선물]	PREsent[출석한]
perFECT[완벽하게하다]	–	PERfect[완벽한]
susPECT[의심하다]	SUspect[용의자]	SUspect[의심스러운]

영어에는 강세 차이가 전적으로 단어가 동사인지 혹은 명사인지 여부에 따라 결정되는 경우가 약 150쌍 있다. 앞에서 나열한 예들에서 볼 수 있는 체계적인 특징은 좀 더 넓은 함축적 의미를 가진다. 심지어 동일한 철자 쌍이 아니어도 영어의 2음절 명사는 첫 번째

음절에 강세를 가지는 반면, 동사는 앞에서 언급한 두 번째 단계가 기대하는 바를 쓸데없는 것으로 만들어 버린다. 장모음이나 VCC로 끝나는 동사와 더불어, 앵글로 색슨 어원의 동사나 혹은 이후에 완전히 토착화된 차용어의 동사 모두 상관없이 첫 음절이 접두사로 인식될 수 있는 동사들에도 이 상황은 사실로 나타난다.

beGRUDGE[시기하다]
comPEL[강요하다]
eJECT[분사하다]
exPLODE[폭발하다]
forGET[잊다]
proPEL[추진하다]
reSIGN[사직하다]
subTRACT[빼다]
transCEND[초월하다]
unDO[풀다]

이런 예외들과 함께 앞에서 이미 설명한 내용들을 보면, 2음절어에서는 첫 번째 음절에 강세가 온다는 것이 일반적으로 사실이다. 예: anxious[걱정하는], bias[편견], bonus[보너스], carnage[대학살], common[흔한], current[최근의], donkey[당나귀], ethics[윤리학], exit[출구], famous[유명한], finger[손가락], govern[지배하다], horror[공포], pepper[후추], person[사람], verdict[평결], weather[날씨].

그러나 이 책에서 분석했던 많은 수의 단어는 세 개 이상의 음절을 가진 단어들이다. 지금부터 설명할 나머지 세 단계들은 여러 음절로 된 단어들에서 주강세가 어디에 오는지 결정하는데 도움을 줄 것이다.

단계 3: 3음절 이상의 단어에서는 끝에서 두 번째 음절이 무거운지 가벼운지 정한다.

3.1에서 언급되었듯이 **중음절**은 장모음 또는 모음+같은 음절에 뒤따르는 자음이 적어도 한 개 이상인 경우라는 것에 주목하자. **경음절**은 하나의 단모음으로 구성되어 있으며 그 뒤를 따르는 것이 같은 음절 안에는 아무 것도 없다. 많은 수의 단어는 끝에서 두 번째 음절이 마치 중음절처럼 철자화되어 있어도 하나의 자음으로만 발음되는 경우가 많다. 따라서 엄격히 말하면 이들은 음성적으로 경음절임이지만 강세 부여에 있어 중음절로 간주된다. 예: bacci**ll**us[간균], compa**ss**ion[연민], dile**mm**a[진퇴양난], discu**ss**ion[토론], dismi**ss**ive[무시하는], false**tt**o[가성] occu**rr**ence[발생], rebu**tt**al[반박], spaghe**tt**i[스파게티].

단계 4: 끝에서 두 번째 음절이 중음절이면, 거기에 강세를 준다.

5장에서 우리는 **단모음**과 **장모음**의 차이를 다루었다. 끝에서 두 번째 음절이 무거운지 여부를 알아내는 것은 바로 이 개념에 의존한다. '길다' 혹은 '짧다'의 표시는 대부분 역사적인 변화와 관련 있다. 더 길거나 더 짧은 모음이라는 진정한 양적 구분은 라틴어에서 그랬던 것처럼 한때 영어에도 존재했었지만, 지금의 영어 모음은 항상 명확하게 '길이'에 따라 달라지지 않으며, 오히려 질(즉 실제 길이가 아니라 우리 귀에 다르게 들리는 것)에 의해 달라질 뿐이다. 따라서 '길다'와 '짧다'는 대체로 편의상의 표시로 생각되어야 한다. 음절을 길게 만드는 장모음은 발음상 모음[글자]의 이름과 대응되는 것으로 A, E, I, O, U이다. 이 다섯 이외에도 house[집]의 OU 이중모음, noise[소음]의 OI가 장모음으로 간주된다. 따라서 다음 단어들 각각의 강세음절은 장모음인데 앞에서 언급된 장모음 순서로 제시했다.

spAcious[공간이 넓은]
spEcious[허울만 그럴듯한]
spIcy[맛이 강한]
Ocean[대양]
mUtant[돌연변이체]
profOUnd[심오한]
rejOIce[크게 기뻐하다]

한편 다음 단어들에서의 강세음절은 **단모음**이다.

fAbulous[멋진]
respEct[존경하다]
tItillate[자극하다]
harmOnic[조화로운]
profUndity[깊이]

단계 4에 일치하는 경우인 끝에서 두 번째 음절이 중음절인 예는 더 있다.

contronTAtion[대치] eLECtric[전기의]
encycloPEdic[백과사전의] eNORmous[막대한]
innuENdo[빈정거림] proFESsion[직업]
pronunciAtion[발음] repliCAtion[복제]
spaGHEtti[스파게티] verANda[베란다]

단계 5: 끝에서 두 번째 음절이 경음절이면, 끝에서 세 번째 음절에 강세를 준다.

'antepenult'(끝에서 세 번째 음절)는 어원적으로 꽤 투명한 단어이다. 그런 단어가 어떻게 성분 분석되는지 보도록 한다.

ante '앞에' + pen '거의' + ult '마지막' – 즉 '거의 마지막 음절의 앞', 따라서 끝에서 세 번째 음절

단계 5에 의해 정확하게 강세가 부여되는 예는 다음과 같다(마지막 음절이 가벼운지 무거운지는 중요하지 않고, 끝에서 두 번째 음절이 가벼운지 무거운지가 중요하다는 것에 주목하자).

aSPAragus[아스파라거스]	MElody[멜로디]
CInema[극장]	MULtiply[곱하다]
comPArison[비교]	non SEquitur[불합리한 추론]
eMEritus[명예직의]	phiLOlogy[문헌학]
encycloPEdia[백과사전]	PLEnary[총회의]
eSOphagus[식도]	syLAbify[음절화하다]
hyPOthesis[가설]	TElephone[전화]

어려운 경우는 철자체계가 끝에서 두 번째 음절이 가벼운지 무거운지를 알려주지 않는 것들이다. 즉 영어 철자체계는 모음이 긴지, 짧은지를(혹은 라틴어나 그리스어에서 긴 모음이었는지 짧은 모음이었는지) 표시해주지 않는다. 그런 예들을 살펴보자.

caesura[휴지]	경음절이면 강세는 CAEsura	중음절이면 강세는 caeSUra(중음절)
corona[광환]	경음절이면 강세는 COrona	중음절이면 강세는 coROna(중음절)
detritus[쓰레기]	경음절이면 강세는 DEtritus	중음절이면 강세는 deTRItus(중음절)
integer[정수]	경음절이면 강세는 INgeter	중음절이면 강세는 inTEger(경음절)
stamina[체력]	경음절이면 강세는 STAmina	중음절이면 강세는 staMIna(경음절)

상당수의 단어에서 영어 화자는 결정을 내릴 수 없다(혹은 단어가 처음 차용되었을 때 잘못된 정보를 가졌을 수 있다). 이런 단어들은 두 방향으로 갈 수 있다.

abdomen[복부]	ABdomen 혹은 abDOmen (라틴어에서 끝에서 두 번째 모음은 장모음)
acumen[감각]	Acumen 혹은 aCUmen (라틴어에서 끝에서 두 번째 모음은 장모음)
Caribbean[카리브해]	CaRIBean 혹은 CaribBEan (스페인어 caribe, 모음 길이가 없음)
cerebral[뇌의]	CErebral 혹은 ceREbral (라틴어에서 끝에서 두 번째 모음은 장모음)
choleric[화를 잘 내는]	CHOleric 혹은 choLEric (라틴어에서 끝에서 두 번째 모음은 장모음)
decorous[점잖은]	DEcorous 혹은 deCOrous (라틴어에서 끝에서 두 번째 모음은 장모음)
quietus[죽음]	QUIetus 혹은 quiEtus (라틴어에서 끝에서 두 번째 모음은 장모음)
vagary[예측불허의]	VAgary 혹은 vaGAry (라틴어에서 끝에서 두 번째 모음은 장모음)
vaginal[질의]	VAginal 혹은 vaGInal (라틴어에서 끝에서 두 번째 모음은 장모음)

소수의 예에서는 이 규칙은 잘못된 예견을 한다(각각의 경우에 대한 이유를 알아보기).

deCREpit[노후한]	COventry[코벤트리]
deVElop[발전하다]	eLEven[열하나]
eNAmel[에너멜]	soLIcit[간청하다]
disPArage[폄하하다]	INterval[간격]
iMAgine[상상하다]	CAlendar[달력]
INtegral[필수적인]	deLIver[배달하다]
apPArel[의류]	PArallel[평행]
caDAver[시체]	CYlinder[실린더]

이 규칙은 decrepit, deliver, develop, eleven, enamel, solicit, disparage에 대해서는 강세 + 비강세 + 비강세를 예견하고 있다는 결론을 내려야만 한다. integral, calendar, Coventry, interval에 대해서는 가운데 음절에 강세가 오는 것으로 예견한다. 나머지 단어들인 cadaver, cylinder, apparel, parallel, imagine이 왜 '불규칙적인' 단어로 분류되는지 쉽게 이해할 수 있을 것이다.

4. 강세를 변화시키는 접사

차용된 강세를 변화시키는 접사를 가지고 있는 단어들은 자주 일반 규칙을 위반하는 것처럼 보일지 몰라도 실제로는 나름 규칙적이다. 접사의 효과는 일종의 무시 효과로 생각할 수 있다. 일반규칙에 의해 강세의 위치가 정해지면 그 위치가 어디든 간에 일반규칙은 특별한 접사 효과에 의해 무시된다. 여기서는 모든 종류의 접사를 심도 있게 다 다룰 수는 없을 것이다. 따라서 다음에 오는 내용은 일부 접사들이 강세에 영향을 주는 가장 빈도 높은 방법을 보여주는 예일 뿐이다.

4.1 왼쪽에 있는 음절로 강세를 끌어오는 접사

적은 수의 예외(arithmetic[산수], choleric[화를 잘 내는], heretic[이단자], lunatic[미친], politic[정치적인], rhetoric[수사법], arsenic[비소], Catholic[가톨릭교회(의)], Arabic[아랍어(의)])가 있긴 하지만 접미사 -ic와 확장된 -ics는 비록 끝에서 두 번째 음절이 강세를 가질 자격이 없을지라도 거기로 강세를 가져다 놓는다. -ical처럼 -ic가 끝에서 두 번째 음절이면 강세는 바로 앞 음절인 끝에서 세 번째 음절에 온다.

genetic[유전의] encyclopedic[백과사전의] acoustics[음향학] calisthenics[미용체조(법)]
orthopedic[정형외과의] demonic[악마의] mathematics[수학] robotics[로봇학]
telepathic[텔레파시를 이용한] hygienic[위생적인] athletics[육상경기] poetics[시학]
algebraic[대수학의] telephonic[전화의] hysterical[신경질적인] political[정치의]
Cyrillic[키릴문자의] Pacific[태평양] microscopical[미시적인] ideological[이념적인]

접미사 -id 또한 강세를 끝에서 두 번째 음절로 가져오지만 흔한 접미사는 아니다.

arachnid[거미류] intrepid[용감무쌍한]
carotid[경동맥] pellucid[티하나 없는]
insipid[무미의] perfervid[열렬한]

명사 invalid[(법적)효력이 없는]와 pyramid[피라미드]는 예외이다. 접미사 -ity는 홀로 있건 다른 접미사와 결합하여 있건 상관없이 같은 방식으로 행동한다. 즉 강세를 바로 앞 음절에 오게 한다. 예: divinity[신성], masculinity[남성성], authority[당국], vulgarity[상스러움]. 일련의 접미사인 -id + -ity(frigidity[한랭], liquidity[유동성], morbidity[병적상태], stupidity[어리석은])와 -ic + -ity(authenticity[진정성], infelicity[불행], periodicity[주기성], specificity[특별함])에서 강세는 품사를 결정하는 접미사로 가장 오른쪽에 있는 접미사에 의해 통제되고, 반면 -id와 -ic에서 본 것처럼 강세를 끄는 자질은 보이지 않게 된다.

비고전어 어원을 가진 긴 단어의 강세. 마지막으로 고전어의 강세규칙이 미국 인디언 언어처럼 다른 출처에서 차용한 지명에도 적용된다는 것을 깨닫게 되면 이 규칙을 이해하는 것이 도움이 될 수 있다. Chattanooga, Winnebago, Minnesota, Nebraska, Oklahoma, Okeefenokee과 같은 단어들을 살펴보자.[7] 끝에서 두 번째에 오는 음절이 중음절인 모든 단어는 끝에서 두 번째 음절에 강세가 온다. 반면 끝에서 두 번째에 오는 음절이 경음절인 모든 단어에서는, 강세는 그 앞 음절에 오는데 예를 들면 Potawatomi, Michigan, Oregon, Temecula, Canada, Tehachapi 등이 있다.[8]

약간의 경고와 함께 지금까지 설명한 간단한 강세부여 규칙을 마무리한다. 여기서 기술한 내용은 제1강세부여 규칙에 대한 지침을 주려고 의도한 것이다. 직전에 언급했던 지명뿐만 아니라 영어의 수많은 다음절어는 강세를 더 가질 수 있다. 따라서 한 단어 안에 3개의 비강세음절이 연이어 오는 것을 막을 수 있다. 이 책에서 우리가 미처 살펴보지 못한 영역은 접두사와 강세 사이의 상호 작용이다. 여러분은 이 장에서 얻은 지식을 통해 단어에 접두사가 붙을 때 어떤 일이 일어날지 그리고 접두사의 강세가 단어의 형태적 지위에 어떤 영향을 줄지에 관해 스스로 알아내고자 할 수 있을 것이다. 행복한 연구가 되길.

부록

형태소 목록

이 목록은 연습문제집(각 장의 B부분)의 어근 연습문제에 인용되고 뜻이 설명되어 있는 모든 형태소[7]와 이 책의 5장에 인용된 접사들을 포함하고 있다. 괄호 속의 숫자는 학습과 기억을 위해 형태소가 소개되어 있는 연습문제집의 장을 표시한 것이다.

이 부록은 책에서 예로 소개한 다른 많은 형태소는 포함하지 않고 있다.

표기방법: (각 접사마다) 예로 든 단어 목록에서 라틴어에서 온 단어가 있는 경우 먼저 나열된다. 궁극적으로 그리스어 어원의 단어가 존재하는 경우에는 세미콜론으로 구분한 후 다음에 온다. 별다른 점이 눈에 띄지 않으면, 그리스어는 라틴어를 매개로 차용되었다고 가정할 수 있다. 그리스어로부터 직접 차용되었거나 만들어진 단어가 있는 경우는 드물긴 하지만 해당 단어를 이탤릭체로 표시하고 있다. 라틴어 단어만 있거나 혹은 그리스어 단어만 있다면, 어원을 각각 'L'과 'G'로 표시한다. 두 어원의 단어가 모두 존재하고 투명한 경우에는 별표(*)로 표시된 인도유럽어 어근이 제시된다. 그렇지 않은 경우에는 라틴어와 그리스어 파생어들이 각각 나열된다. 하이브리드어는 따로 표시하지 않았다. 여기 제공된 예에 연결 모음과 어간(thematic) 모음 -o-가 나타나는 경우는 괄호에 넣었는데 이는 원인도유럽어와 그리스어 형태를 나타내기 위함이다. 라틴어에서는 연결 모음은 -i- 로 약화되었고 어간 모음은 -u-로 약화되었다. 아주 종종, 연결 모음이나 어간 모음 어느 것도 발견되지 않는데 따라서 간결함을 위해 모음은 나열하지 않았다.

7) 이 목록의 기본 형태소(base morphemes)는 소수의 예외를 제외하고는 대부분을 쏜다이크(Thorndike)와 로지(Lorge)의『교사용 30,000단어 어휘집(The Teacher's Wordbook of 30,000 Words)』(3판, New York: Columbia University, 1959)에 실린 것 중 교재 빈도와 목록 빈도에서 거의 상위에 있는 것들에서 선택된 것이다. 초판 부록에서 잘못된 부분과 누락된 부분을 수정해 준 셜린 브랜초(Sherrylyn Branchaw)의 도움에 감사를 표한다.

	형태소	의미	단어	어원
1	a-, 또는 an-	'lacking' (5) 부족한	asymmetric, amoral, atonal 비대칭의, 도덕관념이 없는, 음조가 없는	G a/an-
2	ab-, a-, abs-	'from, away' (5) ~로부터, 멀어져서	abnormal, abstinence, abjure 비정상적인, 자제, (신념 등을 공식적으로) 포기하다	L ab-
3	-able	'fit for' (5) ~에 적임인	agreeable, comfortable, incalculable 기분 좋은, 편(안)한, 헤아릴 수 없이 많은	L -abil(is)
4	ac, acer, acerb	'sharp, tip' (10) 날카로운, 끝	acumen, acrid, acerbic, exacerbate, *acme* (일에 대한) 감각, 매캐한/콕 쏘는 듯한, 사람이나 말이 가혹한, 악화시키다, 절정	*ak-
5	-acy	'state or quality 상태 또는 질' (5)	advocacy, intricacy, accuracy 옹호, 복잡한 사항, 정확	L -atio
6	ad-	'toward' (5) ~를 향하여	admit, advance, admonish 인정하다, 전진, 꾸짖다	L ad-
7	-ade	'an action done' (5) 행해진 행위	fusillade, tirade, masquerade, arcade 연속 사격, 장황한 비난, 가식, 회랑(回廊)	Fr -ade
8	ag, act	'act, drive' (9) 행동하다, 추진하다	agent, act, agile, ambiguous, litigate, navigate 대리인, 행동, 날렵한, 애매모호한, 소송하다, (지도 등을 보며) 길을 찾다	*ag-
9	-age	'condition, state' (5) 조건, 상황	anchorage, postage, coinage, leafage 정박지, 우편 요금, 신조어, 잎(집합적)	Fr -age
10	agog	'teach, induce' (4) 가르치다, 유도하다	pedagogue, demagogue, synagogue 교사, 선동 정치가, 유대교 회당	G ag- (*ag-)

11	agon	'struggle' (11) 투쟁하다	antagonize, protagonist 적대감을 불러일으키다, 주인공	G agon- (*ag-)
12	agr	'field' (11) 들판	agriculture, agrarian; agronomy 농업, 농업의; 농업 경제학	*agr(o)-
13	-al	'act of' (5) ~하는 행위	renewal, revival, trial 재개, 회복, 재판	L -al-
14	-al (-i(c)al, -ual)	'with the property of' (5) ~의 자질을 가진	conjectural, fraternal, dialectal, sensual 추측의, 공제(共濟)의, 방언의, 감각적인	L -al-
15	al(i), ol(t)	'grow, nourish' (11) 기르다, 키우다	adolescent, adult, alimentary (canal), coalesce 청소년, 성인, 소화의 (소화관), 합치다	$*al-^1$
16	al, all(o)	'other' (5, 7) 다른 (것)	alien, alibi; allegory, allomorph 생경한, 알리바이; 우화, 이형(태)	$*al-^2$
17	alg	'pain' (11) 고통	analgesic, analgesia, algolagnia 진통제, 통각 상실증, 고통 성애	G alg(o)-
18	alt	'high' (7) 높은	altitude, altimeter, alto 고도, 고도계, 알토	L alt-($*al-^1$)
19	ambi, amphi	'both, around' (5) 둘 다, 사방에	ambidextrous, ambivalent, amphiarthrosis 양손잡이의, 반대 감정이 병존하는, 반관절	*ambhi
20	ambl, ambul	'walk' (5) 걷다	ambulance, perambulate, preamble 구급차, 순회하다, 서문	L ambul-
21	ampl	'large' (10) 큰	amplify, amplitude 증폭시키다, 진폭	L ampl-

22	-an	'of, resembling' (5) ~의, 닮은	reptilian, Augustan, plebeian, patrician 파충류의, (로마 황제) 아우구스투스 시대의, 평민의, 귀족의	L -an-
23	ana-.	'up, back, again'(5) 위로, 뒤로, 다시	anatomy, analogy, anachronism 해부학, 유추, 시대착오적인 사람/관습/생각	G ana-
24	-ance, -ence	'state, act, or fact of' (5) 어떤 상황, 행동 또는 사실의	repentance, perseverance, emergence 뉘우침, 인내, 출현	L -anti-, -enti-
25	ander, andr	'male' (6) 남성의	android, androgynous, polyandrous, philander 인간의 모습을 한 로봇, 양성(兩性)의 특징을 가진, 일처다부의, 여자를 희롱하다	G andr-
26	ang	'constrict' (7) 수축되다	angst(Ger.), anxious, anxiety, anguish; angina 고뇌(독일어), 불안해하는, 불안(감), (극심한) 괴로움; 협심증	*angh-
27	anim	'mind' (3) 마음	animate, animosity, animadversion, animal 생기를 불어넣다, 반감, 비평, 짐승	L anim-
28	ann	'year' (2) 해, 년	annals, annual, superannuated, annuity 연대기, 매년의, 너무 노쇠한, 연금	L ann-
29	-ant, -ent	'one who' (5) ~하는 사람	agent, defendant, participant 대리인, 피고, 참가자	L -ant-, -ent-
30	ante-	'preceding, old'(5) 선행하는, 늙은	antenuptial, antechamber, ante-Norman 혼전의, (큰 방으로 통하는) 대기실, 노르만 이전에	L ante < *anti-
31	anth	'flower, collection' (11) 꽃, 수집품	anthology, *anthophore* (시)선집, 화관(花冠) 자루	G anth(o)-
32	anthrop	'man, human being' (6) 사람, 인간, 존재	*anthropology*, *anthropoid*, *anthropolatry* 인류학, 유인원이 사람 비슷한, 인간 신격화	G anthrop(o)-

33	anti-	'opposed, instead' (5) 반대된, 대신에	antidote, antisemitic, antacid, anti-Christian 해독제, 반유대주의의, 제산제, 그리스도교에 반대하는(적그리스도)	G anti < *anti-
34	apt	'fit, capable' (3) 맞는, 능력 있는	aptitude, ineptitude, inept 소질, 기량 부족, 솜씨 없는	L apt-
35	arch(aeo)	'begin, foremost' (2) 시작하다, 가장 중요한	archaeology, archaic, archaism 고고학, 낡은, 고문체(古文體)	G archai(o)-
36	arch-	'chief, principal, high' (2) 우두머리, 교장, 높은	archbishop, archduke, autarchy 대주교, 대공, 독재국가	G arch-
37	-arian	'member of a sect' (5) 그룹의 구성원	utilitarian, egalitarian, authoritarian 실용주의자, 평등주의자, 권위주의자	L -arian-
38	art	'skill' 기술	artful, inertia 교묘한, 무력	OFr. art
39	-ary	'having a tendency' (5) 어떤 경향을 가진	secondary, discretionary, rudimentary, tributary 2차적인, 자유재량에 의한, 가장 기본적인, (강의) 지류	L -ari-
40	aster	'star' (2) 별	asteroid, astronomy 소행성, 천문학	G aster, astr(o)-
41	-ate	'cause X to happen' (5) X를 일어나게 만들다	create, contaminate, frustrate, terminate 창조하다, 오염시키다, 좌절감을 주다, 끝나다	L -at-
42	-ate	'full of' (5) ~로 가득찬	passionate, affectionate, extortionate 열정을 느끼는, 다정한, 터무니없는	L -at-
43	-ation	'state of being X-ed' (5) ~가 된 상태	purification, organization, contemplation 정화, 조직(체), 사색	L -ation-

No.	형태소	의미	예	기원
44	aud	'hear' (4) 듣다	audit, auditory, auditorium, audience 회계 감사, 청각의, 객석, 청중	L aud-
45	aug	'increase' (7) 증가하다	auction, augment, augur, august, August 경매, 늘리다, 전조가 되다, 위엄 있는, 8월	L aug-
46	auto-	'self, same' (3, 5) 자신, 동일한	automobile, automaton, autobiography 자동차, 자동화, 자서전	G aut(o)-
47	av(i)	'bird, fly' (11) 새, 날다	aviary, aviation, aviator 큰 새장, 항공(술), 비행사	L avi-
48	barbar	'uncivilized' (12) 비문명적인	barbarian, barbarous 이방인/미개인, 야만스러운	L barbar(o)-
49	bell	'war' (8) 전쟁	bellicose, belligerent, antebellum 호전적인, 적대적인, 전쟁 전의	L bell-
50	bene, bon	'good, well' (8) 좋은, 좋게	benefit, beneficent, bonus, bonanza 혜택, 도움을 주는, 상여금, 노다지	L ben-, bon-
51	bi-	'twice, double' (5) 두 번, 이중의	bifocal, biennial, bipolar, bisulphate 이중 초점의, 2년에 한 번씩의, 조울증의, 중황산염(HSO4)	L bi-
52	bio	'life' (6) 삶/생명	*biology*, *biogenic*, biography, *biogenetic* 생물학, 유기물에 의해 생긴, 전기, 생물 발생의	G bi(o)-
53	bol, bl	'throw' (10) 던지다	symbol, *hyperbole*, *metabolism*, parabola, parable 상징(물), 과장법, 신진대사, 포물선, 우화	G -bol-, -bl-
54	brev	'short' (2) 짧은	abbreviate, breve, breviloquent 축약하다, 겹온음표, 간결한	L brev-

55	burs	'pouch, money' (9) 주머니, 돈	bursar, bursa, bursitis, disburse, reimburse (학교의) 회계 담당자, 점액/활액낭, 활액/점액낭염, 지출하다, 배상/변제하다	L burs-
56	cad, cas	'fall' (5) 떨어지다	cadaver, cadence, decadence, case, casual, occasion 시체, 억양, 타락, 경우, 태평스러운, 때/기회/경우	L cad-
57	camp	'field' (11) 들판	camp, campaign, campus, decamp, encamp 캠프장, 캠페인, 교정/구내, 서둘러 떠나다, 야영하다	L camp-
58	cant	'sing' (4) 노래하다	incantation, incentive, enchant 주문을 외기, 장려(책), 넋을 잃게 만들다	L cant-
59	can, cyn	'dog' (11) 개	canaille, canary, canine, cynic 하층민, 카나리아, 개의, 냉소가	L can-, G kun(o)-
60	cap(it)	'head' (3) 머리	cape, capital, capitol, capitulate, recapitulate, captain 곶, 수도, 미국 국회 의사당, 굴복하다, 요약하다, 선장	L caput
61	cap, cup, ceiv	'to take, contain' (9) 가져가다 포함하다	capsule, captive, accept, occupy, anticipate, receive 캡슐, 사로잡힌, 받아들이다, 차지하다, 예상하다, 받다	L cap-
62	car(n)	'flesh' (3) 살/고기	carnal, carnage, carnivore, carnival, carrion, incarnate 육욕적인, 대학살, 육식 동물, 카니발, 썩은 고기, 인간의 모습을 한	L carn-
63	card, cord	'heart, agree' (3) 마음, 동의하다	accord, accordion, concord, record; cardiac, cardiology 합의, 아코디언, 화합, 기록하다; 심장(병)의, 심장(병)학	G kardi-, L cord-
64	cata-	'down, away, back' (5) 아래로, 멀어져서, 뒤로	catapult, catastrophe (Y자 모양의) 새총, 참사	G kata-
65	cast	'cut off, removed' (3) 잘라낸, 제거된	caste, castigate, castle, castrate, chateau, chaste 카스트/계급, 크게 책망하다, 성, 거세하다, 대저택/성, 순결한	L cast-

66	ced, ceed	'go, let go' (7) 가다, 가게 하다	concede, precede, proceed, access, accessory, ancestor 인정하다, 선행하다, 진행하다, 접근, 액세서리, 조상	L ced-
67	cele(b)r	'swift, frequent' (2) 신속한, 빈번한	celerity, accelerate, celebrate, celebrity 민첩함, 가속화되다, 기념하다, 유명 인사	L cele(b)r-
68	cer(t), cre, cri	'separate, judge, settle' (9) 분리된, 판사, 앉히다	certain, certify, crime, excrement, secret; critic 확실한, 증명하다, 범죄, 배설물, 비밀의; 비평가	L cert-, -cre-[1], cri-, G kri-
69	cere, cre	'come forth, grow' (7) 공표되다, 기르다	accrue, create, decrease, recruit, cereal 누적되다, 창조하다, 감소하다, 모집하다; 곡류	L cre-, cre-[2]
70	chrom(at)	'color, embellishment' (10) 색, 꾸밈	chromatic, chromatophilic, chromosome 반음계의, 색소 호성(好性)의, 염색체	G khromat(o)-
71	chron	'time' (12) 시간	chronology, chronic, chronicle, anachronism 연대순, 만성적인, 연대기, 시대착오	G khron(o)-
72	cid, cis	'cut, kill' (11) 자르다, 죽이다	decide, fratricide, genocide, concise, incisor, precise 결정하다, 형제/자매 살해죄, 집단 학살, 간결한, 앞니, 정확한	L -cid-
73	circum-	'around' (5) 사방에	circumnavigate, circumspect, circumcise 일주를 하다, 신중한, 할례를 하다	L circum-
74	cit	'set in motion, summon~' (9) 시동을 걸다, 소환하다	cite, excite, recite, solicit, resuscitate 인용하다, 흥분시키다, 암송하다, 간청하다, 소생시키다	L cit-
75	civ, cit	'city, refined' (8) 도시, 세련된	civic, civil, civilian, civilization, citadel, city (도)시의, 시민(들)의, 민간인, 문명, 요새, 도시	L civ-
76	clar	'clear' (12) 분명한	clarity, declare, clarify 명료성, 선언하다, 명확하게 하다	L clar-

77	class	‘group’ (8) 그룹	classic, classical, classicism, classify, declassé 일류의, 고전주의의, 고전주의, 분류하다, 몰락한	L class-
78	clam	‘call out’ (12) 부르다	exclaim, declaim, exclamatory, proclamation 소리치다, 말하다/읊다, 감탄을 나타내는, 선언서	L clam-
79	cli, cliv, clin, clim	‘lean, lie, bed’ (5) 기대다, 눕다, 침대	client, climate, climax, clinic, decline, proclivity 의뢰인/고객, 기후, 절정, 병원, 감소하다, 성향	L, G kli-
80	clud, claus, clos	‘close’ (2) 닫다	conclude, exclude, claustrophobia, closet, disclose 결론을 내리다, 배제하다, 밀실 공포증, 벽장, 폭로하다	L claus-
81	co-, con-, com-	‘together, jointly’ (5) 함께, 공동으로	coexistence, cooperate, concur, compete, college 공존, 협력하다, 동의하다, 경쟁하다, 대학(교)	L com-
82	col, cult	‘live, inhabit, grow’ (11) 살다, 거주하다, 기르다	bucolic, colonial, cultivate, culture, horticulture 전원의, 식민(지)의, 경작하다, 문화, 원예학	L col-
83	com	‘comic, comedy’ (12) 웃기는, 희극	comic, comedy, comedian 웃기는, 코미디, 코미디언	G kom(o)-
84	contra-	‘against, opposite’ (5) ~에 반하여, 반대의	contradiction, contrary 모순, 반대되는(것)	L contra-
85	cor, curv	‘round, around’ (10) 둥근, 빙 둘러서	curve; corona, coroner, coronary, corolla, corollary 곡선, 광환/코로나, 검시관, 관상 동맥의, 화관, 필연적인 결과	L curv-, G koron(o)-
86	corp	‘body, flesh’ (3) 신체, 살/고기	corporal, corporate, incorporate, corporeal, corpse 육체의, 회사의, 포함하다, 형체를 가진, 시체.	L corp(us), corpor-
87	cosm	‘universe, order’ (4, 12) 우주, 질서	cosmic, cosmology, cosmos, cosmetic, microcosm 우주의, 우주론, 우주, 화장품, 소우주	G kosm(o)-

88	counter-	'against, opposite' (5) ~에 반하여, 반대의	counterfeit, counterbalance 위조의, 균형을 잡아 주다	L contra-
89	crat	'rule' (8) 통치하다	autocrat, aristocracy, bureaucracy, democracy 전제 군주, 귀족(계층), 관료주의, 민주주의	G krat-
90	cre, cred	'believe, trust' (8) 믿다, 신뢰하다	credence, credential, credible, credit, credo, creed 신빙성, 자격증(을 수여하다), 신뢰할 수 있는, 신용 거래, 신조, 교리	L cred-
91	crypto-	'secret, hidden' (5) 비밀의, 숨겨진	cryptography, cryptoanalytic 암호 작성법, 암호 해독의	G krupt(o)-
92	cub, cumb	'lie' (5) 눕다	concubine, cubicle, incumbent, succumb 첩/후궁, 좁은 방, 재임자, 굴복하다	L cu(m)b-
93	cur, car, cor, cour	'run' (9) 달리다	current, incur, recur, car, career, courier 현재의, 초래하다, 되돌아가다, 승용차, 직업, 배달원	L curr-, carr-
94	de-, di-, dis-	'away from, down' (5) ~로부터 멀어져서, 아래로	decay, debase, digest, divert, disjunct, dismiss 부패, 떨어뜨리다, 소화하다, 전환시키다, 분리된, 일축하다	L dis-, de-
95	dei, div	'god, augury' (2) 신, 전조	deify, deism, deity, divine, divinity 신격화하다, 이신론(신이 우주를 창조하긴 했지만 관여는 하지 않고 우주는 자체의 법칙에 따라 움직인다고 보는 사상), 신, 신의, 신성(神性)	L de(us), div
96	de	'erase, wipe out' (11) 지우다, 닦아내다	delete, indelible, deleterious 삭제하다, 지울 수 없는, 해로운	L del-
97	dem	'people' (8) 사람들	demagogue, democracy, endemic, epidemic 선동 정치가, 민주주의, 고유의, 유행병	G dem(o)-

98	dent, odont	‘tooth’ (3) 치아	dent, dental, indent, indenture, dandelion, mastodon 움푹 들어가게 만들다, 치아의, (해안선)에 들쭉날쭉 굽어 들다, 고용 계약서, 민들레, 마스토돈(코끼리 비슷한 동물)	L den-, G odon(t)
99	dexter	‘right hand, adroit’ (3) 오른쪽 손, 노련한	dexterity, dextrorotatory, dextrose, dextrous 재주, 우회전성, 덱스트로오스(포도당의 일종), 손재주가 비상한	L dexter
100	di-	‘two’ (5) 둘	dioxide, ditransitive, dichloride 이산화물, 목적어를 두 개 취하는 동사(의), 2염화물	G di-
101	dia-	‘across, through’ (5) 건너서, 통해서	diameter, diachronic 지름, 통시적(通時的)인	G dia-
102	dic(t)	‘speak, give’ (4) 말하다, 주다	dictate, edict, verdict, benediction, contradict, addict 받아쓰게 하다, 포고령, 평결, 축복(의 기도), 부정부인하다, 중독자	L dic-
103	dis-	‘apart, reversal, lacking’ (5) 떨어져서, 뒤바뀜, 부족한	displease, disallow, distaste 불쾌하게 만들다, 인정하지 않다, 불쾌감	L dis-
104	dis-	intensifier (5) 강조어	disturb, disgruntle, disannul 방해하다, 기분 상하게 하다, 취소하다	L dis-
105	doc, dog	‘teach, praise’ (4) 가르치다, 찬양하다	doctrine, indoctrinate, doctor, document, dogma 교리, 세뇌하다, 의사, 서류, (독단적인) 신조	*dok-
106	dol, dolor	‘suffer’ (11) 고통 받다	condolence, doleful, indolent, dolorous 애도, 애절한, 게으른, 애절한	L dol-
107	dom, domin	‘control, lord, master’ (8) 통제, 주군, 마스터	domestic, domicile, domain, dominate, domineer 국내의, 거주지, 영역, 지배하다, 권세를 부리다	L dom-
108	don, dat, dot, dor, dos, dow	‘give’(7) 주다	donate, data, addition, editor, endow; antidote, dose, Theodore 기부하다, 자료, 더하기, 편집자, 기부하다; 해독제, 복용량, 테오도르(남자이름)	*do-, L da- (무형교체)

109	du-, dubi, doub	'two, double, doubt' (5, 12) 둘, 이중의, 의심	dubious, dubiety, indubitably, doubt, double, duple, duplicate, duplicity 의심하는, 의심스러움, 의심할 여지없이, 의심, 두 배의, 두 배의, 사본을 만들다, 이중성	*du-
110	duc(t)	'lead, pull' (8) 이끌다, 잡아당기다	abduct, aqueduct, conduct, deduce, educate, induce 납치하다, 송수로, 하다, 추론하다, 교육하다, 유발하다	L duc-
111	dur	'hard, lasting' (11) 단단한, 영속적인	durable, duration, duress, endurance, endure, obdurate 내구성이 있는, 지속, 협박, 인내(력), 견디다, 고집 센	L dur-
112	dys-	'bad, badly' (5) 나쁜, 나쁘게	dyslogistic, dyspeptic, dyslexia, dystrophy, dysentery 비난의, 소화 불량의, 난독증, 영양 실조/장애, 이질(전염병의 일종)	G dus-
113	eco	'environment'(12) 환경	ecosystems, ecology 생태계, 생태(계)	G oik(os)
114	-eer	'one who deals in X' (5) X를 취급하는	engineer, balladeer, mountaineer, profiteer 경매인, 발라드를 부르는 사람, 등산가, 폭리를 취하는 사람	Fr. -ier
115	ego	'self' (3) 자신	ego, egocentric, egoism, egoist, egomania, egotism 자부심, 자기중심적인, 자기중심주의, 자기중심주의자, 병적인 자기중심주의, 자기 중심벽(癖)	*ego
116	electr-	'electric' (12) 전기의	electricity, electrode, electron (Gk. 어근='amber' 호박) 전기, 전극, 전자	G elektron
117	em(p)	'take' (7) 가지고 가다	exempt, exemplary, preempt, redemption, example 면제되는, 모범적인, 선매권에 의하여 획득하다, 구원, 예	L em(p)-
118	-en	'to become' (5) ~이 되다	darken, chasten, cheapen, deafen 캄캄해지다, 잘못을 깨닫게 하다, 격을 낮추다, 귀를 먹먹하게 만들다	OE -en
119	en-	'in, into' (in- 형태로 쓰임) (5) ~안에, ~로	encapsulate, enclose 요약하다, 둘러싸다	L in-

120	epi-	'on, over' (5) ~위에, ~넘어서	epiglottis, epidermis, epicenter, epicycle 후두개, 표피, (지진의) 진원지(震源地), 주전원(周轉圓)	G epi-
121	equi	'even, level' (10) 반반한, 평평한	equanimity, equator, equilateral, equinox, equity 침착, 적도, 등변(等邊)의, 주야 평분시(춘분 또는 추분), 자기 자본	L aequ-
122	-er, -eer	'agent' (5) 대리인/행위자	baker, thriller, sweeper, retriever, volunteer 제빵사, 스릴러물, 청소부, 되찾는 사람/것, 자원 봉사자	OE -ere, L -ari-
123	erg, urg, org	'work' (9) 일하다	energy, erg, synergism, metallurgy, organ 정력, 에르그(에너지의 단위), 신인(神人) 협력설, 금속공학, 장기	G erg-, org-
124	ero	'physical love' (6) 육체적인 사랑	erotic, erogenous 에로틱한, 성욕을 자극하는	G ero(s)
125	err	'wander, go wrong' (12) 헤매다, 잘못 되다	aberrant, err, errant, erratic, erratum, erroneous, error 도리를 벗어난, 실수를 범하다, 잘못된, 불규칙한, 오자, 잘못된, 실수/오류	L err-
126	-ery, -ry	'collectivity'(5) 집단성	masonry, carpentry, slavery, savagery 석공술, 목수일, 노예, 야만성	L -ari-
127	-esc, -escent	'become, becoming' (5) ~이 되다, ~이 되는	tumescent, coalesce, pubescent 부풀어 오른, 합치다, 사춘기의	L -esc
128	-ese	'belong to a place' (5) 어떤 장소에 속하는	Japanese, New Yorkese, journalese 일본어, 뉴욕 사투리, 신문 기사체	L -ens(is)
129	-esque	'having the style of X' (5) X의 스타일을 가진	romanesque, lawyeresque, statuesque 로마네스크 양식의, 변호사 같은, 조각상 같은	Fr -esque
130	-ess	'feminine of X' (5) X의 여성형	tigress, laundress, stewardess 암 호랑이, 세탁부(婦), 여자 승무원	Fr -ess

131	esth	'feel' (11) 느끼다	esthetic, phonaesthetic 심미적, 말소리의 심미적 특징을 연구하는 학문	G aesth-
132	etym	'true, source' (12) 사실인, 기원	etymology, etymon 어원학, 원형	G etum(o)-
133	eu	'good, well' (8) 좋은, 좋게	eucalyptus, evangelist, *eugenics*, eulogy, *eupeptic*, *euphony* 유칼립투스, 전도사, 우생학, 찬양하는 연설/글, 정상 소화의, 듣기 좋은 음조	G eu
134	ex-, ec-, e	'out from, away' (5) ~로부터 나와서, ~로 멀어져서	exconsul, exwife; educate, emit; eccentric 전직(前職) 집정관, 전처; 교육하다, 내뿜다; 괴짜인	G ek-, L ex-
135	extra-	'outside the scope of' (5) ~의 영역 밖에	extraordinary, extramarital 기이한, 혼외(婚外)의	L extra-
136	fa, pho, phe, pha	'speak, spoken about' (4) 말하다, ~에 대해 말해진	fable, affable, infant, phonology, blaspheme, aphasia 우화, 상냥한, 유아, 음운론, 신성 모독적인 발언을 하다, 실어(증)	*bha
137	fac	'do, make' (7) 하다, 만들다	fact, affect, infect, office, suffice 사실, 영향을 미치다, 감염시키다, 사무실, 충분하다	L fac-
138	fem	'effeminate, female' (12) 여성적인, 여성의	feminine, female, effeminate 여성스러운, 여성/여자인, 남자(애)가 여자 같은	Fr femin-
139	fend	'strike, ward off' (8) 때리다, ~을 피하다	defend, defence, fence, fend, fender, offense 방어하다, 방어, 울타리, 받아넘기다, 흙받이, 공격	L -fend-
140	fer, pher, phor	'bear, send, bring' (5) 견디다, 보내다, 가져오다	circumference, conifer, defer, differ, fertile, infer; semaphore, phosphorus, periphery, *pheromone* 원주, 침엽수, 미루다, 다르다, 비옥한, 추론하다; 수기(手旗) 신호, 3가 인을 함유한, 주변, 페로몬	*bher-, *bhor-
141	fess	'admit, acknowledge' (12) 시인하다, 인정하다	confess, confession, profess(or), profession(al) 자백하다, 자백, 주장하다(정교수), 직업(의)	LL -fess(us) (*bha-)

142	fid, feder	'trust, persuade' (8) 신뢰하다, 설득하다	affidavit, *bona fide*, confide, federation, infidel 선서 진술서, 진실된, (비밀을) 털어놓다, 연방 국가, 신앙심 없는 자	L fid-, foed-
143	fig	'form, build' (10) 형식, 짓다	figure, figurative, effigy, fiction, figment 인물, 비유적인, 조상(彫像), 소설, 꾸며낸 것	L figur-
144	fin-	'end' (12) 끝나다	final, finish, define, definite 마지막의, 끝내다, 정의하다, 확실한	L fin-
145	firm	'strong' (12) 강한	affirm, affirmative, affirmation, infirm 단언하다, 긍정의, 확언, 병약한	L firm-
146	flec	'bend, turn' (2) 구부리다, 돌리다	flexible, reflect, reflex, deflect, circumflex 신축성 있는, 반영하다, 반사 작용, 방향을 바꾸다, 곡절 악센트	L flect-
147	flict	'strike' (12) 때리다	inflict, conflict, afflict (괴로움 등을) 가하다, 충돌하다, 괴롭히다	L flict-
148	flu, fluc, fluv	'flow, river' (5) 흐르다, 강	fluent, fluid, influence, affluent, effluent, fluvial 유창한, 액체, 영향, 부유한, (특히 공장의) 폐수, 하천의	L flu-
149	fore-	'before' (in time or space) (5) (시간이나 공간에 있어서) ~이전에	forecast, forefinger, foreskin 예측, 집게손가락, 포피	OE fore
150	form	'shape' (12) 형태	conform, uniform, formation, formal 행동/생각을 같이 하다, 유니폼, 형성, 격식을 차린	L form-
151	fort	'strong' (12) 강한	comfort, effort, fortification 안락, 수고, 방어 시설	L fort-
152	frag, frang	'break, deflect' (7) 깨지다, 방향을 바꾸다	fragment, fraction, fracture, refraction, frangible 조각, 부분, 골절, 굴절 (작용), 부서지기 쉬운	L fra(n)g-

153	fug	'flee, flight' (12) 도망가다, 비행	refuge, fugitive, fugue 피난(처), 도망자, 푸가	L. fug-
154	-ful	'full of X' (5) X로 가득 찬	peaceful, powerful, skillful 평화적인, 사람이 영향력 있는, 숙련된	OE full
155	fuse, fund	'pour, melt, blend' (4, 12) 붓다, 녹이다, 섞다	fuse, confuse, diffuse, effusive, infuse, profuse 도화선, 혼란시키다, 널리 퍼진, 야단스러운/과장된, 불어넣다/스미게 하다, 많은	L fund-
156	gam	'marriage, sexual union' (6) 결혼, 성적인 연합	bigamy, gamete, monogamy, polygamy 중혼(重婚), 배우자, 일부일처제, 일부다처제	G gam(o)-
157	gen(er), gn, gon, germ(in)	'birth, origin' (5) 출생, 기원	general, generate, gender, genesis, genius, germ, gonad, benign, malign, germinate 일반적인, 발생시키다, 성, 기원, 천재(성), 세균, 생식샘/선, 상냥한, 비방하다, 싹트다	*gen-
158	geo	'earth' (11) 지구/땅	geodesic, geology, geometry, apogee, George 측지(선)의, 지질학, 기하학, 정점, 조지(남자이름)	G ge(o)-
159	ges(t), ger	'carry, bring, offer' (5) 가져가다, 가져오다, 제안하다	gesture, gestation, digest, congest, ingest, suggest 몸짓, 임신(기간), 소화하다, 혼잡하게 하다, 삼키다, 제안하다	L ger-
160	glos, glot	'tongue, speech' (4) 혀/언어, 담화	gloss, glossary, glottis, epiglottis, polyglot 광택, 용어 사전/해설 목록, 성문(聲門), 후두개, 여러 언어를 사용하는	G glossa/glotta
161	gn, gnos, gnor	'to know' (4) 알다	cognition, incognito, recognize, agnostic, ignore 인식, 자기 신분을 숨기고, 알아보다, 불가지론자, 무시하다	*gno-, G gnos-
162	grad, gress	'step, go' (5) 걸음, 가다	grade, gradation, gradual, graduate, degrade, aggressive 등급, 단계적 차이, 점진적인, 대학 졸업자, 비하하다, 공격적인	L grad-
163	graph, gram	'make lines, write, record' (4) 선을 만들다, 쓰다, 기록하다	agraphia, autograph, telegraph, biography, grammar 실서증(失書症),사인, 전신(電信), 전기, 문법	G graph-

No.	Root	Meaning	Examples	Origin
164	grat	'thankful, pleased, kind' (8) 감사하는, 기쁜, 친절한	grateful, gratify, gratis, gratitude, congratulate, grace 고마워하는, 기쁘게 하다, 무료로, 고마움, 축하하다, 우아함	L grat-
165	grav	'heavy, serious' (10) 무거운, 진지한	aggravate, gravity 악화시키다, 중력	L grav-
166	greg	'flock, gather' (8) 떼를 지어 모이다, 모이다	gregarious, aggregate, congregation, egregious 떼지어사는, 합계, 모인 사람들/신도, 지독한	L greg-
167	gyn, gynec	'woman, female' (11) 여성, 여성의	androgynous, gynarchy, gynocracy, misogynist 양성(兩性)의 특징을 가진, 여성 지배, 여인 정치, 여자를 혐오하는 남자	G gun-, gunaik-
168	hab, hib	'to have, hold' (11) 가지다, 지탱하다	inhibit, exhibit, habitable 억제하다, 전시하다, 주거할 수 있는	L hab-
169	hetero-	'other'(7) 다른 (것)	heterosexual, heteronym, heteromorphic 이성애자, 이음동철어, 이형(異形)의	G heter(o)-
170	-hood	'state of, condition of' (5) ~의 상태, ~의 조건	childhood, womanhood, priesthood 어린 시절, 여성임, 사제직	OE hōd
171	hol(o)-	'whole, entire' (5) 전체, 전체의	holocaust, hologram, holarthritis 대참사, 홀로그램, 다발성관절염	G hol(o)
172	hom(o), homeo	'same' (6)	homogeneous, homomorphic, homonym 동질의, 준동형의, 동음어	G hom(o)-
173	heli	'sun' (7) 태양	heliotrope, parhelion, helioscope 헬리오트로프(연보라색 꽃이 피는 향기가 좋은 정원 식물), 환일(幻日), 태양 관측 망원경	G heli(o)-
174	hem, em	'blood' (3) 피/혈통	hemoglobin, hemophilia, hemoptysis, anemia 헤모글로빈, 혈우병(의), 객혈(喀血), 빈혈증	G haim-

175	hemi-	'half' (5) 절반	hemisphere, hemicircle, hemistich 반구, 반원(형), (시의) 반행(半行)	G hemi-
176	hend	'seize' (7) 꽉 붙잡다	apprehend, comprehend, prehensile 체포하다, 이해하다, 물건을 잡을 수 있는	L (pre)hend-
177	her, heir	'heir' (10) 상속자	inherit, inheritance, hereditary, heir 상속받다, 상속받은 재산, 유전적인, 상속인	L her-
178	hes, her	'stick, hold back' (2) 찌르다, 저지하다	adhere, coherent, incoherent, inherent, cohesive 들러붙다, 일관성 있는, 일관성이 없는, 내재하는, 화합하는	L haer-
179	hon	'worthy' (10) 가치가 있는	honor, honorable, dishonor, honesty 명예, 고결한, 불명예, 정직	L honos
180	hor	'shudder' (7) 몸서리치다	abhor, horrible, horror 혐오하다, 지긋지긋한, 공포(감)	L horr-
181	hɹm	'damp, wet' (7) 축축한, 젖은	humid, humidity 습한, 습도	L hum-
182	hyd(r)	'water' (11) 물	dehydrate, hydrant, hydrate, hydraulic, hydrogen 건조시키다, 소화전, 수화(水化)시키다, 수력학의, 수소	G hudr(o)-
183	hyper-	'over, to excess' (5) 넘어서서, 초과하다	hyperactive, hypersensitive 활동 과잉의, 과민한	G hyper-
184	hypo-	'under, slightly' (5) 미만으로, 조금	hypotactic, hypoglossal, hypoxic 종속적인, 혀 아래의, 혈중 산소 감소의	G hypo-
185	-ia	'condition' (5) 상태	personalia; amnesia, paranoia 개인 소지품, 기억 상실(증), 편집증	G/L -ia

186	iatr	'treat (medically)' (3) (의학적으로) 치료하다	iatrogenic, geriatric, psychiatry, pediatric, podiatry 의사에게 원인이 있는, 노인병학, 정신 의학, 소아과(학)의, 발병 치료	G iatr(o)-
187	-ic	'having the property of' (5) X의 자질을 가진	alcoholic, naturalistic, romantic; atheistic 술의, 자연주의적인, 로맨틱한; 무신론(자)의	L ik(o)-, L -ic-
188	idio	'particular' (7) 특정한	idiom, idiolect, idiot, *idiosyncratic* 관용구, 개인어(어떤 개인 특유의 언어), 바보, 특유의	G idi(o)-
189	-ify, fy	'to cause to (be) X' (5) X가 되게 하다	purify, sanctify, verify, satisfy, liquefy 정화하다, 신성하게 하다, (진실인지) 확인하다, 만족시키다, 액화시키다	L fac-
190	in-	'in, into, within' (5) ~안에, ~로, ~이내에	inaugurate, inchoate 취임하게 하다, 시작 단계인	L in-
191	in-	'negative' (5) 부정의/~이 아닌	indiscreet, ineffectual, incredible, illegible 조심성 없는, 능력이 부족한, 믿을 수 없는, 읽기 어려운	*n-
192	infra-	'below, underneath' (5) 아래로, ~의 밑에	infra-red, infrastructure 적외선, 공공 기반 시설	L infra-
193	inter-	'between, among' (5) ~ 사이에, ~ 가운데	interchange, interpose, intersect, interloper 교환, 덧붙이다, 교차하다, 침입자	L inter-
194	intra-	'inside' (5) 안쪽에	intracity, intramural, intracellular 시내의, 교내의, 세포 간의	L intra-
195	is-, iso-	'equal' (5) 동등한	*isochrony*, isosceles, *isotope* 동시 발생, 2등변의, 동위 원소	G is(o)-
196	-ish	'to become like X' (5) X와 비슷해지다	churlish, boyish, peckish, stylish 막된, 소년 같은, 약간 배가 고픈, 유행을 따른	Gmc -ish

197	-ism	'doctrinal system' (5) 교리적인 체계	communism, realism, romanticism 공산주의, 현실주의, 낭만주의	G -ism(o)-/-isma
198	isol, insul	'island' (11) 섬	isolate, insular, insulate, peninsula 격리하다, 배타적인, 절연/단열/방음 처리를 하다, 반도	L insul-
199	-ist	'one connected with' (5) ~와 연관된 사람	socialist, perfectionist, dentist, pugilist 사회주의자, 완벽주의자, 치과 의사, 권투 선수	G -ist-
200	-ity	'sate, quality' (5) 상태, 질	agility, diversity, actuality 민첩, 다양성, 실제	L -ita-, Fr -ité
201	-ive	'characterized by' (5) ~로 특징지어진	abusive, contradictive, retrospective 모욕적인, 모순되는, 회상하는	L -iv-
202	-ize	'to cause to be X' (5) X가 되게 하다	popularize, legalize, plagiarize, miniaturize 대중화하다, 합법화하다, 표절하다, 축소 모형을 만들다	G -iz-
203	jac(t)	'throw, lay, lie' 던지다, 놓다, 눕다	ejaculate, adjacent, reject, inject, eject, project 내뿜다, 인접한, 거절하다, 주사하다, 쫓아내다, 계획	L iac-
204	jug, jung	'join' (2) 합치다	jugate, conjugal, conjugate, jugular, juncture 대생엽(對生葉)이 있는, 부부의, 동사를 수 · 인칭 · 시제에 따라 변화시키다, 경/목정맥, 시점/연접	L iu(n)g-
205	journ	'day' (9) 날/낮	journal, sojourn, journey 신문/잡지, 체류, 여행	L diurn-
206	kine, cine	'move' (5) 움직이다	*kinetic*, *kinesics*, *kinesiology*, *telekinesis*, *cinema* 운동의, 동작학(動作學), 신체 운동학, 염력, 영화관	G kine
207	lat	'take, seize' (5) 가져가다, 꽉 붙잡다	epilepsy, narcolepsy, prolepsis, syllable, astrolabe 간질, 기면증, 조기발작, 음절, 아스트롤라베(과거 천문관측에 쓰이던 장치)	G lap-, lep,

208	lat	'carry' (6) 나르다	correlate, elated, legislate, relate, translate 상관관계가 있다, 행복해하는, 법률을 제정하다, 관련시키다, 번역하다	L lat(us)
209	lat	'hidden' (10) 숨겨진	latent, latebra 잠재하는, 라테브라	L lat-
210	leg, lect	'choose, gather, read' (4) 고르다, 모으다, 읽다	legion, elegance, sacrilege, elect, select, neglect 군단, 우아, 신성 모독, 선출하다, 선발하다, 방치하다	L leg-
211	leg	'law, charge' (4) 법, 기소	legal, legislate, allege, delegate, legitimate, privilege 법률과 관련된, 법률을 제정하다, 혐의를 제기하다, 대표(자), 정당한, 특전/특혜	L leg-
212	leg, log	'speak, write, read, reason' (4) 말하다, 쓰다, 읽다, 추론하다	logo, logic, apology, eulogy, prolog(ue), privilege 상징, 논리, 사과, 찬양하는 연설/글, 도입부, 특혜	G log(o)-, leg-
213	-less	'without, free from' (5) ~없이, 없는, 명사에서 형용사를 만듦	faultless, keyless 흠잡을 데 없는, 열쇠가 없는	OE less
214	-let	'diminutive' (5) 축소적인	hamlet, gauntlet, leaflet, driblet 아주 작은 마을, 갑옷용 장갑, 전단지, 소량	Fr -(l)ette
215	lev, lieve	'light, rise' (2) 가벼운, 오르다	levity, levitate, lever, elevate, alleviate, leavening, relieve 경솔, 공중에 뜨다, 지렛대, 승진시키다, 완화하다, 효모, 완화하다	L lev-
216	liber	'free' (9) 자유롭게 하다	liberty, liberate, deliberate 자유, 해방시키다, 고의의	L liber-
217	lig	'bind' (2) 묶다	ligature, ligament, oblige, religion 잡아매기, 인대, 의무적으로 ~하게 하다, 종교	L lig-
218	liqu	'fluid' (9) 액체(의)	liquidate, liquid, liquor 청산하다, 액체, 독한 술	L liqu-

219	liter	'letter' (9) 글자	illiterate, literature, alliteration 문맹의, 문학, 두운(법)	L liter-
220	lith	'stone' (11) 돌	lithograph, lithosphere, monolith 석판 인쇄(물), 대륙권, 단일 암체	G lith-
221	loc	'place' (2) 장소	locus, local, locative, locomotion, allocate 장소, 지역의, 장소격, 운동/이동/보행, 할당하다	L loc-
222	loqu, locu	'speak' (4) 말하다	locution, circumlocution, loquacious, colloquial 말투, 우회적으로 말하기, 말이 많은, 구어의	L loqu-
223	lud	'play' (9) 놀다	allude, delude, elude, interlude, prelude, ludicrous 암시하다, 속이다, (교묘히) 피하다, 사이, 서곡, 터무니없는	L lud-
224	lumin	'light' (12) 빛/불을 켜다	illuminate, lumen, luminous (~에 불을) 비추다, 루멘(광속 측정 단위), 어둠에서 빛나는	L lumen
225	-ly	'appropriate, befitting' (5) 적절한, 어울리는	friendly, timely, shapely, fatherly 친절한, 시기적절한, 맵시 있는, 아버지 같은	OE -lic(e)
226	macro-	'large, broad scale' (5) 큰, 광범위	macroeconomics, macroclimatology 거시경제학, 광역기후학	G makr(o)-
227	mag(n), maj	'great, large' (10) 대단한, 큰	magnanimous, magnify, maximum, major, majority 너그러운, 확대하다, 최고의, 주요한, 대다수	L mag-, mai-
228	mal(e)-	'bad ill, evil, wrong' (5, 8) 불운, 사악한, 잘못된	dismal, malodorous, malaise, malaria, malevolent 음울한, 악취가 나는, 불안감, 말라리아, 악의 있는	L mal(e)-
229	mand	'order' (9) 질서	mandatory, command, reprimand 법에 정해진, 명령, 질책하다	L mand-

No.	Form	Meaning	Examples	Origin
230	mani	'intense desire' (6) 강렬한 욕구	bibliomania, mania, maniac, megalomania 서적광, 열광, 미치광이, 과대망상증	G mani-
231	mar	'sea'(9) 바다	marine, submarine, mariner, marinara, ultramarine 바다의, 잠수함, 선원, 마리나라(토마토·마늘·향신료로 만든 이탈리아 소스), 군청색	L mar(in)-
232	mater, metr	'mother, womb, surrounding substance' (6) 어머니, 자궁, 둘러싸고 있는 물질	material, matter, maternal, matron, matrix; matrimony; metropolis, Demeter 물질, 문제, 어머니의, 기혼부인, 행렬; 결혼 (생활); 대도시/수도의, 데메테르(농업/결혼/사회 질서의 여신)	L mater, G meter
233	medi	'middle' (10) 가운데(의)	mediocre, media, medieval, Mediterranean 보통의, 대중 매체, 중세의, 지중해의	L medi-
234	men, mon, mn	'think, remind, warn' (3) 생각하다, 상기시키다, 경고하다	mental, mentor, dementia, monitor, reminisce; mnemonic 정신의, 멘토, 치매, 화면/모니터, 추억에 잠기다; (기억을 돕는) 연상 기호	*men-
235	-ment	'condition of being X' (5) X가 되는 조건	advancement, treatment, abandonment 발전, 치료, 유기	L -ment-
236	memor	'recall' (9) 상기하다	memorize, memorial, memorable, memory 기억하다, 기념의, 기억할 만한, 기억	L memor-
237	merc	'pay, trade, sell' (7) 지불하다, 거래, 팔다	mercantile, mercenary, mercy, commercial 무역의, 용병, 자비, 상업의	L merc-
238	mero-	'part, partial' (5) 부분, 부분적인	merocracy, meroblastic, meronymy 부분정치, 부분할(部分割)의, 부분어관계	G mer(o)-
239	merg, mers	'dip, plunge' (9) 살짝 담그다, 거꾸러지다	emerge, merge, merger, submerge, immerse (모습을) 드러내다, 병합하다, 합병, 잠수하다, 담그다	L merg-
240	meta-	'transcending, changed' (5) 초월하는, 변화된	metaphysics, metamorphosis 형이상학, 탈바꿈	G meta-

241 meter	‘measure’ (10) 측정하다	metric, metrics, metronome, perimeter, symmetrical 미터법의, 운율학, 메트로놈, 주변, 대칭적인	G metr(o)-
242 micro-	‘tiny, small scale’ (5) 아주 작은, 작은 규모	microorganism, microscope 미생물, 현미경	G mikr(o)-
243 mid-	‘middle’ (5) 가운데(의)	midwinter, midlands, midnight, middling 한겨울, 중부 지방, 자정, 중간의	OE midd
244 migr	‘wander’ (6) 헤매다	emigrate, immigrate, migrate, transmigration 이민을 가다, 이민을 오다, 이동하다, 환생(幻生)	L migr-
245 min	‘little, least’ (10) 작은, 가장 작은	diminish, diminutive, minor, minority, minuscular 줄어들다, 아주 작은, 중요하지 않은, 소수, 소문자의	L min-
246 mis-	‘badly, wrongly’ (5) 나쁘게, 부당하게	misspent, miscalculate, mislead 낭비한, 잘못 계산하다, 오도하다	OE mis
247 misc	‘mix’ (9) 섞다	promiscuous, miscellaneous, mixture 문란한, 여러 가지 종류의, 혼합물	L misc-
248 miso	‘hate’ (6) 증오하다	misanthrope, misogamy, misogyny 사람을 싫어하는 사람, 결혼을 싫어함, 여자를 싫어함	G mis-
249 mit, mis	‘send, go’ (5) 보내다, 가다	admit, emit, omit, transmit, admission, promise, missive 인정하다, 내뿜다, 빠뜨리다, 전송하다, 입장/입학, 약속하다, 공문서	L mitt-
250 mob, mot. mov	‘move’ (5) 움직이다	motion, motor, promote, remote, emotion, mob, move 운동, 모터, 촉진하다, 외진, 감정, 군중, 움직이다	L mov-
251 mod	‘moderate, measure’ (8) 중간의, 측정하다	mode, model, accommodate, commode, modal 방식, 모형, 공간을 제공하다, 변기 겸용 의자, 법조동사	L mod-

252	mono	'one' (7) 하나	monochrome, monogamy, monograph, monologue 흑백의, 일부일처제, 전공 논문, 독백	G mon(o)-
253	morph	'form' (10) 형태	amorphous, morphology, morphogenesis 확실한 형태가 없는, 형태론, 형태 발생	G morph-
254	mort	'death' (11) 죽음	immortal, mortal, mortgage, mortify, mortuary 죽지 않는, 영원히 살 수는 없는, (담보) 대출(금), 굴욕감을 주다, 영안실	L mort-
255	multi-	'many' (5) 많이	multifaceted, multivalent, multiform 다면적인, 다면적 가치를 지닌, 여러 형태의	L mult-
256	mun	'common, public, gift' (8) 보편적인, 공공의, 선물	communion, communism, community, immune 성찬식, 공산주의, 지역주민/공동체, 면역성이 있는	L mun-
257	mus	'one of the muses' (9) 뮤즈 중 하나	music, muse, museum 음악, 뮤즈, 박물관	G mous-
258	mut	'change' (9) 바꾸다	mutate, immutable, mutant 돌연변이가 되다, 불변의, 돌연변이의	L mut-
259	nat, nasc	'be born' (9) 태어나다	natural, native, innate 천연의, 태어난 곳의, 타고난	L nasc-, nat-
260	nat, naut	'sail, swim, boat' (9) 항해하다, 헤엄치다, 보트	naval, navy, aeronaut, aquanaut, nautical 해군의, 해군, 비행선 조종사, 해중 탐사원, 선박의	L nav-, naut-
261	nec(ro), noc(s)	'death, harmful' (11) 죽음, 해로운	nectar, nectarine; internecine, pernicious, *necrophilia* 꿀, 천도복숭아; 동일 조직에서 벌어지는 투쟁의, 치명적인, 시간증(屍姦症)	*nek
262	neg	'not, no' (7) 아닌, 아니다	negate, neglect, renegade, renege 무효화하다, 방치하다, 변절자, 어기다	L neg-

263	neo-	'new, recent' (5) 새로운, 최근의	neonatal, neolithic, neotype 신생아의, 신석기 시대의, 신(新)기준 표본	G ne(o)-
264	-ness	'state, condition' (5) 상황, 조건	bitterness, fairness, idleness 쓴 맛, 공정성, 게으름	OE -ness
265	nom	'law, system' (8) 법, 시스템	*autonomous*, *anomie*, economy, antinomy 자주적인, 사회적/도덕적 무질서, 경제, 이율배반	G nom(o)-
266	nom, onom, onym	'name' (4) 이름	ignominy; anonymous, antonym, homonym, onomastic 불명예; 익명인, 반의어, 동음어, 이름의	*(o)nomen
267	non-	'not' (5) 아닌	nonsense, non-resident, non-intervention 터무니없는 생각/말, 거주하지 않는, 불개입	L non-
268	nub-	'to marry' (6) 결혼하다	connubial, nubile, nuptials 결혼(생활)의, 성적 매력이 있는, 혼례식	L nub-
269	nunc	'speak' (8) 말하다	annunciate, enunciate, pronunciation, renunciation 알리다, (또렷이) 말하다/발음하다, 발음, 포기 (선언)	L nunti-
270	ob-	'inverse, facing' (5) 정반대의, 마주하여	object, occur, obverse, opposite 물건, 일어나다, 반대, 반대편의	L ob-
271	-oid	'having the shape of, resembling' (5) ~의 형태를 가진, 닮은	humanoid, asteroid, tabloid, *anthropoid* 인간과 비슷한 기계/존재, 소행성, 타블로이드판(보통 신문의 절반 크기), 사람 비슷한	G oeid-
272	oligo-	'few' (5) (수가) 적은	oligarchy, oligotrophic 과두제, (호수·하천 등이) 빈(貧)영양의	G olig(o)
273	omni-	'all' (5) 모두	omnipotent, omniscient, omnidirectional 전능한, 모든 것을 다 아는, (송수신이) 전방위의	L omni-

274	op(t,s)	'eye, sight, look at' (3) 눈, 시력, 보다	presbyopia, amblyopia, myopia, optical, optometry 노안(老眼), 약시(弱視), 근시, 시각적인, 검안	G op(t)-
275	oper	'work, creation' (7) 일, 창조	opera, operate, operand, opus 오페라, 작동하다, 피연산 함수, (유명 작곡가의 번호가 매겨진) 작품	L opus, oper-
276	ordin	'order' (7) 질서	ordinal, ordain, extraordinary, subordinate 서수, (성직자로) 임명하다, 특이한, 종속된	L ordin
277	ortho	'straight' (10) 곧은	orthography, orthodontist, orthopedics 철자법, 치과 교정 전문의, 정형외과(학)	G orth(o)-
278	-ory	'connected with' (5) ~와 연결된	obligatory, inflammatory, dormitory 의무적인, 선동적인, 기숙사	L -ori-
279	os, or	'mouth, speak' (4) 입, 말하다	adore, oral, oratory, peroration, osculate 흠모하다, 구두의, 웅변술, 장황한 연설, (중간속(屬) 등에서) 상접(相接)하다	L os, or-
280	-ose, -ous	'full of, abounding in' (5) ~로 가득찬, ~로 풍부한	verbose, morose, jocose, glorious, vicious 장황한, 시무룩한, 익살스러운, 영광스러운, 잔인한	L -os-
281	pac	'bind, agreement, peace' (8) 결속, 동의, 평화	pact, compact, impact, *pace*, pacific, pacifism 약속/협정/조약, 조밀한, 영향, 속도, 태평양의, 평화주의	L pac-
282	palp	'touch, feel' (3) 만지다, 느끼다	palpate, palpitate, palpable 손으로 만지다, 두근거리다, 감지할 수 있는	L palp-
283	pan, panta	'all, all embracing' (7) 모두, 모두 감싸 안은	panacea, pandemonium, panorama, panoply 만병통치약, 대혼란, 전경(全景), (많은 수의) 모음/집합	G pan-
284	par	'beget, produce' (6) 자식을 보다, 생산하다	parent, viviparous, repertory, parade 부모, 태생의, 레퍼토리, 퍼레이드	L par-[1]

285	par	'show' (7) 보여주다	apparition, appear, transparent 유령, 나타나다, 투명한	L par-^{2}
286	par, por	'part, share, equality' (6) 부분, 몫, 평등	compare, disparate, parity, parse, impart, portion 비교하다, 이질적인, 동등함, 분석하다, (정보, 지식 등을) 전하다, 부분	L pars, part-
287	para-	'beside, along with' (5) ~의 옆에, ~와 더불어	paramedic, parallel 긴급 의료진, 평행한	G para-
288	pass	'spread out, go' (6) 펴지다, 가다	pass, compass, encompass, passport, surpass, impasse 지나가다, 나침반, 포함하다, 여권, 능가하다, 교착 상태	L pass-
289	past, pan	'food, dough, bread' (9) 음식, 반죽, 빵	companion, pannier, pantry, repast 동반자, 짐바구니, 식료품 저장실, 식사	L pan-
290	pater	'father, sponsor' (6) 아버지, 후원자	paternal, patrimony, patriarch 아버지의, 세습 재산, 가부장	*pater
291	path(et)	'feel, suffer, illness' (3) 느끼다, 고통 받다, 질병	apathy, allopathy, electropathy, hydropathy, empathy 무관심, 대증요법(對症療法), 전기요법, 수치요법(水治療法), 감정이입	G path(o)-
292	pati, pass	'suffer, endure' (7) 고통 받다, 견디다	patience, impatient, impassive, passion, impassionate 참을성, 안달하는, 무표정한, 격정, 열정적인	L pat-
293	ped, paed	'child, training, education' (6) 어린이, 훈련, 교육	pediatric, encyclopedia, orthopedics, pedagogy 소아과(학)의, 백과사전, 정형외과(학), 교육학	G paid-
294	ped, pod, pus	'foot' (3) 발	biped, centipede, expedite, impede; podium, octopus 두발 동물, 지네, 신속히 처리하다, 지연시키다; 연단, 문어	*ped-, *pod-
295	pel	'push' (9) 밀다	compel, dispel, expel, propel, repel, compulsory 강요하다, 떨쳐 버리다/없애다, 내쫓다, 나아가게 하다, 물리치다, 강제적인	L pell-

296	pen(i)(t), pun	'punishment' (8) 처벌	penal, penalty, penitent, penitentiary, repent, punish 처벌의, 처벌, 뉘우치는, 교도소, 뉘우치다, 처벌하다	L poen-
297	pend, pond, pens	'weigh, hang, consider, pay' (7) 무게를 재다, 달다, 고려하다, 지불하다	append, depend, pendulum, preponderate, pensive 덧붙이다, 의존하다, (시계의) 추, 다른 것보다 무게가 더 나가다, 깊은 생각에 잠긴	L pend-
298	per-	'through, thoroughly' (5) ~를 통해서, 완전히	perspire, pernicious, pervade 땀을 흘리다, 치명적인, 만연하다	L per-
299	peri-	'around, nearby' (5) 사방에, 근처에	perimeter, peristomatic 주위/주변, 이끼류의/치모의	G peri-
300	pet	'go, seek' (6) 가다, 구하다	appetite, compete, competent, impetuous, impetus 식욕, 경쟁하다, 능숙한, 성급한, 자극(제)	L pet-
301	phag	'eat' (9) 먹다	anthropophagous, dysphagia, necrophagous 식인의, 연하(嚥下)곤란, 썩은 고기를 먹는	G phag(o)-
302	phan, phen, fan	'show, appear' (2) 보여주다, 나타나다	phantom, sycophant, phenomenon, fancy, fantasy 유령, 아첨꾼, 현상, 공상, (기분 좋은) 공상/상상	G phan-
303	phil	'love' (6) 사랑하다	Anglophile, bibliophile, philanthropy, philology 영국 예찬자, 애서가, 자선 활동, 문헌학	G phil(o)-
304	phob	'fear' (11) 공포	phobia, arachnophobia, hydrophobia 공포증, 거미공포증, 광견병	G phob(o)-
305	phon	'speech, sound' (4) 말, 소리	phonetic, microphone, telephone 음성의, 마이크(로폰), 전화	G phon-
306	phot, phos	'light' (7) 빛/불	photography, photosynthesis, phototropism, phosphorus 사진/촬영 술, 광합성, (식물체의) 굴광성, 3가 인을 함유한	G phos, phot(o)-

307	phys, phu	'nature, growth, plant, tribe' (11) 본성, 성장, 식물, 종족	metaphysics, physics, physician, physicist, neophyte, *phylum*, *phylogeny*, *euphuism* 형이상학, 물리학, 내과 의사, 물리학자, 초보자, 문(門)(분류 단위), 계통 발생론(系統發生論), 미사여구	G phu-
308	ple(c), ply	'fold, tangle' (10) 접다, 얽히다	complex, accomplice, complicate, complicity 복잡한, 공범(자), 복잡하게 만들다, 공모	L plec-
309	plen, pleo, pleth	'abundance' (3) 풍부	plenty, complete; pleonasm, plethora 풍부한, 가능한 최대의, 용어법, 과다	*ple-
310	pol(is)(it)	'city, state' (8) 도시, 국가	acropolis, cosmopolitan, police, policy, political (고대 그리스 도시의) 성채, 세계적인, 경찰, 정책, 정치와 관련된	G poli-
311	poly-	'many' (5) 많은	polychromatic, polyangular, polygamy 다색(多色)의, 다각(多角)의, 일부다처제	G polu-
312	pon, pos	'place, put' (5) 장소, 놓다	component, composite, deposit, expose, impose, oppose 구성 요소, 합성의, 착수금/보증금, 드러내다, 부과하다, 반대하다	L pon-
313	popul	'people' (3) 사람들	depopulate, people, population, popular 인구를 줄이다, 사람들, 인구, 인기 있는	L popul-
314	port	'carry' (6) 나르다	deport, export, import, portly, purport, rapport 강제 추방하다, 수출하다, 수입하다, 약간 뚱뚱한, 주장하다, (친밀한) 관계	L port-
315	post, poster	'after, behind' (10) ~후에, ~뒤에	post-mortem, postpone, post-script, posterior 사후(死後)의, 연기하다, 편지의 추신, 뒤쪽에 있는	L post-
316	pot, poss	'be able, powerful' (9) ~할 수 있는, 힘 센	potent, omnipotent, potential, possible, possess 강력한, 전능한, 잠재력이 있는, 가능한, 소유하다	L pot-, posse
317	prag	'do' (9) 하다	practical, pragmatic, pragmatics 실제적인, 실용적인, 화용론(話用論)	G prag-

318	pre-, pro-	'before, in front of' (5) ~이전에, ~의 앞에	preconceive, preposition, progress, professor 미리 생각하다, 전치사, 앞으로 나아가다, 정교수	L prae-, pro-
319	prec	'entreat, pray' (8) 간청하다, 기도하다	deprecate, precarious, imprecate, imprecation 비난하다, 불안정한, (재난·저주 등을) 빌다, 저주	L prec-
320	prec	'worth, value' (9) 가치, 가치	appreciate, depreciate, precious, preciosity 진가를 알아보다/인정하다, 가치가 떨어지다, 귀중한, (지나친) 점잔	L preti-
321	prim	'first, foremost' (10) 첫 번째, 가장 중요한	primal, primary, primate, prime, primer, primeval 원시의, 주된, 영장류, 제1의, 밑칠 페인트, 태고의	L prim-
322	princ	'ruler' (5) 통치자	prince, principle, principal, principle ['take first'] 왕자, 원칙, 주요한, [근본이 되는] 원론	L prim- + cap-
323	priv	'secret, not public' (5) 비밀의, 대중적이 아닌	private, deprive, privy 사유의, 빼앗다, (비밀을) 공유하는 것이 허용된	L priv-
324	prob, prov	'test, find good' (9) 시험, 좋은 점을 찾다	probable, probe, probation, prove, approve, probity 개연성이 있는, 캐묻다, 보호 관찰, 입증하다, 찬성하다, (완전한) 정직성	L prob-
325	prol	'offspring' (6) 자손	proletariat, prolific, proliferate 무산 노동자 계급, 다작하는, 급증하다	L prole-
326	proto-	'first, chief' (5) 첫 번째, 우두머리	proto-organism, protoplasm, prototype 최초의 유기체, 원형질, 원형(原型)	G prot(o)-
327	pseudo-	'false, deceptive' (5) 거짓, 기만적인	pseudonym, pseudo-prophet, pseudo-archaic 필명, 거짓 예언자, 거짓으로 오래된 것처럼 보이게 하는	G pseud(o)-
328	psych	'spirit, soul, mind' (3) 영, 영혼, 심성	psyche, psychology, psychedelic, psychiatry, psychic 마음, 심리학, 환각을 일으키는, 정신 의학, 초자연적인	G psukh(o)-

No.	Morpheme	Meaning	Examples	Origin
329	publ	'people' (5) 사람들	republican, publicity, publish 공화주의자, 언론의 관심, 출판하다	L public(us)
330	pud	'feel shame, cast off' (6) 창피함을 느끼다, 던져 버리다	impudent, pudendum, repudiate 무례한, 외음부, 거부하다	L pud-
331	pung(t)	'point, prick' (11) 가리키다, 찌르다	expunge, punctuation, puncture 지우다, 구두점, 펑크	L pung-
332	put	'cut, reckon, consider' (7) 자르다, 생각하다, 고려하다	amputate, deputy, dispute, repute, reputation 절단하다, 부-/-보/대행인, 분쟁, 평판, 평판	L put-
333	pyr	'fire, fever' (3) 불, 열	antipyretic, pyre, pyretic, pyrite, pyromania 해열제의, (화장(火葬)용) 장작더미, 발열(성)의, 황철석(黃鐵石), 방화벽(放火癖)	G pur-
334	ques, quer	'ask, seek' (4) 묻다, 구하다	question, request, exquisite, query, conquer, acquire 질문, 요청, 정교한, 문의, 정복하다, 습득하다	L quaes-
335	rat	'reckon, reason' (8) 생각하다, 추론하다	rational, ration, ratio, ratify 합리적인, 배급량, 비율, 비준/재가하다	L ratio-
336	re-	'anew, again, back' (5) 새로, 다시, 뒤로	regenerate, rehearse, restore, reward 재건하다, 예행연습을 하다, 회복시키다, 보상	L re-
337	re	'thing' (5) (그)것	real, reality, realize, republic, reify, rebus 진짜의, 현실, 깨닫다, 공화국, 구체화하다, 그림/글자조합 수수께끼	L re(s)
338	reg, roy	'straight, lead, rule, king' (8) 곧은, 이끌다, 통치하다, 왕	regal, regent, regicide, regimen, region, regular, royal 제왕의, 섭정(을 하는 사람), 국왕 살해, 식이 요법, 지역, 규칙적인, 국왕의	L reg-
339	retro-	'backwards, back' (5) 뒤로, 뒤	retrogression, retrospection 후퇴, 회고	L retro

340	rig	'stiff, rigor, rigid' (5) 뻣뻣한, 엄함, 엄격한	rigid, rigor 엄격한, 엄함	L rig-
341	rrh, rh	'flow, steam, measured motion' (5) 흐르다, 증기, 측량된 움직임	catarrh, diarrhea, gonorrhea, hemorrhage 카타르(감기 등으로 코와 목의 점막에 생기는 염증), 설사, 임질, 출혈	G rhe-
342	riv	'river, shore, stream' (6) 강, 해안가, 개울	arrive, river 도착하다, 강	L ripa
343	riv	'stream, run' (6) 개울, 달리다	derive, rival, rivulet 끌어내다, 경쟁자, 시내	L riv-
344	rog	'ask, take away' (6) 묻다, 가지고 가다	abrogate, arrogant, derogatory, interrogate, prerogative 폐지하다, 오만한, 경멸하는, 심문하다, 특권	L rog-
345	rupt	'burst, become unsound' (7) 파열하다, 부적절하게 되다	abrupt, bankrupt, corrupt, disrupt, erupt, interrupt 돌연한, 파산한, 부패한, 방해하다, 분출하다, 방해하다	L rupt-
346	salv	'safe, healthy' (9) 안전한, 건강한	salvation, salvage, salute, salutation 구원, 구조, 거수경례를 하다, 인사	L salv-
347	sat, satis	'satisfy' (9) 만족시키다	insatiable, sate, saturate, satisfy 채울 수 없는, (욕구를) 채우다, 흠뻑 적시다, 만족시키다	L sat-
348	scand	'to leap, to climb' (7) 뛰다, 오르다	trascend, scansion, ascend, scandal 초월하다, 운율, 오르다, 스캔들	*skand
349	sci	'know, discern' (8) 알다, 알아차리다	science, conscience, conscious, prescience 과학, 양심, 의식하는, 예지	L sci-
350	scrib	'write' (4) 쓰다	scribe, proscribe, prescribe, describe, ascribe 필경사, 금지하다, 처방을 내리다, 서술하다, ~의 탓으로 하다	L scrib-

351	se-, sed-	'apart' (5) 떨어져	separate, select, sedition, seduce 분리된, 선택하다, 폭동 선동, 유혹하다	L se(d)
352	sec, seg	'cut, split' (6) 자르다, 분열되다	segment, dissect, insect, sect, section, secant, sex 부분, 해부하다, 곤충, 종파(宗派), 부분, 끊는, 성(性)	L sec(are)
353	sed	'sit, stay' (5) 앉다, 머무르다	sedate, sedentary, sediment, supersede, assiduous 차분한, 주로 앉아서 하는, 침전물, 대체하다, 근면 성실한	L sed-
354	sel(t), s(a)ul(t)	'jump' (9) 뛰다	salient, assail, assault, somersault, exult, insult 두드러진, 공격을 가하다, 폭행(죄), 공중제비, 기뻐서 어쩔 줄 모르다, 모욕하다	L sal(t)-
355	sim, simil, sem, sembl	'similar, same, one' (5) 비슷한, 동일한, 하나의	resemble, semblance, dissemble, simple, simplex, assimilate, facsimile, simile, sempiternal 닮다, 외관, 숨기다, 단순한, 단일어/단일의, 비슷해지다/동화하다, 복사, 직유, 영원한	L sem-, sim-
356	semi-	'half, partly' (5) 절반, 부분적으로	semicolon, semifinal, semi-annual 세미콜론(;), 준결승(의), 반년마다의	L semi-
357	sen(t,s)	'feel, agree, think' (3) 느끼다, 동의하다, 생각하다	assent, consent, dissent, presentiment, resent 찬성, 동의, 반대, (특히 불길한) 예감, 억울하게 여기다	L sent-
358	sequ, secut	'follow' (5) 따라가다	sequel, sequester, subsequent, consequence, prosecute 속편, 가압류하다, 그 다음의, 결과, 기소하다	L sequ-
359	ser(t)	'put, arrange, write, speak' (4) 놓다, 마련하다, 쓰다, 말하다	series, serial, assert, desert, dissertation, exert 연속(물), 연속극, 주장하다, 사막, 학위 논문, (영향력을) 행사하다	L ser-
360	-ship	'state, condition' (5) 상태, 조건	dictatorship, trusteeship, workmanship 독재 정부, 신탁 관리 업무, 솜씨	OE scipe
361	soci	'companion' (5) 동지	social, society, socialism, sociable, associate 사회의, 사회, 사회주의, 사람들과 어울리기 좋아하는, 연상하다	L soci-

No.	Root	Meaning	Examples	Origin
362	sol	'alone, single' (7) 혼자서, 단일의	desolate, sole, soliloquy, solipsism, solitary, solitude 황량한, 단 하나의, 독백, 유아론(唯我論), 혼자 하는, 고독	L sol-[1]
363	sol	'sun' (11) 태양	parasol, solar, solarium, solstice 양산, 태양의, 일광욕실, 지점(至點: 하지(점)과 동지(점))	L sol-[2]
364	sol, hol	'whole' (7) 전체	solid, consolidate, solder; catholic, holistic, holocaust 단단한, 굳히다, 땜납; (로마) 가톨릭교회의, 전체론의, 대참사/대파괴	*sol-
365	solv	'loosen, unbind' (7) 느슨한, 묶이지 않은	solve, solvent, insolvent, absolve, dissolve, resolve 해결하다, 용제, 파산한, 무죄임을 선언하다, 녹다, 해결하다	L solv-
366	some	'-like, apt to' (5) ~같은, ~하기 쉬운	cumbersome, awesome, bothersome 크고 무거운, 경탄할 만한, 성가신	OE sum
367	son	'sound' (8) 소리	sonorous, consonant, dissonant, sonata, sonnet 낭랑한, 자음, 귀에 거슬리는, 소나타, 소네트	L son-
368	soph	'wise' (8) 현명한	philosophy, sophist, sophisticated 철학, 궤변가, 세련된	G soph(o)-
369	spec, skep, scop, speci	'look, see' (3) 바라보다, 보다	specious, species, speculum, spectator, aspect 허울만 그럴 듯한, 종(種), (인체 내부 검사용) 검경(檢鏡), 관중, 측면	L spec-
370	sper, spor	'scatter, seed' (6) 흩어지다, 씨	sperm, spore, sporadic, diaspora 정자(精子), 홀씨, 산발적인, 디아스포라(다른 나라에서 살며 일하기 위한 유대인들의 이동)	G spor-, sper-
371	spond	'pledge' (5) 서약	sponsor, correspond, respond, despondent; spondee 후원자, 일치하다, 응답하다, 낙담한, 강강격/장장격 음보	*spond-
372	spir	'breathe, animate' (3) 숨 쉬다, 생기를 불어 넣다	aspiration, conspire, expire, inspire, perspire 열망, 음모를 꾸미다, 만료되다, 고무하다, 땀을 흘리다	L spir-

373	stat	'stay, stand, make firm' (2) 머무르다, 서다, 단단하게 만들다	state, statue, armistice, substitute, apostasy 상태, 조각상, 휴전(협정), 대신하는 사람/것, 배교(背敎)	*sta-
374	sti(n)g	'to stick, quench, urge' (7) 찌르다, 풀다, 재촉하다	distinct, extinguish, instigate, instinct 뚜렷한, 끄다, 실시하다, 본능	L stin(g)-
375	struct	'build' (9) 세우다	construct, obstruct, instruct, superstructure 건설하다, 방해하다, 지시하다, 상부 구조	L stru-
376	sub-	'under, below' (5) ~미만, 아래	subdivision, subtraction, subtitle 다시 나눔, 빼냄, 자막	L sub-
377	super-	'over, above' (5) 넘어서, ~위에	supernatural, supererogatory, superman 초자연적인, 직무 이상으로 일하는, 초인적인 능력을 지닌 사람	L super-
378	sur-	'over, above, beyond' (5) ~넘어서, ~위에, ~넘어서	surtax, surrealistic 누진 소득세, 초현실주의자(의)	L super-
379	syn-	'with, together' (5) ~와, 함께	synthetic, synchronic 합성한, 공시적인(같은 시대의 언어를 연구하는)	G syn-
380	tac(s,t)	'order, arrange' (7) 순서, 마련하다	tactics, syntax, syntactic, taxidermy, taxonomy 전술(학), 구문론, 구문론의, 박제술(剝製術), 분류학	G tak-
381	tag(t), tang	'touch, feel' (3) 만지다, 느끼다	contagious, contiguous, contact, intact, tangible 전염되는, 인접한, 연락/접촉, 온전한, 분명히 실재하는	L ta(n)g-
382	tec(hn)	'build, skill' (7) 세우다, 기술	polytechnic, technical, technique, technology 공업 기술의, 기술의, 기법, 기술	G tekhn(o)-
383	ten, tain	'hold, maintain' (7) 지탱하다, 유지하다	tenant, tenement, tenet, tenure, sustenance, tenable 세입자, 공동 주택, 주의(主義), 재임 기간, 생명을 건강하게 유지시켜 주는 것, 공격에 견딜 수 있는	L ten-

384	ten(d)	'stretch, thin' (2) 늘어나다, 얇은	attend, tend, extend, intend, intense, ostensible 참석하다, 경향이 있다, 확장하다, 의도하다, 극심한, 표면적으로는	L tend-
385	temp	'measure' (5) 측정/조치	temper, temperature, tempered 성질, 온도, 조절된	L temper-
386	ter	'frighten' (4) 겁먹게 하다	deter, determine, terror 단념시키다, 알아내다, 두려움	L terr-
387	termin	'limit' (4) 한계	terminate, indeterminate, terminus, terminal 끝나다, 정확히 규정할 수 없는, 종착역, 종착역	L termin-
388	thanat	'death' (11) 죽음	euthanasia, thanatophobia, thanatologist 안락사, 사망공포(증), 사망학자	G thanat(o)-
389	the	'place, put' (2) 장소, 놓다	theme, thesis, anathema, apothecary, hypothesis 주제, 학위 논문, 절대 반대(하는 것), 약제상, 가설(假說)	G the-
390	theo	'god' (2) 신	theism, atheism, pantheism, theology, theocracy 유신론, 무신론, 범신론, 신학, 신권 정체(政體)	G the(o)-
391	therm	'heat' (9) 열기	thermal, thermodynamics, hypothermia 열의, 열역학, 저체온증	G therm(o)-
392	tom, tm	'cut' (7) 자르다	anatomy, atom, dichotomy, entomology, epitome; tmesis 해부학, 원자, 양분(兩分), 곤충학, 완벽한 (본)보기; 분어법(分語法: 어떤 단어 중간에 다른 단어(들)를 끼워 넣는 방법)	G tom(o)-, tm-
393	top	'place' (4) 장소	topic, topology, topography, toponomy, isotope 화제, 위상(位相) 기하학, 지형, 지명 연구, 동위 원소	G top(o)-
394	tor(t)	'twist' (10) 비틀다	contortion, distort, extortion, retort, torturous, torture 뒤틀림, 일그러뜨리다, 강요, 쏘아붙이다, 고문의, 고문	L tort-

No.	Morpheme	Meaning	Examples	Origin
395	tract	'drag, pull' (6) 끌다, 당기다	tractable, traction, tractor, attract, abstract, contract 다루기 쉬운, 끌기, 트랙터, 마음을 끌다, 추상적인, 계약(서)	L tract-
396	trib	'give, pay' (4) 주다, 지불하다	tribute, contribute, tributary, distribute, attribute 헌사, 기부하다, (강의) 지류, 나누어 주다, (~을 ~의) 덕분으로 보다	L tribu-
397	trop	'turn' (10) 돌다	tropic, trope, entropy 회귀선, 비유(比喩), 엔트로피(시스템 내 정보의 불확실성 정도를 나타내는 용어)	G trop(o)-
398	tu(i)t	'watch, instruct' (4) 지켜보다, 지시하다	tutor, tutelage, intuition, tuition 가정교사, 지도, 직관력, 수업(료)	L tu-
399	tum	'swollen' (10) 부풀어 오른	contumely, detumescence, intumescence, tumor 오만불손, 수축, 부풀어 오름, 종양(腫瘍)	L tum-
400	trans-	'across, surpassing' (5) 건너서, 빼어난	transalpine, transoceanic, transhuman 알프스 저편의, 대양 저편의, 인간과 포스트 휴먼(인간의 유전자 구조를 변형하고 로봇이나 기술을 인체에 주입하면서 진화된 상상 속 인종) 사이의 존재	L trans-
401	tri-	'three' (5) 셋	triangle, tridimensional 삼각형, 3차원의	G tri
402	ultra-	'beyond, extreme' (5) ~넘어서, 극단적인	ultraliberal, ultramodern, ultraviolet 급진적 자유주의의 (사람), 초현대적인, 자외선(의)	L ultra
403	un-	'not' (5) 아닌	unclean, uneven, unmindful, unbearable, uncouth 더러운, 평평하지 않은, 신경을 안 쓰는, 참을 수 없는, 무례한	OE un-
404	un-	'opposite, reverse' (5) 반대의, 역의	untie, unlock, uncoil (매듭 등을) 풀다, (열쇠로) 열다, (둥글게 감긴 것을) 풀다.	OE on- < *anti-
405	uni-	'one' (5) 하나	uni-sex, unidirectional, univocal 남녀 공용의, 단일 방향(성)의, 단조로운 음성으로 말하는	L un-

406	uter, hyster-	'womb, hysteria' (6) 자궁, 과잉흥분	uterus; hysterectomy, hysteria, hysterogenic 자궁; 자궁 절제술, 히스테리, 히스테리를 일으키는	G uter-, G *huster-*
407	vac, van	'empty' (10) 비어있는	vacant, vacation, evacuate, vacuous, vanish, evanescent 비어있는, 방학/휴가, 대피시키다, 멍청한, 사라지는, 덧없는	L vac-, van-
408	val	'strong, useful' (9) 강한, 유용한	valid, valor, value, equivalent, convalescence 유효한, 용기, 가치, 동등한, 요양/회복	L val-
409	ven	'come, bring, happen' (5) 오다, 가지고 오다, 일어나다	adventure, circumvent, convent, convention, event 모험, (어려움이나 법 등을) 피하다, 수녀원, 관습, 사건	L ven-
410	ver	'true' (8) 진실한	veracity, verdict, verify, verisimilitude, veritable 진실성, 판결, 입증/확인하다, 그럴듯함, 진정한	L ver-
411	ver, vers, vor	'turn, roll' (10) 돌다, 두루마리	adverse, controversy, converse, vertigo, vortex 부정적인, 논란, 대화를 나누다, 현기증, 소용돌이	L vers-, vert-
412	via, voy	'way, road' (5) 길, 도로	deviate, impervious, obviate, obvious, trivial, voyage 벗어나다, 영향 받지 않는, 제거하다, 명백한, 사소한, 여행	L via
413	vice-	'in place of, instead' (5) ~의 위치에, 대신에	vice-consul, vice-president, viceroy 부영사, 부통령, 총독	L vice-
414	vic(t), vinc	'conquer' (9) 정복하다	evict, victory, convince, invincible 쫓아내다, 승리, 확신시키다, 천하무적의	L vinc-
415	vid, vis, id, eid, oid	'see' (3) 보다	evident, provide, video, *vide*, advise, television, visit; android, *eidetic*, *kaleidoscope*, idol, idyll 분명한, 제공하다, 비디오, ~을 보라, 조언하다, 텔레비전, 방문하다; 인간의 모습을 한 로봇, 직관적인, 만화경, 우상, 목가적인 곳	*weid, *woid, *wid-
416	vir	'male, man' (6) 남성의, 남자	triumvirate, virago, virile, virtue, virtually 삼두정치, 말참견을 잘하는 여자, 정력이 넘치는, 미덕, 사실상/가상으로	L vir-

417	viv	'alive' (4) 살아있는	vivisection, vivacious, vivid, revive 생체해부, 명랑한, 생생한, 활기를 되찾다	L viv-
418	voc, vok	'speak, call' (4) 말하다, 부르다	vocal, vocabulary, advocate, vociferous, vocation 목소리의, 어휘, 주장하다, 소리 높여 주장하는, 소명/천직	L voc-
419	volv	'turn, roll' (7) 돌다, 구르다	evolve, devolve, involve, revolve, revolt, voluble 진화하다, 양도하다, 포함하다, 회전하다, 반란, 열변을 토하는	L volv-
420	-y	'full of, characterized by' (5) ~로 가득 찬, ~로 특징짓는	mighty, moody, healthy 강력한, 기분변화가 심한, 건강한	OE -ig
421	xen	'foreign, strange' (8) 이국의, 이상한	xenophile, xenophobe, xenon 외국인을 좋아하는 사람, 외국인(것)을 싫어하는, (비활성기체원소) 크세논	G xen(o)-
422	zo	'animal' (10) 동물	protozoan, spermatozoa, zoo, zoology 원생동물, 정자, 동물원, 동물학	G zo(o)-

■ 찾아보기

(ㄱ)

강화 ······ 151
게르만어 ······ 32, 35, 39-42, 45, 48, 60, 63-66, 68, 71, 94, 107-08, 138, 178-81, 183-85, 246
고대노스어 ······ 44, 80
고대영어 ······ 3, 37, 39-43, 45, 48, 50, 63-64, 66-68, 72, 87, 106-07, 137-38, 181, 186, 246
고대프랑스어 ······ 50-51, 64, 68, 137, 167, 187, 193
공명도약화 ······ 151-54
구개음화 ······ 147, 149-50, 218
국제음성알파벳(IPA) 109-10, 118, 120
굴절 ······ 87-88, 90, 140, 246
그리스어 ······ 1-2, 12, 20, 30, 33, 35, 42, 55-58, 61-62, 64, 66, 68, 71, 73, 83-84, 87, 102, 105-08, 136-37, 151, 165, 179, 199, 202, 224, 231, 236-38, 240, 246, 250
그림의 법칙 ······ 102, 178

(ㄴ)

네덜란드어 ······ 2, 35-36, 59-61, 180
노르만 정복 · 45-46, 53, 63, 66-67, 72
노르만 프랑스어 ······ 46-48

(ㄷ)

다의성/다의어 ······ 199, 204-06
데인로 ······ 44
덴마크어 ······ 35-36, 43
동음성/동음어 ······ 188, 190-91, 193-97, 203-05, 207
동의성/동의어 ······ 206, 218
동족어 ······ 65-66, 93-97, 103-05, 152, 154, 163, 169, 177, 179, 185-86, 188, 200, 212, 225
동화 ······ 134-35, 138, 140-44, 147, 154-55, 157, 169, 194

(ㄹ)

라틴어 ······ 1-2, 24, 30, 33-34, 38, 41-43, 45, 47-50, 55-58, 61-62, 64-66, 68, 70-73, 76, 82-84, 87, 94, 98, 102, 104-05, 107-08, 120, 136, 151, 154, 164-65, 167-68, 179-80, 184, 187, 195, 202, 211, 224, 231-32, 234-36, 238, 240, 243, 246, 250-51

고전라틴어 34, 51, 160, 185, 232
중세라틴어 ························ 34, 161
근대라틴어 · 34, 43, 56, 108, 160
르네상스라틴어 ················· 34, 56
통속라틴어 ························ 34, 51
로마인 ········ 33-34, 38, 51, 63, 68, 72
로맨스어 ···························· 30, 33-34, 43, 48, 50-51, 68, 108, 148, 167, 171, 179
로타시즘 ······························ 102, 177, 181, 184-85
르네상스 ······················· 34, 43, 54-59, 62, 83, 165, 187

(ㅁ)

모음교체 ·· 102, 177, 181-83, 186, 189
모음추이 ······················· 120, 123, 234
모음충돌 ························· 151, 169-71
모음탈락 ································· 169-72
문해력 ························· 48, 54, 63, 72

(ㅂ)

바이킹 ······································ 43-45
반의성/반의어 ·························· 206-08
복합어 ························· 6-9, 14, 50-51, 71, 84, 91-93, 98, 144, 158, 198

(ㅅ)

사전
『메리엄 웹스터 사전』···· 91, 120, 174, 241
『미국영어 발음사전』············ 115
『시기별 영어사전』·················· 51
『아메리칸 헤리티지 사전』(AHD) 14, 29, 95, 109-10, 118-20, 155, 163, 176, 188, 209, 213, 239, 241
『영어발음 사전』···················· 115
『옥스퍼드 영어사전』(OED) ······ 1, 6-7, 9-11, 16, 21, 24, 55-56, 60, 69, 76, 78, 80, 91, 93, 95- 97, 108-09, 115, 124, 137, 160-61, 165, 172, 180, 198, 204, 211, 224, 231, 237, 241
『웹스터 3판 신 국제사전』···· 206
『체임버스 사전』·· 4, 109, 118-20
산스크리트어 ·············· 30-31, 62, 235
스칸디나비아어 ········ 2, 36, 41, 43-45

(ㅇ)

알프레드 대왕 ·························· 44, 71
애크로님 ···································· 15-18
앵글로 노르만 ··················· 47-51, 193
앵글로 색슨 ················· 38, 41-44, 67, 72, 171, 240, 248
약어 ·································· 15, 17, 18
에포님 ···································· 19, 198

역형성 ········· 14
연음화 ········· 145-49, 151, 160, 165, 244
영이형태 ········· 120
오님 용어 ········· 208
원인도유럽어 ········· 28, 30
유추 ········· 10, 14, 174, 215-17
음소배열 ········· 106, 164, 239
음위전환 ········· 185-86
음절중략 ········· 171-73
의미악화 ········· 224-25
의미양화 ········· 223-24
의미탈색 ········· 124, 202, 219, 225
(의미)특수화 ········· 161, 222, 225
의성어 ········· 22-23
이니셜리즘 ········· 16-18
이중자음 ········· 144, 157-59
이탈리아어 ········· 33-34, 43, 58-62, 65-66, 108, 117, 157, 235-36
이형태 ········· 81, 93-94, 101-02, 104-05, 108, 119-20, 140, 147, 151, 167-69, 175, 177, 182, 185-88, 193
인도유럽어 ········· 28-31, 35, 40, 58, 64-66, 68, 94, 178-81, 183, 188

(ㅈ)

자음탈락 ········· 157, 159-69, 194
절단어 ········· 13-15, 86
접어 ········· 166, 168, 170-71
중세영어 ········· 40, 48-55, 58, 65, 68, 72, 121, 137, 167, 175, 187

(ㅊ)

첨가 ········· 173-76
초기현대영어 ········· 26, 40, 53-55, 57-58, 60, 167
초서 ········· 50, 72, 117, 121-22

(ㅋ)

캑스턴 ········· 53-54, 72
켈트어 ········· 30-32, 39, 41

(ㅌ)

탈락 ········· 163
토착화 ········· 218, 231, 235, 248

(ㅍ)

파생 ········· 4-6, 50-52, 83-90, 95, 104, 138, 144, 151-52, 199-201, 211, 244
파찰음화 ········· 148-50
품사전이 ········· 6, 11

프랑스어 ···················· 1, 14, 24, 33-34, 43, 46-51, 56-58, 61-62, 64-65, 68, 70-73, 105, 108, 117, 136, 148-49, 167, 179, 206, 211, 233, 238

(ㅎ)

하위성/하위어 ·········· 206, 208, 219-20
하이브리드 ········ 40-41, 45, 51, 57, 68
하이픈 · 77, 80, 90, 92-93, 97-98, 237
혼성어 ································ 11-16, 136
환유 ··· 215
환유어 ·· 208

(기타)

1차 자음추이 ··················· 177-79, 181

영어의 어휘

역사와 구조

1판1쇄 발행 2018년 3월 30일

원 제 English Words: History and Structure
지 은 이 Donka Minkova · Robert Stockwell
옮 긴 이 김명숙 · 문안나*
꾸 민 이 홍윤환
펴 낸 이 김진수
펴 낸 곳 **한국문화사**
등 록 1991년 11월 9일 제2-1276호
주 소 서울특별시 성동구 광나루로 130 서울숲 IT캐슬 1310호
전 화 02-464-7708
팩 스 02-499-0846
이 메 일 hkm7708@hanmail.net
홈페이지 www.hankookmunhwasa.co.kr

책값은 뒤표지에 있습니다.

ISBN 978-89-6817-619-7 93740

이 도서의 국립중앙도서관 출판예정도서목록(CIP)은 서지정보유통지원시스템 홈페이지(http://seoji.nl.go.kr)와 국가자료공동목록시스템(http://www.nl.go.kr/kolisnet)에서 이용하실 수 있습니다.(CIP제어번호: CIP2018009912)

* 이 저서는 인하대학교의 지원에 의하여 연구되었음.